殖民主义与中国近代社会

国际学术会议论文集

主编：孙立新 吕一旭

人民出版社

目　　录

序　言……………………………………………［澳］大卫·古德曼　1
引　言……………………………………………［澳］吕一旭　孙立新　3

石碑山——灯塔阴影里的生与死…………………［英］毕可思　8

19～20世纪的来华法国医生：南方开放港口、租界和租借地
的拒绝或依从……………………［法］F. 布莱特－埃斯塔波勒　44

想象的空间：1901～1947年及以后天津意大利租界的重现
和镜像 ……………………………………………［意］马利楚　73

家信与中国：1913～1914年伊莉莎白·弗雷在天津………………
……………………………［澳］吕一旭　［澳］大卫·古德曼　128

1941～1966年香港与东亚新帝国主义 …………［美］杜赞奇　159

“同乡”背后的权力与声音：周生有事件再探 ………冯筱才　183

上海早期股票市场的殖民主义、民族主义和中国文化问题 …………
…………………………………………………… [美] 顾德曼 212

上海租界公墓研究（1844～1949） …………… [法] 安克强 252

一位细菌学家和共产主义者眼中的中国社会——国崎定洞
在青岛 …………………………………………… [日] 饭岛涉 298

近代殖民司法侵略的标志——青岛监狱 ……………… 张树枫 315

德占时期青岛中国商人群体的形成 ……………… 孙立新 345

试析德占胶澳的称谓与地位 …………………… 朱建君 366

超越民族：殖民主义与青岛的抵抗（1897～1914） ………………
…………………………………………………… [德] 余凯思 388

附 录 ………………………………………………………… 426

序　言

中国区域研究项目（The Provincial China Project）开始于 1994 年，其宗旨是：把研究者的注意力从对中国经历的过度普遍化的迷恋转移到对中国各地区和各阶层的发展和行为的理解上来。它的主要关注点不再是首都和政策发展，而是在中国各地方层面实际发生的事情。

中国区域研究项目每年都举行一次研讨会，其参加者有来自中国和世界各地——美国、欧洲、澳大利亚以及亚洲和东南亚其他地方的学者，而且每年的研讨会都将最好的会议论文编辑成为论文集出版。1990 年代后期，中国区域研究项目开始出版号称《中国区域（Provincial China）》的定期刊物。现在，该期刊已改为电子杂志，由悉尼科技大学电子出版社出版。

多年来，中国区域研究项目着眼于中国各行省的社会和经济发展。针对某个专门的省级管辖区域的发展，它编辑出版了一系列论文集。而在最近几年，通过在历届研讨会上出现的大量与各行省和地方相关的个案研究，中国区域研究项目着重探讨了社会经济发展领域中的问题。

2007 年，中国区域研究项目第一次涉及到历史问题。与以往仅仅关注当前的社会和经济发展问题的做法不同，它也开始研究产生于 20 世纪前半期中国领土上的殖民主义经历了。由中国海洋大学和北京师范大学研究人员举办的研讨会是极其成功和令人振奋的。针对中国的殖民经历，来自世界各地——当然也包括中国——的学者，进行了热烈讨论和思想交流。

本论文集展现了此次研讨会的成果。正如读者所能看到的，这些成果将有助于我们理解殖民主义的种种表现形式及其对中国人和殖民主义者双方复杂多样的影响。我衷心感谢所有参与研讨会的组织和论文集的出版的人员。我特别感谢孙立新教授（北京师范大学）和朱建君博士（中国海洋大学）在青岛所做的工作；我也特别感谢顾德曼（Bryna Goodman）教授（俄勒冈州大学）和吕一旭博士（悉尼大学）提出的学术鉴定意见。他们都是我最好的合作伙伴。

悉尼大学大卫·古德曼（David Goodman）

2009 年 3 月

引 言

本书所收录的13篇论文选自2007年9月在青岛召开的“殖民主义与中国近代社会”（Colonialisms and Chinese Localities）国际学术研讨会。此次会议是由澳大利亚悉尼科技大学与中国海洋大学联合举办的。参加会议的代表来自澳大利亚、美国、英国、法国、德国、意大利、日本、新加坡、中国等众多国家，其中既有享誉世界的专家也有正在攻读博士的青年学者。正如会议代表丰富多姿的不同背景，会议论文在“殖民主义与中国近代社会”的大主题下，从各种不同的角度，运用不同的方法探讨了中国自1840年鸦片战争到20世纪后期香港、澳门回归长达一个多世纪里与西方列强的遭遇。

丰富多姿、百家争鸣是这次会议的特点和强点，但却给编辑论文的人出了难题。应该怎样排列这些论文？怎样归类整理？每一篇选入的论文自身都是一个世界，都代表着一个庞大的学术领域或项目，凸现出不同的流派和治学方式。“殖民主义与中国近代社会”是一个宏大而复杂的主题，会议论文的多样性与不同性正是这一复杂主题的体现。梳理归类是史学家的天性，直面复杂更是当代史学治学的根本。编者最后选定以“空间”（space）为经串联入选论文。

在此，“空间”首先被理解为传统意义上的“地域”或“地区”。从华南农村到天津，从澳门到上海，从香港到青岛，学者们追踪着殖民主义在近代中国一百多年来的不同活动及中国社会不同群体对此的反应和应对。其次，是当代史学对传统“空间”定义的扩伸。“空间”一词已从本体论的概念延伸为知识论的概念。“空间”是文化习俗、政治统治和集体记忆互动的产物，是动态的而非静止的。本书所收录的论文涵盖了各种不同的“殖民空间”（colonial space）和“交往区”（contact zone），从民国海关的航标灯塔到上海的华人股票市场，从德占青岛的华人监狱到天津的意大利租界，充分显示出殖民主义在近代中国的复杂性和多样性。

英国学者毕可思（Robert Bickers）的论文《石碑山——灯塔阴影里的生与死》将我们带回1932年汕头外海一个名叫石碑山的航标灯塔，再现了一个被历史遗忘的小故事，即灯塔管理员奕伟士（Charles Hugh Edwards）和逐侠诺（Alexander Nickolaevitch Andreyanov）被游击队抓走后悄然死亡一事。论文以这件逸事入手，描述了把这两个外国人安排到石碑山灯塔的体制和社会，揭示了发生在灯塔内部及其周围的种族和阶级冲突，使我们注意到30年代仍然在中国存在的正式的和非正式的殖民主义世界的影响及其复杂性。正如论文作者所指出的那样，透过这一个案研究，我们可以学会放弃“那些简易的、二元论的定性分析条约口岸世界的做法，取而代之，我们试图直接考察其时态、相互联结和把武宁村、石碑山灯塔站、厦门、上海及其他更远的地方紧紧地网连起来的方式，对它们作出分析并加以理解”，使我们对在中国近现代的帝国主义殖民统治的多样性有更好的理解。

法国学者布莱特－埃斯塔波勒（R. Bretelle－Establet）的论文《19～20世纪的来华法国医生：南方开放港口、租界和租借地的拒绝或依从》从宏观的角度概述了处于法国势力影响范围内的中国南方居民对法国医生及其治疗方法的态度。作者借助于法国档案、地方志和中国医学文本，揭示出隐藏在中国民众对西医态度后面的权力问题。正如作者所述：“帝国以及后来的共和国的政治自主权无疑限制了法国医生的权力，但也有助于减少民众抵制外国医治者及其医疗方法的现象。法国医生对愿意接受治疗的人不得不采取更加容易被接受的方式而不是强迫他们来接受。”

意大利学者马利楚（Maurizio Marinelli）着重解读天津意大利租界于1901～1947年之间在各种媒体里的重现并探讨这些重现中隐匿的有关意大利租界问题之中特殊的社会经济、制度或文化方面的历史原因。论文运用福柯提出的“镜像”与“另类空间”概念，比较和对照对前意大利租界的不同重现以揭示塑造殖民地知识生产的不同方式和从后殖民主义中派生出来的话语。

澳大利亚学者吕一旭和古德曼的论文以文本学的方式分析著名德国建筑师傅赖义的妹妹伊莉莎白 1913～1914 年从天津寄回德国的家信。这些信件不仅记述了一位德国年轻女性 20 世纪初在中国的殖民经历，而且详细地说明了“殖民凝视”。然而，家庭成员的日记、信件并非仅是可以让人生动地洞悉日常殖民经历的有用信息源，写作者的目的性可以清楚地影响这类文字资料的真实性。

著名美国学者杜赞奇（Prasenjit Duara）的论文《1941～1966 年香港与东亚新帝国主义》探讨第一次世界大战后帝国主义形式的改变以及这些改变怎样使香港社会变为一个发达的资本主义社会；与此同时，经济的飞速发达并没有完全改变香港殖民社会的实质，论文从宏观上揭示新帝国主义与传统帝国主义之间的连续性和不同性。

十里洋场的上海既是近代中国遭受西方列强欺压的象征又是中国与西方现代化交轨的场地，从各种角度探讨近代上海社会在多种权力机构、经济势力、文化碰撞的特殊历史是这次会议的重点。上海学者冯筱才重构发生在 1904～1905 年的周生有事件，以“同乡抗议”问题为线索，探讨这一清末重要的外交及舆论事件背后的权力声音。作者通过详细的原始资料分析指出，周生有案不是一次重要的民众集体抗议行动：“所谓‘同乡公愤’，与其说是实际的群众情绪，不如说是上海道台与报馆主笔在文字中有意塑造出来的一种集体形象。”建构“同乡”话语实质上是为权力和政治服务的。

美国学者顾德曼以上海 20 年代初华人股票市场的迅速兴起及崩溃为例探讨殖民主义、民族主义和中国文化问题。论文指出，仅参照经济学常规来解释上海交易所的运作并将其视为渴望现代化的中国人对西方模式的拙劣模仿是不够的。上海作为中西“交往区”的特殊地域性——半殖民地提供的多重模式的方式、相互限制的殖民权威，政治及民族主义话语等都是催生并推动 1920～1921 年上海股票市场发展的主要因素。论文透过对那些导致众多上海股票交易所建立的事件和关键人物以及由这一新经济形式演生的意识形态的概括介绍揭示了上海早期股票市场经历的多重不平等权力机构和思想文化的作用，特别是民族主义者制造忧患意识的方式。作者指出："正是民族主义和以民族为导向的历史编纂的极端化词语模糊了人们对复杂的身份认同、混合的机构和遍布全城的跨国资金流动及其关系网的认识。"

法国学者安克强（Christian Henriot）的着眼点也是作为中西"交往区"的上海，但却是较少为人注意的上海租界公墓。论文概述了自《南京条约》签订以来上海租界公墓的发展、管理及变迁，重点探讨公共租界工部局和法国租界公董局如何制定死亡人口政策，如何利用各种特权确定安葬死者的场所以及如何应付城市变迁及人口增长。论文不仅提供了上海近代社会一段特殊的历史，并从这一特殊的角度揭示出殖民主义在上海的运作情况。正如作者所指出，上海的繁荣下掩盖着各种矛盾，死亡也不例外："城市空间被切成碎片，社会景观也被分割开来。国别不同，人享受到的权利就不同，不管是死亡还是活着。"

毫无疑问，与作为中西"交往区"的上海一样，德国占领下的青岛是研究殖民主义与中国近代社会的一个重要部分。本次会议有多篇论文专门探讨德占青岛。日本学者饭岛涉着重讨论细菌学家和共产主义者国崎定洞（1894～1937）眼中的青岛社会状况。青岛学者张树枫提供了青岛监狱从被德国殖民者建立到共和国时期的全方位历史。孙立新教授的论文详细追踪德占时期青岛中国商人群体的形成。来自悉尼科技大学的朱建君从分析青岛在被占期间得到的多种不同称谓，例如"胶州殖民地"、"胶澳租界"、"胶澳租借地"等入手，揭示出隐藏在这些称谓变化后的历史环境变迁和利益博弈，证明了"今天意义上的胶澳租借地称谓的出现是国际政治和国际法变化的结果"。

从某种意义上说，德国学者余凯思（Klaus Mühlhahn）对青岛社会不同群体在殖民地中的矛盾与互动的分析可被视为这次会议的总结。在详细分析了殖民当局在青岛实施的各种统治策略和规章后，作者又详细探讨了生活在殖民地的中国人是怎样对待这些统治手段和话语。作者认为，青岛殖民社会的生活是复杂多样的，简单地运用殖民者的统治与压迫和被殖民者的反抗与屈服这样的二元论，不能真正帮助我们理解这段复杂的历史。用作者的话来说："殖民统治并未存在于一个密封的独立王国之中，通过被殖民者的参与，它受到了重新评价和改变。"青岛殖民社会与中国民族主义话语之间有密切的联系。

从以上论文中我们可以看到，当代史学对殖民主义与中国近代社会的研究已彻底摒弃了简单化的政治与道德评价和二元论。线性的宏观叙事逐渐让位于以空间思维为主导的微观研究。研究者日益注意到被殖民者在殖民主义中的不同参与和应对形式。特别是中国近代民族主义话语在与殖民社会的相互纠缠与作用（特别参见顾德曼、冯筱才、余凯思的论文），借余凯思的话来说："青岛的例子已经显示出，在殖民背景下出现的民族主义和各种各样的民族国家的呈现出的特殊形式，不仅仅源于传统，至少也部分地是殖民背景下的相互作用和相互纠缠的结果。因此，民族主义话语中的改变和变化，不仅是——正如我们为熟知的一些画面所提示的那样——内部的、历时的现代化的结果，而且也同样是多重共时进程的结果。"这一结论不仅对于研究殖民主义史蔚为重要，而且对于研究一般历史也极富启发意义。

吕一旭（悉尼大学）
孙立新（北京师范大学）

石碑山——灯塔阴影里的生与死

［英］毕可思

孙立新、石运瑞译，张志云校

前人足迹有时很难追查，有关下面将要讲述的一些情事——它们耗费了当地和国际上许多行为人的精力和注意力，以及至少两个人的生命——的记录仅仅简单地提到，1932 年 2 月 28 日游击队占领了汕头附近的石碑山灯塔（Breaker Point lighthouse），撤退时，他们“带走了”一个灯塔管理员（俄国人）和一个仆人，留下了一封写给英帝国主义和香港总督的信。故事由此就产生了。乍看之下这只是一个不会产生确定后果和没有什么力量的政治姿态。[①]“英帝国主义者”对留有签字的宣言或者其暂时占领一个中国灯塔行为并没有给予过多关注。灯塔距离英帝国最近的正式前哨香港 100 多英里，而中国海关——其海务处（Marine Department）管理着中国航标灯系统——属于中国国家的一个代理机构，它向民国政府财政部报告了此事。没有人去关心一个俄国人。1999 年开始编纂的《惠来县志》谈论了一些灯塔情况——直到 2002 年该灯塔仍是亚洲最高的灯塔之

① 孙修福：《中国近代海关史大事记》，中国海关出版社 2005 年版，第 290 页。在这些不同的叙述中，Breaker Point 的中国名称被写作石碑山灯塔，亦称赤澳灯塔。

一——但没有提及这个事件，尽管它钜细靡遗记录了同年被“保安”队（Pacification forces）杀死的革命烈士的名字和其他一些细节。[1]他们中的一些是在搜寻俘虏过程中被杀的。《汕头海关志》附加地提到有一个英国人也被带走了。此人的确是个英国人，尽管他的英国人身份很勉强。[2]他的名字叫奕伟士（Charles Hugh Edwards），是一个条约口岸欧亚混血者，他的混血儿身份道尽这件被遗忘的事件中官方诡异的处理方式。它发生在远离条约口岸中心的地方，其主角的血统和职业使他远离英国或国际性的中国人世界。然而，透视奕伟士和逐侠诺（Alexander Nickolaevitch Andreyanov）的悄然死亡可以提供一个说明 1932 年 2 月 28 日把他们安排到石碑山灯塔的体制和社会的机会。

就 1932 年的标准来看，灯塔管理员被抓是一个微不足道的、不会引起多大注意的绑架事件，但它为我们提供了一个揭示发生在灯塔内部及其周围的种族、阶级和民族冲突的机会。这些灯塔是中国海关在 1870 ~ 1940 年代建立的，它们遍布从广西到辽宁的沿海地区。技术的现代性与灯塔职员及他们的邻居在灯塔阴影里进行的人类卑劣勾当形成了鲜明对照。理解这个世界也许能使人们更好地理解在中国的、正式的和非正式的殖民主义世界的影响和特征，以及由它们所造成的难题。在对实际存在过的殖民主义有长达数十年的忽视（在大部分情况下，无论是支持者的描述还是反对者的描述，帝国主义都受到了偏袒，但这只是故事的一部分）之后，我们再回过头来研究这个主题，对外国强权的问题和进程——它的实践、文化输入、占有、适应——进行“精确的”（就像柯文在 1984 年对学术界的嘱咐）探究。[3]在完全中国中心的年代产生的一个问题就是：

---

① 惠来县地方志办公室：《惠来县志》，新华出版社 2002 年版，第 283、797 ~ 806 页。

② 汕头海关编志组：《汕头海关志》，第 27 页。

③ 柯文：《在中国发现历史：美国关于中国近现代史的历史编纂》，纽约：哥伦比亚大学出版社 1984 年版（Paul A. Cohen, Discovering History in China: American Historical Writing on the recent Chinese past, New York: Columbia University Press, 1984），第 147 页。

有关中国的学术研究中断了与那些论述帝国主义和殖民主义历史的文献的联系，而这些文献或许能为理解中国近代经历的特殊方面提供更扎实的基础。他们也开始讲不同的语言（在此，人们立即就会想起“非正式的帝国”［informal empire］和“半殖民主义”［semi－colonialism］等概念），尽管也努力消除愈益增大的缝隙。[①]但是现在出现了一个很明显的转向。我们对中国条约口岸中外相互作用的这项传统学术研究有了越来越多的了解，也对殖民地、租借地、特许权、新拓居地（settlements）、自愿开放的市场等有了日益深入的认识，它们都是中国国家为控制外来国家或外来民族而设立或放弃的，尽管我们事实上仍对它们当中的许多东西缺乏适当研究。[②]例如仍然没有对上海公共租界工部局（Shanghai Municipal Council）、条约口岸的报纸、在中国的法帝国分区（French empire in China）等进行过研究，但新工作毕竟还是做了一些，比如对海关、美国的对华法庭（US Court for China）、伪满洲国、日本的领事体系等的研究，它们正在提供一个全面的角度。我们同样得到了新的、专门探讨传教士的

---

① 贺远刚：《20 世纪中国的半殖民主义和非正式帝国：一个分析框架》，载沃尔夫冈·莫姆森和贺远刚主编：《帝国主义及其以后：连续性和非连续性》，伦敦：艾伦和盎文出版社 1986 年版（Jürgen Osterhammel, Semi－colonialism and informal empire in Twentieth－Century China：Towards a Framework of Analysis, in：Wolfgang Mommsen & Jürgen Osterhammel（eds）, Imperialism and After：Continuities and Discontinuities, London：Allen & Unwin, 1986），第 290～314 页。

② 在此，法国的广州湾租借地领域映入了我们的脑海。为了什么？那儿发生了什么？

遭遇和相互作用的学术著作。[①]

但是对这个相互联结的世界的基础结构我们仍然没有太多了解，如同我们经常迈行的学术研究，聚焦于特别的场所和城市。[②]航标灯是海关部门在全国范围内活动（这些活动部分地属于国家性质，比如安排人员到中国常设的客货流动关口工作）的一部分，有些基础

① 择其要者：关于海关问题请参见我本人新近的著作，文章被方德万（Hans van de Ven）编辑到《现代亚洲研究》（Modern Asian Studies）第40卷，2006年第3期，第545～736页，和他正在编辑的把海关视作中国的一个全球化机构的论文集；毕可思和安克强主编：《新边疆：在东亚的帝国主义新共同体，1842～1953》，曼彻斯特：曼彻斯特大学出版社2000年版（Robert Bickers and Christian Henriot（eds），New Frontiers：Imperialism's New Communities in East Asia，1842 - 1953. Manchester：Manchester University Press，2000）；芭芭拉·J·布鲁克斯：《日本的帝国外交：领事、条约口岸和1895～1938年的中国战争》，檀香山：夏威夷大学出版社2000年版（Barbara J. Brooks. Japan's Imperial Diplomacy：Consuls，Treaty Ports，and War in China 1895 - 1938. Honolulu：University of Hawai'i Press. 2000）；伊莱恩·斯库丽：《与遥远国家的交涉：在中国通商口岸的美国公民》，纽约：哥伦比亚大学出版社2001年版（Elaine Scully，Bargaining with the State from Afar：American Citizenship in Treaty Port China. New York：Columbia University Press，2001）；杜赞奇：《主权国家和真实性：伪满洲国和近现代的东亚》，兰哈姆：罗曼和里特费尔德出版社2003年版（Prasenjit Duara. Sovereignty and Authenticity：Manchukuo and the East Asian Modern. Lanham：Rowman and Littlefield，2003）；罗芸：《卫生学的现代性——卫生和疾病在中国条约口岸的含义》，伯克利：加利福尼亚大学出版社2004年版（Ruth Rogaski，Hygienic Modernity：Meanings of Health and. Disease in Treaty—Port China. Berkeley：University of California. Press，2004）。关于传教士和基督徒参见亨利埃塔·哈里森（Henrietta Harrison）正在进行的工作。好的研究包括唐日安：《福州的新教徒和1857～1927年近代中国的形成》，纽黑文：耶鲁大学出版社2001年版（Ryan Dunch，Fuzhou Protestants and the Making of a Modern China 1857～1927. New Haven：Yale University Press，2001）；李榭熙：《圣经和枪：华南的基督教，1860～1900》，纽约和伦敦：劳特里奇出版社2003年版（Joseph Tse - Hei Lee，The Bible and the Gun：Christianity in South China，1860～1900. New York and London：Routledge，2003）。较早的有简·亨特：《绅士们的福音：19世纪末20世纪初在中国的美国妇女传教士》，纽黑文：耶鲁大学出版社1984年版（Jane Hunter' s The Gospel of Gentility：American Women Missionaries in Turn - of - the - Century China. New Haven：Yale University Press，1984）。

② 2002年耶鲁大学未出版的博士学位论文、罗安妮（Annie Reinhardt）著《在中国的航运帝国主义：汽船、半殖民地和民族，1860～1937》（Navigating Imperialism in China：Steamship，Semi - colony，and Nation，1860～1937），是一个很好的矫正。

设施建于中国沿海及其主要河流上，并与全球国际中首先倡议的项目连接起来（例如水文工作），但是这些项目被设置在外围社区旁，或是邻近这些外围社区，而其职员都非常特异或是由这些职员的家人——更加特异——所充任。在《帝国塑造了我》一书中，我探讨了上海中下层英国人的招摇撞骗行为。外国帝国主义及其同类复杂面目的另一面则可以在航标灯和1932年的石碑山灯塔中发现。本文首先要概述一下航标灯服务的发展情况，然后再讨论由灯塔人员配置问题所引起的一些争议，最后则通过1932年的事件进一步说明这些争议。石碑山不是一个反对外国帝国主义的象征性标志姿态的场所，但却是一幕位于更为复杂的、并且可能是相当肮脏的秘密戏剧之中的公共场景。而且，它与支撑和规定条约口岸世界的结构和进程有着精确的联系。

一、灯塔体系

由海关发展的灯塔系统就足以写一份报告。①要谨记的背景重点是，从1860年代起出现的一股科技动力打开了欧洲和东亚之间的航路。制灯工艺的技术进步（菲涅尔透镜）、蒸汽船的使用、苏伊士运河的开通、电报的发展以及欧洲帝国的扩张和影响，在1860年以后的50年里扩展了航标灯服务系统。欧洲人在奥斯曼帝国的海岸、东

① 我实际上有一份草稿，临时命名为《照亮中国沿海》，它相当深入且从比较的角度揭示了内容广泛的航标 灯规划及其运作情况。主要的出版资料源是班思德：《中国沿海灯塔志：关于中国海关航标灯服务的图解》，上海稽查总局统计处1932年版（T. Roger Banister, The Coastwise Lights of China: An Illustrated Account of the Chinese Maritime Customs Lights Service. Shanghai: Statistical Department of the Inspectorate General, 1932）。

南亚、日本和中国沿海地区，制定了海岸航标灯方案。[①] 1842 年以后，航行至中国的海上交通已经开放，中国条约口岸及其附属基础设施的建设也正在进行。外国商人和政府官员知道他们（和“中国”）需要什么——外滩、街道、仓库、制度、专业知识、信息和法律等。[②]海关则为评估税收收入提供了他们熟悉的和有效的制度（诸条约强迫引入了一种他们所了解的政权和低关税制度）。在中国确定了通道和桥头堡后，海关的任务就朝向安全通航的方向努力了，这也是赫德（Robert Hart）制定的“便利中国沿岸通航”的计划。[③]

海关的灯塔建设曾出现过三次高峰期：1870 年代早期，1880 年

---

① 艾里克·塔格里亚科佐：《明亮的群岛：沿海照明和东南亚岛屿上的帝国眼睛，1860～1910》，《科技与文化》第46卷，2005 年第2 期（Eric Tagliacozzo, The Lit Archipelago: Coast Lighting and the Imperial Optic in Insular Southeast Asia, 1860～1910, in: Technology and Culture 46: 2 (2005)），第306～328 页；奥利弗·柴科兰德：《理查德·亨利·布鲁特恩与日本的航标灯，1868～1876——一个出类拔萃的工程师》，《纽可门学报》，1992 年第63 期（Olive Checkland, Richard Henry Brunton and the Japan lights, 1868～1876, a brilliant and abrasive engineer. Transactions of the Newcomen Society, 63 (1992)），第217～228 页；《建设日本，1868～1876》，理查德·亨利·布鲁特恩著，休·科塔兹引介，福克斯顿：日本图书馆 1995 年版（Building Japan 1868～1876, by Richard Henry Brunton with an introduction by Hugh Cortazzi. Folkestone: Japan Library, 1995）；雅克·托比：《1904～1961 年奥特曼帝国航标灯的行政管理与考拉斯和米歇尔商社》，巴黎：汉马屯出版社2004 年版（Jacques Thobie, L' Administration Générale des Phares de l' empire Ottoman et la Société Collas et Michel 1860～1960, Paris: L' Harmattan, 2004）；托比（Thobie）著《奥特曼的航标灯与土耳其人，1904～1961——条约框架内的一种国际支付类型》，巴黎：黎世留出版社 1972 年版（Phares Ottomans et Emprunts Turcs, 1904～1961: Un type de reglement financier international dans le cadre des traites, Paris: Editions Richelieu, 1972），主要侧重于租界后期的财政史。

② 有两部著作分别论述了巩固和发展进程的不同方面：凯里·L. 麦克菲森：《一片沼泽：上海公共健康的起源，1843～1893 年》，香港：牛津大学出版社 1987 年版（Kerrie L. MacPherson, A Wilderness of Marshes: The Origins of Public Health. in Shanghai, 1843～1893. Hong Kong: Oxford Univerity Press, 1987）；毕可思：《管理上海：维持通商口岸的治安》，上海档案馆编：《租界里的上海》，上海社会科学院出版社 2003 年版，第 271～292 页。

③ 总税务司通令，10 号，1868 年 4 月 25 日，《总税务司通令》，第 1 系列，1861～1875 年，上海稽查总局统计处 1879 年版（I. G. Circular No. 10, 25 April 1868, in: Inspector General' s Circulars. First Series: 1861～1875. Shanghai: Statistical Department of the Inspector General of Customs, 1879），第 138 页。

代早期和在戴理尔（W. F. Tyler）被任命为海务巡工司（Coast Inspector）后之1901年。戴理尔制定了一项全新的现代化和建设项目。到1904年，戴理尔和他的总工程师（Engineer - in - chief）认为最为重要的是建造一座第一线灯塔（就是沿岸灯塔）。虽然这个位于遮浪角（Chilang，在香港与汕头之间）的灯塔直到1911年还未建成，但是一个“充满活力”的建设工程和现代化项目已经付诸实施；大约到1910年，在中国沿海地区已经建成一条“连绵不断的灯塔链”。①海关海务处设在上海，从这个总部算起，到1940年共建立了4个灯塔区，琼州（Kiungchow或Hoihow）、厦门（Amoy）、上海、芝罘（Chefoo）。海务巡工司负责全部管理事务，包括上海灯塔区。厦门和芝罘各有一位沿海官员负责，琼州则受琼州港督（Harbour Master）管辖。海关灯塔运输船（Customs Lights ships）负责检查设施、供应货物、配置员工和调动其家属，他们也为各个灯塔提供补给并把它们联系在一起。

赫德的目标已经实现。“沿中国海岸的航行”现在已经便利多了，而且船只可以明确地沿着海上航道和河流航线航行。虽然船舶仍会受损，但中国沿海商船先前经常会遇到的航路风险大大减少了。海关对这一工作沾沾自喜，在其出版物中，也在1870年代以后中国举办的国际展览会（直到1905年都由海关组织筹措）中，极力宣扬它对“人类”的服务和对中国的贡献。这儿有一个关于成就的故事，该故事在讲英语区（Anglophone culture）的居民中早已耳熟能详；

① 班思德：《中国沿海灯塔志：关于中国海关航标灯服务的图解》，上海稽查总局统计处1932年版（T. Roger Banister, The Coastwise Lights of China: An Illustrated Account of the Chinese Maritime Customs Lights Service. Shanghai: Statistical Department of the Inspectorate General, 1932），第15页。

他们已经多次庆祝过灯塔和灯塔工程师独特的丰功伟业。①在这个倡议下，像在其他情况下一样，海关将中国纳入了专业的“帝国职涯”（imperial careering）的广阔世界，用戴维·兰伯特（David Lambert）和艾·莱斯特（Alan Lester）的话说，就是它招揽了一些技术熟练的专业人才进入服务部门。对于所有这些在中国沿海举办的外国企业来说，重要的是让它自己被世人听过并且能够吸引医生、工程师及其他专业人才来；它们的专门知识和技能非常有利于计划的实施。当专业人才在英帝国和讲英语区以及其他的机会中载浮载沉时，中国就成为了部分甚或全部职业工作者的一个常规的、正式的目的地了。②

对过往船只来说，这些是夜晚的航标灯（每一个都有一种可识

① 主要出版物有班思德：《中国沿海灯塔志：关于中国海关航标灯服务的图解》，上海稽查总局统计处 1932 年版（T. Roger Banister, The Coastwise Lights of China: An Illustrated Account of the Chinese Maritime Customs Lights Service. Shanghai: Statistical Department of the Inspectorate General, 1932）。尽管大体说来，很少有学术著作论述灯塔，就是在技术史文献中也不多见，但人们依然可以参见上面引用过的作品以及文森特·圭果诺：《航标灯：19 世纪的海岸灯塔系统》，《网络》第 19 卷，2001 年第 109 期（Vincent Guigueno, Des phares - étoiles aux feux - éclairs: les paradigmes de la signalisation maritime française au XIXè siècle, Réseaux 19, No. 109, 2001），第 95 ~ 112 页。贝拉·巴斯特（Bella Bathurst）著《史蒂文森灯塔站》，伦敦：哈珀考林出版社 1999 年版（The Lighthouse Stevensons. London: Harper Collins, 1999），是一部比较好的通俗读物。大多数作品既是备忘录又是画册——灯塔是风格固定且适宜于拍照的。很多以前的人工站点现在都成为了遗迹，这就导致了更多的相关出版物。

② 其中，最引人注目的海关事例便是帕特里克·曼森先生（Sir Patrick Manson），他开创了热带医学学科并以一位海关外科医生身份为之效力。道格拉斯·M·米海因斯：《帝国医学：帕特里克·曼森与对热带疾病的征服，1844 ~ 1923》，费城：宾夕法尼亚大学出版社 2001 年版（Douglas M. Haynes, Imperial Medicine: Patrick Manson and the Conquest of Tropical Disease, 1844 ~ 1923. Philadelphia: University of Pennsylvania Press, 2001）。关于专业人员的循环问题参见戴维·兰伯特和艾伦·莱斯特主编：《超越英帝国的殖民生活：漫长 19 世纪的帝国职业生涯》，剑桥：剑桥大学出版社 2006 年版（David Lambert and Alan Lester (eds), Colonial Lives Across the British Empire: Imperial Careering in the Long Nineteenth Century. Cambridge: Cambridge University Press, 2006）。

别的标志[①])，我们应该想到它们也是新声音的发出地，包括在不同行程中、雾炮和气压雾笛；对于白日的航行来说，它们是各个被固定的点。它们还是一些场所，而且通常都有邻居。灯塔站显然是一个有外国人的地方。大多数海关建筑实际上都与坐落于河岸码头边或条约口岸海港边的中国沿海本地建筑混合在一起。[②]灯塔矗立在农村海岸边。建造这样一个灯塔一般需要重新划定一个地方来适应灯塔及其附属建筑和员工食宿问题，而且能看到外国人、来自外地的中国人进入了这些孤零零的沿海区域，还有外国商品和新的工作机会。灯塔经常发挥出服务当地的功能。它们是中国人国家的前哨，危机时刻经常被当地共同体用作安全港，但我不得不说，总体上用处不大。灯塔系统是这样一种设计，它蓄意地扰乱中国人的沿海地区以便为有序的、可预报的、安全的通行提供保障，在最大的限度下开发中国沿岸。但是灯塔本身，以及维护它们的员工扰乱了当地社区，并且这是在赫德的1868年计划或海务巡工司（first Marine Commissioner）的1870年计划中所未曾预见的。[③]它们是自成一体的共同体，是处在激烈争斗氛围中的一些微小场所。在这里，帝国的张力得到展现，受到争论，遭到打击。

---

① 在1948年，临高（Lamko）每20秒闪一次白光；南角（Cape Cami）每20秒闪两次白光；遮浪角闪三次白光；石碑山闪一次白光后再跟两次。《1948年中国沿海和河流上的灯塔名称、光船、浮标、灯塔等》，上海海关稽查总局统计处1948年版（List of Lighthouses, Light - Vessels, Buoys, Beacons, etc., on the coast and rivers of China 1948. Shanghai: Statistical Department of the Inspectorate General of Customs, 1948）。

② 关于条约口岸的建筑，见琼·W. 休伯纳：《上海外滩的建筑》，《远东历史文献》，1989年第39期，第127～165页（Jon W. Huebner, Architecture on the Shanghai Bund, Papers on Far Eastern History No. 39 (1989)）；杰弗里·W. 科迪：《中国的建筑：亨利·K. 穆菲的"适应性建筑"，1914～1935》，香港：中文大学出版社2001年版（Jeffrey W. Cody, Building in China: Henry K. Murphy's "Adaptive Architecture", 1914～1935. Hong Kong: The Chinese University Press, 2001）。

③ 水手通知A，63号，1870年8月1日，《水手通知》，第1期，1862～1882年，上海稽查总局统计处1883年版（Notice to Mariners A, No. 63, 1 August 1870, in: Notices to Mariners. First Issue 1862～1882. Shanghai: Statistical Department of the Inspectorate General, 1883）。

二、灯塔的人员配置

这些沿海灯塔是国家计划中的一些被连接到国际网络上的点（nodes），它们同时又是中外交汇之地，其情形非常复杂。[①]对于这一工程来说，合格的工程师是十分重要的，灯塔管理员也是如此，因此，海关招募了一些欧洲人来操作、管理机器设备。赫德认为中国职员仅在“其他方面称职”，中国职员不能被信任，无法被监督，晚上都不关灯。一种种族等级制遂被设计出来，并被落实到每一座灯塔：一位欧洲人、一位“马尼拉人”（Manilaman）或菲律宾人和六位中国人。[②]这种按照种族招募工作人员的方式在条约口岸世界的海关及商业、行政和其他机构中都得到了效仿。但是天资聪明的人不会选择灯塔职业，灯塔所招募来的员工多是中国国家中素质低下的外国人，这些人为海关带来了问题。赖嘉玲（Catherine Ladds）在新近完成的博士论文中已经阐明了外国人在海关中就业的广阔背景，看到了海关为外国男人提供的工作机会以及这些机会对他们在中国生活和工作（作为内班工作人员并在较低层次上作为外班员工，他们到处都构成外籍海关职员的90%）的影响。她的论文突显了外籍总税务司署的平庸，因为在世界上所有的工作机会都开放给英国人，尤其是当世界各阶级都被英国帝国打开了，同时也把其平庸的限制给打开了。

采取了一种特定方式来从事（和迈入）灯塔站工作。斯立（T. Clark）是一位超等一级灯塔管理员（Chief Lightkeeper A），他在1934年6月写道：“不是所有的事情听起来都十分美好。”他在工作了25年后，请求允许退休，“如果可能的话就退休”（他把 pension

① 恰如海洋交通和水文知识网络，它们也被连接到气象网络上，赫德还想利用它们进行更广泛的科学研究工作。

② 总税务司通令，20号，1868年6月22日，《总税务司通令》，第1系列（I. G. Circular No. 20, 22 June 1868, in: Inspector General's Circulars. First Series）。

写成了 Penchion)。[①]他那毫无文采的笔记谈到了大量被实际配置到灯塔站的男人们的情况。赫德最初并不确信他能够招募到充足的、具有奉献精神的欧洲人充当灯塔管理员(“性情温和并且能够忍受孤独”),取而代之,他建议编制花名册,让登船检查的海关稽查员(tidewaiters)每人每两年到一个灯塔待 4 个月。[②]到 1875 年,形势促使他重新考虑。一种等级体系(a system of ranks)被设计出来,现有的雇员都被列入新级别中去。[③] 1874 年,赫德指示金登干(J. D. Campbell)从欧洲招募有经验的灯塔管理干部,他可以指导从中国合适地方招募的员工。[④] 1877 年,他要求从伦敦来 12 位这样的人。[⑤]现在,人们可以从试用灯塔管理员开始工作并留在灯塔度过全部海关职业生涯了。这些职员大多数属于合同制的,始终是外班员工,但也有的人固定在那里了。英国人 D. F. 波特尔豪(D. F. Botelho)在 1871 年成为副灯塔管理员,1911 年 10 月死在任内,此时他已晋升到超等一级灯塔管理员。大多数长期服务者后来转移到了岸上,改为能够接触较多人的外班员工;在那里,或许事情是“十分美好的”。

至少到第一次世界大战时,招募来的人员大多是先前的海员。在 1949 年之前的 80 年间,至少 600 人供职于灯塔。10 人中有 4 人

---

① 斯立(Clark)致海岸巡稽卡乃尔上尉(Captain Carrell),未注明日期,大约在 1934 年 6 月,中国第二历史档案馆,679(1)3981,《职员:航标灯,1932~1937》。申请没有得到批准——直到 1938 年 4 月,即在工作了 30 年后,才被允许退休。

② 总税务司通令,20 号,1868 年 6 月 22 日,《总税务司通令》,第 1 系列(I. G. Circular No. 20, 22 June 1868, in: Inspector General's Circulars. First Series)。

③ 总税务司通令,11 号,1875 年 8 月 1 日,《总税务司通令》,第 1 系列(I. G. Circular No. 11, 1 August 1875, in: Inspector General's Circulars. First Series),第 615 页。

④ 金登干致赫德,101 号,1874 年 10 月 9 日,陈霞飞主编:《中国海关密档》第 1 卷,中华书局 1995 年版。

⑤ 赖特:《赫德与中国海关》,贝尔法斯特:贝尔法斯特女王大学出版社 1950 年版(Stanley F. Wright, Hart and the Chinese Customs. Belfast: Published for The Queen's University, Belfast, 1950),第 300 页;赫德致金登干,163 号,1877 年 1 月 3 日,北京总税务司署(Hart to Campbell, No. 163, 3 January 1877, The IG in Peking)。

（共250人）是英国人，而德国籍员工共有80人。[1]海关得到了它应当得到的东西，虽然从未招募不足，而且欣然地不再雇用不适合的人——几乎四分之一的英国人被解雇或者被开除（前者演化成后者）。所有海关工作人员，无论级别高低，都要受到定期的工作评议。克制和适中（Sobriety and Temperament）——对中国员工应有的主要态度——是经常出现的问题。从1908年厦门的半年报告中，人们可以得知史礼范（R. Stephan）对中国员工“非常粗暴”，而在香港出生的安东尼奥·玛丽亚·多斯·桑托斯（Antonio Maria dos Santos）是“一个头脑清醒并且可靠的灯塔管理员，但他不知道如何与本土员工打交道”。1916年12月关于德国人德礼逊（J. A. Telleseen）的报告也指出他“明显地缺乏与其员工和睦相处的机智”，而韩孟得（W. Hammond）“过去爱酒如命的嗜好似乎消失了”[2]。人们抱怨他们都缺乏“官方规定的礼貌”，在这些与海关纪律严格的日常生活没有紧密联系的男人当中，不服从的品行大概是不会想不到的。1942年，荷兰人邬特（Marinus van' t Wout）发表了一个非同寻常的坦率声明：“如果我要打一个上海的灯塔管理员，我必须有很好的理由来这样做，或者我不是唯一一个这样做的人。”他继续说，“我是不习惯于把手臂勒住当地职员的脖子逼迫他们做他们应该做的工

---

① 还有一些规模较小的团体，如48个美国人，40个挪威人，32个瑞典人。

② 琼州，1908年6月30日；厦门，半年报告，31/12/08，中国第二历史档案馆，679（9），1743，《1908～1910年的灯塔员工》；《上海海关灯塔员工的秘密报告》，1915年12月31日；《上海灯塔员工》，1916年12月31日，中国第二历史档案馆，679（9），1744：《外班员工，1909～1911年》（Kiungchow, 30 June 1908；Amoy, Half-yearly reports, 31/12/08, SHAC, 679（9）, 1743, Lights staff 1908～1910；Shanghai Customs Lights staff confidential reports, 31 December 1915, Shanghai Lights staff, 31 December 1916, 679（9）, 1744, Outdoor Staff, 1909～1911）。

作的”。[①] 只要他们能够保持良好的站点秩序，令人放心地做他们的正常工作，“粗鲁”、“爱争吵” 和 “不识字” 等缺点都是可以容忍的。事实上，1917 年全部解雇奥地利和德国海关职员一事令人沮丧地回忆起他们某些方面的优点。毕竟德国人十分勤劳，乐意花力气护理他们的灯塔花园，使其站点质朴美观。相比之下，英国籍员工整体而言是懒惰的。[②]

尽管有各级行政管理部门尽其所能地监控，但在灯塔站里似乎仍存在着阴郁的暴力文化；尽管有阻碍其蔓延的因素，酗酒和无节制仍十分猖獗。灯塔酝酿着低水平的冲突，而这些冲突又由于对员工重复和不断的要求，也就是一夜又一夜的例行公事，而更加恶化。(更糟糕的是，在 19 世纪，航标灯使用的燃料是植物油，它在燃烧后总会在灯芯上留下厚厚的渣子，需要不断地清理以便保持灯具的清洁和明亮，灯塔管理员因此获得了 “灯芯子” 的绰号) 白天要擦洗、清洁和维修被风和水损坏的设施。但欧洲员工手头上仍然有时间，因为他们的中国下属会在他们最高权威下承担全天的苦差事。就像在正式的帝国中的情形那样，低级阶层的欧洲人在条约口岸基本上发挥着监督功能。尽管他们带来了很多问题，但没有他们也不行。所有的社会事业性质的结构，如上海公共租界工部局警务处 (Shanghai Municipal Police)，都是为了方便这一点而设计的。如果它们的员工照章办事，这些结构就会像计划的那样运行，但是监督中时常伴随着一拳或一脚。

德国人撤走后，人员构成中最大的变化是俄国人来了，他们后来成为了主宰（1939 年达到受雇人数的 10/27）。这些人很少有别的

---

① 声明，3 号，M. F. 邬特，一等一级灯塔管理员，1942 年 2 月 27 日，《海关税务司》，7232 号，1942 年 3 月 17 日，现存于中国第二历史档案馆，679 (1)，12524，《M. F. 邬特先生的职业，1929 ~ 1949》(Statement No. 3, M. F. Van' t Wout, 1st Lightkeeper A, 27 February 1942, in: CI No. 7232, 17 March 1942, in: SHAC, 679 (1), 12524, Mr. M. F. Vant Wout's Career, 1929 ~ 1949)。

② 在 2000 年第一次访问时，我在档案馆里发现了这一文献，但我丢失了参考证明。

就业选择。1927 年的一则报告指出，在海关拟招募的俄国人中，有“法官、罗马法教授、骑兵军官、步兵军官、杂役和木匠”。除杂役外，他们都不像是适合灯塔工作的。①如果说在海关中，英德的关系经常是友好的，就像实际上在全部条约口岸共同体中的情形那样，那么英国人与白俄罗斯人的关系就是差的。白俄罗斯人由于贫穷备受外国人的歧视，俄国男子在岸上经常会遭到其他外国人的虐待和毒打。②但是一旦教授和法官都牙一咬，眼一闭，其余的俄国人肯定会成为忠诚的灯塔管理员。他们无处可去，只好与他们的航标灯相依为命。逐侠诺就是这样一个人。关于他，文件所显示出的信息极少。他于 1898 年 10 月 14 日出生在托木斯克（Tomsk），原先曾是一名军官。他的唯一一位知名的亲属，他的一个姐姐，已经移居罗马尼亚（Romania）了。5 年半前，逐侠诺进入了海关，直接成为了三等二级灯塔管理员（Third Lightkeeper，B），他没有结婚，但他的女“管家”（housekeeper）与他同住在石碑山灯塔站。这是一个普遍现象。关于她的国籍有多种说法，比如日本、中国等等，这种不精确性产生于海关对记录其情况一事缺乏兴趣。③

① 海岸巡稽奚理满致海关总税务司，3910 号，1927 年 7 月 21 日，现存于中国第二历史档案馆，679（19），15947，《工程师和中国灯塔看守员培训学校》（Coast Inspector, H. E. Hillman, to I. G., No. 3910, 21 July 1927, SHAC, 679（19），15947, Training School for Engineer and Chinese Lightkeepers）。

② 毕可思：《帝国塑造了我：一个英国人漂泊在上海》，伦敦：艾伦·莱恩出版社 2003 年版（Robert Bickers, Empire Made Me: An Englishman Adrift in Shanghai. London: Allen Lane, 2003），第 184 页。关于俄国人的处境，可更多地参见马西娅·雷恩德斯·里斯泰诺：《作为最后去处的口岸：上海外国人散居共同体》，斯坦福：斯坦福大学出版社 2001 年版（Marcia Reynders Ristaino, Port of Last Resort: Diaspora Communities in Shanghai. Stanford: Stanford University Press. 2001）。

③ “根据官方记录，我们知道逐侠诺先生是没有结婚的，虽然有一个自称为他妻子的人到本局就是否能够得到抚恤金一事进行过试探性咨询。她被认定为一个非正式配偶。”海岸巡稽致许礼雅，S/O，汕头，1933 年 7 月 27 日，现存于中国第二历史档案馆，679（1），3659，《石碑山灯塔绑架事件，1932～1935》（Coast Inspector to H. D. Hilliard, S/O, Swatow, 27th July 1933, SHAC, 679（1），3659, Breaker Point Kidnapping Incident, 1932～1935）。

在最好的时候也不是件容易的工作。一些要求调动或请求允许辞职并伴有哀怨的信函抵达了厦门、芝罘和上海——有一个人写道："我感到太寂寞了。"而管理部门的人员配置决定已经注意到工作对其雇员的影响："将他安排到灯塔站是不明智的，部分是因为他的健康，而且也因为如此的孤独会使他患上抑郁症"；"很显然，在各灯塔站长期的孤独生活已经严重影响他的性格、健康和能力。"[①]而且如果在某个站点的工作人员之间出现敌对关系，局势就会变得更坏了。指控和反指控充满了文件，并且经常通过同一补给船寄出。一个俄罗斯看守者向他的中国下属借钱，拼命喝酒，而且在站内用他的左轮手枪打了50枪。他的副手大喊救命，"这个人在清醒时也不像正常人，如果喝醉酒——这是经常的——就更可怕了。"这个俄罗斯人遂被解雇了。[②] 1922年12月，负责乌丘屿（Ockseu）灯塔的管理员打死了他的助手和这个男人的女管家，他本人也随后自杀了。[③]灯塔站是一个危险的地方。

这些男人通常是结了婚的，或者有实无名，他们的家属同他们一起住在站里，或者在当地或其他地方置办了住所。闲散的欧洲员

---

① 厦门快信中的M. F. 邬特信函，7681，1929年5月14日，现存于中国第二历史档案馆，679（1），12524，《M. F. 乌特先生的职业，1929～1949》（Letter from M. F. Van't Wout in Amoy Despatch, 7681, 14 May 1929, in: SHAC, 679 (1) 12524, Mr. M. F. Van't Wout's Career, 1929～1949）；海岸巡稽对厦门快信的批复，9201，1936年2月26日，中国第二历史档案馆，679（1），3981，《员工：灯塔，1932～1937》（CI comments on Amoy despatch, 9201, dated 26 February 1936, SHAC, 679 (1), 3981, Staff: Lights, 1932～1937）；海岸巡稽，6550号，1938年2月24日，中国第二历史档案馆，679（1），10724，《T. Clark先生的职业，1929～1938》（Coast Inspector No. 6550, 24 February 1938, SHAC, 679 (1), 10724, Mr. T. Clark's Career, 1929～1938）。

② 海岸巡稽致总税务司，5345号，1934年8月1日以及附件，现存于中国第二历史档案馆，679（1），3981，《员工：灯塔》（C. I. to I. G., No. 5345, 1 August 1934, and enclosures, in: SHAC, 679 (1), 3981, Staff: Lights）。

③ 班思德：《中国沿海灯塔志：关于中国海关航标灯服务的图解》，上海稽查总局统计处1932年版（T. Roger Banister, The Coastwise Lights of China: An Illustrated Account of the Chinese Maritime Customs Lights Service. Shanghai: Statistical Department of the Inspectorate General, 1932），第104页。

工在性生活中找到了娱乐和慰藉。在我们所掌握的唯一一本外籍灯塔雇员回忆录中暗示了各种各样的性行为，有些甚至是非常俗艳的。[①]许多男人娶了日本或中国籍女人为妻，或与之有长期伙伴关系。这是条约口岸中低级阶层外国人生活的一个共同特点：在精英人物的涉外公司中，种族和种族主义者的婚姻禁忌受到严格遵守，但在低级阶层的男人当中毫无约束力。[②]事实上，他们只有很小的选择余地。中国沿海社区以男性为主的男女比例十分不平均，而且直到白俄罗斯人到来之前，未婚的欧洲妇女的数量很少。那些适婚者通常找到一个比外班海关职员社会境况好得多的伴侣，根本不会去接触灯塔管理员。但这项服务更适合于已婚的男人。人们希望已婚的雇员是安分的男人。虽然孤独是一个问题，但大多数站点容纳了家庭，许多员工不能提供什么东西，但他们的家属可与之生活在一起。至少有两起住在站点上的妻子自杀事件是出了名的。[③]对于家庭来说，孩子的教育是重大的事。一些孩子被送到上海汉壁礼西童公学（Thomas Hanbury School）上学，这个学校是为向欧亚混血儿童提供

---

① Ed. 古尔德：《哲学家灯塔站——比尔·斯科特的冒险》，萨尼奇滕：汉考克出版社1976年版（Ed. Gould, The Lighthouse Philosopher: The Adventures of Bill Scott. Saanichton: Hanckock House, 1976），第82～83页。W. A. 斯科特在1924～1943年间担任海关灯塔技师。

② 毕可思：《在华英国人：社团、文化和殖民主义，1900～1940年》，曼彻斯特：曼彻斯特大学出版社1999年版（Robert Bickers, Britain in China: Community, Culture and Colonialism, 1900～1940. Manchester: Manchester University Press, 1999），第95～104页。更广泛的探讨可见安·劳拉·斯特勒：《性关系与帝国权力：种族和殖民地统治中的亲密性》，伯克利：加利福尼亚大学出版社2002年版（Ann Laura Stoler, Carnal Knowledge and Imperial Power: Race and the Intimate in Colonial Rule. Berkeley: University of California Press, 2002）。

③ 前灯塔管理员K. E. 卓尔敦先生声明的复印件，中国第二历史档案馆，679（9），2136，《法籍职员克罗迩（Cloarec）处理问题，1945～1946》（Copy of statement from Mr. K. E. Jordan re Lightkeepers, SHAC, 679（9），2136，法籍职员克罗迩处理问题，1945～1946）；厦门快信，9640，1939年8月1日，中国第二历史档案馆，679（1），12239，《施德司格先生的职业，1933～1948》（Amoy Despatch, 9640, 1 August 1939, SHAC, 679（1），12239, Mr. I. Stetsky's Career, 1933～1948）。

教育建立的，而且在其他情况下，妻子就住在上海或厦门。[①]斯柯特的妻子在佘山（Shaweishan）灯塔站住了一段时间，但在离开上海后，社会生活证明是非常有限的。1936年，她和3个孩子迁居到这对夫妇在北戴河购买的一栋房子里，并把它搞得像一个度假宾馆。[②]虽然站点帮助家庭生活解决了一些潜在的问题，但它创造了或者加剧了另一些问题。文件中包含有许多描写在微小的站点共同体温室氛围中可能在夫妻（和他们的仆人）之间发生的激烈冲突的文献。海务巡工司不仅要管理航标灯结构系统，而且还要关心该系统的员工、他们的家内痛苦和紊乱。

很显然，灯塔对身处其中的当地居民共同体具有潜在的破坏性，虽然一些地方位置相当偏远，必须乘船才能抵达，但是灯塔站都有人值守，而且外国籍海关雇员也来到了这些沿海地区。灯塔还为当地男人（如作供货者、擦灯人、仆人等）和女人（如作仆人等）提供新的就业机会。在北渔山柯生利和在他之前他的父亲，到1941年已经受雇40年了，他们保障了货物供应，也“让村民不致骚扰灯塔管理员和财物”[③]。站点提供诱人的各种各样储藏物，而员工的财产也很容易变成引人犯罪的动机。奕伟士的妻子在被绑架后提出的赔偿声明中，要求归还下列物品：1个铝午餐盒、12个甜品叉、1个金饰钉和链环以及她的结婚嫁妆（一对金手镯、一条带环子的脖项链、一块手表、一枚18k黄金结婚戒指），但是许多贫穷的中国员工的罐

① 上海圣三一堂的浸礼记录显示汉壁礼西童公学偶尔带领一些居民前来受洗，而在他们当中欧亚混学者灯塔管理员和其他海关职员的孩子尤其突出，见兰比宫殿图书馆，Mss. 1578，第3卷，1889年10月6日和1891年12月27日（Lambeth Palace Library, Mss. 1576, Vol. 3, 6 October 1889, and 27 December 1891）。

② Ed. 古尔德：《哲学家灯塔站——比尔·斯科特的冒险》，萨尼奇藤：汉考克出版社1976年版（Ed. Gould, The Lighthouse Philosopher: The Adventures of Bill Scott. Saanichton: Hanckock House, 1976），第84~87、97~98页。

③ 地保柯生利的请愿书，海岸巡稽致总税务司，7064，1941年2月20日，中国第二历史档案馆，679（1），21007，《北渔山》（Petition from Tipao Ko Shengli, in: CI to IG, 7064, 20 February 1941, SHAC, 679 (1), 21007, Peiyushan）。

装牛肉、猪肉、牛奶和大米以及“上海的蓝衣服”，“美国的羊毛毯”和“美国黄色卡其布衣服”等，对更贫穷的中国职员而言就变成了窃盗和劫夺的目标。①海关如此担心以至于不断提醒员工不要在站内存放贵重物品。此外，如果说当地居民掠夺灯塔，灯塔人员也会骚扰他们。证据显示了当地妇女经常被灯塔管理员（他们有城市人的收入）看做是潜在性伙伴。这就在航标灯和他们的社区之间创造了新的社会关系、冲突和误解。

当这些社会关系被扩展了之后，各地区的权力结构也随之转变。随着这些外地职员的轮替，这些被扩大的社会关系使得当地社区的一些人们的社经情况凌驾于其他人之上，虽然这些外地职员有时位处边陲，但这样的情况还是存在的。许多人似乎只能依靠他们私人的食品储存了，当管理员把他们船运进来时，他们也带来了自己的仆人，而不是在当地雇用新人。这样的行为在条约口岸毫不出奇，但却加剧了在封闭的灯塔中的矛盾，尤其是当地的灯塔工和外地职员的仆人产生矛盾时。灯塔编年史家班思德（T. R. Banister）就记录了一些与渔民发生冲突的事例——“一种不受约束和不守规矩的命运”，也记录了偷窃储存物的情况。②有些灯塔坐落在通常无人居住但有时会有渔民季节性地或更长时间地移居的海岛或半岛上。日常生活协定（Modus vivendi）通常可以达成共识，然而此协定中所

---

① 两份赃物名单都来自石碑山，第一份来自奕伟士夫人（见下面）：厦门，8980号，1935年2月28日，现存于中国第二历史档案馆，679（1），3659，《石碑山绑架事件，1932～1935》；厦门致总税务司，10547号，1949年1月21日及其附件，679（1），21016，《石碑山和东犬岛灯塔，1926～1949》（Both lists of stolen goods come from Breaker Point, the first from Mrs C. H. Edwards (see below): Amoy, no. 8980, 28 Feb 1935, SHAC, 679 (1), 3659, Breaker Point Kidnapping Incident, 1932～1935; Amoy to IG, No. 10547, 21 Jan 1949, and enclosures, 679 (1), 21016, Breaker Point and Middle Dog Light Stations, 1926～1949)。

② 班思德：《中国沿海灯塔志：关于中国海关航标灯服务的图解》，上海：稽查总局统计处1932年版（T. Roger Banister, The Coastwise Lights of China: An Illustrated Account of the Chinese Maritime Customs Lights Service. Shanghai: Statistical Department of the Inspectorate General, 1932），第37～39页。

规定的人都是生活在化外之地的，一个充斥着外国人的中国机构就带来了一些实际的问题。

食品再次成为一个问题，食品增加与否，本地供应与否，以及食品的运送等都取决于运输船。驻守在大戢山（Gutzlaff）的中国员工请求供应船给他们带些新鲜食品来，而“我们通过流星运输船得到的食品不是干的就是咸的”。人们在这种地方所依赖的罐装食品令人沮丧地供应极少。1934年，海务巡工司承认说，“在诸如东碇岛（Chapel Island）等地的灯塔站，在一个海关运输船到来前的一段时间里，食品大概成为了一个令人焦虑的问题，即使对于那些习惯于过苦日子的男人来说也是如此”①。恐惧当地的产品——这在例如上海公共租界工部局写给外国居民的指南中有详细的反复叮嘱（蒸煮、蒸煮或消毒，监视你的仆人并且检查他们是否洗过手）——在灯塔站变得更加严重，因为他们无论在时间上还是距离上都远离医疗帮助。罐装食品是解决之道。食品储存进一步使站点成为了抢劫（和内部盗窃）的目标，并且在危机中，人们会变得非常贪婪。这些私人食品供应往往在员工当中招致妒忌。但是罐头和酒瓶（在英国灯塔站酒精是受到禁止的，但海关记录仍然暗示酒瓶子堆积如山②）以及船运来的外国商品——书籍、唱片、衣服等——都特别使外国籍灯塔员工与更广泛的“商品帝国”（empire of goods）相联系，与横穿讲英语区和其

① 大戢山的请愿书（大约呈交于1934年9月），现存于中国第二历史档案馆，679（1），696；变种：白特克致海岸巡稽，1947年7月16日，中国第二历史档案馆，679（1），10668，《白特克先生的职业，1931～1948年》；东碇岛：海岸巡稽致税务司，厦门，1934年4月13日，中国第二历史档案馆，679（1），3981，《员工：灯塔，1932～1937》（Gutzlaff petition（c. September 1934），in：SHAC，679（1），696；Variety：Broderick to CI，16 July 1947，SHAC，679（1），10668，Mr. W. Broderick's Career，1931～1948；Chapel Island：CI to Commissioner，Amoy，13 April 1934，SHAC，679（1），3981，Staff：Lights，1932～1937）。

② 贝拉·巴斯特：《史蒂文森灯塔站》，伦敦：哈珀考林出版社1999年版（Bella Bathurst，The Lighthouse Stevensons. London：Harper Collins，1999），第243页。

他帝国世界分享的消费市场相联系。[①]李派林急汁（Lea & Perrins）果酱、立顿（Lipton）茶叶，还有印度淡啤酒（India Pale Ales），都令人在从海关运输船那里卸下来、在石碑山灯塔站尚未开封的储存品上浮想联翩，就像他们在南宁、太原或上海所做的那样。

在海关人事关系上，中国籍灯塔员工的身份和地位是不清楚的。他们都未被列于海关职员录（Service - Listed），这就是说他们是在当地被雇用的，也是在当地工作的，并且都处于正式编制之外。在海关海务处存在的80多年里，只有33名中国灯塔管理员获得了正式员工身份，而且几乎所有的这些委任都发生在太平洋战争之后。在1927年系统的培训问题被提出之前，一些灯塔确实是由中国员工护理的，例如位于白节山（Bonham Island）的第三线灯塔从1909年到1912年，后来又从1927年起，便是如此。东亭山灯塔（Tongting）在1907年开始投入使用之后一直由中国人运营。从第一次世界大战后逐渐发展出重新招募外国职员的方案，也逐渐相信在不需要外国职员的监督之下中国职员同样可以有效率地运营灯塔，这样一来，招募外国人的行动也逐渐停止了，这些都使招募中国人的争论愈演愈烈。招募是问题的核心。大多数未列题名录的职员都是当地灯塔的“苦力”（coolies），这些人都不是可造就的材料，然而工作要求掌握一定的科技知识和基本的语文能力（包括书写简单的中文字和英文字）。再者，保障一批“较有价值的中国人”是海关的当务之急。大部分航标灯员工都是当地男人，都来自他们与之紧密联系的附近村庄，但海关的实际情况却是要根据人员需求调动员工从一个岗位到另一个岗位；说服员工或长或短时间地离开某个地方，以便填补空缺，也是一种晋升。为了正式培养一批新的资深干部，在题名录上的华籍灯塔职员需要招募一群能够遵守海关规定

---

① 这句话来自T. H. 布里恩：《一个商品的帝国：美洲殖民地的英国化，1690～1776年》，《英国研究杂志》第25卷，1986年第4期（T. H. Breen, An Empire of Goods: The Anglicization of Colonial America, 1690～1776, The Journal of British Studies, 25: 4 (1986)），第467～499页。

的骨干。未在题名录上的华籍职员则不可能也不愿意服从这些规定，但是有“许多更可被接受的机会”适合于那些符合所需条件的人。报酬是低廉的，即使受雇用的一个前提要求是被雇用者能够讲和读简单的英语和汉语。①

外籍灯塔管理员经营实际上是黑箱作业，非正式地阻碍中国人晋升的机会。1932 年的一份报告指出：“没有一个外国的灯塔管理员像是认为有必要培训他们手下的人掌握比保持一盏灯明亮这类的基本原理更多的知识。”结果，很少有资深的中国籍灯塔管理员能够获取足够的经验，令人放心地履行其职责。因此，只有 4 位被认为获得了有效培训。1931 年 7 月，在佘山灯塔站建起了一所一班 6 名学员的培训学校，但是人们发现很难设计有效的培养方式来训练这些文盲，因此到次年 8 月，培训学校就关闭了。②问题依然存在，而且越来越多的灯塔攻击事件，在那里，“外国”被视为盗匪的奖品，当然同时也尝试着改变职员的组成结构，然而在太平洋战争结束前，没有任何有效的进展。

在 1930 和 1940 年代，灯塔管理工作变得危险起来了。主任管理员白诺佛思（P. Baronowsky）和他的助手白洛达（Ballod）在 1933 年 12 月 21 日收到了一封来自一艘中国平底帆船的信函，该信函开头便称“致北渔山灯塔的两位外国人”：“我们手头有点紧，借个两万来周济一下。”该信温馨地提醒着：“如果你们在信件到达一

---

① 海岸执行巡稽致总税务司，6408 号，1937 年 5 月 25 日，包含一份港务长致芝罘税务司的报告副本，1937 年 2 月 24 日，中国第二历史档案馆，679（1），15673，《关于灯塔管理员的一般问题，1927～1937》（Acting C. I. to I. G., No. 6408, 25 May 1937, containing, Copy of a report from Harbour Master to Chefoo Commissioner, 24 Feb. 1937, SHAC, 679（1）, 15673, General Questions Concerning Lightkeepers, 1927～1937）。

② 海岸巡稽致总税务司，4761 号，1931 年 10 月 27 日，《主任秘书致海务巡工司》，5695 号，1932 年 8 月 22 日，中国第二历史档案馆，679（19），15947，《工程师和中国灯塔看守员培训学校》（Coast Inspector to I. G. No. 4761, 27 October 1931, Chief Secretary to Marine Commissioner, No. 5695, 22 August 1932, SHAC, 679（19）, 15947, Training School for Engineer and Chinese Lightkeepers）。

周后未作出令人满意的答复，我们将对你们进行一系列严重打击。”这个岛子立即被恐慌笼罩了，当期限即将到来时，两个灯塔管理员拼命地向过往船只发信号要它们过来将他们带走，但毫无效果。当海关灯塔运输船“流星”（Liuhsing）号到达时，1位海关护卫队军官和11位带枪的男子也被运来了，他们围绕着灯塔基座建起了一个炮台，而巴罗诺夫斯基、巴劳德和“一个本土管家”已经逃进灯塔寻求安全了。为了航标灯的安全而动用海关财力和人力的潜势变得越来越大了。[①]文件显示出了一个日益严峻的困难形势，就是由中国员工负责的站点也不更安全了。1937年9月17～19日，一些海盗袭击了唐脑山（South West Horn）灯塔站，抢劫了站点并最终绑架了站点的人员，将他们困置在一个孤岛上。[②] 1940年6月，七星山（Incog）灯塔站一位不知名的员工遭到了同样命运。主任灯塔管理员林（Lin）报告说：“他们用灯塔站的存粮为自己煮饭，同时还到站点的各个角落寻找食物。他们威胁要杀了我们。在这种情况下，我不敢进行任何抵抗以制止他们这么做，只能用好话请求他们不要毁了这个站点。”[③]对于毗邻村庄的灯塔站来说，灯塔的大院子似乎被更多地看做是一个避难所。1939年10月，主任超等一级灯塔管理员白特克（C. Broderick）报告说：当村民看到“陌生的帆船”时，“他们就带着他们所有的财物跑到站点来，而我一个人势单力薄，根

---

① 见海岸巡稽致总税务司，5327号，1933年12月22日，中国第二历史档案馆，679（1），21007，《北鱼山》（See CI to IG, No. 5327, 22 Dec. 1933, SHAC, 679（1）, 21007, Peiyushan）。

② Chow A—yung灯塔管理员的报告，未注明日期，中国第二历史档案馆，679（1），698，《灯塔站（S—W）信件往来》第3卷，1931～1939年（Report by Keeper in Charge Chow A－yung, undated, SHAC, 679（1）, 698, Correspondence to and from Lighthouses（S－W）,（Vol. III）, 1931～1939）。

③ 七星山灯塔站关于海盗的报告，1940年6月30日（马劳白1940年7月20日致海岸巡稽备忘录附件），中国第二历史档案馆，679（1），684，《东部指挥官致海岸巡稽，1940～1947》（Report on Piracy from Incog Light Station, 30 June 1940 [appendix to I. MacRobert Memo 20 July 1940 to CI], SHAC, 679（1）, 684, Eastern Commander to Coast Inspector, 1940～1947）。

本无法让他们离开”。①

因此，这是一个紧张的世界。海关外班人员在最好的时候也是处于高贵体面的条约口岸社会的边缘上的。不过，通过运输船、国籍以及分享其价值观和人生态度，他们与这个世界还是有联系的，他们也处于地方社区之中。在矗立于上海外滩的赫德雕像的嵌板上、条约口岸和海关的宣传中，航标灯灯塔被称赞为一项重大成果（参见例如收录在班思德1933年出版的《中国沿海灯塔志》一书中的报刊文章），但是与以城市为基础的同事们相比，灯塔管理人员已经远离中心地区了。在社会上不受重视，与中国籍的下属——基本上是些乡巴佬——一起生活在封闭的营地里，凡此都需要考虑在站点内外与他们保持适当的关系，这变成一个很僵硬的模式。荷兰人邬特一个人时，很难不用“手臂勒住当地职员的脖子强迫他们做好工作”。而且所有这些都会进一步复杂化，如果这些欧洲人都无法确认其正式的身份，或者，像奕伟士那样，如果他们属于欧亚混血者的话。他们可能是忠诚的英国人和英国统治机构的仆人，但是国家可能并且已经做了，对国籍分界线进行重新界定，如果它认为有必要的话，并且国家似乎很不乐意表现出某种相互的忠诚。②奕伟士虽被教育成英国人，但仍熟练地混迹于中国人社会；他被一些英国人视为一个身份暧昧的人，但也被另一些人视为中国人。更严重的是，

① 白特克的信函，1939年10月30日，中国第二历史档案馆，679（1），697，《灯塔站（K—S）信件往来》第2卷（W. Broderick letter, 30 October 1939, SHAC, 679 (1), 697, Correspondence to and from Lightstations (K-S), Vol. II）。

② 仍在继续的关于英国政府对战时日本被拘留平民的赔偿问题（“作为优惠的支付”是首选措词）反映了英国人对在中国出生者，暗指欧亚混血者，依然保持的模棱两可态度。当赔偿最终被同意时，那些不出生在英国（或者其父母不出生在英国）的人仍被排除在外。这项决定在2006年得到重新考虑，并且被以强调他们在战后与英国的联系这一点作为标准的做法所取代。尽管如此，还是有一些人被排除在外。见迈克尔·坎宁安：《日本人战俘和道歉政策——一场对抗历史和记忆的战役》，《当代史杂志》第39卷，2004年第4期（Michael Cunningham. Prisoners of the Japanese and the Politics of Apology: A Battle over History and Memory. Journal of Contemporary History, 39: 4 (2004)），第561～574页。

他的弟弟在1912年被菲律宾移民局正式确定为中国人，所根据的则是美国移民法的规定。①

三、石碑山灯塔：1932年

1932年2月28日，在石碑山灯塔，许多此类问题浮现了出来。在距离海面19英里的地方，这个第二线灯塔（1928），居于海关灯塔的最高位置，最初建立于1880年。坐落在从香港起沿海岸前进的大约130英里处，距汕头35英里，它被建造在海岸线向北转向的地方，在1870年代后期发生过一些重大航行事故之后，建造这座灯塔就成为当务之急，但也被看做是缩短向北航程的一个手段，否则的话，那些船只不得不给这个危险地点留出广阔的回旋余地。在这个用墙体包围着的复合建筑物内部，所有的设施都是绿色和受到护理的，与围绕着该站点"面积达2英里的荒芜不毛之地"形成鲜明对比，就像班思德在1932年记录的那样。②2月28日下午大约1点左右，有大约60名士兵和30名搬运工，穿过高低不平、岩石丛生地段而来。外籍灯塔管理员请他们喝茶。"主任灯塔管理员的政策应当是与所有人都友好相处，而且只考虑他自己的职责。"几年后，海务

---

① 亨利·阿瑟尔·爱德华兹（Henry Atholl Edwards）1912年被拒绝进入菲律宾，原因在于他的"中国种族属性和血统"，虽然他父亲是个英国人，但母亲兰纽是中国人。菲律宾共和国最高法院，马尼拉，G. R. L—7474号，1912年3月25日，亨利·阿瑟尔·爱德华兹对H. B. 迈克科伊（H. B. McCoy），《菲律宾法学Lawphil项目》，<http://lawphil. net/judjuris/juri1912/mar1912/gr_ l-7474_ 1912. html>，资料获取时间2007年8月3日（Republic of the Philippines Supreme Court, Manila, G. R. No. L-7474, March 25, 1912, Henry Atholl Edwards vs. H. B. McCoy, The Lawphil Project, Philippine Jurisprudence, <http://lawphil. net/judjuris/juri1912/mar1912/gr_ l-7474_ 1912. html>, accessed 3 August 2007）。

② 班思德：《中国沿海灯塔志：关于中国海关航标灯服务的图解》，上海：稽查总局统计处1932年版（T. Roger Banister, The Coastwise Lights of China: An Illustrated Account of the Chinese Maritime Customs Lights Service. Shanghai: Statistical Department of the Inspectorate General, 1932），第55~57页。

巡工司把这一点宣布为一个基本规则，实际上这些基本原则早就付诸实践了。[①]航标灯为海洋服务，而灯塔管理员则被受命以照看海洋和它的交通为己任。喝茶是以“友好的方式”进行的，该分队也在到达后1个小时撤离了。但是在他们离开的时候，他们随身带走了奕伟士和逐侠诺、他们两人的妻子、奕伟士的4个孩子（而他的妻子又怀孕了）和奕伟士的厨子（cook）（在一些文件中有时候被当做他的男仆）。[②]

…………

11天后，妇女和儿童以及厨子被释放了，并被海关税务司送往厦门。在由奕伟士的仆人递送的信中，要求在20天内支付赎金$50,000。海关总税务司梅乐（Sir Frederick Maze）授权从海关基金中为每人支付$10,000。[③]但是地方军事当局被激怒了，并且迅速采取了行动。人们无法说服他们同意交纳赎金，他们漫山遍野地搜捕游击队，试图找到被绑架者。……

尤其是在8月中旬奕伟士74岁的父亲和执行巡稽（the Acting Inspector）花德（C. A. Watt）及海关的一位二等一级帮办陈懋庵一起到这个地区作了为期两周的访问，但仍然没有得到任何可靠消息。也尝试从一位香港警察侦探那里得到协助，但要找到一个真正

① 海岸巡稽卡乃尔上尉致伊立新，1938年10月6日，中国第二历史档案馆，679（1），696（Coast Inspector L. C. Carrel to K. M. E. Eriksson, 6 October 1938, SHAC, 679（1）, 696）。

② 除非另有说明，下面的描述均选自富乐嘉税务司致海岸巡稽奚理满，汕头半官方570，1932年3月16日，包括富乐嘉有关事件的日记，现存于中国第二历史档案馆，679（1），3659，《石碑山绑架事件，1932～1935年》（Unless otherwise noted, what follows is extracted from Commissioner H. G. Fletcher to Coast Inspector, H. E. Hillman, Swatow Semi-official 570, 16 March 1932, which includes Fletcher's diary of the incident: SHAC, 679（1）, 3659, Breaker Point Kidnapping Incident, 1932～1935）。

③ 梅乐和致富乐嘉，1932年4月5日，中国第二历史档案馆，679（1），32370，汕头s/o（Maze to Fletcher, 5 April 1932, SHAC, 679（1）, 32370, Swatow s/o）。

拥有当地专业知识的人证明是不可能的。在上海的英国高等法院（the British Supreme Court）于1934年6月25日正式宣布奕伟士被认定为死亡。①逐侠诺隶属于海关不感兴趣的司法管辖，因此连这样的声明好像也没有被做过。

直到此时，我们才获得一个清楚易懂的叙事。游击队针对的是一个容易但具有象征性的目标。他们认为灯塔是英国殖民权力的一个象征（他们当然不是最后如此看海关灯塔的人），而且灯塔管理员是一个有用的赎金的来源，用盗匪的说法就是“洋票”。他们写信给奕伟士的父亲说：“海关每年从穷人身上榨取了很多钱，这些钱被上缴给帝国主义的国民党用来镇压工人和农民。现在我们仅仅希望他们拨给我们 $50,000 以充实我们的革命基金。这个数目并不太多。”②海关已经尽可能快地提醒中国民事和军事当局关注此事，虽然因为奕伟士是一位英国国民，汕头税务司明显决定利用英国领事更大的潜在影响力，而后者最初也凭借权威积极介入了干涉。他依次提议皇家舰队“白厅”号（the Royal Navy’s HMS Whitehall）运送中国军队到灯塔，但遭到拒绝；而军舰“凯伯尔”号（HMS Keppel）则被派出到航标灯附近检查形势，因为海关灯塔运输船距离太远了。……作为事件的后果，海关重新考虑了它使用外籍管理员的问题，因为中国籍管理员“无论怎样赎金价值会更小，实际拥有的财产会更少”。海务巡工司意识到，把中国员工配置到主要灯塔的时

① NCDN剪报，1934年6月26日，中国第二历史档案馆，679（1），3659，《石碑山绑架事件，1932～1935年》（Clipping from NCDN 26 June 1934 in SHAC, 679（1）, 3659, Breaker Point Kidnapping Incident, 1932～1935）。

② 汕头快信3号附件3，1932年3月8日，F3273/1895/10，TNA FO 371/16227（Soviet Government of Chaozhou－Puning－Huilai Districts to Mr Little Black, Enclosure No. 3 in Swatow Despatch no. 3, 8 March 1932, F3273/1895/10, TNA FO 371/16227）。

刻“马上就要到来了，而在石碑山灯塔站或许可以开一先例”①。

因此，到现在为止，我们已经很清楚了。这个有关反对帝国主义活动以及非正式帝国和中国的常规政策的故事，就某些方式而言十分平常：惯常的怀疑促成惯常的行动，动用了炮舰，中国站点发出呼叫；领事呼吁中国的对口单位；大使则讲一些语气平静的话。但是真正的故事要混乱得多，可以更加清楚地揭示殖民主义日常生活世界的复杂纠葛。在1933年11月的一封详细的半官方信件中，汕头税务司许礼雅（H. D. Hilliard）——一位有着30年工龄的老职员——向总税务司提供了他所掌握的信息，通过详细核对我们就可以理解为什么奕伟士和逐侠诺要被绑架了。②然而在考虑这些证据之前，有必要首先说明为什么奕伟士在灯塔站占据首要地位。

奕伟士1895年出生于厦门。1916年，他的父亲，弗兰克·休·爱德华兹（Frank Hugh Edwards），在那里的国际拓居地或者说英国租界担任警察总长（Captain Superintendent of Police），他在此任上一直干到1925年（他在1929年将自己描述为一个“拍卖商”）。大约在1858年奕伟士生于新加坡，拥有英国、西印度、荷兰和爪哇等的混合血统，他的中文绰号称作“小黑子”。他在当地的显著地位大概可以解释下列事实，即绑架者也给他写了一封信。奕伟士的母亲是

① 海岸巡稽致总税务司，4903号，1932年6月20日，中国第二历史档案馆，679（1），3659，《石碑山绑架事件，1932～1935年》。也见副执行巡稽卡乃尔由于绑架事件而对雇佣员工问题发表的意见，致琼州、厦门、芝罘海关税务司，1932年5月17日，中国第二历史档案馆，679（1），3981（CI to IG, 4903, 20 June 1932, SHAC, 679（1），3659, Breaker Point Kidnapping Incident, 1932～1935. See also Acting Deputy Coast Inspector L. R. Carrell' s urgent note on staffing issues in the wake of the kidnapping sent to Commissioners of Customs at Kiungchow, Amoy, Chefoo, 17 May 1932, SHAC, 679（1），3981）。

② 本段所描述的大部分内容均见于该信及其附件（Swatow S/O No. 617, 30 November 1933, SHAC, 679（1）32370）。

中国人。[①]这个年轻人在21岁的时候在厦门伦敦传教会的教堂里举行了婚礼，并在一年后，也就是1917年10月，进入海关工作；此前他曾是一个保险公司的临时职员。[②]作为一位绑架受害者，他的文法是可以原谅的，但他所写的拙劣短笺表明他不可能是一个成功的学生。对于英国籍父亲——不管是大都市里的人还是像弗兰克·爱德华兹那样离岸的英国人（他的背景与香港高和尔［Daniel Caldwell］或上海麦高云［Kenneth John McEuen］的背景极为相似；他们都是在亚洲出生的英国人，在条约口岸世界日益发展的保安机构中找到一份职业[③]）——的后代来说，海关职员或低级工作是典型的工作岗位。社会甚至教育上的边缘化（条约口岸的精英学校拒绝接受欧亚混血儿童），或者是条约口岸受过教育的精英们“在家里”教育他们的孩子，他们因此构成了劳工阶层中“中国出生者”这一群体中的一部分。这个称呼绝不是一种恭维。对英语及讲英语区文化规范的熟悉，加上家庭在地方上的影响和家庭在当地的关系网，以及

① 我虽然未找到奕伟士的出生登记，但可以确信兰纽（Lian Niu）是这个年轻人的母亲。菲律宾共和国最高法院，马尼拉，G. R. L—7474号，1912年3月25日，亨利·阿瑟尔·爱德华兹对H. B. 迈克科伊（H. B. McCoy），《菲律宾法学Lawphil项目》，<http：//lawphil. net/judjuris/juri1912/mar1912/gr_ l-7474_ 1912. html>，资料获取时间2007年8月3日（Republic of the Philippines Supreme Court，Manila，G. R. No. L-7474，March 25，1912，Henry Atholl Edwards vs. H. B. McCoy，The Lawphil Project，Philippine Jurisprudence，<http：//lawphil. net/judjuris/juri1912/mar1912/gr_ l-7474_ 1912. html>，accessed 3 August 2007）。

② 奕伟士：《履历表》，现存于中国第二历史档案馆，679（9），2229，《海关人员履历表：收回：外国，1932年》（C. H. Edwards，Memo of Service，in：SHAC，679（9），2229，Memo. of Service：Withdrawals：Foreign，1932）。

③ 关于高和尔见克里斯托弗·穆恩：《盎格鲁-中国——香港的中国人和英国的统治，1841~1880》，列治文：库尔尊出版社2001年版（Christopher Munn，Anglo-China：Chinese People and British rule in Hong Kong，1841~1880. Richmond：Curzon Press，2001）。关于麦高云见毕可思：《帝国塑造了我：一个英国人漂泊在上海》，伦敦：艾伦·莱恩出版社2003年版（Robert Bickers，Empire Made Me：An Englishman Adrift in Shanghai. London：Allen Lane，2003），第68页。

拥有治外法权，能够帮助获得雇用。[①]在条约口岸的基础设施中，他们可以发挥有用的，通常是居间调解的作用。的确，条约口岸“葡萄牙人”——澳门人——就在整个中国条约口岸中发挥着这样的作用。较少可见的是，盎格鲁－中国人（the Anglo－Chinese）也在讲英语区世界扮演着一个重要角色，然而正式的英国机构对他们怀有一种既爱又恨的矛盾心理，而所有的厌恶，如果不是憎恨的话，都与他们所处的大众文化和高眉毛文化（higher－brow culture）密切相关。[②]因此奕伟士以一位在中国出生的英国人的身份来到了航标灯服务处，他的选择在很大程度上是由他的社会地位所决定的。他需要就业，同时航标灯为外国籍人提供了就业机会。

1916年，奕伟士通过与程辰琴（Ch'eng Ch'ien Chin）的婚姻进一步加深了他的边缘英国籍身份。然而他的职业地位使得他没有更多的婚姻选择。实际上，对于欧亚混血的男人来说，婚姻比在这种就业情况下的其他英国人受到更大的限制。他们要找个英国妻子也是很困难的，欧亚混血者就更不用说了。[③]兄弟两人都娶了中国女人为妻。程是一位鼓浪屿商人的女儿，她简单明了地在一个中国语言世界里生活了15年——她的一个声明就是用中国话作出的。然而，他们的婚姻当时并未完全得到官方许可，直到1925年才在英国领事馆得到重新认可。在奕伟士的婚姻得到领事的认可后，这一婚姻所产生的4个未登记的孩子的事又得到了协商，最后也被驻厦门

① 奕伟士的哥哥在20世纪20年代末作过海军承包商；他的大儿子就读于香港一家学校。

② 论述此类社区的著述十分罕见，但可看王之成（音）：《葡萄牙人在上海》，澳门基金会2000年版（Wang Zhicheng, Portuguese in Shanghai. Macau Foundation, 2000），以及彼得·霍尔：《在网中》，威卢：彼得·霍尔出版社1992年版（Peter Hall, In the Web. Wirral: Peter Hall, 1992）。见毕可思：《在华英国人：社团、文化和殖民主义，1900～1940年》，曼彻斯特：曼彻斯特大学出版社1999年版（Robert Bickers, Britain in China: Community, Culture and Colonialism, 1900～1940. Manchester: Manchester University Press, 1999），第3章有关讲英语区小说对欧亚混血者的描写。

③ 彼得·霍尔的书是一个有关这个相互关联的欧亚社会的家谱调查，是以他与之相连的香港家庭为基础的。

的英国领事馆接纳了。后来又花了两年时间才得到来自伦敦的正式答复，孩子的出生获准登记注册（另外两个孩子出生在伦敦的信刚刚到达之后）。伦敦的回信催促他“放正自己的位置……不再有任何怀疑”，并且作一个法定的有关“其出生、本人的国籍和他与孩子的母亲的婚姻”的声明。[①]但他似乎并没有这样做，虽然在伦敦的许可到达后不久他的孩子都正式注册了。[②]在官方看来，奕伟士的身份已经受到了损害。他是一个需要证明自己正式的英国国籍的人，他的孩子们的英国国籍更需要证明。在这种情况下，当地的领事会给予同情，知道盎格鲁－中国的欧亚混血者在英国人共同体中所发挥的作用，但宗主国（the metropolitan state）却不大愿意迁就，领事本人则在其他一些邮件中表达了他们个人对他们的同情。[③]

正当奕伟士试图使他自己和他的孩子的官方地位合法化的时候，他的私人世界明显地远离了合法。这里似乎显示了导致其毁灭的线索。如果说他的身份是导致他遭到莫名其妙的绑架的一个原因，那么他的个人行为就是另外一个原因，而且的确他的行为——在打击到来之前的许多年间——就已经注定厄运的降临。这些事件根源于灯塔和灯塔员工——在本案则是奕伟士——对当地共同体，尤其是对当地妇女的影响。这个英国人最初是在1924年被安排到石碑山工

① 奕伟士致W. 梅里克·休利特，1925年7月11日；FO致H. H. 布里斯托弗，领事，厦门，1927年8月16日，《奕伟士孩子的出生登记》，TNA，FO 663/26。（C. H. Edwards to W. Meyrick Hewlett, 11 July 1925; FO to H. H. Bristow, Consul, Amoy, 16 August 1927, Chas. H. Edwards, Registration of births of children, TNA, FO 663/26）。此信是我所找到的唯一一封奕伟士的亲笔签字信。

② 厦门领事的出生登记实际上对弗兰克·休·爱德华兹3个已知的孩子都没有入籍效力。但是他们信心十足地坚持为他们的孙子们争取一个合法的国籍，之所以会出现缺少法定声明的情况，可能是因为奕伟士的出生从来没有正式注册，这就可以使他的身份地位模棱两可。如果他的父母实际上属于未婚——至少在厦门此类婚姻是不会登记在册的，那么他就有资格要求其英国人身份。

③ 关于领事的同情心可见例如影院经理H. C. 贝斯特（H. C. Best）事件。贝斯特是由一个未婚的英国父亲和一个中国母亲在厦门生的，他的英国保护权在1930年被收回。（TNA, files FO228/4073 84x 1929 and FO228/4324 84x 1930）

作的，一共在职5年。1925年，他收养了一位年轻的中国女孩，名叫黄阿花，来自灯塔西北方向5英里处的武宁村。据说，她被好心地当做一个“妹仔”，即一个女性奴仆，加以正式地接纳了。程后来称她为“我收养的小妹妹”（尽管也认定起先是程的母亲收养的）。不管怎样，既然是“收养”了，奕伟士就正式承担了他的家庭对她的责任。[①]但是当奕伟士的家庭定居于东碇岛灯塔站——沿海岸向东北走110英里可抵达厦门——时，黄在1931年2月死掉了。她当时只有14或15岁，死的那天她脱下鞋子并把它们整齐地放在岩石上，然后自己跳入水中。她的行为表明为自杀。在从海里打捞出她的尸体后，员工们为她打了一口粗糙的棺材并将其埋葬在了灯塔站的南头。[②]东碇岛是一个人迹罕至的孤立场所，中国员工肯定不喜欢去。它也很难抵达，位于距离海岸8.5英里处，每个月只有运输船光临两次，除此之外便是灯塔巡视员两月一次的造访。[③]但是没有任何暗示表明黄不高兴或是孤独的——程说道，“她非常幸福，我完全想象不到她为什么要自杀”[④]。我们或许能够合理地推测促使一个孩子自杀的原因是什么，我们或许会提到我们所知道的在外国男人当中特别是在灯塔站里的外国男人明显的性文化，我们不能排除灯塔站的某个人的性侵犯或类似行为在本案中的责任。

---

① 奕伟士夫人1933年10月25日声明翻译，汕头S/O617号附件6；玛丽亚·贾绍克：《妻妾和奴仆 —— 一个中国海关职员的社会史》，伦敦和新泽西洲：蔡德图书公司1988年版（Translation of Statement from Mrs. Edwards, 25 October 1933, Enclosure No. 6 in Swatow S/O No. 617; Maria Jaschok, Concubines and Bondservants: The Social History of a Chinese Custom. London & New Jersey, Zed Books Ltd., 1988）。

② 在班思德的著作中，埋藏工作实际上也是论述灯塔站活动的一个题目，因为有不少废旧物或其他东西堆积到站点附近，尸体被冲到海岸。

③ 班思德：《中国沿海灯塔志：关于中国海关航标灯服务的图解》，上海：稽查总局统计处1932年版（T. Roger Banister, The Coastwise Lights of China: An Illustrated Account of the Chinese Maritime Customs Lights Service. Shanghai: Statistical Department of the Inspectorate General, 1932），第81页。

④ 奕伟士夫人1933年10月25日声明翻译，汕头617号附件6（Translation of Statement from Mrs. Edwards, 25 October 1933, Enclosure No. 6 in Swatow S/O No. 617）。

不管什么原因，也不管谁是罪魁祸首，奕伟士被卷入了与这个女孩在武宁村的家庭久而未决的谈判。的确，灯塔管理员桑士（G. E. Sands）曾经告诉过税务司许礼雅，奕伟士特别要求回到石碑山工作，以便就地彻底解决争端。在他到达之前，他先派他的厨子与受害人家庭协商。等到家庭到来时，程辰琴已经给了女孩的母亲＄30作为赔偿。但是争议似乎要顽固地持续下去。厨子好像一直试图就此事件勒索奕伟士，他还联合了灯塔站员工中的村民，其中包括黄阿花父亲的两个老乡。① 虽然灯塔巡视员花德坚决镇压了在当地动乱和打砸抢背景下发生的攻击灯塔站事件——列举了一系列在临近村庄发生的类似事件，但是其他一些海关同事私下里已经意识到在奕伟士"与当地村庄和当地妇女的关系中……他的行为确实是非常丢脸的"②。程辰琴在被释放后特别揭露了隐藏在这个事件背后的一些真实故事。从程的声明中可以概括地勾勒出发生在女孩的家庭、他们在灯塔站的同乡以及游击队之间的共谋。厨子成为这个事件中的关键人物了。我们知道灯塔站里按照种族划分的雇用等级制（the still-raced employment hierarchy）为中国籍员工和外国籍员工之间的对抗提供了众多潜势。外国上司对中国籍员工体力的滥用并不是过去的事情。外国人的中国伙伴或者妻子的存在，可能会对错综复杂、变化多端的相互关系产生进一步的影响，可能会塑造出新的身份冲突场所，而且他们能够凭借他们自己的术语和用他们自己的语言与

① 故事变得非常复杂了，但简单地说，厨子随后加入了在汕头的当地警察部门，1933年10月逮捕了一个被他说成是绑架者之一的人。结果证明这是一个诬告，厨子/警察反过来被拘捕了，并且他在事件之前、之中及之后有问题的角色明朗化了。他也经常勒索石碑山的中国员工，他们对于在事件过程中被偷盗物品的补偿要求因此大大提高了。

② 南灯塔巡稽花德致厦门税务司的备忘录，未注明日期，1932年10月，汕头S/0617号附件5，1933年11月30日，中国第二历史档案馆，679（1），32370；广州快信32号，1934年3月8日，附加在北京，1043号，1934年7月21日，F5243/388/10，TNA，FO 371/18127（Memorandum from Mr. Watt, Inspector of Southern Lights to Amoy Commissioner, no date, October 1932, Enclosure No. 5 in Swatow S/O No. 617, 30 November 1933, SHAC, 679（1）, 32370; Canton Despatch No. 32, 8 March 1934, enclosed in Peking No. 1043, 21 July 1934, F5243/388/10, TNA, FO 371/18127）。

中国籍员工发生紧密联系。没有人是民族英雄，既不是仆人，或者在本案中，也不是其厨子。

似乎没有理由怀疑程辰琴对当地灯塔站员工为了某些人的利益与游击队勾结的猜想，而且这些猜想在其他观察者那里也有回应。在大白天明目张胆地带走人质的绑架行动完全可以被假设为一个假象。游击队员从其聪敏才智中获益匪浅，这一才智帮助了他们攫取那些“洋票”，并且就其全部的政治戏剧——谴责英国帝国主义和香港政府——而言，勒索赎金是最近的目标，而黄阿花的家庭或许担负着复仇的重任。后一点听起来更像萨默赛特·毛姆（Somerset - Maugham）的文学创作而非领事或海关的记录，但是事件的具体细节被那些卷入其中的人们故意地不加追究了。就本质而言，这很明显地是一个令领事和税务司感到太肮脏和太丢脸的丑闻，以至于希望完全抹掉它。

最不可信的是把杀害逐侠诺或奕伟士事件说成预先计划好了的——一个死人质是毫无价值的，而且可能导致更加激烈的报复。在1925年和1927年，英国警察或海关曾在香港以外对位于“大亚湾”的“海盗”村庄进行过打击——在后一行动中甚至使用了飞机。[①]无论如何，对全体相关人员来说，所有事情都做错了，特别是地方军队根本不想进行谈判或缴纳赎金，而是实施了严厉的反游击队战争，骚扰了沿途的战斗者。两名人质在途中某处死掉了。外交官和海关所能做的只剩下宣布两人的死亡并给予他们最近的亲属一定的补偿。外交官代表奕伟士的利益，确保这是足够的（不希望在他们的身边有一个带着7个孩子的悲痛哀伤的英国国民），但海关对她的态度比较好（可能是感觉到有必要这样做，从而消除其他海关员工的忧虑）。或许也为逐侠诺的“非官方确认妻子”作了一些事情，但有关她的情况，所有的记录几乎都没有提及。我们不知道她

---

① 《时报》，1925年1月22日，第11页；1927年3月25日，第14页（The Times, 22 January 1925, p. 11; 25 March 1927, p. 14）。

的名字，而且文件对她的国籍也有不同说法。在 1934 年 6 月 25 日，奕伟士被正式宣布为死亡的时候，上海最高法院对石碑山绑架事件作出了官方了结。

条约口岸的新闻界曾在 1931 年针对上海英国人约翰·桑波恩失踪事件进行过广泛报道。这个人被描述为一个无辜的、喜欢冒险的的年轻人，希望使自己变得更好并“做些好事”。相反，对于英国灯塔管理员被绑架事件，新闻界基本保持沉默。①桑波恩是一个定居的上海人，一个希望在条约口岸商务部门获得雇用“低阶层白人”（low - white）。但他是道地的英国人，而英国条约口岸的积极分子需要一个借口（a cause célèbre），以便激起反对废除治外法权改革的言论。作为一个欧亚混血者（领事官尖锐地指出，他的父亲“已经通过其中文昵称证明了有关其种属的回答”②），他出生于厦门并与一位中国妇女结了婚；而且作为一个男人，他在社会上和身体上都工作于边缘地带，远远超出了上海人的视野；作为一个中国政府的雇员，奕伟士也根本不在殖民地的体面和包容范围之内。这就意味着，当奕伟士遇到麻烦时，警察或海关根本没有像对待桑波恩那样举行群众集会，上海的新闻界也没有发起广泛争论。他的地位、他的背景、他的特征太不明确了，或者说在英国条约口岸的眼中，太缺乏吸引力了。

尽管如此，奕伟士仍然是一个英国国民，至少到 1932 年国家开始关注时（即使有可能通过一次正式调查剥夺他的这一身份），英国官方机构也抱持同样观点，但是各类文件有意要迷惑读者。它们的语气如此微弱，远不及绑架事件应当被期待具有的语气，甚至还考

① 毕可思：《一个年轻上海人的死亡——桑案和 1931 年对英国在中国的条约口岸的保卫》，《剑桥网络杂志——现代亚洲研究》，第 30 卷，2008 年第 2 期（Bickers, Death of a young Shanghailander. The Thorburn Case and the Defence of the British Treaty Ports in China in 1931, Cambridge Journals Online - Modern Asian Studies, 30: 2 [2008]），第 286 页。在 1932 年 3 月 1 日至 5 月 24 日之间，《北华捷报》登载了 5 个重大故事。

② 汕头快信 8 号，1932 年 4 月 9 日，F3273/1895/10，TNA FO 371/16227（Swatow Despatch no. 8, 9 April 1932, F3273/1895/10, TNA FO 371/16227）。

虑到了奕伟士边缘化的社会地位，评论他与当地妇女的关系和从条约口岸地理来看的事件发生地点的偏僻。只是在后来很晚的时候才知道，一个较早的、源自对记录的稀少进行反思的结论证明是正确的，而且奕伟士有一个中国母亲的事实也被确定了。这不是一起正常的绑架。它根源于外国势力在中国的存在的微观政治学，根源于那些被配置在技术现代化前哨的外国人的复杂生活，根源于英帝国的中国人世界的广泛紧张关系，以及英帝国的中国人世界与中国人社会、文化和政治的关系。在充满恶臭气味的石碑山灯塔站的小画像中，在中国，更广泛地在殖民地世界，外国人的存在和外国强权的更大冲突、更大紧张关系和更大矛盾，表现得淋漓尽致。

四、结　语

石碑山航标灯以及海关船舶署其他航标灯和设施的阴影笼罩着它们与之毗邻的共同体，就像哈罗德·伊萨克所说的，“高耸的工厂烟囱”遍布诸如上海之类城市边缘“仍旧用木犁耕作”的田野间。① 本论文透过航标灯系统、它的员工以及它对于理解外国势力在中国活动的广泛性特征的潜力来探究海关管理部门的基础结构。在此，这个底层结构世界无疑属于外国势力在中国活动的一部分，同时它又经常是中国的代理机构。航标灯系统与其员工群体之间的对照是令人感兴趣的。当然，所有此类系统或组织与其员工生活之间的对照有时都是十分强烈的，但在石碑山事件中，国籍、种族、阶级都构成了关键性背景因素，这种结合是帝国和帝国在中国的非正式世界的本质性构造。就本案来说，存在于海关的正式地位与其所发挥的非正式作用之间、海关职员作为中国政府雇员的正式身份与他们

① 哈罗德·伊萨克：《中国革命的悲剧》，伦敦：塞克尔和瓦堡出版社 1938 年版（Harold Isaacs, The Tragedy of the Chinese Revolution. London: Secker and Warburg, 1938），第 1 页。

在英国的和其他的共同体之中所处位置之间的紧张关系，使我们对在中国的英国势力的复杂多样性获得了很多认识。英国国家力量在中国的自发的或正式的活动是相当复杂的。就是在航标灯系统中也是如此，而我们想做的仅仅是一个个案研究。它是外国势力为了追求自己的利益而据以实现把中国从结构上整合到全球网络中的工具，而我们实际看到的一些东西却远不是一清二楚的。航标灯灯塔站是一些尴尬的地方，也被配置了一些尴尬的（并且是被尴尬地任命的）人员，这些人的故事和困境引导我们放弃了那些简易的、二元论的定性分析条约口岸世界的做法，取而代之，我们试图直接考察其时态、相互联结和把武宁村、石碑山灯塔站、厦门、上海及其他更远地方紧紧地网连起来的方式，对它们作出分析并加以理解。

19～20世纪的来华法国医生：南方开放港口、租界和租借地的拒绝或依从

[法] F. 布莱特－埃斯塔波勒

韩威、孙梦茵译 孙立新、赵光强校

对于西方治疗学在19世纪欧洲列强向中国扩张其统治权之际如何被中国人接受一事的关注，允许我们去解决当前“殖民主义与中国的地方性”这一研究项目内含的大量问题。的确，正如研究当代社会的不同学者早已指出的那样，对于医治方法的接受或拒绝取决于许多因素，远比仅仅对疗效的认识复杂、异样得多。医生在社会中的地位、开处方权利的合法性、对号称拥有改造他人权利者或多或少的怀疑态度，以及社会和个人对疾病、疼痛和疗效的理解等，都是可以解释人们在某个社会中能够看到的、对医治方法的不同依从体制因素。[①]这些因素也可以在19世纪和20世纪的大背景下得到

① 参见S. 范桑：《药学与社会》，巴黎：PUF出版社2001年版（S. Fainzang, Médicaments et société, Paris: PUF, 2001）。A. 克莱曼：《被医生和游医所治疗的病人：关于台湾的比较研究》，《文化、医学和精神病学》，1982年第6期（A. Kleinman, Patients treated by Physicians and Folk Healers: A Comparative Outcome Study in Taiwan, in: Culture, Medicine and Psychiatry, 6, 1982），第405～423页，或参见兰斯·P. L. 李：《香港人对中医的理解和应用》，《文化、医学和精神病学》，1980第4期（Rance P. L. Lee, Perceptions and uses of Chinese Medicine Among the Chinese in Hongkong, in: Culture, Medicine and Psychiatry, 4, 1980），第345～375页。

富有成效的分析；当时，中国被分割成不同政治实体（外国人租界、开放港口、租借地），它们授予外国医生和开处方者或多或少权威与合法性。

在对法国军医进入中国南方（云南、广西、广东等省）这个背景作一简要回顾之后，本文将主要揭示法国医治方法在下列地区被接受的方式，这些地区不仅涉及不同的政治实体（开放港口或开放城市、法国在广州的租界以及广州湾租借地），而且也涉及在腹地的开放城市以及在内地的租界。

一、法国医生进入中国南方的政治背景

把医疗与法国外交领事活动结合起来的计划出现于 19 世纪末，当时，欧洲列强竞相在中华帝国瓜分势力范围。法国政府对中国大南方的觊觎由来已久，其目的是更容易地从法国在印度支那的殖民地接近中国市场。在 19 世纪最后 20 年里，法国对被发现有丰富原材料资源的云南、广西和广东的开发使这些省份变得格外诱人。因为占领了印度支那，法国政府也成功地在那里确保了一种有利可图的局势。1895 年以前，它已经确保了云南省的一些城市的开放，使法国人得以在此居住并享有治外法权及优惠的税率。中日战争结束后不久，它又建立了一个势力范围，确保了位于边界的其他一些城市的开放，获得了设立领事馆、继续铺设河内至云南省会（云南府，现为昆明市）的铁路，开采云南、广西、广东境内矿藏和租借广州湾 99 年的权力等。因为清楚地知道西方医疗机构——主要基于传教会的倡议，它们在 19 世纪最后 30 年间在中华帝国内日益兴旺发达——会在这个地区确保法国国家利益，法国政府当局遂决定派遣医生到所有法国领使馆驻地（昆明、蒙自、思茅、龙州、北海、海口、广州）。的确，在 1820～1911 年间就有 247 个西方药房和医院得以

建立，而在 1886 ~ 1911 年间有 30 家医学院成立。[1]法国领事医院的建立也是对另一个需求的回应，这就是为印度支那和法国的公众健康提供保护，因为它经常受到在紧靠殖民地边界的中国地区频繁爆发淋巴腺鼠疫（bubonic plague）的威胁。

总之，来到领事医院的法国医生成为了双重任务的先头部队：一是告知法国殖民当局有关这个中国地区的公众健康状况；二是通过提供免费的健康护理赢得中国民众和精英们的信任，以便加强势力范围。实际上，中华帝国的分享将为创建完全殖民化的区域创造有利条件。

二、法国档案文献、方志和当地的医学著作：考察相互作用的同时代资料

这些法国诊疗所的建立，导致了不少于 2000 卷档案文件的出现，它们主要被收藏于 3 个地方：普罗旺斯省的海外档案中心（Centre Des Archives d' Outre – Mer in Aix en Provence）、南特的外交档案中心（Centre des Archives diplomatiques in Nantes）和巴黎的外国内阁事务档案中心（Centre des Archives du Ministère des Affaires étrangères in Paris）。[2]这些文献之所以十分丰富，主要因为被派到中国领事医院的法国医生必须严格遵守由印度支那法国殖民地制定的一些规则。也就是说，他们不得不根据在 1897 年制定、以后从未修正的计划，向他们的监管者每月或每年报告其诊疗所的经营状况。[3]

---

① 龚纯：《中国历代卫生组织及医学教育》，科教出版社 1983 年版，第 149 ~ 156、158 ~ 159 页。H. 巴尔默：《中国和近代医学，医学传教发展研究》，伦敦：利文斯顿书店 1921 年版（H. Balme, China and Modern Medicine, A Study in Medical Missionary Development, London: Livingstone bookshop, 1921），第 77 页。

② 海外档案中心的印度支那大总督府文件（GGI. dos）及殖民部文件（SOM. NF. dos）收藏于普罗旺斯省的海外档案中心；北京法国公使馆文件收藏于南特外交档案中心；外国事务部文件收藏于巴黎的外国内阁事务档案中心。

③ 海外档案中心的印度支那大总督府文件，20264，1897 年 5 月 20 日。

信息因此是连续的。由于医生被特别交待要详细记录病人的出身和类型、他们的病情，所以这些资料允许人们对各地长达 30 年之久的抵抗或接受西方医学现象进行考察和比较，也允许深入探究其社会和类型的差别。资料丰富还要归功于另一情况，这就是记录者大都超出预先规定长时间留在工作岗位上；在一家医院工作 2 年以后，他们当中的大部分人会多次签订新合同，有人甚至在中国南方法属医院终身执业。他们所作的记录也就精确地描绘出了他们所在地区的社会、政治、文化环境。对于分析当地民众对法国医学和医疗方法的反应，这些档案提供了第一手的、精确的信息资料。

尽管如此，仍有必要诉诸中文资料以便更好地理解法国医疗方法是在什么样的医疗文化背景下被规定的，充分领会文化的相互作用是如何发生的。有两种中文资料有助于说明普遍流行的关于疾病的观念和医疗实践，而在当时当地，法国医生也试图使人熟悉他们的文化和实践。这两种资料就是：方志和医药书籍[①]。

然而，没有一种原始资料可与社会学和人种学的现代质询相比较，这些质询允许新近的学者研讨当代社会中对医疗方法的依从或拒绝现象。但是这些资料可以根据中国民众提出的不同问题来揭示他们是怎样对西方治疗术做出反应的。这些问题是：医生在这些服从不同政体的地方被授予了什么样的权威？医生可以用什么样的医疗方法使中国病人相信这些方法比中国的方法更优越？以及是什么东西激发了对于西方医疗方法的抵制？

---

① 关于地方志的历史，参见 P. －E. 威尔：《中国的地方志、历史和实际应用导引》，《中国研究摘录》，巴黎：现代中国文献研究中心（EHESS），1992 年（P. －E. Will, Chinese Local Gazetteers. An Historical and Practical Introduction, in: Notes de recherche du Centre Chine, Paris: Centre de Recherches et de documentation sur la Chine contemporaine (EHESS), 1992）。在清王朝统治时期，三省写作的医疗文献有 265 卷。由于不同的原因——印刷成本、保持世袭私传的愿望、因 19 世纪下半叶叛乱造成的损毁——仅有三分之一仍旧保存在中国的图书馆当中。这是能够说明这一地区医学社会和文化史的医药文献样本。

三、法国医生在中华帝国和民国中的权威

派遣法国医生来华和在中国南方建立法国医院的动机与那些导致大多数欧洲国家在其殖民地推行公共健康政策的动机并没有什么不同。[①]然而，来到中华帝国的法国医生并不拥有他们那些在完全殖民地工作的法国和欧洲同事所拥有的地位。因为清廷的政治主权，19 世纪最后 10 年到达开放港口或城市（昆明、蒙自、思茅、龙州、海口）的法国医生并没有被授予针对中国民众的官方权威；不管是朝廷还是他们所依属的殖民管理当局都没有把他们当做官方医生看待。只是在租借地广州湾，法国医生的身份和医疗机构的性质有所不同。法国印度支那大总督府掌握着这个地区的行政管理权，而该地区本身则被分为 3 个区，每个区都有一位行政官领导。有一位在那里工作的法国医生落户在该地区，但是直到 1920 年都只接诊印度支那法国和越南的士兵。尽管流行病经常发作，当局对此也密切关

---

① 关于欧洲扩张时期西方医学的动机和所扮演的角色，参见 S. 马尔克斯：《何为殖民地的殖民医药？在帝国主义和医疗卫生之间发生了什么事情?》《医学社会史》第 10 卷，1997 年第 2 期（S. Marks, What is Colonial about Colonial Medicine? And What has Happened to Imperialism and Health ? in: Social History of Medicine, vol 10, 1997, 2），第 205 ~ 219 页；D. 阿诺尔德：《帝国医学与本土社会》，曼彻斯特、纽约：曼彻斯特大学出版社 1988 年版（D. Arnold, Imperial Medicine and Indigenous Societies, Manchester, New York: Manchester University Press, 1988）；D. 阿诺尔德：《对肉体的殖民控制：印度十九世纪的国家医学和流行疾病》，伯克利：加利福尼亚大学出版社 1993 年版（D. Arnold, Colonizing the Body, State Medicine and Epidemic Disease in Nineteenth Century, India, Berkeley: University of California Press, 1993）；L. 麦克劳德：《疾病、医学和帝国：西医的前景和欧洲扩张的经验》，伦敦：劳特里奇出版社 1988 年版（L. Macleod, Disease, Medicine and Empire. Perspectives on Western Medicine and the Experience of European Expansion, London: Routledge, 1988）；M. 沃恩：《处理疾病：殖民力量与非洲人的疾病》，斯坦福：斯坦福大学出版社 1991 年版（M. Vaughan, Curing their ills : Colonial Power and African illness, Stanford: Stanford University Press, 1991）；Y. 图林：《在阿尔及利亚殖民地的文化对抗》，巴黎：马斯普罗出版社 1971 年版（Y. Turin, Affrontements culturels dans l' Algérie coloniale, Paris: Maspero, 1971）。

注，法国医生还连续写了两本小书，但在租借地中的法国医生似乎与中国居民并没有接触。尽管害怕印度支那人部队的健康会受到染上流行病的中国人的损害，法国行政管理部门也只满足于定期颁布一些卫生条例，使患有疾病的中国人远离军队，并在 1904 年建立了一座传染病医院（lazaret），隔离染上时疫的中国人。

19 世纪 90 年代末，法国医生一来到中国就开始在一种敌对的氛围下工作了。虽然 1898 年爆发的义和团起义只局限于中国北方地区，但在大南方，中国人和西方人之间的敌对关系也明显可见。在这里，不同的冲突甚至转化成为了反对外国人的骚乱。[①] 1899 年，在云南南部的蒙自镇，在矿上工作的两个中国人的争斗引发了暴动并最终危及到外国人：1899 年 6 月，英法两国的一些设施，特别是服务于铁路的设施遭到破坏和焚毁。法国驻蒙自的领事馆被抢劫，中华帝国的海关被付之一炬。1900 年 6 月，在第一任法国领事到达云南省会时，又有一场反法斗争爆发了：领事机构被抢劫，天主教堂遭破坏，领事和该地的法国侨民被迫离开云南。1900 年夏秋季，广州的反对外国人行动声势浩大，以至于刚刚到达的法国医生不得不推迟他们在中国人居住区的工作，直到 1901 年 1 月，才建立起一个诊疗所。[②]

尽管如此，被派遣来的法国医生还是迅速获得了当地部分精英、平民和军队的好感，在某些程度上缓和了由法国帝国主义扩张激起的紧张局势和中国人的恼怒。例如 1903 年在广州建立的法国医院，就获得了广东省中国高级官员的一致庇护，也得到了当地权贵、士

---

① 关于这场动乱，参见谢和耐：《中国社会》，巴黎：A. 科林出版社 1972 年第 2 版（J. Gernet, Le monde chinois, Paris: A. Colin, 1972, 2e édition），第 522 页。

② 海外档案中心的印度支那大总督府文件，21842，蒙自事件的记录，西贡，1899 年 7 月 21 日，布莱尼尔（Brenier）：《商业统治下的印度支那》；海外档案中心的印度支那大总督府文件，21841、21836 以及雷沃因·戴蒙德（Révérend Dymond）的报告：《中国邮政》，1900 年 8 月 18 日；海外档案中心的印度支那大总督府文件，32789，广东法国领事医药服务运作报告，1900 年 10 月 3 日到 1901 年 10 月 1 日。

绅和富商的经济资助。[①]两年后，有几位中国学生来这里进修，并且都得到了省政府的准许。昆明也是如此。早在1901年，云南总督就要求法国领事为中国学生开办一个医学班。[②]在蒙自或龙州的一些地方，军方很早就向法国医生求诊了。在龙州，法国医生为一些士兵进行了诊治，他们来自湖北，任务是帮助地方当局缉捕海盗，但染上了疟疾。在蒙自，法国医生也为士兵看病。

20世纪最初几年，由于少数地方当局的主动，法国医生遂与当地精英产生了零星接触。根据这些法国医生的报道，其可信性证明使他们获得了些许权威，尽管十分有限。到达海南岛不久的费莱（Feray）医生写道："一些达官贵人来我处求诊，他们的病并不严重，很容易治好。他们很快恢复了健康，我的病人也因此增多了。中国人总是喜欢把统治者当做模范。"3个月后，他证实说："我经常接到官员的求诊，这加强了民众对我的信心，以至于我每天要接诊40多人。"[③]

中央在所谓新政时期实行的改革极大地加强了这种联系。由于受到1895年中日战争的打击和1900年义和团起义的削弱，清廷自1901年起实施了一系列改革，这也是诸如康有为等改革家在1898年提出的改革方案的影响的结果。在20世纪第一个10年间，不仅从知识分子当中，而且也从少数官员当中，产生了一种现代主义话语，它极力宣扬使国家公共机构现代化的必要性。废除科举考试（1905）、建立新式军事组织和警察（1905）、设立省议会（1906）、宣布新法（1910）和使赋税体系合理化等，都是在这一时期采取的改革措施。

---

① 海外档案中心的印度支那大总督府文件，42396，杜普医生的报告，广东，1905年和南特外交档案中心北京法国公使馆文件，650卷，法国在广东和云南府的成果，领事信函1902年3月6日。

② 殖民部文件，315，给崇高的弗朗索瓦（François）领事的信函，在中国的法国部长，1901年9月21日。

③ 海外档案中心的印度支那大总督府文件，32756，费莱医生的报告，海口，1900年4月1日和1900年7月2日。

在医疗帮助领域中，早在 1906 年，朝廷就把原先由少数地方官员采取的零星行动集中了起来。在此，借鉴日本在 1874 年建立的模式，朝廷委任警察负责卫生事务。1905～1911 年间，地方警察局、公共福利院、医院、医学研究机构和大学纷纷成立，并在一些地方由警察监管。地方警察局不仅在省会城市广州（1905 年）和昆明（1908 年）设立，而且也在龙州、北海（1907 年）和海南（1908 年）等较小城市设立。在这些医疗机构的负责人中，有一些是接受了西方医学教育的医生，无论是在中国，还是在欧洲、美国或日本受的教育。例如曾留学剑桥的伍连德（Wu Lien－The）医生就被委任为第一所公共卫生机构满洲瘟疫预防所（Mandchourian Plague Prevention Service）的领导人，该预防所是在 1910～1911 年满洲发生肺炎流行病之后建立的。

20 世纪前 20 年，尽管外国人的到来仍会在地方上激起反抗运动[①]，但西方医学已经受到帝国和后来共和国统治者精英的赏识，并且借助于它，公共卫生体系也得以开始组织了。教育部长汪大燮 1913 年压制中医的尝试或起草法规允许进行人体解剖以方便解剖学研究的行动，都证明运动不仅是地方的，而且也是中央的。[②]

统治者精英对西方医学的认可，无疑增加西方医生的权威性，尽管在机构建设方面仍是灵活的而不是强制的。这一权威还由于下列事实得到强化，这就是一些地方官员——他们都热衷于西学——

① 像 1910 年在云南，针对法国开采矿物活动；或者像 1922 年在广州，这里也发生了反对外国的罢工运动。参见海外档案中心的印度支那大总督府文件，28456，法国在云南利用火车进行煤矿开采的档案和有关于广东罢工的海外档案中心的印度支那大总督府文件，42393 及海外档案中心的印度支那大总督府文件，42394。

② 徐晓群：《“国粹”对“科学”：中国本土医生为取得合法性的斗争，1912～1937》，《近代亚洲研究》第 31 卷，1997 年第 4 期（Xiaoqun XU，“National Essence” vs “Science”：Chinese Native Physicians’ Fight for Legitimacy，1912－1937，in?：Modern Asian Studies，31，4，1997），第 847～877 页和伍连德：《鼠疫斗士：一个中国现代医生的自传》，上海卫生署国家检疫服务 1936 年版（WU Lien－teh，Plague Fighter. The Autobiography of a Modern Chinese Physician，Shanghai，Weishengshu，National Quarantine Service，1936），第 351 页。

还招聘西方医生到当地医疗机构工作并赋予他们一定职权。在昆明法国医院担任领导职务的凡东（Vadon）就被授权负责一个临时性红十字会医院事务，该医院是在1916年由军方建立的。广州法国医院院长卡桑卞咖（Casabianca）也在1918年成为了中国黄埔海军的医学顾问。1919年，在昆明的瓦勒（Vallet）获得了云南省官方医生身份。他的继任者缪兰克（Mouillac），从1922年起直到20世纪30年代末，除了在法国医院当医生外，还成为了省级官方医生、云南省政府医学顾问和中国传染病院的技术指导。此外，他还被选为新建的昆明卫生协会会员。他们中的一些人也获得了中方的尊敬和赞誉，比如巴伯休斯（Barbezieux）获得了“双龙奖”，凡东获得了“一品大夫”（l’Epi d’Or）称号，后来又获得了共和国军队颁发的“虎民”（Tiger Civil）奖。所有这些荣誉都有可能增强他们的权威性。

西方医生初来中国时，对中国民众没有任何官方权威，携带的医疗工具既少又差，但后来逐渐跻身于统治者精英核心层——先是帝国的后是共和国的——致力于使中国走上现代化道路。那么，法国医生到底拥有何种科学权威来保证其合法性呢？

四、19世纪科技革新和药理学扩展背景下的法国医疗方法

19世纪末被派到中国的医生与50年前被派往例如殖民地阿尔及利亚的医生完全不同，后者只配备少量特效药物：金鸡纳霜、加碘化物和滴眼液。[①]自19世纪初吗啡被大量地从罂粟中提取以来，大量含碱性药物先后被发现，包括奎宁、士的宁、可卡因、可待因酮、阿托品等，它们使19世纪末的医生获得了众多药物，包括具有止

① Y. 图林：《在阿尔及利亚殖民地的文化对抗：流派、医药、信仰，1830～1880》，巴黎：马斯佩罗出版社1971年版（Y. Turin, Affrontements culturels dans l'Algérie coloniale. Ecoles, médecines, religion, 1830～1880, Paris: Maspéro, 1971）。

疼、止吐、强心、退热及抗风湿、抗感染、麻醉和安眠效力的药。19世纪最后30年间，细菌理论开启了两大医疗领域：一是化学疗法，它促进了19世纪末杀菌疗法的改进，因为它发现了抵御传染病的化学物质；二是疫苗的问世，这在当时只限于防治天花的种痘。按照法国历史学家利奥纳德（Léonard）的说法，医学合成的传播者继承了不同的研究成果（伟大的化疗学家伯恩哈德［Bernard］、伦琴［Roentgen］的发现、巴甫洛夫［Pavlov］的研究和细菌理论）。20世纪初的医生至少是在大都市的医生都改进了他们的医疗方法。①

在被派往中国南方内地开放城市后，何种药物适用于法国医生呢？他们面对着一种非常糟糕、事后（a posteriori）很难评估的卫生状况：瘟疫流行，霍乱和天花直到19世纪30年代都在这一地区轮番肆虐，疟疾也是当地病，梅毒和肺结核更有蔓延扩大的趋势。

除了他们通常在殖民地印度支那法国药店或者直接在法国购买的、适用于大都市的普通药物外②，甚至在中国腹地的法国医生自1910年起也使用萨尔佛散，这是由保罗·伊尔利希（Paul Ehrlich，1854~1915）博士配制的一种作为呻的药引来注射以抵抗梅毒细菌的针剂，它在1910年就被使用了。主要由位于西贡和芽庄（Nha Trang）的巴斯德协会提供的血清和疫苗也被医生们用于医疗。20世

---

① J. 利奥纳德：《20世纪法国的医生、病人和社会》，巴黎：国家信件中心1992年版（J. Léonard, Médecins, malades et société dans la France du XIXe siècle, Paris: Centre National des Lettres, 1992），第228~229页；J. 利奥纳德：《处于明白与应该之间的医生》，巴黎：蒙田出版社1981年版（Léonard J., La médecine entre les savoirs et les pouvoirs, Paris: Montaigne, 1981），第242~258页。也参见J. 科林：《在空谈与实用之间：当医生面对治疗，1869~1890》，RHAF第53卷，1999年第1期（J. Collin, Entre discours et pratique, les médecins montréalais face à la thérapeutique, 1869~1890, in: RHAF, 53, 1, 1999），第1~36页。

② 在华法国医院所获得的医药详细目录，参见海外档案中心的印度支那大总督府文件，40934，在1923年任蒙自领事的亚兰（Jalland）医生的报告；海外档案中心的印度支那大总督府文件，32792，1922年在广东医院的报告；海外档案中心的印度支那大总督府文件，32792，1914年任云南府领事的凡东医生的报告和海外档案中心的印度支那大总督府文件，18501，蒙自和云南府的医务账目报告，1918年3月16日。

纪开初，血清鼠杆疫苗就被用于预防流行病；1904 年又有了抗白喉毒素的血清；1906 年，更用哈夫金讷对抗瘟疫。他们也从这些研究机构制造的一系列新血清和疫苗中获得好处：20 世纪 30 年代初，他们就报告说他们利用血清来对抗腐烂坏死组织，清除链状菌、淋菌、葡萄球菌中毒的感染，以及防治疾病，对抗天花、霍乱和瘟疫等。①

保罗·杜默（Paul Doumer）原是中国内地法国领事医院的创始人，后来成为了印度支那的大总督，他曾经称领事医院为“有影响的壮举”（oeuvre d’influence），敦促法国医生考虑免费为中国人治病。然而，随着医院接诊人数的增加和殖民地补贴的减少，这个原则改变了。自 1913 年起，法国医生允许在中国开设收费门诊及出售药物。1916 年，运抵广州的药物需缴纳手续费，而这一原则早在 1912 年就被接受了；1913 年在海口和昆明的法国医院中，也是如此。②然而，对于穷人或者流行病发作时期，药物是免费提供的，包括血清和疫苗，并且一直坚持到这些机构停业为止。

转入 20 世纪，法国医生可以应用更多的最新药物来保证其科学的合法性。但也有些问题对此产生了不利影响：首先是防止瘟疫的血清经常短缺，药物供应不及时情况屡屡发生。1923 年，在海口的医生依然抱怨，应该在紧急时刻注射的血清，往往在命令发出数周后才到达。1921 年，昆明发生了一场可怕的传染病，设在河内的法国预防狂犬病和细菌机构（Antirabic et Bacteriologic Institute）起初竟

① 医生获得的血清和牛痘的清单，参见海外档案中心的印度支那大总督府文件，2522、2524、、3274、32741、40969、40970、42396、26058、18889、40934。

② 参见海外档案中心的印度支那大总督府文件，32792，1908～1922 广州医院的作用；海外档案中心的印度支那大总督府文件，40934，1930 年殖民地开发，在海口从医的艾瑟丘医生的报告；海外档案中心的印度支那大总督府文件，40898，1912 年云南医院的作用。

以保持法国印度支那殖民地医院所需为借口，拒绝提供抗白喉血清。[①]另外，自19世纪70年代以来，虽然在确认传染病方面取得重大进步，但在50年后仍有些问题困扰着医生们。1921年3月～1922年5月，昆明爆发了一场迅速蔓延的疾病。显微镜分析得出结论说是一种源于白喉毒素的细菌在作祟，抗毒血清随即被大量使用，但毫无效果。失望之际，法国医生又倾向于认为是霍乱，于是便开始注射抗霍乱血清，但也没有什么起色。后来，河内的医疗中心派遣其细菌试验室主任查看诊断，分析之后，他既不认为是白喉毒素也不认为是霍乱，而是断定为猩红热。一年内，尽管注射大量但不适当的血清素，流行病还是夺去了50000人的生命，接近该城四分之一的人口。[②]

这些"现代"药物真是最有效的治病手段吗？与古典的和目的论的药物史编纂不同，新近的著作显示了这个"药物热"时期的医疗方法革新实际上是令人失望且没有前途的。[③]再者，就像历史学家

---

① 参见海外档案中心的印度支那大总督府文件，32756，费莱医生给政府的信，1900年5月15日；海外档案中心的印度支那大总督府文件，32741，领事给政府的信，1910年6月24日；海外档案中心的印度支那大总督府文件，32774，医务检察员给政府的信，1910年10月15日；海外档案中心的印度支那大总督府文件，38984，主要医生给医务检察员的信，蒙自，1912年7月26日；海口，法国吕尔金（Leurquin）领事给政府的信，1923年11月21日；海外档案中心的印度支那大总督府文件，40897，政府给云南府领事的信，Hanoi，1922年3月2日。

② 海外档案中心的印度支那大总督府文件，40934，在云南府从医的缪兰克医生的报告，1922年。

③ C. 伯纳和A. 拉斯姆森主编：《十九至二十世纪的医药史》，巴黎：格里夫出版社2005年版（C. Bonah et A. Rasmussen, (dir) Histoire et médicament, aux 19e et 20e siècles, Paris: Glyphe, 2005）。

所强调的那样，血清和疫苗从一开始出现就是非常不可靠的。①

由于没有密集的卫生保健网络，所以无法事后（a posteriori）评估血清和疫苗在20世纪初中国的疗效。相关证据彼此矛盾，公众医生职能的转变也像下面的例子所展示的那样需要让人信服。1899年，雷宫达（Reygondaud）医生告知蒙自地方当局说耶尔赞氏血清能够治愈80%的瘟疫患者。但这个数据是从小范围试验中得出的，实际情况并非如此。1900年，在海口有3个病人得到血清治疗，两个死亡。两年后，另一位在龙州的医生取得了47% 的治愈率，而在福州的医生得到的治愈率居于45%至53%之间。1908年，在芽庄的治愈率为58%。②

总之，20世纪初在中国南方腹地工作的法国医生已经可以使用以不同形式制造的最新药物了，比如药丸、胶囊、药片、注射剂、石膏等。但在绝大多数情况下，他们只能对诸如疼痛、发烧病症或者对例如消化不良等生理功能进行有效治疗。直到20世纪20年代

---

① J. C. 索尼亚：《医学史》，巴黎：发现出版社1992年版，1997年修订本（J. C Sournia, Histoire de la médecine, Paris: La découverte, 1992, réédition 1997），第258~259页；R. 波特：《对人类最大的利处：自古至今的人类医药史》，伦敦1997年版（R. Porter, The Greatest Benefit to Mankind. A Medical History of Humanity from Antiquity to the Present, London: Harpercollins, 1997），第443页，此处回顾了牛痘对抗流感是如何第一次展示了卫生制度的突变。第444页，此处描述了哈夫金讷疫苗对抗瘟疫仅仅取得了有限的成功；葛瑞格：《病毒的生长过程：以烟草病毒为实验模型，1930~1965》，芝加哥：芝加哥大学出版社2001年版（Creager, The life of a virus?: Tobacco mosaic virus as an experimental model, 1930-1965 Creager, The life of a virus?: Tobacco mosaic virus as an experimental model, 1930-1965, Chicago: Chicago University Press, 2001），第五章，此处回忆了1955年预防骨髓灰白质炎的接种疫苗的注射引起婴儿麻痹的许多病例。

② 参见海外档案中心的印度支那大总督府文件，19947，蒙自医疗站的报告，1899年1月15日海军2级医生；海外档案中心的印度支那大总督府文件，32756，费莱医生给海口政府的信，1900年5月15日；海外档案中心的印度支那大总督府文件，32741，龙州医疗站的报告，盖纳德医生，1902年2月；海外档案中心的印度支那大总督府文件，18319，文森特·洛凡蒂斯（Vincent Rouffiandis）医生，福州的瘟疫，1902年；A. 耶尔赞：《芽庄的流行性瘟疫纪录》，《卫生学史和殖民地医学》，t. 11，1908年（A. Yersin, "Notes sur une épidémie de peste à Nha Trang", Annales d' Hygiène et de Médecine Coloniale, t. 11, 1908），第442~444页。

末，他们当中也只有一小部分人有能力真正治病救人。有效治疗传染病的化学药物只有汞、萨尔佛散及其变种，如可有效治疗血吸虫病的锑和金鸡纳霜。[①]疫苗和血清在预防和治疗传染病方面没有明显进步，而在抗生素发明之前这些传染病经常是致命的。如果说耶尔赞氏血清能像后来经过试验证明的那样成功救治一半的瘟疫患者，那么没有从它那里得到好处的瘟疫患者1900年在海口的死亡率是97%，1908年在芽庄甚至高达100%。[②]

中国民众对于这些医疗方法的反应如何呢？

五、对法国医疗方法的抗拒和接受

尽管存在这样一种流行说法，即中国病人在尝试了所有更熟悉的医疗方法后，才求助于法国医生，但是分析法国医院的系列统计资料——附加分析传教士诊疗所和新建的中国医院所留下的统计——所得出的结论是：20世纪初，诉诸于西方医学的行为迅速而且大规模扩张。然而，对于西医和西医治疗方法的态度并不一致，抵制和拒绝的现象仍清晰可见，这不仅与社会环境和类型有关，也与被规定的医疗方法密不可分。[③]如果说我所搜集的资料尚不允许在分析民众对医疗方法的依从程度时也考虑到病人的社会身份，那么

---

① R. 波特：《对人类最大的利处：自古至今的人类医药史》，伦敦1997年版（R. Porter, The Greatest Benefit to Mankind. A Medical History of Humanity from Antiquity to the Present, London: Harpercollins, 1997），第452页。

② 参见海外档案中心的印度支那大总督府文件，32756，费莱医生给海口政府的信，1900年5月15日；A. 耶尔赞：《芽庄的流行性瘟疫纪录》，《卫生学史和殖民地医学》，t. 11，1908年（A. Yersin, "Notes sur une épidémie de peste à Nha Trang", Annales d'Hygiène et de Médecine Coloniale, t. 11, 1908），第442～444页。

③ 西医在不同社会和环境中的资源发展，参见F. 布莱特－埃斯塔波勒：《抵制与接受：法国殖民医学在中国西南部地区，1898～1930》，《近代中国》第25卷，1999年第2期（F. Bretelle-Establet, Resistance and Receptivity: French Colonial Medicine in Southwest China, 1898-1930, Modern China, vol. 25, N°2, 1999），第171～203页。

一些报告还是能够让人思考下列问题的，即对法国处方的态度因社会环境不同而有差异。比如，在20世纪初，预防瘟疫或天花接种不仅被接受了，而且还有许多接近改革派的受过教育之人对此求之若渴，这些人是广州最高首脑、海军学校工作人员和新式学校的学生。①相反，这些药物却常常激起远离城市中心的穷苦人的恐惧和敌视。

因为有对病人所患疾病的详细描述和系列清单，法文资料允许分析法国医疗方法和处方在民众当中被普遍接受的各种各样情形。在这方面，它们清晰地表明，那些对病症能够产生迅速和明显疗效的医疗方法受到极力追捧。加上金鸡纳霜和泻药已被中国民众普遍认可和接受，在治疗过程中得以运用的清洗病菌的消炎药、眼药水和一般性手术也得到了很好的接受。外国观察者都认为，用于治疗梅毒和其他皮肤病的萨尔弗散和胂凡纳明受到了高度评价："在中国，萨尔弗散和胂凡纳明这两种药建立了良好的声誉。它们被看做是治疗皮肤病和性病的万灵药。"②对这一治疗手段普遍热情肯定是由下列情况造成的，这就是它可以在治疗外部症状上取得显著效果。这也源于其用针管注射的治疗方式；根据不同的说法，注射被看做是与针灸类似的。理查德（Richard）医生在1906年写道："我从未看到人们害怕打针，因为他们认为这是一种针灸的革新工具。"③注射首先被用于自19世纪初开始的天花疫苗，后来则在20世纪初体

① 海外档案中心的印度支那大总督府文件，42396，广东年度报告，1906年；海外档案中心的印度支那大总督府文件，56359，思茅地区报告，1900年7月5日。

② 系列A，北京的法国公使馆，449卷，海口地区1923年的报告；我们在H. S. 盖尔著《关于疾病在中国的影响的统计与调查——1934年历史记录分析》（《中国医学期刊》第50卷，1936年）第970页中也发现了同样的陈述。

③ 海外档案中心的印度支那大总督府文件，23859，理查德医生的纪录：法国医生与中国人，1906年3月。

现了为许多人期望接受的现代性和科学的价值。①

自19世纪初以来，预防天花的种痘在中国已有零星实践，它也成为了一种被中国民众迅速接受的医疗方法。人们对它的信赖得益于中国人很早就对下列事实有所认识，这就是第一次天花感染可以对以后的感染起预防作用，也得益于自16世纪以来的预防措施的存在，这一措施就是有意识地引起轻度感染。②对待种痘的态度似乎扩大到了其他注射治疗上了，例如胂凡纳明和血清。的确，艾瑟丘（Esserteau）医生在1931年报告说："预防性疫苗已经被融入中国的医药观念中了……有时甚至产生过高的期望。中国人……热衷于此种治疗。"③然而，即使在所有地方，中国人对天花疫苗早就求之若渴了，甚至在1920年，至少在大城市中，达到了取代古代的和为人熟知的实践的程度。西方的种痘疗法仍引起抵制。法国医生们都对中国民众不接受种痘的事实颇有怨言。杜普（Dupuy）医生在1906年写道："中国人很容易接受种痘……但认为再接种是无用的。"在海南的艾瑟丘医生也在1930年继续抱怨说："成年人对再次接种疫苗毫不关心。"④当时，中国人似乎只认为在中国春季开始之际才适宜于种痘，这个季节也是被中国人选出来预防天花爆发的时候。1905年，海口的费莱医生提出了到海南岛进行一次种疫旅行的想法，并且具体说道："最适合接种的时间是中国二三月份，也就是公历3月和4月，这是一年之中唯一被中国人接受的种痘时间。"1938年，

---

① F. 迪克特等主编：《麻醉药文化，中国药物史》，香港大学出版社2004年版（F. Dikötter et al., Narcotic Culture. A History of Drugs in China, Hong Kong University Press, 2004），第180～181页。

② 尼德罕：《中国和免疫学起源》，《亚洲研究中心文章和专论》第41辑，香港大学出版社1980年版（Needham, China and the Origins of Immunolog, Centre of Asian Studies Occasional Papers and Monographs, n°41, Hongkong University Press, 1980）。

③ 海外档案中心的印度支那大总督府文件，40934，对海口进行殖民开发，在海口从医的艾瑟丘医生的报告，1930年5月27日。

④ 海外档案中心的印度支那大总督府文件，42396，1906年广州年度报告；以及海外档案中心的印度支那大总督府文件，40934，对海口进行殖民开发，在海口从医的艾瑟丘医生的报告，1930年5月27日。

也就是日本对中国发动入侵时，拉斯讷（Lasnet）医生被SDN派到广西，他记述了种痘在7月份逐渐消退的情形，因为中国民众拒绝在夏天接种疫苗。①

能迅速证明其疗效的处方或者与中国医术不发生很大冲突的医疗方法特别容易得到认可。相反，如果需要较长时间而且其效果不能被病人马上觉察，抵制行为就会出现。在尝试为一个病人治疗大动脉疾患时，费莱医生写道："病人太没有耐心了，他不愿意长时间等待地观察疗效。他再也不来看病了。"与他的一些同事一样，他注意到，内科疾病与用手术可以治愈的疾病很难加以对比。中国病人拒绝接受长时间的医治方法，他想象"当中国人看不到快速效果时，更倾向于他们自己的药物和医术"。费莱医生总结道："中国人大概喜欢用特定的药治疗特定的疾病，并且药效越明显越迅速越好。他们不理解为什么许多疾病需要长时间治疗才能达到完全康复的效果。因此，非常经常的是，他们开始还能遵从治疗，但在两三天之后，如果看不到病情好转，就停止治疗了。"一位在中国北方执业的医生也披露了他的病人缺乏毅力的情况：病人从一开始就不放心，后来干脆不回诊疗所拿药了。他写道："医治刚开始，眼睛近乎全瞎的老人就想要迅速治好眼病，消化不良的人就想同前一天一样正常消化。"广州的一位医生也在1914年无奈地写道："没法在12小时之

① 参见海外档案中心的印度支那大总督府文件，32756，费莱医生给政府的报告，海口，1905年6月20日；以及海外档案中心的印度支那大总督府文件，32757，费莱医生给领事的报告，海口，1905年11月12日和海外档案中心的印度支那大总督府文件，40934，对海口进行殖民开发，在海口从医的艾瑟丘医生的报告，1930年5月27日；殖民部文件，1017，写给拉斯讷医生的信，其任SDN的反流行病代表团主任，南宁，1938年6月10日。

内治愈支气管炎、脑膜炎……西方医学就和医生一起遭遇失败了。”①

抵制甚至更明显地针对一些与病人向法国医生求诊的病症没有直接关系的处方，比如调整饮食和建议抚摸婴儿等。1905年，在北海的阿巴图奇（Abbatucci）医生写道：“建议患有高白蛋白的病人控制饮食，他会认为遭到了诅咒，要被饿死。”而在广州的一位医生注意到：“特殊饮食……是个相当困难、通常不易解决的问题。要说服中国人吃他不喜欢的东西几乎是不可能的……中国人……不接受限制其胃口的要求，将外国医生的好意看做是西方恶魔的惩罚。”②有关新生婴儿护理的建议也同样遭到拒绝。为了纠正民间对待新生婴儿的不良习惯，降低婴儿的死亡率，在蒙自的法国医生于1922年7月创办了一个特别机构，称为“Œuvre de la goutte de lait”，但是他很快就失望了。1925年初，他每天还能接诊两名新生婴儿，到了年底却连一个都没有了。他在海口的同事写道：“我们在妇产科配备了婴儿称……但是直到今天也很难让母亲们相信定期测量婴儿体重的用处。有的甚至因为迷信的原因拒绝我们给婴儿称重。”③与他一样，蒙自的医生也声称量体重、控制婴儿生长发育过程的建议很难让母亲们接受。医生只好以牛奶来代替其他饮食建议。④

从药方来看，医疗方法的权威必须服从各种各样的接受。法国

① 参见海外档案中心的印度支那大总督府文件，32756，费莱医生的报告，海口，1900年7月2日；海外档案中心的印度支那大总督府文件，32756，费莱医生的报告，1905年6月20日；海外档案中心的印度支那大总督府文件，32756，费莱医生的报告，海口，1900年5月31日；海外档案中心的印度支那大总督府文件，23859，理查德医生的纪录：法国医生与中国人，1906年3月；海外档案中心的印度支那大总督府文件，杜普医生的报告：广州医院的作用，1914年。

② 参见海外档案中心的印度支那大总督府文件，32773，在北海从医的阿巴图奇医生的医务报告，1905；海外档案中心的印度支那大总督府文件，32792，广州医院的作用，1914年。

③ 系列A，北京的法国公使馆，第449卷，1923年关于海口的报告。

④ 参见海外档案中心的印度支那大总督府文件，40934，1922年蒙自领事报告，亚兰医生和1923年蒙自领事报告；海外档案中心的印度支那大总督府文件，41003，1925年蒙自领事的报告，亚兰医生。

医生认为，对西方医疗方法的态度跟中国人有关西方医生和西方医疗方法应当是什么的观念有关。1912 年，在海口的法国医生写道："他们对外国医生的技术有着奇怪的想法，认为那是巫术，他们相信只要见一次医生，就去掉病患，一旦看到需要治疗很长时间，就会感到失望。"另外还有人说："他们之所以求助于外国医生是相信他是一个术士，多年的顽疾，甚或不治之症，都可以瞬间解决。"①

事实上，预知和创造奇迹的天赋，也是人们对中国医生最赏识和期待的品质要求，就像一项有关中国医生的大量传记的研究所强调的那样；根据 19 世纪广西著名中医龚彭寿（Gong Pengshou，1862～1926）——他正好是一位可以与他们相联系的医生——"在一些人的眼中，所谓的医生就是能够起死回生的人。"②

因此上面所讲的不同程度的依从真是专门针对西方的医治方法的吗？

六、法国医疗方法及其在当地的竞争者

直到 19 世纪 20 年代中期，特别是在一些远离政治中心的省份，在不同的医学和医疗方法之间似乎盛行着一种无政府政体，不存在竞争问题。中法两国医生的联系远不是罕见的。一些中国医生常去法国领事馆和医院购买疫苗和血清。这至少适用于在北海的中国医生：当淋巴鼠疫在该港口扩散时，他曾到领事馆购买过血清和天花疫苗；另有一些中国医生则去请教法国医生如何种痘或注射血清。洛凡蒂斯医生曾被派往福州治疗瘟疫病人。他写道，两个月内有 19 名中国医生向他学习血清疗法。而昆明的法国医生则在 1916 年写

---

① 海外档案中心的印度支那大总督府文件，32772，1912 年海口领事的报告副本以及海外档案中心的印度支那大总督府文件，23859，理查德医生的记录：法国医生与中国人，1906 年。

② 221 位中国医生的传记，有 141 位医生对他天才般的诊断和创造奇迹的赞扬。龚彭寿传见《贵县志》，1934 年，12，"学艺"。

道，一些中国医生在他这里第一次学习到种痘法。[①]

事实上，并且正像徐晓群所强调的那样，在民国政权采取激进措施推广西医之前，中国医生就已经倾向于利用一些西医技术以便改进自己的医术。[②]在一部地方志中，有一篇短文足以证明这种共存和互不竞争的状况："中西医术是不同的……有的时候中医无能为力而西医可以成功，它使用不同的方法。有的时候西医不起作用，相反中医却很有成效。双方各有优缺点，为什么我们还要认为二者是相互对立的呢？泰山、河流、大海一起汇集到我们国家，它们一起流，一起前进，正像中国和外国都属于一个大家庭一样。"[③]几年后，一名法国医生也报道了相同的观点："中国人有自己的医学，他们说我们有我们的医学，两者都是为了治病。"[④] 20 世纪头 10 年的新政时期虽然提高了西医和西方医生的权威，但也使得中西医医生之间的对立在 1926 年尖锐起来，当时国家教育大纲最终颁布。学中医的人抱怨中医被包含在大纲之内，另一些人则反对它，认为中医不是科学。当 1929 年南京政府（Régime of Nankin）颁布法令《中央委员会健康决议》（Résolution du Comité central de santé）要消灭中医时，这种对立更加紧张了。该法令引起了上海 3 月展览的举办，它激起了不同的医学和药理学联合会代表人物的大集会；但是更严重的是，它使两种类型医生所持的立场观点激进化了，带来了彼此的相互竞争和相互排斥。

---

① 参见海外档案中心的印度支那大总督府文件，40967，基波特（Guibert）领事给印度支那政府官员的信，1913 年 6 月 15 日；海外档案中心的印度支那大总督府文件，18319，洛凡蒂斯医生关于 1902 年福州瘟疫的报告，以及海外档案中心的印度支那大总督府文件，65326，1916 年云南府报告。

② 徐晓群：《"国粹"对"科学"：中国本土医生为取得合法性的斗争，1912 ~ 1937》，《近代亚洲研究》第 31 卷，1997 年第 4 期（Xiaoqun XU，"National Essence" vs "Science"：Chinese Native Physicians' Fight for Legitimacy，1912 ~ 1937，in：Modern Asian Studies，31，4，1997），第 847 ~ 877 页。

③ 《佛山县志》，1923 年，7，"磁山志"。

④ 海外档案中心的印度支那大总督府文件，40968，路易斯（Luisi）医生关于北海医务所作用的总结报告，1931 年。

但在这个重要时刻之前，中国人一般都利用什么样的医疗方法呢？

据外国人的记述，更多的是根据对在中国南方出现的医学文本的分析，中国医生最常用的是包含天然物质的药物治疗方法。亚热带地区盛产医用矿物、植物和动物，它也向帝国朝廷提供了大量药物。[①] 20世纪初，这一地区仍以其自然资源闻名。[②] 1908年，苏列·德·莫兰（Soulié de Morant）领事写道："云南是远东的医药市场。每年第三个月（公历三四月份）举办的大理府交易会吸引着很远国家的人来采购。"这些药物可以在各地发现。"在龙州，除了储备量很大的药房，我们还看到了众多小药店……许多村庄的百货店都有上架的药物。巡回商贩从一个城镇到另一个城镇推销产品。……在这里，没有哪一种矿物、植物和动物不能用来治病的。"[③]

分析当地在18~20世纪写作的中医文本，可以证实这些观察者的话。用干燥的或新鲜的、碾碎的或浸泡的植物、矿物和动物配制的药物是最常用的治疗手段。分析在1751~1936年间由处于不同社会地位的作者写作的、记录五种可以治疗霍乱的提炼药物的医学文本，证实了这一点。我们在何梦瑶（He Mengyao）的书（1751年）中看到，有13种煎药、2种粉末和2类药丸的处方；针灸和艾蒿只在一宗病例中得以应用。我们也发现了调整饮食的建议。在黄岩（Huang Yan）的书（1801年）中，我们看到了3种不同的汤药、一种药丸和治疗严重疾病的针灸。在梁廉夫（Liang Lianfu）的书（1881年）中，我们看到了7种汤药处方和饮食调养法。潘明熊（Pan Mingxiong）的书（1865年）也记载了2种汤药和饮食调养法。在最后一本作者不详的书（1936年）中，我们发现了3种汤药处方

---

① 龚纯：《中国历代卫生组织及医学教育》，科教出版社1983年版，第96~98页。

② 海外档案中心的印度支那大总督府文件，19713，云南概况，1908年7月，苏列·德·莫兰领事。

③ 海外档案中心的印度支那大总督府文件，65324，1907年总结报告，龙州，派洛菲（Pelofi）医生。

和饮食建议。[①]

浏览当地医药文献，我们可以声称，被煎煮成汤、研成粉粒或制作药丸的药物，是在医学书中最常用的医疗手段，针灸被置于边缘地位，并视为重症保留的治疗手段。有趣的是这些医书中包含很多饮食建议。这一治疗方法并非中国南方所特有的。自16世纪以来，针刺疗法不再受学者钟爱，1822年在宫廷内遭禁止。相反，药物处方非常普遍。[②]因此，到19世纪末中国人已经习惯于接受医生开的处方，提出的饮食建议，甚至关于性生活的指导。

这就意味着熟悉的药方不会受到抵制吗？尽管19世纪的资料不能使人们直接接近病人和医生的话语，但仍提供了使人了解存在于他们之间动力的可能性，特别得益于自16世纪以来越来越流行一种医学病例书《医案》。作者对临床病例的汇编，这种记录的珍贵之处在于提供了有关病人的详细信息，比如类别、年龄、病史、提供的处方以及连续治疗的成功和失败。通过约纳·葛兰特（Joanna Grant）对此类16世纪书籍的分析，我们可以看出，病人，特别是社会地位高的病人，不仅议论医生的诊断，而且还经常不听从医嘱。书中体现的医患关系似乎很紧张。医生需要苦口婆心地说服病人，使他们相信诊断和处方都是正确的。[③]在中国南方中国医生传记中记

---

① 何梦瑶（1693～1764）：《医碥》，1751年；黄岩（1751～1830）：《医学精要》，1801年；梁廉夫（1810～1894）：《不知医必要》，1881年；潘明熊（1807～1886）：《评琴书屋医略》，1865年；《经验良方》，佚名，1936年。

② 依据保罗·温舒尔德（Paul Unschuld）的说法，运用自然物质进行治疗的方法可上溯到周朝。但是，这一领域知识的发展主要出现在7到10世纪的隋唐两代。随着道教的兴起，许多人把医学看做是保健养生的重要手段。在第一个千年里，关于药物性能的科学在阴阳、五行的理论框架中发展了起来。据此，药物被分为“冷”、“热”类，具有“苦”、“酸”等味。见保罗·温舒尔德：《中国医学观念史》，伯克利：加利福尼亚大学出版社1985年版（P. U. Unschuld, Medicine in China, a History of Ideas, Berkeley: University of California Press, 1985），第114～115页。

③ J. 葛兰特：《中国医生Wang Ji与石山医疗事件史》，伦敦和纽约：劳特里奇出版社2003年版（J. Grant, A Chinese Physician, Wang Ji and the Stone Mountain medical case histories, London and New York: Routledge 2003），第86～91页。

载的轶闻，也揭示了病人怀疑诊断或者某些病人拒绝依从医生的建议的情况。广州医生莫显诚（Mo Xiancheng）在其传记中讲述了这样一件事：一个经常去他那里就诊的士兵，膝盖有大块肿瘤。莫显诚为这一特殊疾病做了诊断，但病人并不相信，也拒绝听从他的建议。广州的另一位医生崔必钰（Cui Biyu）也在传记中提到，病人谢勋建（Xie Jianxun）因呕吐、出血而来就诊。崔必钰为他开了一个包含高丽参的根和茎以及大黄等的处方，但他并不接受。广州佛山的医生郑辑宁（Zheng Jining）在书中没有记载类似的奇异事件，但他提到这样的事实，如果病人不接受处方，他会一再地唤病人回来，但是病人却没有再来过。①

这些轶事表明中国病人对医生诊断和要求的抵制由来已久。正如J. 葛兰特所说的那样，病人拒绝医嘱是出于自身对处方的性质和期待的效果不同的疾病的理解。就谢勋建的例子而言，病人认为高热量补药并不适合此病。的确，中国医学远不是由内在的、统一的和不变的知识构成的，而是在一个占主导地位的、稳定的大概念框架内进化的。阴阳五行，天人合一，逐渐加入新的理论，尤其是病源学和治疗领域，激起了辩证思想和对相反的思想流派的反思。②

然而对处方的拒绝可能是由一些远离理论分歧的现象引起的。许多人认为得病是因为鬼在作祟。外国观察者和负责地方志编写学者们都注意到，当地人尤其是非汉族人，生病时往往求助于萨满巫术或宗教权威。在地方志中，“病不服药”和“病不信医”等是常用的公式化套语。除了这个简单事例，医治者和病人之间的一些仪式也被详细记录下来，还有集体游行的详细描述，所有这些都暗示着不同的实践。然而，它们都是与关于疾病的鬼怪观念相对应的，

---

① 在此，请参见莫显诚、崔必钰的传记，载《广州府志》，1880年，139，“列传”、“方伎”；郑辑宁的传记，载《重修香山县志》，1880年，20，“列传”、“方伎”。

② 保罗·温舒尔德：《中国医学观念史》，伯克利：加利福尼亚大学出版社1985年版（P. U. Unschuld, Medicine in China, a History of Ideas, Berkeley: University of California Press, 1985），第197页。

该观念出现在我们所处时代以前的第二个千年里，并且尽管有新观念出现仍在中国疾病史中占主导地位，它们在帝国开始之际，也就是说在汉代，就被理论化和经典化了。①

对抗流行病，求神祈福似乎比求助中西医更常见。1894年在广州、1902年在福州、1910年在北海和兰州，1926、1927年在海口和1942年在云南，当发生严重瘟疫时，都有求神祈福的大游行，对此外国观察者早有记录。②根据传统，这是民间流行的抗御瘟疫的方式；简要来说，疾病被看做是玉皇大帝惩罚人们错误行为的方法。人们治疗疾病就在于减轻他的愤怒，使他召回传播病的使者。③

在发生急性传染病时，民众习惯于用这种方式加以抵抗，在云南、广西和广东，端午节都是预防性质的。五月初五庆祝端午节是

---

① 保罗·温舒尔德：《中国医学观念史》，伯克利：加利福尼亚大学出版社1985年版（P. U. Unschuld, Medicine in China, a History of Ideas, Berkeley: University of California Press, 1985），第40页；K. 史格夏：《东亚疾病概念》，K. 基普勒：《剑桥人类疾病史》，剑桥：剑桥大学出版社1993年版（K. Shigehisa, Concepts of Disease in East Asia, in: K. Kiple (ed.), The Cambridge World History of Human Disease, Cambrdige: Cambrdige University Press, 1993），第52～59页。

② 参见海外档案中心的印度支那大总督府文件，22003，香港和中国其他港口的流行瘟疫，1894年5月29日领事的信件；海外档案中心的印度支那大总督府文件，18319，洛凡蒂斯医生关于1902年福州瘟疫的报告；普第欧－拉维勒：《对1910年5月份北海的瘟疫的思考》，《社会公告：印度支那医学外科手术》，1910年10月第1期（Pouthiou－Lavielle, Considérations sur la peste à Pakhoi pendant le mois de mai 1910, in: Bulletin de la société médico－chirurgicale de l' Indochine, 1, 10, 1910），第507～516页，以及海外档案中心的印度支那大总督府文件，32773，桑西讷（Saussine）领事写给克罗卜克斯基（Klobukowski）总督的信，1910年6月18日；海外档案中心的印度支那大总督府文件，40934，对海口进行殖民开发，在海口从医的艾瑟丘医生的报告，1930年5月27日，以及F. L. F. 徐：《宗教、科学和人类危机》，伦敦：劳特里奇出版社1952年版（F. L. F. Hsu, Religion, Science and Human Crisis, F. L. F. Hsu, Religion, Science and Human Crisis, London, Routledge, 1952），第10～25页。

③ 关于中国流行病观念，参见H. 马斯派洛：《道教和中国宗教》，巴黎：伽利玛出版社1971年版（H. Maspero, Le Taoïsme et les religions chinoises, Paris: nrf Gallimard, 1971），第89～220页；P. 卡茨：《蝗灾与焚船：帝国晚期浙江瘟神崇拜》，阿尔巴尼，纽约：桑尼出版社1995年版（P. Katz, Demon Hordes and Burning Boats: The Cult of Marshal Wen in Late Imperial Chekiang, Albany, N. Y.: SUNY Press, 1995），第49页。

古老习俗，其功能在不同地方和不同时期也大不一样。[①]清朝以来及20世纪初，在中国偏远南方，节日都要驱邪，包括对抗天花、皮肤病等传染病，以及按照鬼神观念理解的大量普通疾病。有文章记载了当地的习俗[②]："五月初五，人们在门上挂上'艾蒿'。12点时，用朱砂在黄纸上写护身符，然后在屋里屋外悬挂，门窗上也有，喝酒的时候洒到墙上一些，来驱逐疾病和虫子。分别悬挂剑和虎的画像，这都是家庭的保护神。"[③]在黄纸上写红字也能降魔，通常有毒的东西会溅到孩子身上或放到小瓶内携带。因为根据古代的习俗，带着药物会更有效用。[④]

这些不同的祛病习俗和人们得病一样没有停过。但是根据中法观察者，治好病的不是医生和药物，而是萨满——从商朝开始民间认为主管人类疾病和灾难的神。云南、广东和广西的地方志证明，当法国医生力图使病人熟悉其医疗方法的时候，驱魔行为非常流行。

---

① 关于这个节日，参见D. 波德：《中国古代的节日》，普林斯顿：普林斯顿大学出版社1975年版（D. Bodde, Festivals in Classical China: New Year and Other Annual Observances during the Han Dynasty（206 b. c. – a. d. 220）, Princeton: Princeton University Press, 1975），第75～138页；D. 波德：《北京的年俗和节日》，燕京岁畿记1936年版（D. Bodde, Annual Customs and Festivals in Peking annual costoms and festivals in Peking 1936, Pei Ping 1936）和P. 卡茨：《蝗灾与焚船：帝国晚期浙江瘟神崇拜》，阿尔巴尼，纽约：桑尼出版社1995年版（P. Katz, Demon Hordes and Burning Boats : The Cult of Marshal Wen in Late Imperial Chekiang, Albany, N. Y. : SUNY Press, 1995），第66～67页。

② 《平乐县志》，1940年，2，"社会"，"迷信"，第89页。

③ 关于画符在中国历史中的力量，参见谢和耐：《中国的智慧、社会和精神》，巴黎：伽利玛出版社1996年版（J. Gernet, L' intelligence de la Chine, le social et le mental, Paris: nrf Gallimard, 1996），第361～379页。

④ F. 奥布林格：《附子和雌黄——古代和中世纪中国的药物和毒品》（F. Obringer, L' Aconit et l' Orpiment, Drogues et poisons en Chine ancienne et médiévale, Paris : Fayard, 1997），第78页，从唐代《证类本草》中引用的一段文字，证明了运用毒药的现象："当给自己使用毒药时，魔鬼和妖精无法靠近你；如果你走进山林之中，虎狼闻风而逃，如果你穿过河水，有毒之物无法伤害你。"

七、总　结

本文借助于法国档案、地方志和中国医学文本，宏观描述了中国南方医疗状况，论述了法国医生在到达他们的岗位后试图让当地居民信服他们的医疗方法的适当性过程，并再现了当地人民根据或多或少古代的和或多或少常规的观念，倾向于诉诸不同的治疗者，接受和有时反对不同治疗方案的情况。

正像我们已经看到的那样，当法国的医疗方法能够迅速治愈疾病时，它们就会受到欢迎；相反，当它们的疗效没有快速显现或者当它们在程序和理论方面与中国人对医疗方法的认识太“协调”时，它们就会遭到抵制。①因此，即使天花疫苗逐渐代替了人痘接种，19 世纪 30 年代的中国人仍会抵制重新注射疫苗，也不让他们不到两岁的孩子接种，或者拒绝在每年头三个月以外的时间接种。同样的，依据他们不熟悉的理论而提出的饮食建议或对新生婴儿的护理方式，也不会被接受。

然而，我们也必须注意到，一些最初被拒绝的法国医生的处方后来在这个时期末却被接受了。例如西方婴儿护理规则在 1920 年就被接受了。“在妇产科我们经常称量新生婴儿。……起初妈妈们反对这样做，认为这会给孩子带来厄运。如今，她们都欣然接受了。”②

肯定有不同的原因能够解释这种演变。首先必须考虑的是法国医生的地位。与他们在欧洲殖民地的同事不同，这些医生没有被授权或得到指示推行在完全殖民化国家里可以实施的强制性卫生保健

---

① C. 拉德曼：《一片受欢迎的土地：伊斯兰主义在马来亚半岛》，莱斯利和扬主编：《通向亚洲医学知识之路》，伯克利：加利福尼亚大学出版社 1992 年版（C. Laderman, A Welcoming Soil: Islamic humoralism on the Malay Peninsula, in: Lesley and Young, Paths to Asian Medical Knowledge, Berkeley: University of California Press, 1992），第 273 页。

② 海外档案中心的印度支那大总督府文件，40934，对海口进行殖民开发，在海口从医的艾瑟丘医生的报告，1930 年。

政策。这就使得他们没有责任和义务去发起大规模的在殖民国家经常进行并引起普遍抵制和普遍不信任西方医生及其医疗方法的接种疫苗或是卫生状况调查运动。[①] 在这里，我们必须注意到，如果说抵抗运动从来没有在开放港口发生过，那么在广州湾法国租借地内的情形是完全不一样的。在这里，法国行政管理当局特别在发生瘟疫时期发布的强制性措施大大加剧了从未被驯服的中国人的敌视。帝国以及后来的共和国的政治自主权无疑限制了法国医生的权力，但也有助于减少民众抵制外国医治者及其医疗方法的现象。法国医生对愿意接受治疗的人不得不采取更加容易被接受的方式而不是强迫他们来接受。在这些努力中，值得一提的是几乎所有地方的法国医生都妥协了，同意只在春天给病人接种天花疫苗。另外，有一位知名的中国医生丁甘仁（Ding Ganren）将西方药物按照中国的药理学原理与中国的药材在热反应下融合起来[②]，并非完全模仿这种方法，法国医生也提出改变他们所规定的药量的主张，或把其他元素加入他们的治疗从而使他们的技术与中国医学结合了起来。其他人则试着提供更令人熟悉的环境，让病人在那里接受检查，并且接受他们提供的处方。[③] 例如海口的门诊部，它早在1900年就配备了2个中国餐具柜，其中一个存放西医外科用手术工具，另一个则摆放着中医图书典籍，即一个为中国医生准备的专门图书馆，正像有人曾对法国医生所说的那样。[④]为了使法国医院的严格纪律变得容易忍受，

---

① 参见C. 本尼迪克特：《19世纪中国的淋巴腺鼠疫》，斯坦福：斯坦福大学出版社1996年版（C. Benedict, Bubonic Plague in Nineteenth Century China, Stanford: Stanford University Press, 1996），第131～149页。

② B. 安德鲁斯：《肺结核与细菌同化理论在中国，1895～1935年》，《联合科学与医药历史期刊》第52卷，1997年（B. Andrews, Tuberculosis and the Assimilation of Germ Theory in China, 1895－1935, in: Journal of the History of Medicine and Allied Sciences, 52, 1997），第114～157页。

③ 海外档案中心的印度支那大总督府文件，23859，理查德医生的记录：法国医生与中国人，1906年3月。

④ 海外档案中心的印度支那大总督府文件，32756，费莱医生的报告：海口，1900年5月31日。

人们也采取了很多不同的妥协措施：根据中国人的习惯，由招聘来的当地妇女准备食品；准许住院病人进城活动并且可以全天候接待探访者；另外还可以在自己的房间里吸食鸦片。①

为了使西方的处方更容易理解，法国医师经常把普通的疾病知识、基本的卫生要求和在发生瘟疫时应遵守的建议翻译成汉语，展示在医院的宣传栏里。在一些地方，运送药物时贴上法语和汉语两种文字的标签。②更通常的，他们用以前学过的汉语与病人交流，或者利用医护人员进行沟通，这些医护人员最初是印度支那人，后来完全被本地人所取代。如果说处方是法国医生的权威的表达，那么护士则能讲中国话，甚至方言，并经过长时间的准备，也学会了打包、送药以及注射。通过下面的这段叙述，我们可看出中国医护人员在使民众接受法国医疗方法过程中扮演着重要角色③：“因为在越南河内法国医护学校学习过，知道传染病发生时的污染物的危险，而这种危险经常被他的同胞所忽视，所以他首先接受了哈夫金讷预防血清疫苗注射，然后毫不迟疑地去访问遭瘟疫传染的人，并设法

① 海外档案中心的印度支那大总督府文件，32772，1912年海口领事的报告副本以及海外档案中心的印度支那大总督府文件，42396，杜普医生的报告，广东，1905；海外档案中心的印度支那大总督府文件，40894，1904年巴伯休斯医生关于云南府医院作用的报告。

② 海外档案中心的印度支那大总督府文件，65324，马古纳（Magunna）医生1908年云南府报告：Conseils aux mères dont les enfants sont atteints de diarrhée（对其孩子有腹泻现象的母亲的建议）；Conseils aux malades atteints d' affections oculaires（对眼部患有传染病的病人的建议）：Traitement de la gale（潜在疾病的治疗）；Traitement de la syphilis（梅毒的治疗），海外档案中心的印度支那大总督府文件，42396，广州，1906年2月26日，杜普医生1905年年度报告：“在其住所及周围张贴汉语宣传单来号召病人看病是有必要的并且是有效的，对个人实行医学规则和运用卫生学普遍的原则也是比较容易的；在夏季每星期在医院门诊部会做三次疫苗接种；同时，在中国的报纸上也会进行宣传以便号召人们进行疫苗注射和重新注射”。海外档案中心的印度支那大总督府文件，42396，广州，1906年2月26日，杜普医生1906年的年度报告和对中国人的药品说明，海外档案中心的印度支那大总督府文件，40894，海外档案中心的印度支那大总督府文件，40894，1925年缪兰克医生关于云南府医院作用的报告。

③ 海外档案中心的印度支那大总督府文件，18542，蒙自医学领事的报告，1912年。

为这些病人进行治疗。……此外，他也尽力说服他的同胞小心谨慎地避免疾病扩散，并且解释疫苗接种的好处，带领非常多的当地人脱离了瘟疫的灾难。”[①]在海口，根据法国医生的叙述，中国妇女在分娩期趋向于西方的接生及助产技术，这种行为的改变完全是由于招募了中国人作为医护人员的结果。[②]

最后，当法国及更多的西方医生到达中国时，各种各样的医治者和医疗方法便同时并存了。中国的传统医生不但要与他们的同行竞争，而且还要与非常规的诸如僧人和巫师等竞争。中国医生传记中叙述表明，中国病人的普遍习惯是同一种病征询不同的医生而且采用不同的药物。J. 葛兰特也说，至少有三分之二的 Wang Ji 病人在来找他之前看过别的医生。[③]事实上，在 20 世纪 20 年代末采用政治措施反对和压制中医之前，西方的医生只是被当做辅助的而不是基本的医治者来看待的，没有像他们的中国同事那样得到利用。药丸、汤药和道德建议也是或多或少有效的，对于接受行为发生过或多或少的作用。

---

① 海外档案中心的印度支那大总督府文件，32779，桑西讷领事写给克罗卜克斯基总督的信，北海，1909 年 6 月 8 日。

② 海外档案中心的印度支那大总督府文件，40942，艾瑟丘医生的报告，海口，1930 年 7 月 29 日。

③ J. 葛兰特：《中国医生 Wang Ji 与石山医疗事件史》，伦敦和纽约：劳特里奇出版社 2003 年版（J. Grant, A Chinese Physician, Wang Ji and the Stone Mountain medical case histories, London and New York: Routledge 2003），第 91 页。

想象的空间：1901～1947年及以后天津意大利租界的重现和镜像

［意］马利楚
孙立新、刘宁译

这不是非洲！这是一个典型的（par excellence）商业国家，一个可以让我们国家专门从事纺织和印染业的企业家获得大量金钱的国家。

——中尉军医朱塞佩·梅塞罗蒂·本温努迪（Giuseppe Messerotti Benvenuti）①

与中国的友谊根植于意大利的传统和历史。我们的人民，光荣传统和千年文化的继承人，分享着长达数世纪之久的共同语言，创造了代代传承的亲密关系。今天，这种古老的联系正在被充满活力的经贸往来、科技协作、文化交流以及不断增长的游客潮所促进……正确地评价历史和回顾我们自己的根基是成功地面对未来的关键。

① 朱塞佩·梅塞罗蒂·本温努迪：《意大利与中国的义和团：书信集（1900～1901）》，尼古拉·拉夫兰卡编辑，摩德纳：G. 帕尼尼协会2000年版（Nicola Lablanca (ed.), Giuseppe Messerotti Benvenuti, Un Italiano nella Cina dei Boxer: Lettere (1900～1901), Modena: Associazione G. Panini, 2000），第24页。

——2006年1月18日意大利共和国总统卡洛·阿泽利奥·钱皮（Carlo Azeglio Ciampi）为“中国意大利年”开幕发表的贺词。①

今天，欧洲和美国的资本和劳动力，并且对于大部分意大利劳工来说，已经成功地在中国修建了大约3500英里的铁路，然而，与中国的全部面积相比，这只是一个很小的数字……因此，它是巨大的等待可向人类活动开放的经济开发的处女地，并且克服困难的努力可被证明是正当的……所有由于商业和工业发展而自觉十分强大的国家，都对这个巨大而又未开发的中国市场兴趣昂然，都要抓住每一个有利的机会来推倒保护这一宝藏的围墙，力避在开发这个巨大的新市场中落后或者遭到排挤。

——意大利租界领事文森佐·菲莱蒂：《天津意大利租界》，热那亚：巴拉比欧和格莱夫出版社1921年版（Vincenzo Fileti，La Concessione Italiana di Tien - tsin，Genova：Barabino e Graeve，1921），第8~9页。

一、前 言

北宋时代（960~1127），先是在宋英宗，后来又在他的儿子和继承人宋神宗的支持下，历史学家司马光（1019~1086）编写了

① 中国“意大利年”的庆祝包括在北京、上海、广州、天津、香港、沈阳、哈尔滨、宁波和苏州进行的一系列活动。参见http：//news. xinhuanet. com/english/2006—01/20/content_ 4075081. htm；www. yidalinian. org 2006年6月6日。

《资治通鉴》①，目的在于提供一部上起战国时代下至宋初的通史。这一不朽作品（monumental opus）的标题暗含着把历史视为事实之镜的隐喻，揭示了历史能为治国提供参考和指导的重要作用。这种观点自宋代以降一直在中国的历史编纂中居于主导地位。据此，编史是正确管理公众事务不可或缺的组成部分，因为它不仅能为管理者提供一些先人的明智行为作为正面的榜样，同时也能揭露其他人的缺点和错误。

为了去除把历史看做是“毫无疑问的、超越文本和话语的事实”② 这样的观点，本文从反思镜子的假设和扩大作为事实的反映的历史著述功能开始论述。就像米歇尔·福柯（Michel Foucault）所说的那样：

> 在镜子中，我看到我自己在一个我自己并不在的地方，一个在镜面之后展开的虚幻和虚拟的空间，我就在那里；一个我并不在的地方，一种给了我对我自己的可见性的幻影，这能让

---

① 金小斌（音译）：《管理之镜：司马光在〈资治通鉴〉中表达的政治和管理思想》，托马斯·H. C. 李主编：《新的和多样的》，香港中文大学出版社2003年版（Ji Xiaobin, Mirror for Government: Ssu－ma Kuang's Thought on Politics and Government in Tzu—chih t'ung—chien, in: Thomas H. C. Lee, ed. The New and the Multiple, Hong Kong: Chinese University Press, 2003），第1～33页。司马光《资治通鉴》的原文参看：http://www.guoxue.com/shibu/zztj/zztjml.htm accessed on 20/06/2007.

② 凯瑟琳·贝尔西：《制造历史——从理查德二世到亨利五世的莎士比亚》，F. 巴克、P. 休莫和M. 伊韦尔森主编：《历史的用途——马克思主义、后现代主义和文艺复兴》，曼彻斯特：曼彻斯特大学出版社1991年版（Catherine Belsey, Making Histories Now and Then. Shakespeare from Richard II to Henry V, in: F. Barker, P. Hulme and M. Iversen (eds.), Uses of History: Marxism, Postmodernism and the Renaissance, Manchester: Manchester University Press, 1991），第26页。为了避免线性和进化的历史描述倾向，也可参看杜赞奇：《从民族国家拯救历史——质疑近代中国的叙述》，芝加哥：芝加哥大学出版社1997年版（Prasenjit Duara, Rescuing History from the Nation: Questioning Narratives of Modern China, Chicago: Chicago University Press, 1997）。

我看到我自己在一个我不在地方：这就是镜子的乌托邦。[①]

▲ 《曲面镜中的自画像》，帕尔米贾尼诺（Parmigianino）[②]

因此，在与镜子的反影和错觉相结合的机制中存在着一个附加的因素：失真。《曲面镜中的自画像》（1524年）是帕尔米贾尼诺（1503～1550）的一幅著名绘画作品的标题，该作品被认为是感觉失

① 米歇尔·福柯：《说与写》，《结构、运动、连续性》第5期，1984年10月（Michel Foucault, Dits et écrits, in: Architecture, Mouvement, Continuité, n°5, Octobre 1984），第47页。

② 《曲面镜中的自画像》为16世纪帕尔米贾尼诺所画，目的在于揭示失真。参看：帕尔米贾尼诺：《自画像，1524年》，维也纳艺术史博物馆（Parmigianino. Self－Portrait. 1524. Kunsthistorisches Museum, Vienna）。

真的范例。这幅肖像画与本文开篇所引用的三段话一起，组成了一个对于意大利在20世纪上半叶通过其殖民代表从中国制造的影像的恰当比喻，这个影像为失真留下了巨大空间，至今仍然影响着面对与中国的关系的意大利杰纳斯（Janus，古罗马门神，被描绘为有着面向相反方向的两个面孔）。为了符合这次关于中国的外来殖民主义研讨会的主题，本文将主要讨论意大利在中国的唯一一处租界（1901～1947）的问题[①]，该租界位于现代大都市天津的河北区，它也构成了意大利在亚洲进行殖民主义扩张的唯一事例。与此同时，我将对中国港口城市天津的复杂性和相互联系的原动力保持清醒的认识；在1860和1945年间，该城市是一个有着多达9处由外国人控制的租界的场所，一度还出现过一个多国军事政府（1901～1902），以及一系列逐渐形成的市政管理机构。在天津，不同的、有时还相互竞争的殖民主义肩并肩地共同行动，除此之外，还有一系列由中国人设立的城市管理机构。

作为一个中国和殖民地研究的意大利历史学家，我尤其对比较和对照潜存于特别是由意大利和中国观察家、外交官和学者制造的对前意大利租界[②]的不同重现[③]之中的理论基础非常感兴趣，同时也兼顾在欧洲和美国出现的其他影像。这种关注意味着研究塑造了殖民地知识生产的不同方式和从后殖民主义中派生出来的话语的历史、文化和政治偶然性的必要性。

通过对以不同语言文字和在不同历史时期写作的一手和二手文本进行比较分析，本文将着重探讨在不同重现中隐匿于有关意大利

① 租界这个短语经常表示由清政府（1644～1911）在1860年以后割让给殖民势力的一块区域。

② 以后本文再提到前意大利租界均作意大利租界。

③ 重现的意思就是第二种或新形式的表达，这是来自艺术上的表达用语。参见乔治·迪迪—惠泊曼：《面对图像：质疑某一类艺术史的终结》，帕克大学：宾州州立大学出版社2005年版（Georges Didi－Huberman，Confronting Images：Questioning the Ends of a Certain History of Art，University Park：Penn State Press，2005）。迪迪—惠泊曼认为艺术史学家应该重视弗洛伊德的“梦想”概念，把重现看做经常卷入置换和矛盾的运动过程。

租界问题之中特殊的社会经济、制度或文化方面的历史原因。此次讨论将特别关注两个以持久不变的特性从意大利文资料产生的主题：（一）租界的历史，它的获得以及最后它作为“现代性实验室”的社会空间的重组①；（二）把意大利租界塑造成一个意大利风格的街区或地区，一个微型的迪斯尼乐园类型的“意大利化”或者“意大利精神”（例如依照 Italianità 的修辞）的集合地点，尤其是根据空间重现和对文化附加物进行塑造的意图。

二、方法论和研究对象

我以一种对话的方式使用经过筛选的书面材料，目的在于揭示对意大利租界的重现，阐明我相信是一种蓄意提供信息和加以描述的选择性的原因，显示各党派经常属于预定性质的暗示。我将用辩论证明，在意大利文资料中居支配地位的极端肯定的宏大叙事（master narrative）是深受在社会上传播和建构的话语行为影响的，是由各种各样社会政治和经济利益促成的，也经常为精明的、简单地通过效仿已得以确认的殖民实践原则来证明的投机行为所促进。这一点可以从意大利驻华公使嘎里纳（Count Giovanni Gallina）为立即征用他所提到的“肮脏的中国农村”行为所作的论证中清楚地看到，嘎里纳说“所有其他的殖民国家一旦占领了租界范围内的空地都立即加以征用”②。

有三个术语在本文中将会被经常用到：重现、空间和想象的共

① 我从斯特勒那里借来了这个表达，参见安·斯特勒：《种族与欲望教育——福柯的〈性史〉和殖民的行为命令》，达勒姆：杜克大学出版社 1995 年版（Ann Stoler, Race and Education of Desire: Foucault's History of Sexuality and the Colonial Order of Things, Durham: Duke University Press, 1995），第 13～26 页。

② 外交部、商务总局：《意大利天津租界》备忘录，ASMAE，P 系列，86/37，429，1912～1914 年（Ministero degli Affari Esteri, Direzione Generale degli Affari Commerciali. Concessione italiana di Tien Tsin, Pro Memoria, in: ASMAE, Serie P, pos. 86/37, pac. 429 (1912～1914)）。

同体。出于此项工作的目的，我提到了在意识形态上得以推动回应着一种目的论机制[①]的重现思想。与历史学重现的目的论机制相联系的第一个问题就是建立一种统治的权力关系：目的论方法对于那些被抹掉历史的人们来说是简化的、排外的和有害的；第二，这种重现建立在作为一种线性的进步概念的时间观上，它排除了对空间的任何客观分析。从我搜集的资料来看，被等同于意大利租界地区的历时性的结构变迁构成了一个主要题目。但是分析经常是片面的，往往导致对被输入的现代性观念的颂扬。我力图批判这样的意识形态化的重现模式，该模式的表现是，为了证明占有当地空间、取消其认同性和附加殖民地认同性等行为的合法性，从方法上贬低空间思维。

福柯把空间概念化为一个权力和示意策略共同作用的社会过程：

> 空间被认为是呆板的、固定的、机械的和稳定的。时间则相反，被认为是丰富的、创造的、活的和辩证的……空间这个词的使用有着反历史的意味。一个人如果使用空间概念进行讨论，就意味着他是敌视时间的，就意味着——恰如傻瓜所说的那样——他“否认历史”……他们根本不理解这些东西（空间术语）……意味着投入权力进程——历史的进程，无需说——的解放。[②]

---

① 根据利奥塔（Jean－François Lyotard，1924～1998），目的论和“宏大叙事”均被后现代主义抛弃了。让－弗朗索瓦·利奥塔：《后现代状况—— 一个关于知识的报告》，米尼亚波尼斯：明尼苏达大学出版社1984年版，1997年重印（Jean－François Lyotard，The Postmodern Condition：A Report on Knowledge，Minneapolis：University of Minnesota Press，1984，reprint 1997）。

② 米歇尔·福柯：《权力/知识：1972～1977年访谈和其他文稿选编》，科林·戈登编辑，纽约：万神庙出版社1980年版（Michel Foucault，Power/Knowledge：Selected Interviews & Other Writings 1972～1977，Colin Gordon ed.，New York：Pantheon Books，1980），第149页。

在作于1967年题为《另类空间》的演讲中，福柯把他所处的时代定义为“首先是空间的时代”。在这里，关键的因素是并列，这一点用空间术语来说就是：远近、并行以及最终分散的投影维度。他强调瞬间的重要性，而这一瞬间不是被想象为抽象和静态的因素，而是被想象为动态和相互关联的实体（entity）。因此他用“一张用自己的丝线联络各个孤立的点和交叉的点的网络”① 的影像来描述我们的世界经历。福柯没有降低时间的价值，但是他指引历史学家把注意力转向了经常被忽视的时间与空间的交叉上，这从把空间概念化为一个权力和示意策略的共同作用的社会过程时就开始了。

约翰·赫西（John Hersey）关于殖民地天津多层次累积的认同性的重现就提供了一个远近空间肩并肩并列的例子：

> 我生长在一个多么奇怪的城市呀！用3个或4个铜板，我就能坐着黄包车从我在英格兰的家到意大利、德国、日本或者比利时。我步行到法国上小提琴课，我还经常过河去俄国，因为俄国人有一个美丽的树木繁茂的公园，公园里面还有一个湖。②

在意大利的例子中，由殖民叙事和殖民活动制造的重现已经勾勒了一幅圣徒传记式的意大利“文明化使命”的图画。这是基于1890年代的声明的：“意大利的文明化使命是一种‘无产阶级的’殖民主义”，因此它比其他的文明化使命少一些危害，它“致力于为

① 米歇尔·福柯：《说与写》，《结构、运动、连续性》第5期，1984年10月（Michel Foucault, Dits et écrits, in: Architecture, Mouvement, Continuité, n°5, Octobre 1984），第46页。

② 约翰·里查德·赫西：《一位现场报道员——回家》，《纽约人》，1982年5月10日，第54页（John Richard Hersey, A Reporter at Large: Homecoming, in: New Yorker, 10 May 1982, 54）。赫西（1914～1993），美国作家和记者，生于天津，其父母为传教士。10岁时随父母返回美国。1939年，他作为《时代》周刊的记者重返中国。

当地居民提供一片更好的国土，谋取更大的繁荣”[①]。在过去的30多年中，后殖民主义的多元化观点已经战胜了殖民地精英的观点，与历史学的解释研究一体化了的话语分析已经质疑了先前实证主义者的阅读习惯，然而与天津意大利租界相关的文献直到现在仍没有产生出反映这一新评论方法的东西。

第三个概念是“想象的共同体”观念，这里应用的均是意大利人的经历，无论是用殖民者地位术语[②]，还是用殖民话语行为术语。本尼迪克特·安德森（Benedict Anderson）在其对民族概念的分析中，强调民族主义作为一个由印刷文化创造的虚构的想象的特征，他还认为在其相应的政治实体——民族国家——形成以前，人们肯定先想象出了这样的实体：“它被想象为一个共同体，因为民族总是被设想为一种既深切又平等的同志式的友谊，尽管在各个国家中都盛行着实际上的不平等和剥削。”[③]

想象一个像现代民族那样的实体是编造围绕着我们自身的故事的一个途径，它采用了宏大叙事的形式，以至于我们都被定义为特别的民族故事里面的角色。我把类似的解释范式扩大到天津意大利租界上，这个租界具有一种混合共同体的特征，外国人和中国人生活在同一个被法定为意大利的永久占有地的小区内，同时它也是一

---

① 杰奎琳·安达尔和德里克·邓肯：《意大利殖民主义的记忆和遗产》，杰奎琳·安达尔和德里克·邓肯主编：《意大利殖民主义：遗产和记忆》，牛津：彼得·朗出版社2005年版（Jacqueline Andall/Derek Duncan, Memories and legacies of Italian Colonialism, in: Jacqueline Andall/Derek Duncan (eds.), Italian Colonialism. Legacy and Memory, Oxford: Peter Lang, 2005），第11页。也参见鲁思·本-吉亚特和米阿·福勒主编：《意大利殖民主义》，伦敦：帕尔格拉夫·麦克米伦出版社2005年版（Ruth Ben-Ghiat/Mia Fuller (Eds.), Italian Colonialism, London: Palgrave Macmillan, 2005）。

② 殖民者地位在这里是指由殖民者产生的既定认识，也可以被看做是形态或者认识及权力。

③ 本尼迪克特·安德森：《想象的共同体》，伦敦：左也书出版社1991年版（Benedict Anderson, Imagined Communities, London: Verso Books, 1991），第7页。也参见杜赞奇：《从民族中拯救历史——质疑近代中国的叙述》，芝加哥：1995年版（Prasenjit Duara, Rescuing History from the Nation. Questioning Narratives of Modern China, Chicago: University of Chicago Press, 1995）。

个依据不同的理解和自我理解方案（Schemes）被“想象出来的”共同体，因此，它有时会被描述为一个新拓居地（settlement），有时会被看做是殖民空间（colonial space），有时还会被当做连接两个世界的像个村子一样的区域。在个人叙事的层面上，例如总领事文森佐·菲莱蒂（在其1921年的文章[①]中）对意大利租界故事的重构，就揭示了意大利国家在殖民时代通过其殖民代表所创造的显性故事，是如何帮助了想象的共同体的构建的。在这里，殖民国家的代表成为了一个所谓的对于全民族而言都是成功的故事的化身。

三、意大利租界的历史起源

镇压义和团运动[②]之后，在1901年9月7日签订的《解决1900年动乱的最终协议》（辛丑条约）中，意大利获得了占总赔偿额（26617005海关两白银[③]，或者说99713769金里拉；一海关两相当于中国国家货币1.55两）的5.91%。另外，还获得了在北京公使馆区的治外法权，以及对天津海河北岸的一小块区域的永久占有权。这个区域位于北纬38°56′，东经117°58′，其后发展成为意大利租

---

① 文森佐·菲莱蒂：《天津意大利租界》，热那亚：巴拉比欧和格莱夫出版社1921年版（Vincenzo Fileti, La Concessione Italiana di Tien－tsin, Genova: Barabino e Graeve, 1921），第8～9页。菲莱蒂的报告中的照片非常重要，它们在一定程度上见证了意大利租界的早期发展。

② 义和团运动直接反对外来势力在贸易、政治、宗教和科技领域的影响。1900年8月4日，起义被镇压下去，有20000名外国士兵攻入北京。参见史景迁：《追寻现代中国》，纽约：W. W. 诺顿公司2001年版（Jonathan Spence, The Search for Modern China, New York: W. W. Norton & Company, 2001），第232页。

③ 外国索要的赔偿总额为4.5亿两白银，于1901年5月12日由皇帝颁布法令确认。在最终协议中，我们发现了银两和其他货币的换算标准，例如一两白银等于3.75法郎和0.30英镑。参见意大利外交文献《提交议会和皮里内提政府关于中国事件的外交文献》第二卷，121号，罗马1901年和1902年版，第64页，（Italian Documenti Diplomatici sugli avvenimenti di Cina presentati al Parlamento dal Ministro Prinetti, II, n. 121, Roma 1901, 1902）。

界。更确切地说，意大利租界位于奥匈帝国租界和俄国租界之间，海河左岸，北京至奉天（今沈阳）铁路线和中国行政区之间。

在中国和西方的书面材料中都存在着这样一种意见，即这个天津租界是中国政府在1901年9月7日割让给了意大利的。大约一年以后，也就是在1902年6月7日，才被意大利占领，由作为意大利政府代表的意大利总领事进行管理。但是事实上，为了向皇家海军的登陆人员——他们属于占领天津的国际远征军的一部分——提供补给，意大利军队早在1901年1月21日就对火车站附近的一个地方进行了军事占领。对于由意大利外交大臣皮里内提（Prinetti）"授权"临时占领的这个地区，则是驻北京皇家大臣萨尔瓦葛公使（Giuseppe Salvago Raggi）建议的，这与对命令的立即执行完全一致，用萨尔瓦葛的话来说就是："与俄国占领地接壤的火车站附近地区"[①]被占领了。因此，经常被引用的1902年6月7日应当被归属于使实际占领（fait accompli）生效的公约。

并没有任何关于移交时期居住在那里的中国人人口数量意见一致的报告。按照1902年的人口统计有13704人，依据菲莱蒂的报告[②]有差不多17000人，而依据阿纳尔多·西西蒂－苏里阿尼（Arnaldo Cicchiti－Suriani）的报告[③]则是16500人。按照中国以1922年的统计数据为基础的材料，居住在当时租界的中国人4025名，意大利人62名，其他国籍的人42名。[④]依据格纳罗·E. 皮斯托雷泽

① 引自阿纳尔多·西西蒂－苏里阿尼：《意大利在天津的租界》，《意大利政治和文化回顾》第31期，1951年10月（Arnaldo Cicchiti－Suriani, La Concessione Italiana di Tient Tsin（1901—1951）, in: Rassegna Italiana di Politica e Cultura, n. 31, October 1951），第563页。

② 文森佐·菲莱蒂：《天津意大利租界》，热那亚：巴拉比欧和格莱夫出版社1921年版（Vincenzo Fileti, La Concessione Italiana di Tien－tsin, Genova: Barabino e Graeve, 1921），第15页。

③ 阿纳尔多·西西蒂－苏里阿尼：《意大利在天津的租界》，《意大利政治和文化回顾》第31期，1951年10月（Arnaldo Cicchiti－Suriani, La Concessione Italiana di Tient Tsin（1901—1951）, in: Rassegna Italiana di Politica e Cultura, n. 31, October 1951），第562页。

④ 南开大学政治学会：《天津租界及特区》，市政府丛书系列，天津商务印书馆1926年版，第6～7页。

(Gennaro E. Pistolese)的说法，在1935年共有6261人，其中有5725名中国人和536名外国人（包括392名意大利人）。[①] F. C. 琼斯（F. C. Jones）——他对意大利租界只作了只言片语的描述——认为："1937年那里有373名外国人和约65000名中国人。"[②]通过分析这些数据，我们可以推断出下列两个结论：一是意大利租界人口的锐减，从16000～17000人（1902）到4000～6000人（1922～1933）；二是中国人在数量上占显著优势。然而，意大利方面的材料趋向于淡化租界里中国居民的存在，并把他们归入次要地位。这些材料同时提供了一个歌颂和自恋影像的逐步神化过程，它集中表现在美化该地区成功的基础设施建设，使其成为所谓的意大利国家成就的缩影的重现上。

特别是皮斯托雷泽在1935年写道，据最近的估计，天津的意大利人共同体只有大约150人，而不是392人。然而，他在文章中所关注的并非数据的精确性，而是这样一个主要观点，即强调"我们的租界与天津的其他租界相比有一种人口统计学上的优越性"的事实。他报道了日本租界的人口（5000人）、英国租界的人口（2000人）和法国租界的人口（1450人）。这是他和30年代其他人所使用的众多要素中的一个，符合法西斯政权试图建立"良性殖民主义"的叙事要求，强调意大利精神上的显著胜利以及在这个远离祖国的拓展地的文明化使命。[③]

---

① 格纳罗·E. 皮斯托雷泽：《意大利天津租界》，《意大利回顾》，A. 13，特刊(XLI)，《意大利远东媒介》，1935年8～9月（Gennaro E. Pistolese, La Concessione Italiana di Tien－Tsin, in: Rassegna Italiana, A. XIII, Special Volume (XLI) L' Italia e L' Oriente Medio ed Estremo, August－Sept. 1935)，第306页。

② F. C. 琼斯：《上海和天津》，伦敦：牛津大学出版社汉弗莱·米尔福德公司1940年版（F. C. Jones, Shanghai and Tientsin, London: Humphrey Milford for Oxford University Press, 1940)，第128页。

③ 格纳罗·E. 皮斯托雷泽：《意大利天津租界》，《意大利回顾》，A. 13，特刊(XLI)，《意大利远东媒介》，1935年8～9月（Gennaro E. Pistolese, La Concessione Italiana di Tien－Tsin, in: Rassegna Italiana, A. XIII, Special Volume [XLI] L' Italia e L' Oriente Medio ed Estremo, August－Sept. 1935)，第305～310页。

到1943年，在这块租界上仍有大约600人的意大利军队驻扎，但是在墨索里尼意大利社会共和国（实际上共和是虚假的）把租界转让给由日本扶植的汪伪国民政府（这个政府既没有得到意大利王国的承认，也没有得到中华民国的承认）之后，它就在1943年9月10日被日本占领了。1947年2月10日，战后的意大利正式把租界归还给了中国。

四、租界的附加收益

《辛丑条约》对意大利国家威望的获得和国际地位得到承认方面具有决定性的象征意义，尤其是在回顾与其他的在中国领土上已经获得牢固势力和影响的外国列强相比时，对意大利获利的象征性资本进行分析会发现一些比适度的领土征服更可观的东西。首先，根据协议，意大利在获得北京公使馆区治外法权方面正式地加入到了其他殖民国家的行列。更重要的是，意大利在那个夏天获得了在上海和厦门[①]使用国际区的权力，也获得了在北京公使馆区和山海关驻扎军队的权力，而唯一的条件是每年仅需支付2000里拉。条约的军事后果对意大利同样非常重要，这可从三个要素方面来看：首先，意大利在北河口湾大沽锚地的财产以及相关的保卫和防御行动得到了承认；其次是为意大利获准建造和维护的卫戍部队营房选取的名字的符号学意义，在杭州称作“意大利”（Italy），在天津称作“萨伏伊”（Savoia），在北京意大利公使馆称作“皇家卫队”（Regia Guardia）；最后但并非最不重要，意大利有权在必要时使用军队护卫教会、使团、铁路和矿产。

对于天津，协议规定：“意大利政府将像其他外国列强为其所获得的租界确立的管理方式一样，对租界行使*完全管辖权*。”[②] 这达到

① 在20世纪，现代的厦门也被称为Amoy。

② 协议的意大利版本由作者翻译，斜体字是附加的。

了意大利在中国长期追求的、获得与其他殖民国家“同等”待遇的目标。[①]

这个协议由中国海关总长唐绍仪与嘎里纳（Giovanni Gallina）伯爵（萨尔瓦葛的继任者）签署：它明确宣称租界的割让是“为了在华北，特别是在直隶省促进同意大利的贸易”[②]。

以先前不断失败的经历——这从1866年的双边条约开始构成了意大利与中国外交关系的主要特征——为背景来考虑这个租界，可以看出租界的获得对于意大利来说具有历史复仇的意义。乔瓦尼·乔利蒂（Giovanni Giolitti）首相把意大利在1899年试图获得中国政府对其占领Sanmun海湾作为海军基地并划浙江省为其势力范围要求的承认的失败，定义为“几百万里拉的浪费和民族的耻辱”[③]。乔利蒂严厉批评了这个从头到尾的错误，强烈建议外交大臣不要公开相关文件。中国政府拒绝接受意大利1899年的要求和继之而来发布最后通牒的行为，对新建立的意大利民族的想象共同体造成了严重伤害，尤其是拒绝行为发生在所有其他外国列强（大不列颠、法国、德国，还有日本和俄国）都在中国领土内为其政治存在和经济渗透而占有战略要地作为租界和新拓殖区（Settlements）这样的历史背景之下。这种伤害由于意大利1899年的要求和最后通牒没有得到大不

① 关于意大利和中国在19世纪的关系可以参看乔治奥·勃卡：《19世纪的意大利与中国》，米兰：社区教育出版社1961年版（Giorgio Bocca, Italia e Cina nel Secolo XIX. Milano: Ed. Comunità, 1961）。

② 出自协议的意大利版本。

③ 乔瓦尼·乔利蒂：《回忆录》第1卷，米兰：特里夫斯1922年版（Giovanni Giolitti, Memorie della mia vita, vol. I, Milano: Treves, 1922），第154页。乔利蒂在1904～1914年间担任意大利首相，这一时期属于所谓的议会专政时代。

列颠的支持[①]而得到进一步加深；大不列颠的不支持表明其他列强不希望看到意大利在中国扩大自己的影响。

1951 年，西西蒂－苏里阿尼在为纪念租界获得 50 周年而写的文章中指出："在 Sanmun 的不幸序幕之后，事态的发展预示了 1900 年国际事件的结局。"[②]

意大利在华商业利益的拥护者的鼓吹声在 1890～1900 年间尤其强烈，这不仅表现在学术层面，例如罗马大学的卢多维奇欧·诺琴蒂尼（Ludovico Nocentini）教授就写作了多篇文章支持出自《新诗集》（Nuova Antologia）、《意大利杂志》（Rivista d' Italia）和《意大利地理杂志》（Rivista Geografica Italiana）杂志[③]的请愿书，还表现在新闻报道层面，如约翰·维格纳·德尔·菲洛（Giovanni Vigna del Ferro）[④]。就连当地报纸，如热那亚的《贸易信使报》（Corriere Mercantile）都支持这件事，它进而变成了热那亚船东的正式声音，这些船东促进了作为一个机会之地的中国形象。[⑤]

---

① 参见乔治奥·勃卡：《19 世纪的意大利与中国》，米兰：社区教育出版社 1961 年版（Giorgio Bocca, Italia e Cina nel Secolo XIX. Milano: Ed. Comunità, 1961），第 157～188 页；格纳罗·E. 皮斯托雷泽：《意大利天津租界》，《意大利回顾》，A. 13，特刊（XLI），《意大利远东媒介》，1935 年 8～9 月（Gennaro E. Pistolese, La Concessione Italiana di Tien－Tsin, in: Rassegna Italiana, A. XIII, Special Volume（XLI）L' Italia e L' Oriente Medio ed Estremo, August－Sept. 1935），第 305～306 页。

② 阿纳尔多·西西蒂－苏里阿尼：《意大利在天津的租界》，《意大利政治和文化回顾》第 31 期，1951 年 10 月（Arnaldo Cicchiti－Suriani, La Concessione Italiana di Tient Tsin（1901—1951）, in: Rassegna Italiana di Politica e Cultura, n. 31, October 1951），第 562 页。

③ 见卢多维奇欧·诺琴蒂尼：《欧洲，远东和意大利在中国的利益》，米兰：希普利 1904 年版（Lodovico Nocentini, L' Europa nell' Estremo oriente e gli interessi italiani in Cina. Milano: Hoepli, 1904）。

④ 约翰·维格纳·德尔·菲洛：《意大利与中国问题》，《政治与文学杂志》，1901 年 10 月（Giovanni Vigna del Ferro, L' Italia nella questione cinese, Rivista politica e letteraria, October 1901）。

⑤ 发表在《贸易信使报》中的社论有：《意大利的对华政策》（La Politica Italiana in Cina），1899 年 5 月 3 日；《离开部队到中国——狂热的示威游行》（Partenza delle truppe per la Cina. Entusiastiche dimostrazioni popolari），1900 年 7 月 20 日。

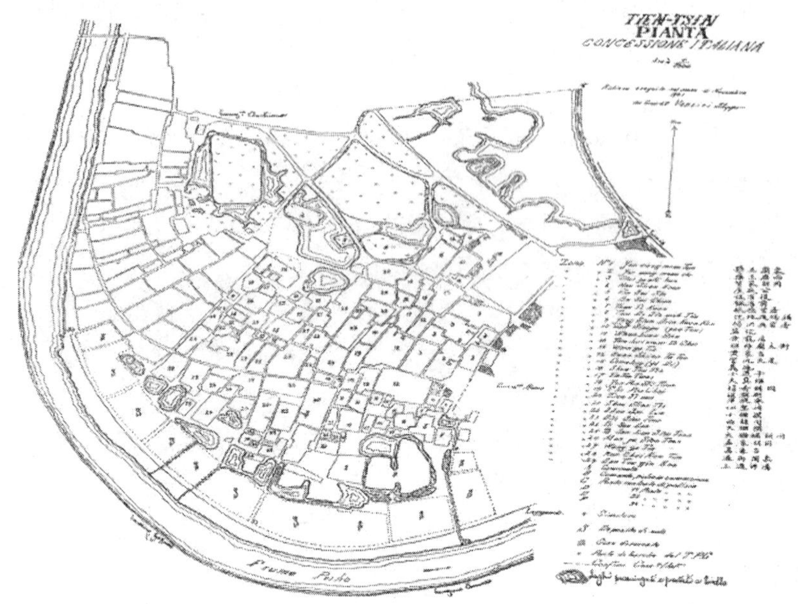

▲ **天津意大利租界**

五、租界的范围及天津的地位

大多数著述都认为最初被割让给意大利政府的区域有大约 0.5 平方公里①。加阿科末·德·安东内利斯（Giacomo De Antonellis）②

---

① 见格纳罗·E. 皮斯托雷泽：《意大利天津租界》，《意大利回顾》，A. 13，特刊（XLI），《意大利远东媒介》，1935 年 8 ~ 9 月（Gennaro E. Pistolese, La Concessione Italiana di Tien - Tsin, in: Rassegna Italiana, A. XIII, Special Volume（XLI）L' Italia e L' Oriente Medio ed Estremo, August - Sept. 1935），第 306 页。

② 加阿科末·德·安东内利斯：《20 世纪意大利在中国》，《华人世界》第 19 号，1977 年 7 ~ 9 月（Giacomo De Antonellis, L' Italia in Cina nel secolo XX, Mondo Cinese n. 19, July - Sept. 1977），第 52 页。

认为它有447647平方米；与此同时，天津大学建筑学系[①]的一份资料提到其有46.26公顷。另一份中文材料显示其面积为“714亩或722亩”[②]，折算成公顷，分别是47.62或48.15公顷；还有一份中文材料称意大利租界在建立时（1902）大约是771亩（51.42公顷）[③]。

从南边河流到北边火车站，这一区域包括四个部分：

1. 一块被用作盐床的高地（大约100000平方米）。领事菲莱蒂解释说这是由于围绕盐床进行的挖掘工作形成了一系列壕沟，壕沟很快就变成了“臭水”池，“村子里的男孩子经常在里面洗澡”[④]。

2. 位于租界中心地带的中国村子（大约200000平方米），有1000个住户。海军中尉马里奥·米凯拉尼奥利（Mario Michelagnoli）报告说有867座房屋[⑤]，主要是棚屋，由盐工建造。菲莱蒂对这些棚屋的描写揭示了居民的贫困程度：“不幸”、“贫穷”和“困乏”等等是一些被用于描述他们的段落中常见的词汇，大约有17000名中国人。

3. 村子北部是最差的地区，这里有沼泽地，水深达3～4米，冬天完全封冻。

4. 在沼泽地的稍高处，居民用来埋葬他们的死者。因此这块土地呈现出了“荒无人烟，遍地坟茔”的景象。一般地，在意大利人

---

① 引自网上资料《天津的九个租界》，http：//www. wayabroad. com/tianjin/text/text23. htm（获取资料时间为2006年4月21日）。

② 李文新：《意租界》，载天津市政协文史资料研究会：《天津租界》，天津人民出版社1985年版，第135页。

③ 天津社会科学院历史研究所：《天津简史》，天津人民出版社1987版，第209页。

④ 文森佐·菲莱蒂：《天津意大利租界》，热那亚：巴拉比欧和格莱夫出版社1921年版（Vincenzo Fileti，La Concessione Italiana di Tien－tsin，Genova：Barabino e Graeve，1921），第14页。

⑤ 见尼考莱塔·卡尔达诺、皮尔·路易吉·鲍茨欧主编：《在去天津的路上　意大利与中国两千多年的关系：一个在中国的意大利居民区》，罗马：甘杰米出版社2004年版（Nicoletta Cardano，Pier Luigi Porzio（eds.）Sulla Via di Tianjin：Mille Anni di Relazioni tra Italia e Cina. Un quartiere Italiano in Cina. Roma：Gangemi，2004），第26页。

的描述中，这个第四部分地区多与“坟墓问题”联系在一起。

意大利方面的著述强调这块注定要成为意大利租界土地的恶劣条件。类似的描述也体现在其他租界上。例如《中国时报》（Chinese Times）杂志的编辑、英国传教士宓克（Alexander Michie）就把英国和法国在1860年获得的租界描写为：

> 沉闷的土地，在其区域内有废旧的码头、小菜园、烂泥堆、渔民、水手及其他人居住的矮棚。这些不幸群体的肮脏棚屋被狭窄的潮汐沟渠逐一隔开，沟渠旁边蜿蜒着窄小和失修的小路。这两个类似的新拓居地被污秽和有害的沼泽环绕，而在稍微干燥点的高地上则有数不清的许多代人的坟墓。①

对法国租界的描述也包含着对当地居民的贬抑：“在这块肮脏的土地上，有池塘、卷心菜园、储存水果和蔬菜的暖窖以及粗鲁、邪恶和目无法纪的人群。”②宓克对美国租界的描述也是一样：见不到房舍，大部分地方都是结冰的水洼。③

F. C. 琼斯强调租界区的恶劣条件：连续不断的洪水威胁以及维修堤坝的高额成本。例如他提到，在英国租界进行所谓的外墙扩展，需要移走数百万立方英尺的淤泥。琼斯因此总结道：“让外国人同意接受这样一块没有任何价值的租地，中国政府也许同样有理由高兴。”④

---

① 宓克（Alexander Michie）是《中国时报》的编辑，后者为天津的第一份报纸，转引自O. D. 拉斯姆森：《天津——历史图说》，天津出版社1935年版（O. D. Rasmussen, Tientsin - An Illustrated Outline History, Tientsin Press 1925），第37页。

② 转引自O. D. 拉斯姆森：《天津——历史图说》，天津出版社1935年版（O. D. Rasmussen, Tientsin - An Illustrated Outline History, Tientsin Press 1925），第37页。

③ 转引自O. D. 拉斯姆森：《天津——历史图说》，天津出版社1935年版（O. D. Rasmussen, Tientsin - An Illustrated Outline History, Tientsin Press 1925），第37页。

④ F. C. 琼斯：《上海和天津》，伦敦：牛津大学出版社汉弗莱·米尔福德公司1940年版（F. C. Jones, Shanghai and Tientsin, London: Humphrey Milford for Oxford University Press, 1940），第119页。

这些不断提到的主题一方面有助于论证占领租界的合法性，另一方面也有助于强调外国势力在其相关区域内所取得的显著成就；清政府之所以令人难以相信地乐意接受1860年的条约，恰恰因为外国列强将要占领的只不过是一些“没有任何价值”的土地。对于向中国进行的经济渗透而言，天津是有重要的战略意义的。它坐落在人口稠密和物产丰富的中国北方平原，邻近大运河的北部终端海河，居于大沽—天津—北京的轴线上。天津还是北京的传统港口，而北京则位于其西北不过120公里（72英里）的地方。在一些材料中，在论及天津地缘政治的重要性时，人们常常提到北河而不是海河，认为：“天津位于从大沽口到北河之间大约37英里（60公里）处。”①实际上，北河、永定河以及其他一些支流在天津汇聚成了海河。历史上，天津的商业、军事和最终的战略意义可以在两个层面上得以确认：从国内情况来看，天津的重要性体现在明朝永乐年间被建成有围城的城市一事上；国际上看，其重要性体现在第一位到达北京的荷兰使臣（1655）的描述中：“人口稠密、贸易发达，在中国的其他城市几乎找不到同样的商业景象；无论哪里来的要到北京的船，大都先到达这里，由此便产生了一个非常好的转运贸易机会，这在城市建成之前就得到频繁利用了。”②它最初的名字叫天津卫，可以被理解为“通往天堂的桥梁的卫士”，这里清楚地提到它的地缘政治地位和它保卫皇帝（天子）统治下的北京的角色。在19世纪的时候，我们可以看到天津从一个充满活力的、古老的、有围墙的城市，经过不断地破坏和重建，转变成为中国北方一个最重要的商业城市的过程。这主要取决于它在经济、道路和运输方面的战略位置：天津不仅成为不断扩展的铁路网的中心，也成为一个由水运连接其他亚洲地区的主要的国际贸易城市。

---

① http://www.geocities.com/Eureka/Plaza/7750/tientsin01.html（资料获取时间为2006年5月2日）。

② O. D. 拉斯姆森：《天津——历史图说》，天津出版社1935年版（O. D. Rasmussen, Tientsin - An Illustrated Outline History, Tientsin Press 1925），第9页。

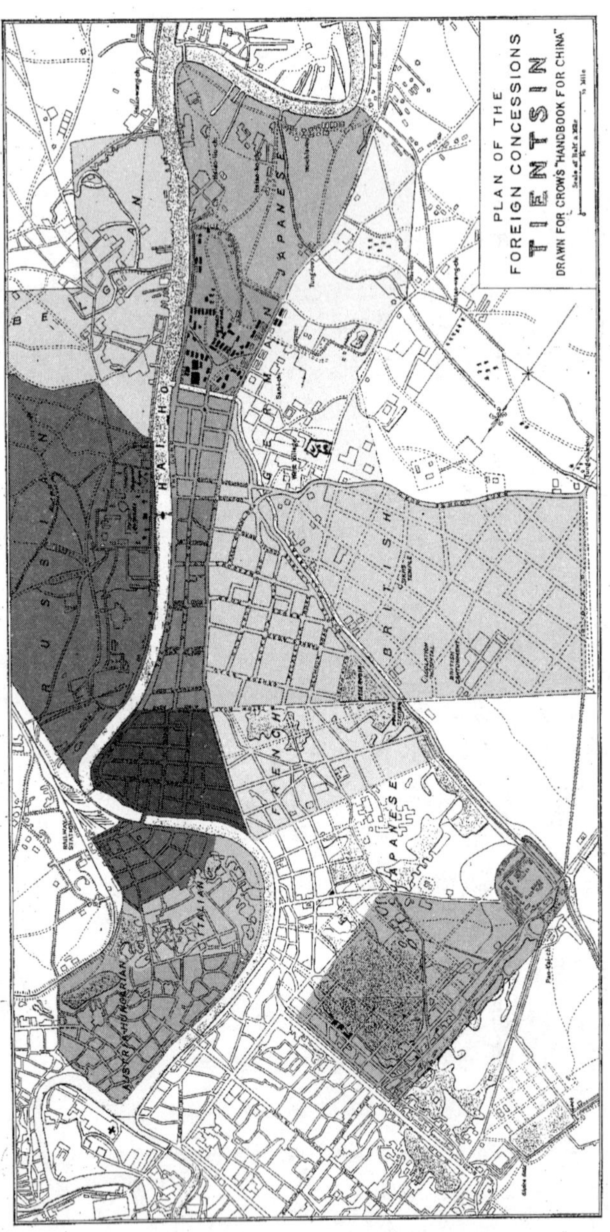
PLAN OF THE
FOREIGN CONCESSIONS
TIENTSIN
DRAWN FOR CROW'S "HANDBOOK FOR CHINA"
JAPANESE
GERMAN
BELGIAN
RUSSIAN
HAI HO
BRITISH
FRENCH
JAPANESE
ITALIAN
AUSTRIAN-HUNGARIAN
RAILWAY STATION

▲天津各国租界

六、外国租界的历史

到 19 世纪中叶，天津被辟为对外开放的商埠，其重要性由一面连通北京（1897 年开始）和一面连通山海关①及满洲里的铁路系统的形成而得到进一步加强。英国、法国和美国于 1860 年最早地在天津建立了租界。作为 1860 年 10 月 18 日《北京条约》的后果，天津被开放为一个条约口岸，而《北京条约》则是在英国和法国军队占领了首都及火烧圆明园之后由清政府签署的。②

条约确立了以下规定：

1. 对于英国来说，1860 年 10 月 24 日签订的大不列颠与中国和平友好条约（又称《续增条约》）第 4 款规定：

> 一、续增条约画押之日，大清大皇帝允以天津郡城海口作为通商之埠，凡有英民人等至此居住贸易均照经准各条所开各口章程比例，画一无别。③

2. 对于法国来说，1860 年 10 月 25 日签订的中法和平友好条约第 7 款规定：

> 从两国大臣画押盖印之日起，直隶省之天津府克日通商，与别口无异，再次续约均应自画押之日为始立即施行，毋庸俟

---

① 山海关，“山和海之间的关口”，指的是长城东端与渤海相遇的地方。

② 参看《额尔金勋爵和王的母亲》，奈格尔·卡梅龙：《夷人与官员——西方游客来华一千三百年》，纽约：瓦尔克/维特黑尔出版社 1970 年版，1999 年牛津大学出版社重印（Lord Elgin and Wang’s Mother, in：Nigel Cameron, Barbarians and Mandarins：Thirteen Centuries of Western Travellers in China, New York：Walker/Weatherhill, 1970, reprint. Oxford University Press, 1999），第 345～360 页。

③ 爱德华·赫斯勒：《英国与中国和中国与其他外国签订的条约及文书》（四卷本），第 1 卷，伦敦：霍姆生出版社 1896 年版（Edward Herslet, Treaties, & c., Between Great Britain and China：And Between China and Foreign Powers, 4 vols, I, London：Homson, 1896），第 50 页（中文翻译根据王铁崖编：《中外旧约章汇编》第一册，生活·读书·新知三联书店 1957 年版，第 145 页）赫斯勒负责英国外交部的记录。

奉两国御笔批准，犹如各字样列载天津和约内，一律遵守如此。大法国水、陆二军，俟在天津收银五十万两，方能退出天津，屯占大沽、烟台二口，待至中国将所赔之银全数交清后，所有法国武弁占据中国各地方均应退出境界。然任水、陆各大将军于天津紮兵过冬，而俟所定赔补之现银给清后，则撤大军退出津郡。①

最初，英国的租界有27.6公顷，法国的有21.6公顷，美国的（1880年被英国接管，但美国仍保留有一些权力）有7.86公顷。在1895和1902年间，它们和日本（1896～1898年取得100.02公顷，1900年又获得拓展）、德国（1895年10月获得62.6公顷）和沙皇俄国（328.44公顷）的租界以及之前在中国从未取得租界的国家，包括奥匈帝国（61.8公顷）、意大利（46.2公顷）和比利时（44.85公顷）的租界连成一片。这些后来的国家继之建立了设备齐全的租界，包括有自己的监狱、学校、兵营和医院。法国、英国、德国和日本也都利用了战后的有利地位扩大了自己的租界。

如果考虑到租界对中国的深远影响，《辛丑条约》的象征意义可以部分地和1884～1885年柏林会议②相比，那次会议的结果是把非洲瓜分为可开发的殖民地。欧洲殖民列强“分割”非洲或者“争夺”非洲大陆内部的控制权的行动与开始于1860年（尽管最初的先例是第一次鸦片战争之后于1842年签订的《中英南京条约》）的争夺租界及占领势力范围的行为是相互关联的，尽管实际上中国从未被彻底地殖民化或者被彻底“瓜分”领土。然而，在1901年的天

① 爱德华·赫斯勒：《英国与中国和中国与其他外国签订的条约及文书》（四卷本），第1卷，伦敦：霍姆生出版社1896年版（Edward Herslet, Treaties, & c., Between Great Britain and China: And Between China and Foreign Powers, 4 vols, I, London: Homson, 1896），第290页。（中文翻译根据王铁崖编：《中外旧约章汇编》第一册，生活·读书·新知三联书店1957年版，第148页）。

② 英、法、德、葡萄牙和意大利等14个国家于1884年11月15日至1885年2月26日在柏林召开会议。

津，有着总计区域达5英里的8个租界，这显得有一些不同寻常。按照由孙中山系统阐述的传统叙事，半殖民地状态（被看做是单一殖民国家霸权的对立面）经常被说成是本土民族主义运动兴起和民族自治主张的障碍。相反，罗芸（Ruth Rogaski）则认为天津的特殊性使其应获得"超级殖民地"[①]的称号。这个解释与孙中山基于把中国说成为"半殖民地"[②]的声明而把中国定位为"次殖民地"的主张形成了鲜明的对照。中国的许多著述都支持"半殖民地"观念，经常还结合着"半封建社会"观念。很明显，罗芸的"超级殖民地"形象更符合天津政治和文化的错综复杂性。同时，我将根据在1860～1945年间多元的殖民空间和殖民权力话语对其加以补充，尽管这看起来有无视或忽视天津多层次的复杂身份，以及引入了多种殖民话语和殖民实践的多种代理人存在的趋势。

七、租界、区（Neighbourhood）还是异托邦（Heterotopia）

在我选用的材料中，有一本新近出版的书，书中有一个用双语表达的目录，其原始的意大利标题可翻译成下列英文："On the Road to Tianjin：One Thousands years of relations between Italy and China. An Italian neighbourhood in China."中文标题则非常简练并与意大利语的副标题十分吻合："一个在天津的意大利区。"而在这本书的封面却出现了日本儿童。把日本人误认为中国人，这是一个明显而又令

① 罗芸：《天津卫生学的现代性》，周锡瑞：《重造中国城市——现代性与民族认同性，1900～1950》，檀香山：夏威夷大学出版社1999年版（Ruth Rogaski，Hygienic Modernity in Tianjin，in：Joseph W. Esherick，Remaking the Chinese City：Modernity and National Identity，1900－1950，Honolulu：University of Hawai' i Press，1999），第30～46页。也见罗芸：《卫生学的现代性——卫生和疾病在中国条约口岸的含义》，伯克利：加尼福尼亚大学出版社2004年版（Ruth Rogaski，Hygienic Modernity：Meanings of Health and Disease in Treaty－Port China，Berkeley：University of California Press，2004）。

② 孙中山：《国父全集》第1卷：三民主义教程2：19，台北："中央文物供应社"1961年版。

人难堪的错误。

这本书提供了从1902年到1930年代的大量照片和档案资料，它是以先前的有关意大利租界的学识为基础而形成的。不管怎样，历史学家不会不注意到下列企图的一直存在，这就是消除意大利在天津占有一个租界而不是一个区的长达近半个世纪之久的观念。如果有人争论说，租界这个合成词并不意味着真正的殖民状态（而colony一词在中文中的意思才是殖民地）或一个新拓居地（settlement），那么我们绝对不能忘了租界这个合成词还体现着“租借领土”的思想并包含着区域划分的观念。①中国的历史学家从行政、司法、警察和财政角度出发强调租界就是“国中之国”②。从语言上把“租界”置换为“区”属于典型的殖民过程的重新命名，这意味着为了把内容和背景神秘化而对形式进行修改。这个过程就是我所定义的良性殖民主义的重要组成部分，它会产生使殖民主义形象变温和的效果，其目的在于制造一个相当正面并且经常令人自我陶醉的意大利殖民主义形象。意大利语汇中的“quartiere”概念可以被翻译为中文的“区”，不仅具有特定居住区的意思，还具有以邻近和熟悉为特征的社区含义。它是指这样的一个场所或区域，在那里，居住者分享着一个共同占据的空间，有时还分享着某些习惯和风俗，甚或通过正式或非正式的渠道相互联系。实际上，力求说明意大利租界属于一个“区”的企图似乎符合整个事业所宣称的双重目标：“促进和扩大两国之间的商业关系，向诸如中国这样一个遥远的国家输出和传播那个时代最好的城市、建筑和艺术形象。”③

如果把意大利租界“想象”成“意大利区”，对该租界的下列

---

① “租”的意思是“租借或者租赁”，“界”的意思是边界，来自合成词国界（国家的边界）。

② 尚克强、刘海岩：《天津租界社会研究》，天津人民出版社1996年版，第1页。

③ 尼考莱塔·卡尔达诺、皮尔·路易吉·鲍莰欧主编：《在去天津的路上——意大利与中国两千多年的关系：一个在中国的意大利居民区》，罗马：甘杰米出版社2004年版（Nicoletta Cardano, Pier Luigi Porzio (eds.) Sulla Via di Tianjin: Mille Anni di Relazioni tra Italia e Cina. Un quartiere Italiano in Cina. Roma: Gangemi, 2004），第7页。

重现就会得到允许了，这就是该租界“见证了中国人和意大利人在那个时候的共同工作，而这种共同工作的价值和意义在60年后的今天又被人们以某种方式重新发现和重新评价了”①。引导我阅读这些材料的问题正好是他们的“价值”和“意义”趋向。当混杂被意大利材料明显地省略时，强调意大利人和中国人的“共同工作”就会体谅虚假的“区”的重现，就会认为它是从中国皇帝那里“接收”②的，就会遮蔽意大利在中国的殖民经历。

可以把前意大利租界定义为：以对立因素并列为特征的空间，这就是福柯所讲的“异托邦”（heterotopia）。福柯对“异托邦”的发现起源于他对一些场所的思考，“这些场所在与所有其他场所发生联系时有着稀奇古怪的本质特征，但它们是以诸如怀疑、压制或发明它们碰巧设计、反映或表现一组关系的方式进行联系的”③。福柯认为这些场所有两种类型：乌托邦和“异托邦”。意大利的天津租界和所有其他外国租界一样，都不是乌托邦，因为它不是作为一个对现存社会进行理想化设计而虚构的非真实空间。无论在物质上还是在精神上，租界都可以被充分定义为多层次的“异托邦”。因为租界

---

① 尼考莱塔·卡尔达诺、皮尔·路易吉·鲍茨欧主编：《在去天津的路上——意大利与中国两千多年的关系：一个在中国的意大利居民区》，罗马：甘杰米出版社2004年版（Nicoletta Cardano, Pier Luigi Porzio (eds.) Sulla Via di Tianjin: Mille Anni di Relazioni tra Italia e Cina. Un quartiere Italiano in Cina. Roma: Gangemi, 2004），第7页。

② 尼考莱塔·卡尔达诺、皮尔·路易吉·鲍茨欧主编：《在去天津的路上——意大利与中国两千多年的关系：一个在中国的意大利居民区》，罗马：甘杰米出版社2004年版（Nicoletta Cardano, Pier Luigi Porzio (eds.) Sulla Via di Tianjin: Mille Anni di Relazioni tra Italia e Cina. Un quartiere Italiano in Cina. Roma: Gangemi, 2004），第7页。

③ 米歇尔·福柯：《说与写》，《结构、运动、连续性》第5期，1984年10月（Michel Foucault, Dits et écrits in: Architecture, Mouvement, Continuité, n°5, Octobre 1984），第47页。

实际上（de facto）通过贯通跨语言的实践[①]，已经落入福柯的“真实区域——确实存在的区域，而且构建于社会的根本基础之上[②]——的范畴，它有些像对立的场所，是以某种有效方式扮演的乌托邦。其中，它的真实场所同时又会被提出异议、争论和反转，而所有其他的真实场所都能在文化中发现”[③]。这里真正的问题在于这个定义是否对后殖民主义或后全球化时代的天津仍然适合，就像福柯所言，“异托邦”存在于“……所有空间之外，尽管有可能表明它在现实中的存在”[④]。如果从物质和精神层面建造一个集体空间的话，天津的租界恰恰是“绝对真实”和“绝对虚幻”并列的典型例子。其中一点就是，殖民地——母国的曲面镜功能（建立在反射、感知扭曲和投影复制机制基础之上）允许殖民主体尽情表演。

人们今天在天津所游历的“意式风景区”既不是一个乌托邦的重现，也不是一个意大利的微型模拟。行走在前意大利租界“区”中，人们将会看到一个商业区：一个带有全部经过改良的空间及其相关权力话语特色的全球化和地方化实体。“意式风景区”的氛围更像一个开放的商业街，而不是一个开放的博物馆。命名和指示“意式风景区”的标记正在基督化这个空间，试图指出这个“意大利式”的“真实性”。然而，矛盾的是，它们是对一个历史先例的回忆：在先前的场所被毁掉之后由 1901～1947 年意大利殖民政权所强

---

① 我从刘禾那里转引了这个定义，刘使用该定义来说明在不同语境下重创词语意义的重要性。刘禾：《跨语际的实践——1900～1937 年中国的文学、民族文化与被译介的现代性》，斯坦福：斯坦福大学出版社 1995 版（Lydia Liu，Translingual Practice：Literature，National Culture，and Translated Modernity – China，1900—1937，Stanford：Stanford University Press，1995），第 24 页。

② 但在这篇文章中还应该加上“殖民地社会”。

③ 米歇尔·福柯：《说与写》，《结构、运动、连续性》第 5 期，1984 年 10 月（Michel Foucault，Dits et écrits，in：Architecture，Mouvement，Continuité，n°5，Octobre 1984），第 47 页。

④ 米歇尔·福柯：《说与写》，《结构、运动、连续性》第 5 期，1984 年 10 月（Michel Foucault，Dits et écrits，in：Architecture，Mouvement，Continuité，n°5，Octobre 1984），第 47 页。

加的街道标志依然狂妄自大地存在着；城市样式被据为己有和重新使用。在那些日子里，利加纳·爱伦娜（Regina Elena）和科索·维多利奥·埃曼努埃尔三世（Corso Vittorio Emanuele III）广场就是声明在意大利租界中的"真实性"的标记，还有以同样的方式在英国租界中标志着维多利亚路（今解放北路）和维多利亚公园以及公园内的戈登礼堂的指示牌。①

▲ 意大利租界旧址（本文作者摄于2006年6月25日）

八、租界的重现

历史材料对这块注定要成为意大利租界的区域有着不同的重现。

① 建于1889年，位于公园的北部，是为了纪念英国将军查尔斯·乔·戈登（Charles George Gordon）而建的。戈登曾经帮助清政府镇压过太平天国运动。

▲ **意大利租界旧址（本文作者摄于2006年6月25日）**

驻北京的皇家大臣萨尔瓦葛公使认为它是一个最好的区域，并且明确指出了它所具有的快速和成功开发前景。意大利驻天津的领事卡维拉尔·鲍马（Cavalier Poma）则提出了一种不同的观点，他注意到这个地方不仅有众多的中国人住宅，而且还有墓地和沼泽地，其发展前景似乎并不怎么乐观。显然，天津卫戍部队指挥官海军上尉瓦利（Valli）是军事占领租界行动的负责人，他选择"去占领其次最好的东西"（用意大利语来说就是：quanto restava di meglio），很可能这是其他殖民国家留下的唯一一块最好的土地了。意大利的一个材料指出：英国人必然想为他们自己保留最好的区域。①

---

① 参见罗伯托·贝尔蒂内利：《1900～1905年意大利在中国的存在》，《东方学杂志》第LVII卷，1983年（Roberto Bertinelli, La Presenza Italiana in Cina dal 1900 al 1905, Rivista di Studi Orientali, vol. LVII, 1983），第34页。

占领租界后最迫切需要解决的问题之一是如何找到财源去解决墓地问题和开垦沼泽地。这里有两条途径：公家投资和私人投资。

1905年，意大利外交大臣批准了由海军大臣（Lord Lieutenant）阿多尔夫·岑希提（Adolfo Cecchetti）为意大利租界设计的城市规划。首先是平整土地，这就意味着不仅要迁出坟地，还要排掉沼泽地里的积水。

1908年7月5日，意大利租界举办了一场公开拍卖会[①]，目的在于吸引潜在的买家对租界进行分配。与此同时，还发布了由领事达·维拉（Da Vella）签署的管理租界的规章制度和第一套租界“建筑编码”（在这里，人们第一次用意大利语表达了“区域”或“区”的概念）。建筑编码明确显示了要消除所有中国印记（identity）并以铺设西方风格的道路、建筑仅两层高的住宅楼以及“欧洲时尚的优雅（用意大利语表示就是“signoril”）住所”的规划附加物取而代之的意图。建筑规章明确规定：

> 所有面对维多利奥·埃曼努埃尔三世路的建筑都必须是欧洲风格，并且只能由具有良好品格和身份的欧洲人或者道台或别的经意大利皇家领事许可的高级中国官员拥有。[②]

其他关系到建筑的规则同样强调外国或者半外国风格的重要性，同时也授权领事“全权处理交由他裁决的不符合计划的建筑改造以及出于安全和卫生考虑的修缮工作”。更有甚者，它明确规定“领事

① 参见意大利皇家领事：《天津—中国——1980年7月6日在天津意大利皇家租界举行的土地拍卖》（Royal Italian Consulate. Tientsin—China. Sale by Auction of land in the Royal Italian Concession in Tientsin, 6 July 1980），档案文献。

② 《在天津的皇家意大利租界》。本地土地章程和基本规则，建筑规章，第一款。道台相当于负责某一巡回区民事和军事事务的军官，而该巡回区包括两个以上行政区划单位（府）。可以被翻译成为“Intendant of circuit”。与条约口岸负责通商事务的道台打交道的外国领事和专员级别相当于道台。

享有摧毁任何不严格符合建筑规则的建筑物的全权”①。大体说来，我们可以观察到规则有把道德、卫生和社会阶级地位联系起来的趋势。与此相伴的是执行对中国居民行动的限制，其“婚礼、丧葬及其他仪式”都需要事先获得批准。其他与道德、卫生和现代性相关的例子还有：所有形式的公众娱乐活动必须经警察当局批准；开设中国剧院需要经特别许可，其经营者必须“保证演员的道德品质和公共安全”。此外还要求“租界里部分没有被征用房子的中国居民”必须保持他们房屋以及“他们房屋前面的道路”的清洁。歧视的另一个明显例子就是建立“任何有不良品质的本地人都有可能被驱逐出租界”的固定规则，而执行这种规则具有很大的随意性。

1908 年的公开拍卖遇到了一些困难，逐渐明朗开来的是私人赞助只会跟随在公家投资之后，反之则不成立（vice versa）。而且直到 1912 年，意大利政府才最后决定拨款 400000 里拉去促进租界的开发。②

1912～1922 年的 10 年间，意大利租界建造了所有街道、领事馆（1912）、医院（1914～1922）和公议局办公楼（1919）。

意大利文著述用极其肯定的词汇描述了这个开始变为想象的共同体的意大利租界，它们对这个进步的城市开发计划发出一致的赞扬，该计划把卡罗·斯福尔扎（Carlo Sforza）伯爵等人在 1912 年 4 月 22 日所描述的状态——“一个被腐烂的沼泽环绕的中国村庄，目光所及之处可以看到成排和成堆的中国棺材”——改变成了一幅截然相反的景象：在这里，“沼泽地已经大大缩小了，租界内再也找不到一处坟茔”。

租界被认为有“展示意大利艺术的作用，它所用的装饰和建筑材料都是从母国进口的”，对于“最具代表性的东西，比如公共建筑和坐落在埃琳娜女王广场（Queen Elena Square）中心不朽的人造喷

---

① 《在天津的皇家意大利租界》。本地土地章程和基本规则，建筑规章，第三款，XI。

② 第 707 号法令的生效时间为 1912 年 6 月 30 日，授权事先从存款和贷款基金中拨款。

▲ 前意大利租界公议局办公楼

泉”来说，尤其如此。①

特别是包括新的街道和欧洲风格房子在内的城市建筑获得了无条件赞誉。通过分析意大利文资料，我们可以看到，经常被提到的领事馆公寓——斯福尔扎把它描述为漂亮的小别墅（grazioso villino）——以及意大利公议局办公楼似乎是殖民地建筑的最好例子，它们被重现为权力的象征，表达了空间的认同性，并使一种民族话语在“超级殖民主义”的空间中占据了支配地位。需要被消除的是意大利领事馆馆址多变的历史，这一历史事实上有点像奥德赛长期

① 尼考莱塔·卡尔达诺、皮尔·路易吉·鲍茨欧主编：《在去天津的路上——意大利与中国两千多年的关系：一个在中国的意大利居民区》，罗马：甘杰米出版社 2004 年版（Nicoletta Cardano, Pier Luigi Porzio (eds.) Sulla Via di Tianjin: Mille Anni di Relazioni tra Italia e Cina. Un quartiere Italiano in Cina. Roma: Gangemi, 2004），第 34 页。

探索意味：意大利领事的办事地点最初设在英租界，后来在 1902 ~ 1912 年间，它先是临时设在一座中国房舍内，后又搬到兵营区。兵营区内的领事馆是奉海军之命建立的，它看起来就像“一个临时性大帐篷，考虑到现在天津的形势，只能暂且如此，直到时间允许我们找到办法建立其他领事馆为止”①。

意大利公议局办公楼系由已进驻天津相当长时间的艾吉迪奥·马佐利（Egidio Marzoli）公司建造的，属于新文艺复兴风格②，有明显仿照意大利 15 世纪别墅的做法，其特征是外形方正、地基牢固、小塔楼四坡拱顶。这一建筑物被看做是意大利在天津存在的确凿证明。1925 年，居住于租界的建筑师勃内迪（Bonetti）草拟了一个通过把阳台改为招待房间来扩充建筑物使用空间的设计图。该建筑物在 1990 年前后被毁坏，而意大利领事馆则变成了河北区中国人民政治协商会议的办公场所。

每个租界都通过开发其居民区来扩大殖民权力（在某些情况下也有利于富裕的中国居民），反映、再现以及代表各个国家的传统。就意大利而言，向中国输入新文艺复兴风格可以被解释为肯定其声望和它作为殖民国家与其他殖民国家处于同等地位的途径。实际上，一种自觉的“新文艺复兴”风格已经迅速扩散，并开始在全欧洲流行，特别是在 1840 ~ 1890 年代。到 19 世纪末，它已成为世界上大大小小城镇主要街道上的普遍景观。意大利的“新文艺复兴风格”

---

① 转引自尼考莱塔·卡尔达诺、皮尔·路易吉·鲍茨欧主编：《在去天津的路上——意大利与中国两千多年的关系：一个在中国的意大利居民区》，罗马：甘杰米出版社 2004 年版（Nicoletta Cardano, Pier Luigi Porzio (eds.) Sulla Via di Tianjin: Mille Anni di Relazioni tra Italia e Cina. Un quartiere Italiano in Cina. Roma: Gangemi, 2004），第 36 页。

② 类似的建筑在英国被称为“意大利宫殿的文艺复兴”。为约翰·罗斯金（John Ruskin）对威尼斯和佛罗伦萨建筑奇迹的赞颂所激励，转变出现在 1840 年左右，因为“学者和设计者的注意力和意识被吸引到争论问题和复原工作上”。罗萨那·鲍沃尼：《复兴文艺复兴——19 世纪意大利艺术中对过去的利用和滥用》，剑桥：剑桥大学出版社 1997 年版（Rosanna Pavoni. Reviving the Renaissance: The Use and Abuse of the Past in Nineteenth - Century Italian Art, Cambridge: Cambridge University Press, 1997），第 73 页。

同样展现在法国租界，尤其是圣路易斯（St. Louis）教堂，它内部属于佛罗伦萨文艺复兴风格，正面则属于罗马文艺复兴风格。这种风格也能体现在前国华银行、中孚银行、大中银行和华意银行上，它们都坐落在今天的解放北路。

建立租界，并把它作为意大利建筑的一个缩影进行展示，这一点与其他国家的做法完全相同，它有助于在国内外提高新建立的意大利国家的国际认可度。外国记者如H. G. W. 武德海德（H. G. W. Woodhead）在1934年写道：

> 对所有外国人来说，德国租界……是最好的居住地……英国租界和其扩展区有最重要的外国银行、办事处和商店以及大量的中国人口……意大利租界……开始成为最受中国隐退军政官员欢迎的富丽堂皇的居住地。[①]

1985年，地理学者约翰·韦斯顿（John Weston）在其对开普敦和天津的比较研究中指出："在第一次走访中国城市的时候，在前租界区中遇到的建筑很容易使人联想起巴黎市区、萨里郊区或者巴洛克式的萨尔斯堡，这的确令人*感到不安*。"[②]

在意大利殖民时代以及其后的文献中，"不安"的感觉被完全忽

---

① H. G. W. 武德海德：《一个新闻记者在中国》，伦敦：赫斯特和布莱克特，1934年版（H. G. W. Woodhead, A Journalist in China, London: Hurst and Blackett, 1934），第65页。

② 约翰·韦斯顿：《破坏殖民城市?》《地理学评论》第75卷，1985年7月第3期（John Weston, Undoing the Colonial City? in: Geographical Review, Vol. 75, No., 3 (July 1985)），第341页。斜体字为增加的。

视，取而代之的则是过分的自恋，尤其是在法西斯时代。①

分析1949年前后城市形象的建设和破坏过程是一个很好的手段，通过它不仅可以理解对天津的一个区域造成影响的物质改造，而且也可以理解在天津租界区重造空间的全部政治因素。支配意大利殖民话语的或隐或显的价值观念清楚地通过为租界街道选取新名称这一行为暴露和显示出来。例如，选择像 Matteo Ricci（利玛窦，今天的光明路，意思是光明之路，和黑暗对立。以国家“英雄”埃尔曼诺·卡罗图［Ermanno Carlotto］②的名字命名的军营就坐落在这条路上）这样的名字就揭示了运用历史先例来论证中国与意大利之间长期联系的存在的合法性的意图。

殖民建筑的自然毁坏、复原和与历史或政治相关的重新占用过程在天津的例子中具有特别重大的意义，就像通过为租界街道进行重新命名的行为所展示的意图一样。租界时代以来的一些最引人注目的建筑物坐落在与河平行的今日解放北路上。而建于1908~1916年间的意大利风格的别墅则坐落在今日民族路和自由路周围，这些路名显然是在1949年以后出现的。根据今日地图所体现的新空间地理，意大利租界北面是北安路和自由路，南面是海河，东面是五经路，东北是兴荣街和建国路。这些街道的新名称明显象征着1949年后中国对前租界地区的再征服。

---

① 参看格纳罗·E. 皮斯托雷泽：《意大利天津租界》，《意大利回顾》，A. 13，特刊（XLI），《意大利远东媒介》，1935年8~9月（Gennaro E. Pistolese, La Concessione Italiana di Tien-Tsin, in: Rassegna Italiana, A. XIII, Special Volume（XLI）L' Italia e L' Oriente Medio ed Estremo, August-Sept. 1935），第305~310页；乌格·巴希：《意大利与中国——历史上的外交关系与贸易》，摩德纳：E. 巴希和尼珀迪出版社1929年版（Ugo Bassi, Italia e Cina: Cenni Storici sui rapporti diplomatici e commerciali, Modena: E. Bassi & Nipoti, 1929）。

② 卡罗图是海军上尉，1901年6月15日在与海军一起护卫所谓的意大利领事馆时死于天津。德·安东内利斯指出有12个意大利士兵死于1900~1901年的军事远征。

九、良性殖民主义的映象

在法西斯时代，带有理想化色彩的良性殖民主义宏大叙事达到了顶峰，它特别强调租界地区过去的暗淡与现在的辉煌这种一分为二的显著差别。过去总是被描绘成落后和无望的，现在则被重现为具有所有“现代性”成分的，是一个巨大的进步和自我改进。1936年，与意大利法西斯政权建立帝国梦想①的精神一致，工程师里纳尔多·路易吉·博尔尼诺（Rinaldo Luigi Borgnino）写了一篇洋溢着赞美之情的文章，坚决反对放弃意大利租界。②他相信拥有这块租界的合理性存在于由意大利人展示出来的崇高教化动机中，也体现在这个“小地方”的进一步“演变”之中。在描述该地区在意大利占领以前的情形时，博尔尼诺所使用的形容词主要有：悲惨的、道德败坏的、荒凉的和悲哀的。但是在意大利人占领后，意大利租界就成了展示意大利风情的舞台和现代与卫生的模范。博尔尼诺所强调的成就有：先进的民用设施和基础设施，如宽广的马路、优雅的建筑、现代的医院、所有房屋都配备方便适用的电器和干净卫生的水源、先进的排污系统及公共景观等。博尔尼诺还提到当地一家英国报纸把新建的意大利租界称为“所有租界中最舒适的居住区”的评价。③他补充说，所有邻近的租界都因此而采取了同样措施来改善它们的总体面貌和环境。博尔尼诺撰写文章的最终目标体现在杂志编辑为向读者推荐而写的评论中，该编辑盛赞博尔尼诺在中国直接和长期

---

① 1936年5月9日，墨索里尼宣布创建帝国。这件事发生在巴多格利奥元帅（Marshall Badoglio）率领的意大利军队通过8个月军事侵略，最终占领埃塞俄比亚首都亚的斯亚贝巴3天后。

② R. 博尔尼诺：《意大利在中国的“租界”》，《奥古斯塔亚》，1936年（R. Borgnino, La“Concessione”Italiana in Cina, Augustea, 1936），第363～366页。

③ R. 博尔尼诺：《意大利在中国的“租界”》，《奥古斯塔亚》，1936年（R. Borgnino, La“Concessione”Italiana in Cina, Augustea, 1936），第365页。把“租界”和“区”的概念模糊化是殖民主义的逻辑。

的经历，并明确作出下列论断："很有必要去了解祖国的一切，并到处实施它，结果必然是更大的自豪。"①

博尔尼诺对于制造意大利租界的成功形象明显地怀有个人动机，因为他是由工程师丹尼埃尔·拉斐洛尼（Daniele Ruffinoni）所设计并于 1922 年 12 月 21 日完成的医院的建筑主管。他同时也负责意大利公议局办公楼的设计，他的设计理念是："建造一个意大利艺术的完美范例，一个思想、技术和物质的展示台，一座具有广泛时代意义的典型建筑。"②在其文章中，他大量引用了领事菲莱蒂在 1921 年写作的官方报告所提供的信息，但却有意将菲莱蒂对意大利公司的经济机会的强调（表现为对中国"巨大而原始的市场"③ 的渗透）转变为对建筑的强调，把它们看做是意大利租界声望和威信的象征，同时也暗示着"意大利精神"的胜利。考虑到他本人参与租界建设情况，他的语调和他所选择的方式具有一种自我庆贺的倾向。我认为，博尔尼诺言论中最显著的成分是试图回避殖民主义主题，这显示了对意大利帝国认同性的热切渴望。

另一个在发表于法西斯政权时代的著作中不断出现的关于意大利租界的主题是把意大利重现为在殖民国家中发挥领导作用的地位。这种叙事趋向的最著名例子是 1927 年 4 月 26 日乌格·巴希博士在

---

① 转引自尼考莱塔·卡尔达诺、皮尔·路易吉·鲍茨欧主编：《在去天津的路上——意大利与中国两千多年的关系：一个在中国的意大利居民区》，罗马：甘杰米出版社 2004 年版（Nicoletta Cardano, Pier Luigi Porzio (eds.) Sulla Via di Tianjin: Mille Anni di Relazioni tra Italia e Cina. Un quartiere Italiano in Cina. Roma: Gangemi, 2004），第 44 页。

② 转引自尼考莱塔·卡尔达诺、皮尔·路易吉·鲍茨欧主编：《在去天津的路上——意大利与中国两千多年的关系：一个在中国的意大利居民区》，罗马：甘杰米出版社 2004 年版（Nicoletta Cardano, Pier Luigi Porzio (eds.) Sulla Via di Tianjin: Mille Anni di Relazioni tra Italia e Cina. Un quartiere Italiano in Cina. Roma: Gangemi, 2004），第 44 页。

③ "（中国）是巨大的等待可向人类活动开放的经济开发的处女地，并且克服困难的努力可被证明是正当的……所有由于商业和工业发展而自觉十分强大的国家，都对这个巨大而又未开发的中国市场兴趣盎然，都要抓住每一个有利的机会来推倒保护这一宝藏的围墙，力避在开发这个巨大的新市场中落后或者遭到排挤。"文森佐·菲莱蒂：《天津意大利租界》，热那亚：巴拉比欧和格莱夫出版社 1921 年版（Vincenzo Fileti, La Concessione Italiana di Tien - tsin, Genova: Barabino e Graeve, 1921），第 8 ~ 9 页。

博洛尼亚法西斯大学发表的题为“意大利与中国”的演讲。[①]在重写和篡改了东西方的全部历史之后，巴希声称：

> 最初，即便是在中国，像在世界的其他地方一样，也有意大利人。他们由于对探险的渴望和出于在中世纪不为人知的神秘感觉而去到那里，他们建造了轻便坚固的意大利船舶来应对朝向非洲和美洲的新航线，寻找传说中的圣布兰达诺（Saint Brandano）岛或寻找黄金。[②]

巴希提到了柏郎嘉宾（Giovanni da Pian del Carpine，1245～1247）、马可波罗（Marco Polo，1261～1295）和利玛窦（Matteo Ricci，1552～1610），并以下列结论达到了其诡辩的顶峰：“我们意大利人的高贵后裔，曾为整个世界提供了若干广阔的陆地和新的知识，与其他人相比总是，并且在所有领域，都居于第一位。”[③]

在巴希看来，英国的功绩在于打开了中国的国门并结束了中国的优越感。[④]当他提到组织国际远征军去镇压义和团起义时，他把已故的埃尔曼诺·卡罗图描绘成国家英雄[⑤]，同时在与占据统治地位的良性殖民主义解说保持一致的情况下，强调意大利士兵是如何把自己同其他极其残忍并在“白种人和黄种人”之间造成了巨大差别的军队区别开来的。按照巴希的描述：“……意大利人像平常一样，为

---

① 乌格·巴希：《意大利与中国》，摩德纳：E. 巴希和尼珀提出版社 1929 年版（Ugo Bassi，Italia e Cina. Modena：E. Bassi & Nipoti，1929）。这个作家之前写过意大利在非洲的殖民政策和利比亚的殖民政府。

② 乌格·巴希：《意大利与中国》，摩德纳：E. 巴希和尼珀提出版社 1929 年版（Ugo Bassi，Italia e Cina. Modena：E. Bassi & Nipoti，1929），第 9 页。

③ 乌格·巴希：《意大利与中国》，摩德纳：E. 巴希和尼珀提出版社 1929 年版（Ugo Bassi，Italia e Cina. Modena：E. Bassi & Nipoti，1929），第 10 页。

④ 乌格·巴希：《意大利与中国》，摩德纳：E. 巴希和尼珀提出版社 1929 年版（Ugo Bassi，Italia e Cina. Modena：E. Bassi & Nipoti，1929），第 12～13 页。

⑤ 乌格·巴希：《意大利与中国》，摩德纳：E. 巴希和尼珀提出版社 1929 年版（Ugo Bassi，Italia e Cina. Modena：E. Bassi & Nipoti，1929），第 15 页。

他们祖国的人道主义传统而自豪，并把罗马文明带给他们应该帮助和拯救的当地人。”①这里所谓的意大利人宽宏大量的行为是与中尉军医朱塞佩·梅塞罗蒂·本温努迪（1870～1935）提供的原始材料相矛盾的。在寄给母亲的58封信和400幅照片中，本温努迪充分描述了不同军队之间的关系，提到了肆意屠杀、掠夺及其他残暴行为。最后，他悲哀地承认：

> 如果说我们的士兵比其他国家的军队造成伤害少的话，那是基于这样的事实，尽管他们（意大利人）经常到各处去，但他们经常迟到，这些村子早就被抢夺和烧毁过了。少数的几次准时到场，他们的表现与其他人毫无异样。②

巴希所重申的观点与1921年菲莱蒂在报告中阐述的立场一致：“意大利不会错过在那个正在润养发展新全球命运的世界中把中国划分出来作为一个参与者和观察者的机会。”③他所有的描述都含有强烈的民族主义情绪并且有意识地把意大利租界定义为意大利最伟大的非凡成就的陈列台。这些非凡成就包括：市区建筑、医院和学校设施等。在巴希的演讲中，人们可以真切地察觉到对“意大利精神”修辞学比喻的积极肯定：租界变成了试验和改进作为一个显赫而又

---

① 乌格·巴希：《意大利与中国》，摩德纳：E. 巴希和尼珀提出版社1929年版（Ugo Bassi, Italia e Cina. Modena: E. Bassi & Nipoti, 1929），第16页。

② 朱塞佩·梅塞罗蒂·本温努迪：《意大利与中国的义和团：书信集（1900～1901）》，尼古拉·拉夫兰卡编辑，摩德纳：G. 帕尼尼协会2000年版（Nicola Lablanca (ed.), Giuseppe Messerotti Benvenuti, Un Italiano nella Cina dei Boxer: Lettere (1900～1901), Modena: Associazione G. Panini, 2000）。400幅照片已经被收集保存在《梅塞罗蒂·朱塞佩·帕尼尼收藏的照片——马茨欧·戈沃尼藏品展》，摩德纳，2003年10月25日～11月15日（Raccolte Fotografiche Modenesi Giuseppe Panini - Collezione Marzio Govoni, Modena, 25 ottobre - 15 novembre 2003）。

③ 文森佐·菲莱蒂：《天津意大利租界》，热那亚：巴拉比欧和格莱夫出版社1921年版（Vincenzo Fileti, La Concessione Italiana di Tien - tsin, Genova: Barabino e Graeve, 1921），第20～21页。

统一的民族的意大利集体认同的理想场所。巴希无条件地盛赞意大利传教会为“意大利精神”的中心，不仅提到天津，也提到了在被迫离开南京之后意大利传教士在汉口的努力。对巴希来说，意大利精神的输出体现在天主教教堂里：这些在天地之间进行空间征服的阳性符号（masculine symbols）使人“回想起遥远的祖国，用最简单但同时也最典型的意大利风格”——即使它们可能会在外国的城市风景令人感到惶惑不安。巴希赞扬那些在中国和其他国家“默默无闻的传教士”，他们“以基督同时也以意大利的名义”在最遥远土地的灯塔上开启了拉丁人生动的人性之灯。①巴希在演讲中对这一点作出了明确声明，尽管用的是插入语，他认为这是意大利精神中最深邃的动机。这也是他演讲的高潮和他的听众最需要保留意见的地方：“让一个意大利人忘掉他的祖国是不可能的，除非这个意大利人如此堕落以至于应该以取消其国籍来作为极端的处罚。”②这种在海外肯定意大利观念的梦想有一种基本的补偿和反思功能：从“祖国”的观念转向“民族”的观念，以及以开除“国籍”进行威胁，巴希表现出了对法西斯政权争夺霸权图谋的肯定，首先是在国内，在墨索里尼已建立的帝国方案中梦想建立一个强大的国家。这里的问题是，编造良性殖民主义的挑战性乐观主义宏大叙事可能无法掩盖为不断发生的体制失败所编造的欺骗性叙述，无法隐藏持续的、拼命追赶其他帝国主义国家的尝试。

这种良性殖民主义的工具化自我反省可以从街道的重新命名中明显看出。像阜姆（Fiume）或特兰托（Trento）和的里雅斯特（Trieste）这样的名字的基质（matrix）属于意大利民族主义意识形

① 文森佐·菲莱蒂：《天津意大利租界》，热那亚：巴拉比欧和格莱夫出版社1921年版（Vincenzo Fileti, La Concessione Italiana di Tien－tsin, Genova: Barabino e Graeve, 1921），第29页。

② 文森佐·菲莱蒂：《天津意大利租界》，热那亚：巴拉比欧和格莱夫出版社1921年版（Vincenzo Fileti, La Concessione Italiana di Tien－tsin, Genova: Barabino e Graeve, 1921），第29页。

态修辞学，因为它们清楚地提到了意大利的统一进程（1871 年正式统一），并把重点放到对东北部“合理边界”（即特兰托、的里雅斯特和达尔马提亚（Dalmatian）及其海岸城市阜姆）的收回上。这是意大利在第一次世界大战中主张干涉主义的动机：为了使这个国家变得完善，有必要重新获得这些边界地区。

在遥远的、理想化了的租界区域内，意大利民族主义的比喻被输出并被加以改造，这将为意大利国内的听众展示一种强有力的符号价值。这在工程师博尔尼诺所提供的下列重现中表现得特别清楚：

> 24 米宽的维多利奥·埃曼努埃尔三世林荫大道是我们租界的主要街道。一条由一家当地公司控制的有轨电车线穿过这条林荫大道，该线路上的电车承载着从天津市区其他地方到天津东站和其他租界的所有运输。显然，公共建筑应该已经矗立在林荫大道两旁了。①

十、中文著述中的意大利租界

在直到 1980 年代末的中文著述中，意大利租界的重现与所谓的意大利良性殖民主义形象处于完全对立的状态。大体说来，在中国人有关天津外国租界的研究中，意大利租界并没有被看做是具有特别重大意义的，大多数的时候仅仅是由于创造了另一种形式的自我东方主义的建筑风格而被提到。

在《天津简史》中，只有 3 句话提到与中意关系相关的历史：

> 光绪二十六年（1900），意大利以“占领国”的身份，援引同治五年（1866）中意《北京条约》，要求享受“最惠国待

① R. 博尔尼诺：《意大利在中国的“租界”》，《奥古斯塔亚》，1936 年（R. Borgnino, La “Concessione” Italiana in Cina, Augustea, 1936），第 363 页。

> 遇”，在天津设立意租界。光绪二十八年（1902），意大利驻华公使嘎里纳与天津海关道唐绍仪签订《天津意国租界章程合同》，于海河北岸划定意租界。共占地七百七十一亩。[①]

在少数比较详细的文章中，有一篇是以分析意大利租界的起源为开端的。作者纪华在第一段中就对想象的共同体设定了与意大利文资料显然不同的基调。纪华确认意大利作为八国联军的一部分的角色及其参与联军行动的军事性质：“八国联军在 1900 年入侵中国，攻陷天津和北京。意大利派出一支军队参加这场侵略战争，其军队驻扎在天津。”[②]所用术语全都包含着武力意味，毫无疑义地传达着侵略和进攻的思想。再者，意大利租界的获得被看做是与其他国家的基本倾向一致的；作者把意大利、比利时和奥地利描绘为争夺租界的迟到者，强调他们对其他国家（英国、法国、美国、德国和日本）可耻的成功例子的模仿，即运用军事联盟和侵略战争手段。这里所使用的中文表达是“极其效尤”。

在描述了租界的起源及其行政管理结构之后，作者提到了一系列重要的中国人，如天津市市长张廷谔、程克和周龙光等[③]，这些人在中华民国建立之后就入住意大利租界，特别是在 1917～1933 年间，然而即便这些中国官员的级别很高，他们在意大利文资料中也未获得类似的注意。这篇文章继续描写了租界内的赌博、毒品的生

---

① 天津社会科学院历史研究所：《天津简史》，天津人民出版社 1987 年版，第 208 页。在描述八国联军入侵时，作者再次提到意大利（203～205 页）。在此书的开始，还有李瑞环的题词：“教育天津人”。1926 年天津租界及特区的资料中提供了租界极其详细的资料，包括自然环境、起源和租界管理。参见南开大学政治学会：《天津租界及特区》，市政府丛书系列，天津商务印书馆 1926 年版，第 6～7 页。

② 李文新：《意租界》，载天津市政协文史资料研究会：《天津租界》，天津人民出版社 1985 年版，第 134 页。在中国，“意大利”仍然被音译为“意”，但其和今天汉字“意”的内涵和用法上不一样。

③ 李文新：《意租界》，载天津市政协文史资料研究会：《天津租界》，天津人民出版社 1985 年版，第 137～138 页。

产和使用等情况，并把它们说成是意大利租界内的普遍现象。作者还提到了投机买卖的猖獗，这大概是在意大利租界中从事经营活动的企业家的基本特征，至30年代后期已经达到了使租界成为非法交易和牟取暴利的乐园的程度。文章的最后一部分探讨了基督教在租界中的影响，并认为这是帝国主义渗透的信号。

这种重现与最近几年在中文著述中出现的肯定态度形成了鲜明对照，后者的态度是与重新包装殖民历史并把它当做天津国际化的开端加以宣传的意图相吻合的。2006年是“中国意大利年”，天津的旅游图把意大利租界标注成“意式风景区”；与此同时，几乎所有出租车司机都知道前意大利租界在什么地方，因为那一带正在进行大规模的创建一个带有新“意大利精神”风味商业区的改造工程。在那里，我们吃惊地注意到了破坏和重建的循环：老建筑和新建筑融合在一起，形成了一种相当荒谬的效果。其中，实际存在的事物与虚拟的想象，过去和现在，纠缠在一起，变得难以区分。但是其现场仍然背负着殖民和后殖民历史的遗迹，因为这块小地方由以“三民主义”命名的三条街道表明了边界；三民主义是“共和国之父”孙中山在1924年创造的：民族（民族主义，意思是从帝国主义的统治下获得解放）、民主（民主主义，意思是西式宪政）① 和民生（民生主义，政府为人民）②。

---

① 在中国，理想的政治生活应该包括两种“权力”：政权和职权。

② “民生”也可以被翻译为社会主义，尽管蒋介石政府不愿意如此翻译。这个概念可以理解为孙中山划分的衣、食、住、行四个领域的社会福利。对孙中山而言，理想的中国政府有职责为它的人民谋取这些福利。参见孙中山：《三民主义》，弗兰克·W. 普里斯翻译，L. T. 陈编辑，上海，中国：中国委员会和平关系研究所1927年版（Sun Yat-Sen, San Min Chu I: The Three Principles of the People, trans. Frank W. Price, ed. L. T. Chen, Shanghai, China: China Committee, Institute of Pacific Relations, 1927），第189～192、201～202、210～211、262～263、273、278页。

▲ 修复后的意式建筑（本文作者摄于 2006 年 6 月 25 日）

十一、交往区（Contact Zone），是联络地带还是统治地带?

玛丽·路易丝·普拉特（Mary Louise Pratt）对颇有影响的“交往区”概念作出了如下定义：

> ……社会空间，在那里，多种文化相互遭遇、碰撞和争斗，通常在高度不对称的权力关系背景下进行，如殖民主义、奴隶

制度或者它们在今日世界很多地方依然存在的影响。[1]

▲ 意大利租界旧址（本文作者在2006年6月摄于民生路和民族路）

普拉特的重要贡献之一就是把“交往区”与“共同体”并置，因为她曾建议用这个术语去重新分析共同体模式。以安德森的论证为基础，普拉特对共同体模式本身产生了怀疑，把它理解为一个理想化的虚拟，它趋向于压制别样选择和边缘群体的声音，是一种确认被假定的团体团结的手段。“交往区”概念也许对于分析中国学者

---

① 玛丽·路易丝·普拉特：《交往区的艺术》，大卫·巴瑟罗迈和安东尼·皮特罗克斯基主编：《重读的方式》，纽约：白德佛特/圣马丁1999年第5版（Mary Louise Pratt, Arts of the Contact Zone, in: David Bartholomae/Anthony Petroksky (eds.), Ways of Reading, New York: Bedford/St. Martin´s, 1999, 5th edition) http: //web. nwe. ufl. edu/ ~ stripp/2504/pratt. html. 也参见玛丽·路易丝·普拉特：《帝国的眼睛——游记与跨文化》，伦敦：劳特里奇出版社1992年版（Mary Louise Prat: Imperial Eyes: Travel Writing and Transculturation, London: Routledge, 1992）。

在本案中借以为自己重现天津意大利租界的写作工具有用。首先，研究证明把意大利的干涉描写为八国联军侵华战争的一部分的做法在关于军事干涉事件和随后对义和团运动的镇压的主要历史材料并不占相应的地位。[①]但是告诉我们关于意大利租界想象的共同体事宜的中文资料是什么？租界内部的“交往区”又是什么？“交往区”在文学和历史学著作中是一个空白，即使人们不能否认在空间的和社会的关系中存在着一个“交往区”。产生这一缺失的原因在于：只有当两个或更多的来自不同背景以及运用非常不同的处理办法进行讨论的讨论者显示出他们愿意学习如何进行相互交流时，才会出现在被印刷的文化中揭示“交往区”修辞学的局势。恰如普拉特所言，我们需要“指出如何使交叉点成为其可以成为的最好学习地点”[②]。然而问题是，“交往区”并不是一个可靠的空间，它要求我们不仅要挑战我们居于统治地位的观点，还要表达出存在于我们内心的、固有的不同观点。

在中文和意大利文著述中都缺少被普拉特称为“跨文化性”的东西。这个术语源自费尔南多·奥蒂斯（Fernando Ortiz），后来被人类学家用于“描述从属的或处于边缘地位的团体成员对有占主导地

---

① 参见《清代档案史料总编》；《义和团档案史料》；廖一中、李德征、张旋如：《义和团运动史》，人民出版社1981年版，第180～213页；林增平：《中国近代史》下册，湖南人民出版社1979年版，第505页及以后；胡绳：《从鸦片战争到五四运动》下册，人民出版社1981年版，第612～652页；翦伯赞、郑天挺主编，龚书铎编：《中国通史参考资料》，中华书局1980年版，第129～206页。

② 玛丽·路易丝·普拉特：《交往区的艺术》，大卫·巴瑟罗迈和安东尼·皮特罗克斯基主编：《重读的方式》，纽约：白德佛特/圣马丁1999年第5版（Mary Louise Pratt, Arts of the Contact Zone, in: David Bartholomae/Anthony Petroksky (eds.), Ways of Reading, New York: Bedford/St. Martin's, 1999, 5th edition）http://web. nwe. ufl. edu/～stripp/2504/pratt. html.

位的或宗主国的文化传来的材料进行选择和创新的过程"①。普拉特还注意到"原住民本身的自我表达"（autoethnographic），因为"自我表达的文本是这样一种重现，其中被加以如此解释的他者以回应那些文本或与那些文本进行对话的方式进行创造"②。没有这两个先决条件，就没有真正的"交往区"。因为其出现不仅需要不同组织之间在时间和空间上的相互作用，而且还需要位于意义形成系统之间的混合和贯通机制。否则的话，重现只不过是自圆其说，由讲话者制造用以引起已由他选择好的听众的注意。这里没有对话，没有可能的其他理解方式进行干涉的条件。人们在选出来的材料中所看到的东西只是对峙：一个绝对的意义形成的异质性，在这里，如果意大利人的叙事被看做是权威的，中国方面的重现就会被排除在外，反之亦然。没有任何质疑双方的可能性，也没有创造新形式的交往和对话的可能性。

意大利文材料的共同特点是，陈述一个"想象的共同体"，其风格正如安德森所暗示的那样由三个因素所决定：（一）"有限的"（受其"虽然可伸缩但原本固定的边界"制约）；（二）"至高无上的"；（三）"友爱的"，因为它适合于建立"一种既深切又平等的同志关系"。③

在奉献给租界内的中国居民的唯一一段文字中，领事菲莱蒂称

① 玛丽·路易丝·普拉特：《交往区的艺术》，大卫·巴瑟罗迈和安东尼·皮特罗克斯基主编：《重读的方式》，纽约：白德佛特/圣马丁 1999 年第 5 版（Mary Louise Pratt, Arts of the Contact Zone, in: David Bartholomae/Anthony Petroksky (eds.), Ways of Reading, New York: Bedford/St. Martin´s, 1999, 5th edition）http://web. nwe. ufl. edu/~stripp/2504/pratt. html.

② 玛丽·路易丝·普拉特：《交往区的艺术》，大卫·巴瑟罗迈和安东尼·皮特罗克斯基主编：《重读的方式》，纽约：白德佛特/圣马丁 1999 年第 5 版（Mary Louise Pratt, Arts of the Contact Zone, in: David Bartholomae/Anthony Petroksky (eds.), Ways of Reading, New York: Bedford/St. Martin´s, 1999, 5th edition）http://web. nwe. ufl. edu/~stripp/2504/pratt. html.

③ 本尼迪克特·安德森：《想象的共同体》，伦敦：左也书出版社 1991 年版（Benedict Anderson, Imagined Communities, London: Verso Books, 1991），第 15 页。

他们性格“相当温和”。他似乎相信“中国人对权威原则怀有的莫大尊敬”，因此主张以“公正温和”的方式来对待他们。他以此就可以对意大利的武装占领作出称赞（和开脱）。他最终以这样的话作出了总结：在占领和改造租界的时候，中国居民从未制造任何“令人不愉快的麻烦”①。

天津意大利租界的想象共同体开始变成为我所定义的这样“一个想象的统治区”了。统治具有一种象征意义，因为它为意大利政府重现了历史报复的三部曲：（一）就意中关系而言，在占领 Sanmun 的尝试失败之后；（二）在由其他卷入“瓜分租界”的外国列强眼中的国际认同方面；（三）对在阿杜瓦（Adua）的军事失败的报复。那么，这真是一个“统治区”吗？或者这真是一个“交往区”吗？有的人会试着根据重现和对城市空间的改造说明统治的真实存在，但也有人会根据社会经济的相互作用承认它实际上是一个交往区域。对于这个争论，我想从语言学角度加以解决。

十二、语言的使用

要对想象的共同体、它的重现和“交往区”的可能性作出分析，需要对语言的活力有高度的敏感，这种活力在描述自己和他者中发挥了很重要的作用。杜赞奇认为：“语言之所以会成为历史学的争论点，主要因为我们可以从这里看到历史的历史性。”②

中尉军医本温努迪在写给他母亲长而详细的书信中，展示了他对意大利军事远征的局限性的深刻认识，在一定程度上也批判了为

① 文森佐·菲莱蒂：《天津意大利租界》，热那亚：巴拉比欧和格莱夫出版社 1921 年版（Vincenzo Fileti, La Concessione Italiana di Tien－tsin, Genova: Barabino e Graeve, 1921），第 15 页。

② 杜赞奇：《从民族中拯救历史——质疑近代中国的叙述》，芝加哥：1995 年版（Prasenjit Duara, Rescuing History from the Nation. Questioning Narratives of Modern China, Chicago: University of Chicago Press, 1995），第 235 页。

镇压义和团运动而组织起来的国际远征军经济利益的导向性、掠夺性和其他残忍的过分行为。他还对中国的古代文明、它的礼仪、它的民用建筑和宗教建筑表示出某种欣赏。然而，一旦涉及对中国人民的看法，他马上就表现出了典型的意大利种族偏见。他在提到1901年进入天津的具体情况时说："一进到残存的城中，焦糊的味道就被一种堪称中国气味的特殊臭味所取代。它是一种从油脂、泥土等散发出来的臭味，不同于我们在我们自己当中所熟悉的任何一种好的或坏的气味，这就是我们称它为中国气味的原因。"本温努迪在写给他母亲的书信中用了大量篇幅描述中国人的肮脏，特别是在穷人的住房里，但也在富人的住房里，尽管他在下结论时说过："富人似乎是比较干净的。"

在提到中国妇女时，本温努迪更表现出了种族主义者和厌恶女人者（misogynist）的嘴脸："我没有见过一个不漂亮或不令人愉快但又完全不令人厌恶的中国女人。"①在这个意义上，他把欧洲人租界的出现看做是一种幸事，并且继续对很不尊重妻子的中国男人表现出一种同情，因为"她们看起来极其恐怖"。这种基于其美学标准的低估（即使不是辱骂）充分表现了他所理解的白人种族的优越性，而白人种族的标准则承担着一种履行特征（a performative character）。

① 朱塞佩·梅塞罗蒂·本温努迪：《意大利与中国的义和团：书信集（1900～1901）》，尼古拉·拉夫兰卡编辑，摩德纳：G. 帕尼尼协会2000年版（Nicola Lablanca (ed.), Giuseppe Messerotti Benvenuti, Un Italiano nella Cina dei Boxer: Lettere (1900—1901), Modena: Associazione G. Panini, 2000），第28页。

中国妇女变成了本温努迪“殖民凝视”（colonial gaze）[①] 的对象，以至于对她们的贬损描述迎合了当时存在于中国家长制社会的行为之间的统治和被统治关系；与此同时，重现发生在妇女和种族间的联系又再次说明了存在于占领者和被占领者之间的统治关系。这可以作为约翰·D. 凯利（Jhon D. Kelly）为补充“理论化了的‘凝视’”而在其著作中提出的有关“殖民凝视”（作为权力的一个比喻）和“控制”政策之间衔接的一个例子：

> 凝视可能是欲望衍生物雄性的、淫荡的和有生命力的媒介，或者是宣称卓越或者全能的媒介，但在所有方式中，它穿越了空间，过于含糊地处理现实权力问题。因此当我们试图谈论权力的时候，我认为领会（grasp）至少和凝视一样值得关注。领会不多也不少地恰恰是内在的物质力量，它在这一点上与凝视完全一样，甚至更多地体现在本能上。它同凝视一样，但以不同的方式，构成另一种在自身和世界中的实现重现的媒介，另一种题写、体现和排拒的媒介。[②]

① 关于“殖民凝视”的理论思考见弗朗兹·法农：《人世间的悲惨》，哈芒斯沃斯：企鹅出版社1967年版（Frantz Fanon, The Wretched of the Earth, Harmondsworth: Penguin, 1967）；弗朗兹·法农：《黑皮肤，白面具》，伦敦：伯拉图出版社1986年版（Frantz Fanon, Black Skin, White Masks, London: Pluto Press, 1986）；阿尔伯特·迈米：《殖民者与被殖民者》，伦敦：索文尼出版社1974年版（Albert Memmi, The Coloniser and the Colonised, London: Souvenir Press, 1974）；爱德华·赛义德：《东方主义》，哈芒斯沃斯：企鹅出版社1978年版（Edward Said, Orientalism, Harmondsworth: Penguin, 1978）；桑德尔·吉尔曼：《区别与病理学——性、种族和疯狂的陈词滥调》，伊萨克：康奈尔大学出版社1985年版（Sander Gilman, Difference and Pathology: Stereotypes of Sexuality, Race and Madness, Ithaca: Cornell University Press, 1985）。

② 约翰·D. 凯利：《凝视与控制——种植园、欲望、订立契约的印地安人和斐济的殖民法律》，莱罗拉·曼德森和马格雷特·乔里主编：《欲望据点、休闲经济——亚洲和太平洋地区的性生活》，芝加哥：芝加哥大学出版社1997年版（John D. Kelly, Gaze and Grasp: Plantations, Desires, Indentured Indians, and Colonial Law in Fiji, in: Lenore Manderson & Margaret Jolly (eds), Sites of Desire, Economies of Pleasure: Sexualities in Asia and the Pacific, Chicago: University of Chicago, 1997），第92页。

凝视和领会两者之间的联系贯穿于本温努迪的照片和信件。在一些场合，在与人直接发生相互作用时，本温努迪评价了被他或他的其他意大利同事治疗过的中国伤病员所表达的感激之情。尽管在这些场合，他也清楚地把“基督徒顺从”（Christian resignation）投射到对中国病人的态度上，表现出对东方病人受伤身体的不满。他看到医生、护士和其他病人的好奇心如何被这些不同肤色的人所吸引，他把这称为“新奇事物的展览”。只有在他接触到一位有教养的官员，特别是因为这位官员流露出“对意大利人的特别同情”以及对意大利复兴运动的历史（Risorgimento）的了解之后，他描述与中国人交往的语言才变得比较正面。然而，即使在这种情况下，本温努迪的态度仍仅仅是单方面高度惊讶，因为这位有教养的中国人“不懂语言，他之所以知道一些我们的历史，只是因为他读过中国学者用中文写作的一些中文故事”。本温努迪在这里所说的“不懂语言”大概是指这位中国官员不会说意大利话，而不是暗示中国语言没有西方语言高贵。在任何一种情况下，他在谈论中都对通过阅读中文材料了解关于意大利知识的可能性表现出一种莫名的惊讶，就好像殖民地的人没有资格通过他们自己的资料，用自己的语言进行写作一样。

当本温努迪描述到中国的建筑和民用工程时，他承认有向他们学习的可能性：“如果我待在中国的时间能长一点，我会对它更加热心。中国人被称为野蛮人，因为他们如果真是这样那就比较方便了。然而，在许多事情上他们都可能成为我们的老师”，因为在许多方面他们都“超过了我们”。①

再重复一遍，帝国主义和东方主义似乎将手拉手地进行下去，

---

① 朱塞佩·梅塞罗蒂·本温努迪：《意大利与中国的义和团：书信集（1900～1901）》，尼古拉·拉夫兰卡编辑，摩德纳：G. 帕尼尼协会2000年版（Nicola Lablanca (ed.), Giuseppe Messerotti Benvenuti, Un Italiano nella Cina dei Boxer: Lettere (1900—1901), Modena: Associazione G. Panini, 2000），第44页。

因为本温努迪信件的真正价值在于自我反省：它提供了与其他同类著述相比更多的关于意大利军队的无节制和不道德行为的资料，同时也提供了他自己对他者的感知的资料，这比其他任何关于中国日常生活的真实信息都好。日常生活的信息似乎是属于不同的领域，它隐藏在不断的变化中。

像本温努迪这样的见证人的重要性在于他提供了对意大利使命的成功（意大利媒体的描述）的神秘化信息，揭示出制造虚幻的成功的工具化操纵。实际上，意大利参与国际远征军应该被看做是对阿杜瓦（Adwa）战役失败的历史性复仇。

十三、结论

1947年2月10日签订的《巴黎条约》剥夺了意大利的殖民地，当然也包括天津租界。[①]然而在天津事件中，这个最终行动仅仅是个形式而已，因为在4年前，也就是在1943年初，意大利已经与其盟友日本达成协议，放弃对中国居民行使任何权力，并把此项职责转交给南京国民政府。

研究非洲殖民主义的学者已经分析和强调了为什么意大利统治阶级“拒绝对殖民主义现象开展系统的、有组织的、广泛的和扎实的讨论”[②] 的原因，这篇论述意大利在亚洲唯一的殖民主义事例的文章目的很明确，就是要为这一学术争论有所贡献。这种尝试要求对历史进行重新解释，以便澄清其虚构的和多维度的特点。我工作的主要范围严格地说仅在于谈一谈方法论问题：我们应当如何对待

---

① 第5部分，在中国的特殊利益，第24、25、26款（Section 5, Special Interests in China, articles 24, 25, 26）。

② 帕特里西亚·帕路姆博主编：《太阳下的地盘——统一后至今意大利殖民文化中的非洲》，伯克利：加利福尼亚大学出版社2003年版（Patrizia Palumbo (ed.), A Place in the Sun: Africa in Italian Colonial Culture from Post—Unification to the Present, Berkeley: University of California Press, 2003），第8页。

有关意大利租界这个微观世界的殖民和后殖民形式的“知识”？我们可以从研究这个对于其他殖民重现和实践同样有效的“实际存在”中学到什么？我的意图是揭开试图肯定殖民主体的主权的种种思想观念，它们或者是有意识地执行或者是无意识地执行，或者是明确的感知或者是暗含的感知。我试图解构叙事的机制，这种机制促成了对意大利在天津进行干涉表示完全拥护的欣赏，也促成了对先前状态采取完全否定态度的贬抑。

非洲历史学家阿希尔·姆班贝（Achille Mbembe）[①] 曾经令人动情地提出了以一种更加透明的方式对殖民经历进行分析的必要性，并且最近启动了一个在我看来对研究意大利人在中国（以及在其他地方）的经历也非常有用的研究项目。姆班贝研究了非洲后殖民国家试图把它们自己从欧洲统治的符号中解放出来，并设想用其他方式来组织公共生活的做法。他们对自己国家的重新命名过程暗示了一个对先前被征用地区和首都进行符号改造的重新占用：通过使这些城市重新基督教化，不少国家已经表达了他们重新建造城市景观的愿望：

> 殖民化的回忆并不经常是甜蜜的。但是与植根于非洲受害者的意识传统相反，殖民时代并不仅仅是破坏，殖民化本身也并不仅仅是可恨的系统。它到处都被逃跑线（escape lines）所穿越。殖民政权把它所有的精力放在试图控制逃跑者和利用它的自我管理作为基本的，甚至是决定性的维度。不了解这些被假定为冲突的逃跑形式本身的情况，就不可能了解殖民体系是

① 杜阿拉通讯，喀麦隆，2006年3月29日（Le Messager di Douala，in Camerun，29/03/2006），参见网上文章：《一个埋葬殖民主义的象征》（Pour une sepulture symbolique au colonialisme）载 http：//www. africultures. com/index. asp？menu = revue _ affiche _ article&no =4365§ion = rebonds，资料获取时间2006年5月2日。

怎么形成的，以及它又是怎么自我解体的。①

基于这样的认识，姆班贝提出了下列主张：

> 我希望所有的非洲国家能很快对雕像和殖民纪念碑进行详细的搜集。它们应该被集中在一个单独的公园，不仅作为下一代的博物馆而且作为在这块大陆上埋葬殖民主义的象征。在完成这个仪式之后，我们就不能再以殖民化作为我们当代人耻辱的借口了。自从我们开始讨论此事以来，我们已经决定永远不再为任何人树立雕像了。与之相反，我们要建立图书馆、剧院和文化场所，所有这些东西都能够为未来的文化培养提供创造力。②

从后殖民和后殖民的城市景观的重组来看，首先，天津的租界区可为开始和更进一步地实现姆班贝倡导的文化工程提供一个清晰可辨的坚实基地。这种可能性，作为对这个区域采取大规模市场经济化措施的另一种选择，是我在我的结论里愿意提出的第一个尝试性建议。

其次，本文同时也被考虑为这样一种尝试，即在各种著述之间营造一场假想的对话，希望能在西方的和中国的历史学家之间开创新的对话途径。揭开重现不同层面的过程导致了对意大利租界进行辩证讨论的思想的出现：实际上出现的并不是对意大利单方面认同性虚幻的客观重现，而是更像两个（或更多的）经常引起对抗和争

---

① 参见网上文章：《一个埋葬殖民主义的象征》（Pour une sepulture symbolique au colonialisme）载 http://www. africultures. com/index. asp? menu = revue _ affiche _ article&no =4365§ion = rebonds，资料获取时间2006年5月2日。

② 参见网上文章：《一个埋葬殖民主义的象征》（Pour une sepulture symbolique au colonialisme）载 http://www. africultures. com/index. asp? menu = revue _ affiche _ article&no =4365§ion = rebonds，资料获取时间2006年5月2日。

论的可能的故事。这些故事之间的辩证法具有对抗的意味，甚至是对分析的颠覆，目的在于破坏同一和均衡的趋向；这些趋向假装看不见他者，而不是接受他者为在我们自己当中固有的存在。

我从我的研究中得出的第三个结论是，意大利著述中的租界影像揭示了一种历史报应类型，不仅仅是针对当时意中关系既晚又不成功的开始，更是针对当时侵入中国的其他殖民国家。对意大利租界地区的转型（伴随着中国原有村庄的消失和超级意大利认同的附加）的单方面极端肯定的重现可以在作为一个具有与其他列强同等尊严的统一和现代国家的意大利长期追求重新获得威信和正统性的概念框架中得到解释，因为殖民管理机构在19世纪末是获得被承认为“现代国家”的可能性的必要条件（sine qua non）。从意大利文著述中，人们可以看到，占有租界的重要性并不在于它是受到中国政府同意的，而是在于它像镜子一样具有证明价值，这就是证明意大利有能力宣称自己是一个殖民国家。

与此同时，并且以某种方式从主观上超越这种国家认同层面，分析过的资料显示出了一种把意大利殖民主义描绘为良性殖民主义的努力，好像意大利在天津的活动主要是一个恩人自发援助和帮助当地社区的行为。这种欺骗性的叙事在法西斯时代达到了高峰，当时的意大利文著述提供了神话般的声称意大利人在中国非常受欢迎的言论，说有一个受人尊重的中国文人（但没有指出姓名）曾经指出：“哦！我们的同胞曾经对马可波罗寄予莫大信任。”①这一相当暧昧的声明表达了对意大利“迟迟未能”干涉中国事务的懊恼。

把意大利看做一个恩人的观念在肯定“意大利精神”的意向中引起了共鸣，它被包装和输出到租界这个想象的微型共同体中，以便在国际国内为新建立的统一的意大利争取到合法的集体认同。随

① 参见M. 卡塔兰诺：《我们的意大利天津租界》，《意大利与世界》，1936年5月（Catalano, La nostra concessione di Tien Tsin, in: Le Vie d' Italia e del Mondo, May 1936）；凯撒·凯撒利：《天津的意大利租界》，罗马：法西斯殖民研究所1937年版（Cesare Cesari, La Concessione Italiana di Tien－Tsin, Roma: Istituto Coloniale Fascista, 1937），第23页。

着墨索里尼政权的出现，人们又看到了颂扬意大利精神的所谓优越性的做法。意大利租界因此被以典型的东方主义者的自我反省的方式加以描绘，但很快又被法西斯宣传所改变。这种比喻（parable）显示了反射映象的矛盾性，它在远离国内问题的情况下得到了快速增长：

> 这个小地方是我们在遥远东方的眼睛；在这里，不仅汇聚了所有意大利人的注意力，还汇聚了那些珍视祖国荣誉的人们的感激之情。不管中国的社会和政治组合发生了什么样的变化，天津租界依然故我。就像墨索里尼所说的那样，它是一个非常先进的意大利文明的前哨。[①]

① 凯撒·凯撒利：《天津的意大利租界》，罗马：法西斯殖民研究所1937年版（Cesare Cesari, La Concessione Italiana di Tien－Tsin, Roma: Istituto Coloniale Fascista, 1937），第23页。

家信与中国：1913～1914年伊莉莎白·弗雷在天津

［澳］吕一旭、大卫·古德曼
朱建君、韩威译 孙立新校

无论是在有关中国的研究中还是在有关德国殖民地的研究中，除了对德国殖民地青岛的关注以外，对于德国和德国人在中国的存在这一问题迄今无人问津。[①]当人们把德国在中国的影响和活动视作一个研究对象时，其资料来源通常是官方文件、新闻报道和通俗小说，而大部分注意力又往往被集中在义和团运动上。[②]几乎没有人把青岛以外的德国国外社团，尤其是20世纪初他们在中国殖民地日常生活中的经历作为研究对象，尽管19世纪末20世纪初在中国存在

---

① 参见埃里克·艾姆斯、玛西娅·克罗兹和洛拉·威登塔尔主编：《德国的殖民历史》，林肯和伦敦：内布拉斯加大学出版社2005年版（Germany' s Colonial Pasts, ed. by Eric Ames, Marcia Klotz and Lora Wildenthal, Lincoln and London: University of Nebraska Press, 2005）。

② 苏珊·库斯和伯恩德·马丁主编：《德意志帝国与义和团起义》，慕尼黑：卢迪奇姆出版社2002年版（Das Deutsche Reich und der Boxeraufstand, ed. by Susanne Kuss and Bernd Martin, Mu? nchen: Iudicium Verlag, 2002）；吕一旭：《关于中国的德国殖民小说：1900年义和团起义》，《德国生活与书信》第59期，2006年1月（Yixu Lu, German colonial fiction on China: The Boxer Uprising of 1900, German Life and Letters, 59 [January 2006]），第78～100页。

着重要的德国社团，它们主要分布在上海、天津和武汉等港口城市。

这一时期在侨居中国的德国人中有一位叫瓦尔特·弗雷（Walther Frey）的人，他是一名建筑师，1905年来到中国，1938年离华，曾为北京、天津、上海和太原①等城市设计过一些重要的公共建筑。此外，瓦尔特·弗雷还参与了北京前门的重建、燕京大学的设计和发展、阎锡山军工厂的建设，并在袁世凯的指示下规划了一座国会大厦（最终未能建成）。1913年秋天，他的妹妹伊莉莎白（Elisabeth）来天津与他相聚，当时他正在那里为德国罗克格（Rothkegel）建筑公司工作。

伊莉莎白·弗雷没有明确说明她旅居中国的时间长短。在一封信中她表明她的停留时限是3年②，但并没有设想过一个确切的返回日期。因此，她既不是以期望很快就能回家的游客身份，也不是以想在他处建立新家的移民者身份来到中国的。她曾在不止一封信中表明，她在目前的情况下根本没有谈婚论嫁的打算。她也未曾肩负任何到国外履行有助于"公共利益"的官方职责。不过，她来中国旅行也不是单纯为了寻求快乐，而是要帮助她的单身哥哥料理家务。由于战争的爆发，她在中国的停留被突然打断了，在日本占领青岛后，她于1914年12月初离开了天津。

在旅居中国期间，伊莉莎白·弗雷定期给她远在斯图加特的母亲写信。她在1913年9月21日至1914年7月7日之间所写的31封信件被她的家人保存下来，这些信件开启了一个不同寻常的考察两种文化的相遇的新角度；而两种文化的相遇无疑是一个包含着许多谜团并且挑战固有分类的现象。毋庸置疑的是，伊莉莎白·弗雷的家族与中国保持的长时间的联系——她的另外一个兄弟也在一家设于中国的德国公司工作——影响了信件的内容，包括什么在信中谈

① 他的逗留时间不是连续的。从1914年11月起他大约有4年半的时间被关在日本的监狱中。

② 她在1913年10月26日的信中明确表示，她希望回去参加她的兄弟保尔（Paul）的婚礼。

到了，什么没谈到，什么被详细述说，什么被忽视。

伊莉莎白·弗雷的信有规律、篇幅长而且是连续标号的。很清楚，她在谋求一种叙述的连续性，就像人们所期望的书信体小说那样。但在此之下，她并未表现出任何艺术自负。她使用一种流畅的土瓦本白话文风格进行书写，并且没有怎么考虑受过教育的资产阶级（Bildungsbürgertum）读者的期待，而她本人则明显属于这一阶级。一方面，这些信件与当时的书信体小说一样具有一些情节，对于那些引起她的兴趣的事物描述极其生动；另一方面，信件的关注点严格集中在家庭和国外移居者的环境上。除了她兄弟的信以外，她没有参考过任何关于中国的书面资料，并且极少描述她所在的这片异国土地。而在当时，如果她想描述的话，她显然是具备描述资格的。这又使得她的话语明显有别于任何想要接近普通读者的作品。

这些信件是写给某个特定人物的私人通信，不是针对普通读者的文学作品，既然如此，体裁问题就出现了。在1914年2月1日写于上海的信中，伊莉莎白·弗雷提醒她母亲，要为她的特别目的而妥善保存好她的信件，将它们作为留给她自己的一份“美好的”纪念品。[①]因此这些信件至少有两种十分独特的、影响着体裁的作用：它们承担了作为她的日记和作为她给德国的家人写就的旅行见闻的双重作用。

让伊莉莎白·弗雷的记述与当时依旧流行的书信体小说可以相提并论的是它——有意地或无意地——具有一种方向：它展示了“一个上层资产阶级女儿”（höhere Tochter）的成功故事，上层资产阶级女儿的社会成就使她在中国受限制的移居环境中得以游刃有余。而在斯图加特她所出入的社会圈子里，她的解放性冒险活动是不可能发生的。当通信中断的时候，她已经达到了她能够达到的社会成功的顶点，她的整个叙述的结构与书信体小说几乎完全相同，所缺

① “你为我把所有书信都保存好了吧！这是以后可拥有的美好回忆。”伊莉莎白·弗雷书信，上海，1914年2月1日。

少的仅仅是“门当户对的婚姻”这一高潮情节。一战爆发后，伊莉莎白·弗雷同其他德国妇女和儿童一起撤离了中国。遗憾的是，没有见到她在中国最后五个月里所写的信件。

这样，体裁问题就转变成了两组问题：第一组是叙述角度问题；第二组是面对中国时的文化姿态问题。叙述角度更多地与她在写作这一连续的、持久的、非凡的记述过程中她个人事业的内在决定因素有关；文化姿态则与她的殖民社团成员身份密切相联。这个殖民社团先前曾经遭受过1900年义和团运动的冲击，但是尚未被1914年的敌意突然毁坏，由此产生的对中国的态度自然影响到她的文化姿态。对于德国殖民者来说，中国是这样一种环境，在这个环境中，暴乱的危险已经被永久地避免了，没有什么会威胁到殖民事业的稳定发展。

两组问题并不是完全分离的。在信件的这种形式中，它们有时相互交迭，有时又背道而驰。从理想状态说，应当把它们提出的问题放到同时代其他“权威的”信件收藏的语境中去。由于（目前）尚没有获得那样的信件，只好参考另外一些用德文写作的关于中国的作品，即当时创作量很大的小说。

就20世纪早期女性撰写的关于中国的德国小说来讲，至少可以在两部以商业市场为导向的图书中找到参照对比的框架。首先是伊莉莎白·冯·海靖（Elisabeth von Heyking）最初匿名发表于1903年的《他未收到的信件》（Briefe die ihn nicht erreichten），这是一部在紧跟1897年德国在青岛建立殖民地而出现的以中国为背景的写作洪流中取得了巨大的商业成功的作品。到1925年它已经再版了一百多次，而且它的作者也因此成名①。可以与伊莉莎白·弗雷进行比较的一点是，伊莉莎白·冯·海靖也在中国生活了较长时间，从1896年至1899年，同样身处位于那里的外国移居者社团的上层，因为她的

① 李昌科：《1890～1930年德国文学中的中国小说》，雷根斯堡：S. 洛德尔出版社1992年版（Changke Li, Der China－Roman in der deutschen Literatur 1890－1930, Regensburg: S. Roderer, 1992），第104～115页。

丈夫是德国驻清廷的公使。然而她的小说是一个以义和团运动为结尾的、富有悲剧色彩的爱情故事，1903 年完成于她丈夫的下一个外交使节驻地墨西哥。令人惊奇的是，尽管伊莉莎白·冯·海靖的小说流行了 20 多年，但没有迹象表明伊莉莎白·弗雷曾经读过这部小说。伊莉莎白·冯·海靖的小说跟伊莉莎白·弗雷的信件之间的强烈对比在两种意义上很有用：第一，它满足了一种非常不同的读者期望，使我们得以看到伊莉莎白·弗雷的叙事在什么地方与以市场为导向的作品有明显差别；第二，伊莉莎白·冯·海靖的小说自始至终都对欧洲在中国的殖民主义持批判态度，完全不同于那些年间在有关中国的德国小说中流行的思想意识，以至于这一因素——与作者的社会地位相结合——可以有助于解释为什么最初要匿名发表。直到该小说成为畅销书后，伊莉莎白·冯·海靖的名字才出现在扉页上。

另外一部小说是 1900 年 A. 哈尔德（A. Harder）写的《与黄龙作战》（Wider den Gelben Drachen），这是一部沙文主义版本的德国教育小说（*Bildungsroman*）或者说个人发展小说，并且更加符合 1897 ~1914 年间出现的以中国为背景的爱国主义殖民小说的主流。对于这部小说，人们已经进行了充分研究，尽管仍不确定其作者是否在中国生活过。[①]可以用它来突出《他未收到的信件》一书在偏离同时代大多数有关中国的小说方面所表现出来的文化姿态。

就文化姿态而言，任何把伊莉莎白·弗雷对中国的描述与《他未收到的信件》一书中可以比较的段落加以对比的做法，都不仅要考虑个人叙事与市场化小说的区别，而且还要考虑伊莉莎白·冯·海靖的小说对主流文化态度的背离，而那种主流文化态度在《与黄龙作战》一书中有着强烈的表达。因此由伊莉莎白·弗雷的书信所引发的体裁问题在一定程度上涉及到一个三角测量过程。虽然这种

---

① 吕一旭：《关于中国的德国殖民小说：1900 年义和团起义》，《德国生活与书信》第 59 期，2006 年 1 月（Yixu Lu, German colonial fiction on China: The Boxer Uprising of 1900, German Life and Letters, 59 [January 2006]），第 78 ~100 页。

做法不能声称精确，但要优于那种不考虑背景只关注作品本身的做法，或许也比那些研究德国在中国的殖民活动的专业历史学家著述高明，后者必然以牺牲特殊性为代价而集中关注一般性。

一、伊莉莎白 · 弗雷书写中国

首先，伊莉莎白 · 弗雷在天津是为她兄弟料理家务。这是一项巨大的挑战，也是她为什么在信件中以谈论家务事为中心而对于详细描述中国似乎缺乏兴趣的一个主要原因。肯定还有其他原因，对此我们将在本文的下一部分进行探究。然而从一开始，家庭便是处于中心地位的焦点问题，而她所在的异国环境则处于次要的边缘地位。这就使得与中国仆人的关系问题非常突出。到来之后，她发现情况令人不满，并且一直持续了好几个月。她对她的兄弟鞭打不称职的“苦力”行为的漫不经意的接受，以及她对那个仆人随后宣告辞职一事的评论，都凸显出一种持续地向她挑战的文化分割：

> 凡事都必须慢慢来，否则男仆（“男孩”）将会自暴自弃。我对此感到遗憾，他看起来还是相当干净整洁的，但我并不想给予太多的称赞。瓦尔特还在患病的时候，他用一记耳光解雇了姓“李”的苦力。瓦尔特看到他从厨房取出玻璃器皿，把它们放在餐桌上，然后检查是否干净。似乎有个别器皿没有干净到让他满意的程度，他拿起来对着亮光查看，先用舌头舔掉上面的污垢，再用自己的衣衫擦干，直到它们闪闪发亮为止。这就招致了另一个主要事件：瓦尔特打了他。紧接着他就宣称他已经丢掉了“脸面”，不能再留下来伺候我们了。[①]

三个月之后，她对德国干净标准的坚持仍然使她产生巨大的挫

① 伊莉莎白 · 弗雷书信，天津，1913 年 10 月 7 日。

败感：

> 我还是不完全满意我的厨房，就算它已经干净多了，新的成套餐具看起来也确实好多了，但仆人们仍然是一群肮脏鬼！他们根本不懂如何正确地清洁物什，如果你向他们当中的某人要一把勺子或其他东西，他会从抽屉里拿出来，但因为担心不干净，他就用他的抹布再擦一遍，而他的抹布更脏得多。但他却很得意，自以为是很讲究卫生的！……我怎样才能让这些蠢货明事理呢？……我们不得不再洗刷一遍餐具，当然滤锅也是脏的，因为只有在要用的时候才会加以清洗……我告诉他们我半小时后就回来，但当我回来时却见不到一个人。我不得不亲自洗卷心菜，但事情发展到这种地步，你只能一笑了之了——你不这样认为吗？①

无论是在伊莉莎白·弗雷的书信还是在当时有关中国的大量德文作品中，卫生和缺乏卫生都一再受到谈论。语言问题只是偶然地闯入了对一次激烈口角的描述之中，此次口角是六个月后在厨房里发生的。仔细阅读会使人注意到这样的事实，即几乎不会讲汉语的她正在给只会讲汉语的仆人下命令：

> 星期五那一天，我不得不再次训斥了厨师！我告诉他把所有物什都弄干净，让他取下干净的纸，给他的架子粘上新的白边——你知道，我们在家里是怎么弄出勾编花边的。于是，他把纸剪成一些长条，虽然不很均匀，但还算干净。……但当我出去之后，他就什么也不做了，只是粘上了新纸条，污垢依然留在里面。这使我感到无比气愤。我叫他进来撕下了他所粘的所有纸条。你看看他的眼神吧！但他不得不把所有东西都从架

① 伊莉莎白·弗雷书信，天津，1913 年 12 月 16 日。

子上拿下来。他恼怒了，猛地将物什扔到桌子上。我向他示意，如果他再这样做我就要打他了——他只会讲汉语。说到做到，当他再次猛扔物什时，我用鞭子抽打了他的手，并用简单的士瓦本语告诉他：如果再不听话，我就把主人叫来！这一下奏效了——瓦尔特早就狠狠地教训过他。于是，他不得不好好整理物什了，直到最后所有污垢都被清理掉为止……唉！——有的时候你不得不发泄一下才能觉得好受些。①

暴力和将要更加严厉地使用暴力的威胁又一次不得不跨越语言的障碍。在这封信的背后隐含着复杂的跨文化相互作用。仆人尽力去完成一项在他看来肯定是非常古怪的任务。因为他不明事理，没有完全遵从有关清洁的命令，致使伊莉莎白·弗雷勃然大怒。仆人感到委屈，并以泄愤相抗，而伊莉莎白·弗雷不仅打了他，还搬出她的兄弟来加以威胁。

叙述角度和文化姿态两者集中表达了伊莉莎白·弗雷这样的主导意图，即她要在中国建立一个完全的士瓦本家庭，而毫不顾及当地的风俗和当地的烹调。她刚来不久就在1913年10月8日出席了一场正式的中国宴会，并且对其情形作了详细描述。她发现只有部分食物可以吃，其余食物则令人感到害怕。但她从头到尾的主要态度是对当地风俗容忍性的蔑视。好像预计到有人会问她是否喜欢参加这类活动，她以消极的语调作出决定说："好吧，这很有趣，但是我不想经常这样做。"她再没有记述过任何类似的痛苦经历，并且就是在唯一一次提到中国饭菜时，她也只用了寥寥几笔。② 在她自己的厨房里，根本不可想象她会让厨师准备当地菜肴。

她以仆人们的功用而不是名字来标识他们，他们来来去去，或者被解雇，或者主动辞职，甚至不辞而别，根本没有被当做个体记

① 伊莉莎白·弗雷书信，天津，1914年6月16日。

② 伊莉莎白·弗雷书信，1914年5月20日。

录下来。更确切地说，他们只是惹了事之后才被提到，不管是滑稽的事还是令人愤怒的事。他们实质上是一个正在发生的、永远也不能得到真正解决的问题的因子，尽管她根本没有思考发生问题的原因是什么。我们只是在1913年11月28日的信中发现了一个例外。她为一个“男孩”支付了一次小手术的费用，目的是为了确保仆人的持续性。没有迹象表明其他移民者家庭采取了不同的方法。不雇用仆人是不可思议的，但对于他们所惹的事却只能以冲突或妥协的方式来处理。

《他未收到的信件》一书在谈到中国仆人时采取了较温和的、反思的态度。该书作者在美国是由她的中国仆人“他”（Ta）陪伴的，他与美国仆人的相互作用导致作者作出这样的评论，相对而言，一旦离开中国他就不那么生分了：

> 与在北京的时候相比，在这儿他与我们的关系融洽多了。在那儿，我们并没有真正了解我们的仆人的生活。需要的时候，他们总是随唤随到。他们默默地工作，对我们的一些小习惯了如指掌。但是一旦走出我们的家园，他们便消失在一个我们根本无法了解的世界里，我们也从没有听说过他们这一部分生活的情况。只有当他们希望获得比通常请假更多一点假期时，他们才会告诉我们说，他们的母亲或父亲要死了。开始的时候，我的心情很激动，总是会让他们抓紧时间回家看看，甚至还会送给他们一些药品。但是他们要死的父亲和母亲实在太多了，我的同情心屡遭召唤，以至于最终消耗殆尽了。①

如果谨慎一点，对照伊莉莎白·弗雷带有浓烈士瓦本风格的愤怒抨击来阅读这部写作优美的小说会使人得到很多启发。因为该书

① 伊莉莎白·冯·海靖：《他未收到的信件》，第75次印刷，柏林：Th. 克瑙·纳赫夫出版社1904年版（Elisabeth von Heyking, Briefe, die ihn nicht erreichten, Berlin: Verlag von Th. Knaur Nachf, 1904），第67～68页。

信体小说讲述了一个以悲剧结尾的爱情故事，它的叙述角度从一开始就与经常带有伤感倾向的优雅情感十分协调。这样的话语与伊莉莎白 · 弗雷毫无拘束地向她妈妈发泄的挫败感完全是两回事。

撇开这些差异不谈，两位作者构造“仆人问题”的方法仍然是值得一看的。伊莉莎白 · 冯 · 海靖没有不合格的仆人，而伊莉莎白 · 弗雷却正相反。不过，伊莉莎白 · 冯 · 海靖以“同情心……消耗殆尽”把她的叙述推到了顶点，这是针对一个积习难改的逃避职责的人。人们可能会猜想，在引起伊莉莎白 · 弗雷大发雷霆的一些事件中，中国仆人的这个毛病也负有责任。然而，伊莉莎白 · 冯 · 海靖塑造的小说人物的意图是：把消极情绪限制在一个组成部分，在这里怀疑取代了同情。

在这两部作品中，殖民女主人对她们的中国仆人的工具主义态度都清晰可见。然而，在伊莉莎白 · 冯 · 海靖看来，一旦他们的任务完成了，他们在不在都无所谓，除非需要他们时他们却不在，这就使得（主人）失去耐心，并且——她暗示——这可能有一些不对之处。伊莉莎白 · 弗雷却根本没有想到她对仆人的不了解会产生什么后果，他们总是有问题的，总是会扰乱家庭秩序的，必须不惜任何代价制止他们的扰乱，并且他们长期存在的毛病是工具性的。好奇心就此止步。

我们这样说并非是要损抑伊莉莎白 · 弗雷对自己的日常斗争的自然记述，称赞一个被加以仔细刻画以博得温和的或许贵族化的读者同情的小说人物。小说能够很容易地转向相反的一面：在《与黄龙作战》一书中，仆人阿峰（Ah Fong）背叛了他的主人并将其杀死，而这个阿峰是一个小时候被德国传教士搭救并被作为孤儿养大的人。[①]在以义和团暴动为背景的德国爱国小说中，此类主仆之间的

① A. 哈尔德：《与黄龙作战——两个德国青年在义和团国家的冒险和旅行》，比尔菲尔德和莱比锡：菲尔哈根 & 克拉辛出版社 1900 年版（A. Harder, Wider den Gelben Drachen. Abenteuer und Fahrten zweier deutscher Jünglinge im Lande der Boxer. 4275 Bielefeld und Leipzig: Velhagen & Klasing, 1900），第 28～29 页。

谋杀关系颇为典型。但是在义和团危机早已消失的1913年，如果一个仆人因为挨打而感到丢脸并因此而辞职，只不过意味着他的德国主人需要再找一个新仆人而已，仆人充其量仅仅是不可靠的家庭用具。

这些记述清楚地表明，在德国殖民者与中国仆人之间，误解和冲突经常是在所难免的，并且殖民者的典型反应是，尽可能地通过工具化方法来对付仆人间的差异。这是殖民写作中常用的比喻手法，并非仅仅存在于德国作品之中。伊莉莎白·弗雷之所以显得十分突出，只是因为她没有想到，需要对某个复杂人物或某种复杂环境做些询问或解释。伊莉莎白·冯·海靖知道这一点，这就预示着她可能会进行考察，然后再以她所刻画的人物喜欢的方式温婉地解答这一问题。

无论以何种面貌呈现出来，家庭中的“仆人问题”都与殖民列强在商业和外交领域的挫折以及竞争不无关系。伊莉莎白·弗雷无动于衷地接受了对仆人实施体罚这一做法，这充分反映了对中国人进行残酷剥削并把中国人的反抗视为傲慢无礼的大环境。相反，伊莉莎白·冯·海靖因为拥有接触最高层外交圈的有利条件，所以她谴责那种只把中国人看做是在场的欧洲人的配角的观念：

> ……被暴力驱策的所谓的进步，因让正遭受深重剥削的自己接受另一方稍轻的剥削而受到惩罚。每一方都迫使中国人对其他方的要求作出强烈反应，不要对其他方让步，但在关键时刻，中国人总是被弃之不顾……没有任何地方像北京这样让我学会了蔑视成功，因为我有一次曾近距离地见识过成功是如何取得的：有的是通过行贿；有的是通过残忍的武力。……或者，他们（欧洲人），特别是年轻的欧洲人沉醉于他们超人一等的观念中，这一观念源于对中国所有事物的极度蔑视。他们鼓吹说，人应该只顾自己，拿取自己所需要的东西，只按照他们的主要

道德要求做事，因为这是使得民族强盛的唯一途径。①

这与伊莉莎白·弗雷在天津的家务生活有很大的不同。义和团运动前夕殖民旨趣在北京的狂妄表现，在天津并没有对等物。因为伊莉莎白·冯·海靖是从1903年的角度写作的，她所预设的结局是个双重灾难：叙述者的未婚夫在义和团运动中丧生，与此同时，与清廷打交道的惯常做法也崩溃了，因此她的小说能够对殖民剥削作出指控性的谴责。伊莉莎白·弗雷的书信写于10年后，因为不存在危机即将出现的威胁，所以她的叙事角度决定了她的故事呈现出另一种风貌。

伊莉莎白·弗雷从一开始就认为，她在中国将获得成功。对她来说，"仆人问题"并非大范围不适的征兆，而主要是慢性烦恼，因为她并未预见到殖民形势的崩溃。被保留下来的她的最后一封信写于1914年6月上旬，从该信中可以看到，她并没有意识到战争的威胁。她的时间维度与伊莉莎白·冯·海靖蓄意制造的万分紧张的时间维度完全相反，这里隐含着一种对待臣属民的殖民主义态度，而这种态度经历了义和团运动仍旧完整无损，并为日常的相互作用确定了基调。

伊莉莎白·弗雷论述中国的书信并非仅仅局限于家庭，她对中国艺术形式的选择性接触值得一看。作为一位音乐爱好者，伊莉莎白·弗雷很会唱歌并且能够弹奏吉他和钢琴，但她与京剧形式的中国音乐的邂逅，并不比她第一次参加中国宴会的情形更好。在愉快地游览了天坛（此事随后再谈）之后，她在归途又参观了一个戏园，但结果令人遗憾：

我不会很快忘记今天中午的！在回家的路上，我们到达了

① 伊莉莎白·冯·海靖：《他未收到的信件》，第75次印刷，柏林：Th. 克瑙·纳赫夫出版社1904年版（Elisabeth von Heyking, Briefe, die ihn nicht erreichten, Berlin: Verlag von Th. Knaur Nachf, 1904），第32页及以下数页。

一个中国戏园，当然我不得不看到它。你想象不出来我们发现它是多么得愚蠢和不可理解！并且歌唱得如此难听！你知道，女人角色由男人扮演，并且他们总是用假声演唱——这噪音足够让你发疯！奥伯兰（Oberlein）和我很快便受不了了。当他进来的时候，我们被注视了大约五分钟，好像我们比舞台上的表演更令人感兴趣。①

伊莉莎白·弗雷相当高的叙事才能使她只用几行字就囊括了大量信息。异国的艺术形式立刻遭到了拒绝和轻视。由男人扮演女人角色演唱这一行为之所以让她如此震惊，是因为她不知道在长达数世纪的欧洲歌剧中也存在着一个同样的传统，由被阉的男歌手扮演女性角色。给这次经历打上印签的是，伊莉莎白·弗雷和她的男同伴自身也成为了不受欢迎的好奇心凝视对象。自己在这样奇异的景观中变成了一种景观，这最终触犯了她的敏感性，于是他们赶紧离开了。不同的因素在这里汇聚在一起。与京剧的相遇原本不该让她那么震惊，因为在此之前她还对一项中国建筑成就赞叹不已，而她本人又有较高的音乐素养，但事实却并非如此。这也没能鼓励她在之后的任何时间里接触不那么难接受的中国音乐形式，比如民间歌曲和琵琶（一种弦乐器）。可以被称作异文化间中断的东西是总体上存在的，但隐含在这种异化之下，甚或加强了这种异化的东西无疑是传统“殖民凝视”的逆转。伊莉莎白·弗雷和她的同伴并未感受到娱乐，自身反而变成了被他们视作文化低等者们的一种娱乐。

其他信件显示伊莉莎白·弗雷已经习惯了在各种情况下被注视，她也能够轻而易举地予以应付了。有一次，在一列拥挤的火车上她是唯一的一位欧洲人。在上边这段尖锐刺眼的记述背后显然存在着对情况突然发生逆转的震惊感。没能行使殖民凝视高高在上的控制性优越感，她和同伴突然变得“更令人感兴趣”，言外之意，对她周

① 伊莉莎白·弗雷在津浦火车上写的信，1914 年 1 月 9 日。

围的人来说他们比舞台上的表演“更奇异”。她无法不发现这种彻头彻尾的怪异。很难看到伊莉莎白·弗雷有什么薄弱之处，但这段话中的愤怒似乎揭示了一个。

当然，这是推测。当时她到中国已经有几个月了，并且我们无从知道，在此之前她是否接受过一些有关对京剧应抱何种期待的告诫，也无从知道这些告诫是否决定了她的经历。但是，她自己变成景中之景这一创伤的确是有一定说服力的。

从在她的叙述中我们看不出她阅读过有关中国的书籍或译自中文的作品。毕竟，在中国已有德文报纸出版，并且也不缺乏德文书籍。她对异国事物毫无美感，唯一例外的是建筑，并且这很容易理解。她的父亲是一位建筑师。她的七个兄弟中有两个，其中包括与她住在一起的瓦尔特，也是建筑师。面对中国建筑的杰作，伊莉莎白·弗雷陷入了真正的狂想。在关于京剧的那段描述之前有这样一段话写道：

> 奥伯兰曾到我家邀请过我，但是仆人给了我错误的信息并让他离开了。最终他在中午接上了我，我们驱车去了天坛。天坛离北京大约有半小时的车程，非常宏伟壮观，并且天气也同样得好！你知道，像这样的建筑得用四只眼睛来欣赏，因为两只眼睛不足以全面欣赏它的美丽。当我站在巨大的大理石祭坛上，看到美丽的寺庙一个接一个地伫立着的时候，我似乎就像处在神话故事当中。漆瓦在阳光的照射下如此闪耀，闪着蓝色、绿色和黄色的光。然后，每一座寺庙四周的围墙上都涂着一种漂亮的红色油漆。当然，还有大量的镀金，白色的大理石，蓝色的天空，绿色的树木——你甚至可以说是树林（高高的松树和雪松）——所有的色彩相互映衬，在任何地方也没有比这更美丽的了！我禁不住一直想着赫尔曼（Hermann）——这会让

他感到多么的快乐啊。①

1914年3月30日，她参观了一处华人墓地，画了一幅坟丘素描图并附上了详细的文字描写。这并非出于因受景点感染而产生的热情，相反，这和弗雷（Frey）一家的特点完全一致：建筑让他们本能地着迷，因为这是共同的关注点。在这方面，她对游览北京市郊所作的记述值得注意：

> 我至今还没有对北京作任何描写，但是你已经从赫戴尔（Hedel）的信中全都读到了。我们在那里度过了几天极好的时光。唯一使我感到遗憾的是我们把较多的时间用在南口关（Nankau Pass）上。但现在还不到世界末日，我希望我们以后还会来这里。你知道，没有什么比长城更壮观的了，我真希望你能在这儿和我一起欣赏它。想一想吧，在高高的山峰上修建这样一座城墙要花费多长的时间呀！简直不能理解他们是怎样做到的。我们游览的明陵也很漂亮。我总是想起赫戴尔和我骑着驴子走在美丽的早上的情景，罗克格小姐则坐着轿子——前方总是呈现出可爱的山景，陵墓周围则围绕着漂亮的树，或者说树林，十分壮观。灵道两旁竖立着三十六尊雕像，宏伟的大门，让你吃惊得说不出话来。赫戴尔现在能够准确地告诉你。去颐和园的旅程也同样美丽，而且我们总算看到了那里的一切，这是多么幸运呀。如果赫尔曼也能够看到该有多好——在上午阳光的照射下显现出来的所有的颜色效果，很华丽。我们也一起去了天坛——这是我最喜欢去的地方之一，但是你一定要在天气好的情况下欣赏它——在黎明或黄昏之时——那时它美丽无比。我们还参观了黄庙（Yellow Temple）——你知道，你可以从北京到你喜欢的任何地方进行无穷无尽的远足旅行。在天津，

① 伊莉莎白·弗雷在津浦火车上写的信，1914年1月9日。

我们没有像这么大范围的选择。我不得不说，如果瓦尔特在北京有如此多的业务，以至于我们必须要搬到那里的话，我会很高兴的。①

在这里我们也许可以发现一些能够解释伊莉莎白·弗雷很少描写她所看到的东西的原因，即便在涉及到其家庭的建筑主题时。当她描写时，她的描写也与伊莉莎白·冯·海靖精炼的文学再现有很大的差别。不过，她对风景、形态、光线效果和颜色有非常清晰的意识。在上边这段文字中，她有两次把描写建筑物和风景的工作交给被昵称为“赫戴尔”的妯娌来做。这就说明了她为什么在这种描写上着笔甚少的原因，尽管她很欣赏它们并且也能够描述得很好。她强调说，第一，“赫戴尔”已经写过关于北京的东西，这可以让她从这项工作中解脱出来；第二，她暗示让“赫戴尔”对明陵进行记述是非常合适的，因为她将在暑假返回斯图加特并能提供第一手的报告。

在这里，与《他未收到的信件》一书作一比较是有启发性的。这部书信体小说的作者特意描述她与她的远方朋友都熟悉的场景，表面上看这是为了克服彼此分离的痛苦，进一步看，这些描述是为匿名的读者群准备的；他们购买小说并且迫切期望在这个爱情故事中能够看到大量异国情调。出于同样的缘由，对中国采取了相反文化姿态的《与黄龙作战》一书也对中国作了大量描述，极力宣扬它的颓废没落，甚至把北京贬作仅仅有一围古城墙的大粪堆。②其目的在于让读者确信德国的武装入侵是一种拯救中国的高尚行为，其叙述轴心因此是呈直线的。在这两种情况下，对异国情景的描述都是

---

① 伊莉莎白·弗雷书信，天津，1914年6月16日。

② A. 哈尔德：《与黄龙作战——两个德国青年在义和团国家的冒险和旅行》，比尔菲尔德和莱比锡：菲尔哈根 & 克拉辛出版社1900年版（A. Harder, Wider den Gelben Drachen. Abenteuer und Fahrten zweier deutscher Jünglinge im Lande der Boxer. 4275 Bielefeld und Leipzig: Velhagen & Klasing, 1900），第30页。

非常需要的，它们可以迎合一般读者的期待，并给予小说情节一些节奏。而在弗雷一家的长篇书信中，节奏无足轻重。

另一方面，有几个例子似乎是自然产生的并被记录下来的，没有受到上边谈到的因素的影响。其中之一是在芝罘参观一家缫丝厂。①这一记录开始于通常的对街道上的污物的不满，其后则是栩栩如生有关参观缫丝厂的描写。视觉上的细节更加值得注意，因为她对由煮沸的蚕茧散发出来的臭味的抗议使她只往里边走了几步。看起来这正是第一手记述——“我半天都不得不闻这种臭味”。然而结论具有某种大众化固定形式的性质：“芝罘唯一吸引人的地方是领事馆区，此外还有一个可爱的海滩。我们非常高兴乘船返航。”

尽管很直接，但这一情节却让人迷惑。她在缫丝工厂里只待了很短时间，然后就被臭味熏了出来，尽管如此她还是作了出色的描述。她并没有照相机，她需要长时间的观察才能达到这一步；或者她实际待了更长的时间，臭味的影响只是被胡乱夸大了，或者她事先已经知道将会看到什么。结局也具有一定的可预测性：只有芝罘的领事馆区是清洁的，并且以原始质朴的海滩作为整个情节的尾声。

可以解开这一谜团的线索之一或许在于芝罘是一个受英国支配的港口这一事实。在1914年4月的时候，伊莉莎白·弗雷尚无意于强调殖民列强中的民族竞争，但她仍然对“模范殖民地”青岛投入了巨大的德意志民族的骄傲。在这片绿洲中，中国惯常的污秽已经被清除，她独自一人对青岛的游览构成了对芝罘的震惊的理想对照：

> ……上午九点我们到达了青岛，奥古斯特森（Augustesen）先生开车来接我。劳特巴赫（Lauterbach）上校也和我们在一起。奥古斯特森家有一座非常棒的能够看海景的房子——很迷人！当我从窗户向外看的时候，早晨是如此美丽。……九点钟，奥古斯特森先生再次开车来接我，他带着我游览了青岛的一切

① 伊莉莎白·弗雷书信，天津，1914年4月15日。

> 及其近郊。我真的很喜欢这里，一切都如此干净，让我想起了家乡。美好的公路、山峰、树林、海滩，你所期望的一切……①

青岛德国殖民地在很大程度上代表着她一直试图在自己家里实现的一切："一切都如此干净，让我想起了家乡。"然而这只是广袤中国的一角。在青岛，有可能短暂地忘记殖民优越感所必需的距离。

另外两个插曲大大强化了伊莉莎白·弗雷在面对芝罘的污秽和臭味时自然而然地表现出来的殖民姿态。这两个插曲具有一种象征意义，因为它们演示了"殖民凝视"的最通常形式。

伊莉莎白·弗雷和她的另一个兄弟在上海度过了1913至1914年的新年，这个兄弟当时在设于上海的一家德国公司（Bayer）工作。她记述了她独自一人在南京下火车转轮船不愉快的旅途经历。在这里，她着重描写了她所陷入的当地人的"臭味"和她所面对的杂乱无章的情景：

> ……你们在家里的人简直不能想象在这样的火车站会发生什么样的情景。一片混乱！你可能会以为有人遭到杀害了，实际上，正在发生的事情是每个人都在抢着把他们的行李和家人从一列火车上转移到另一列火车上。除了我之外，还有一个欧洲人。他正在等着乘坐轮船过河——除此之外周围全是中国人。从火车站步行到码头大约有五分钟的路程，但是我们等了半个小时才看到汽船过来，当它停泊后，我们花了很长时间才得以未受损伤地通过障碍。在这过程中，人们争先恐后，推推搡搡，还有打击，一些中国人不得不忍受警察非常猛烈的殴打，因为当我希望通过时，他们并没有给我让开路。在这方面，警察表现得非常好。在渡轮上我找到了一个正好位于十字路口前面的位置。位置很棒，风吹过你的耳朵，让人感到非常清爽。尤其

① 伊莉莎白·弗雷书信，天津，1914年4月15日。

> 是在经历了火车上的污浊空气和与散发着臭味的中国人一起等船之后，真的让人感到特别高兴！[①]

如果说她在家中把暴力当做对待仆人的最后手段尚可以让人接受的话，那么当代的读者一定会为下列事实而深感震惊，这就是她认为（中国）警察为了让她穿过大群的中国旅客，用棍棒殴打他们为她开路的做法是正确的、合适的，值得漫不经意地一提。这似乎是最不人道的殖民主义姿态了。然而这还不是唯一的例子。后来，在回到天津之后，她记述了一场发生在天津中国人区的火灾。那是在一天深夜，一位朋友（奥伯兰）邀请她和她的兄弟去看此光景：

> 午夜过后，瓦尔特和我都穿着和服非常舒服地躺着看书，后门铃响了。我刚刚想要睡觉，奥伯兰来了，并且带来一个消息，在中国人城区里有一场巨大的烈火——这确实引起了我们的兴趣。我们立刻换上外出的衣服，坐着黄包车赶往着火地点。从远处你就能够看到天空中映现出巨大光亮了，等到靠近，天空更亮了！真是值得一看！我从未见过这样大的火海——简直太精彩了！一座装满了一捆捆茅草、煤等东西的仓库着火了，还有至少五十到六十包堆积在一起、被席子覆盖着的货物。当然所有近邻的房子也着了火。每次风向转换，就会有另外的房子着火。看起来很新奇！我们在那里站了几个小时。还有中国消防队的愚蠢行为！我们几乎快笑死了。他们没有把时间用在取水灭火上——他们的大多数人只是拿着火把站在那里，并且他们有至少五十多面旗帜在微风中飘扬，与此同时他们用铁盒子的哗啦声响搞出了令人毛骨悚然的喧嚣，以驱除恶魔。大约一点钟左右，刮起了一阵劲风，火势更大了，整个人群再一次举起旗和火把，在大火周围列队行进，自始至终喊叫个没完。

① 伊莉莎白·弗雷书信，上海，1914年1月19日。

> 到那时消防队已经来了，他们用汽泵，中国人用手泵，成功地击退了火势——当我们在两点钟回家的时候，你可以看到他们已经将火势控制住了。①

来到中国八个月后，伊莉莎白·弗雷已经习惯于将中国人当做非人类的他者看待了，以至于她在这种灾难中只看到娱乐。她根本就没想过，生命可能正被夺走，尤其是当风力加强、火势加剧的时候。娱乐的主要点缀是中国救火员的滑稽动作。“我们几乎快笑死了。”引起欢笑的是，他们迷信地敲锣挥旗，掺杂着对欧洲人救火技术的运用——再次显示出中国迷信猖獗！虽然她愿意承认火情是在运用了现代的技术设备下才最终得以控制。在这里，就像在南京火车站一样，殖民凝视似乎排除了所有移情作用。她一点也没意识到这可能有问题。在她和她的兄弟及其朋友奥伯兰回到家后，他们花了一个小时来解渴、聊天，她用这样一句话结束了这一幕：“这就是我们今晚的经历，太棒了！”

不应该把伊莉莎白·弗雷挑出来当做特别无情的人来看待，只不过她的私人信件碰巧被保存下来了。殖民主义者对广大被殖民者一直具有优越感，甚至在例如天津这个不存在像在青岛那样的殖民管辖权的地方也是如此。这种优越感完全阻塞了移情作用，正如将“京剧”直接归类于“愚蠢”的演唱的做法永久地封闭了任何接近中国音乐的可能性一样。在她的家庭内部和日常打交道的外国移居者团体中，她是个乐施好善的人，对其同胞热情忠诚，这一点从她的家信中也可以看出来。问题在于，中国人从一开始就不可能成为她的同胞，她根本没有意识到她对同样是人的中国人多么冷酷，甚至在直接面对他们所遭受的苦难的时候。的确，她曾经送一个仆人去医院做手术，但是她的明确动机不是同情，而是为了使她的家庭日常事务不会因此而受到长期扰乱。不管人们怎样想，都不能断言

---

① 伊莉莎白·弗雷书信，天津，1914年6月16日。

被大卫·斯普（David Spurr）归属于20世纪当代传媒的减轻效果也对她适用：

> 为形象所特有的视觉框架和隐喻性转化使此类想象拥有了一种远距离效果：在唤起对苦难关注的同时，它们也使苦难远在外地了。把苦难包含、确定和地方化在一个从文化上理解分离的领域里……现代的传媒技术使我们疏远了外国的和遥远地方的真实情况，因为它在塑造那个世界的形象时根本不费吹灰之力。形象是随意制造的而且随时都可以在翻页或按动键盘时消失……读者因此被免除了责任；罪行已经被确认，权力机构已作出通告。有技巧的表达顺序弥补了读者不能把这些大批量生产的形象吸收进个人经历结构中去的缺陷。[①]

伊莉莎白·弗雷的信件提供了与之相反的情况。警察在火车站用棍棒为她开道，但是由她的欧洲人身份带来的情感距离使她根本没有考虑中国人是否在这一过程中受伤的问题。当她和她的兄弟被告知有火灾的时候，他们的共同冲动是乘坐黄包车去观看火势，并且尽可能就近而又安全地观看。第二天早上她做的第一件事就是写信告诉她的母亲，即刚才在上文中所引用的话。这并不是在观看电视时由报道在世界另一端发生的一场灾难的简短新闻——它在屏幕上一闪而过——所产生的那种距离，而是由一小块外国飞地构成的阻挡移情作用的障碍，这种障碍导致他们对生活在自己周围的那些人无动于衷。而这种障碍之所以能够存在，主要在于她在叙述中从没有质疑过的、不言自明的文化优越感。

再一次，在同一个十年当中出现的德国小说可能会对相似的情

---

① 大卫·斯普：《帝国的修辞学——新闻报道、游记和帝国管理机构中的殖民话语》，达勒姆：杜克大学出版社1993年版（David Spurr, The Rhetoric of Empire: Colonial Discourse in Journalism, Travel Writing, and Imperial Administration. Durham: Duke University Press, 1993），第25页。

景采取不同立场态度。《与黄龙作战》一书和与之类似的沙文主义幻想用与伊莉莎白·冯·海靖的信件完全不同的语调来妖魔化中国人。与之相反的，《他未收到的信件》一书是一个无望的爱情悲剧，并且，正如隐含的读者——套用沃尔夫冈·伊泽尔（Wolfgang Iser）的一个术语——一样，它意味着被感动得去同情讲述者，这在该故事中被编码为充分的同情，既说明了叙述角度，也说明了文化姿态。[①]在实现这两个模式方面，一段呈现北京穷苦人冬日惨状的文字的效果特别显著。伊莉莎白·冯·海靖首先把穿得很好的富人与挨冻的穷人区分开来，接着描述了后者的苦难，这实际上是恳求人们承认共同人性：

> 富裕者能够抵挡严寒，但是在位于小货摊和小吃摊之间的乞丐桥上，却有一群令人毛骨悚然的人：有的半裸着，瘦弱的身躯在严寒中瑟瑟发抖。我们看到了凹陷的脸、发紫的嘴唇、在严寒中冻僵了的四肢、各种各样的创伤和残疾、粘着污秽物的头发以及精神失常般的眼神。由于他们的污秽和受到的难以言表的忽视，你几乎无法称之为人类。而且他们当中的许多人还很年轻，还是孩子，他们一定曾在一段时间里有个母亲！这许多的生命还不如根本没活在世上好，他们的悲惨境况看起来更可怕，因为显而易见他们的生活完全没有希望。[②]

体裁问题再一次显得极为重要。在小说虚构的时间框架里，到1900年6月底，北京的情况正接近危机点，所以这段令人心碎的倒

---

① 关于小说体传记的隐含读者，参见沃尔夫冈·伊泽尔：《隐含的读者：从班扬到贝克特的沟通模式》，巴尔的摩和伦敦：约翰·霍普金斯大学出版社1974年版（Wolfgang Iser, The Implied Reader: Patterns of Communication from Bunyan to Beckett, Baltimore/London: The Johns Hopkins University Press 1974），第124～134页。

② 伊莉莎白·冯·海靖：《他未收到的信件》，第75次印刷，柏林：Th. 克瑙·纳赫夫出版社1904年版（Elisabeth von Heyking, Briefe, die ihn nicht erreichten, Berlin: Verlag von Th. Knaur Nachf, 1904），第225～226页。

叙是与讲述者逐渐加深的绝望相符合的。她很快就会确认，她所爱的男人在义和团运动的最后阶段被杀死了。因此这段有关痛苦的再现存在着某种矛盾性。一方面，小说情节的发展确实需要它；另一方面，这种感伤在同时代有关中国的德国作品是如此例外，以至于使人不能不感受到，曾经有人对大批原本面目不清的中国人有一种清楚的认识。

再现城市穷人的痛苦是通常所说的19世纪最后十年德国自然主义文学运动中的一种风尚。[①]这种风尚一直延续到20世纪早期，但是怜悯的对象总是德国下层社会。伊莉莎白·冯·海靖大胆地把熟悉的词汇移换到北京的情景中，这一做法不应该被低估，因为同时代描写中国的德国小说根本没有想到，中国最没有特权的人群的肮脏状态有可能促进那种在欧洲已经出现的社会主义思想的反思。

人们不禁要问，既然伊莉莎白·弗雷用极少的言词就生动地展现了缫丝厂工人的悲惨命运，那么她为什么不能给予他们少许的同情，或者她为什么不问一问，那些因天津火灾而无家可归的人到哪里安身呢？答案与体裁问题无关。伊莉莎白·弗雷并没有站在道德法庭上，也不能把一部成功的情感小说当做证据来抨击她所写的这些并不着意于推销自己的个人感受的信件。

在接近小说结尾的地方，伊莉莎白·冯·海靖突然开始关注起北京的穷苦人，这与她在此书前边部分对殖民主义剥削的尖锐批判完全吻合，但是两者都在为一个与社会分析没有关系的情节服务，这个情节对隐含的读者的感受产生影响，使之走向一个根本不具有布莱希特风格（Brechtian）的结尾。相反，布莱希特（Brecht）会竭力反对《他未收到的信件》一书，因为这些信件通过让隐含的读者沉浸在结尾的伤感，“耗尽”了读者对它们可能唤起的社会问题的任何感受或疑问。

---

① 瓦尔特·吉利主编：《文学辞典：概念、实体、方法》，居特斯洛和慕尼黑：波特斯曼辞典出版社1993年版（Walther Killy（Hrsg.），Literaturlexikon：Begriffe，Realien，Methoden Gütersloh/München：Bertelsmann－Lexikon－Verl. 1993），第2卷，第148页及以下数页。

二、伊莉莎白·弗雷的解放寓言

正如已经强调的，伊莉莎白·弗雷的中心兴趣是要在天津营造一个士瓦本家庭，她之所以也记述中国，是因为一些偶发事件引起了她的注意，比如城市中的巨大火灾。到目前为止，我们一直有意回避中间地带，因为如果对照中心和边缘两方面来看的话，会更容易接触其所产生的体裁问题。

伊莉莎白·弗雷是一位典型的德国资产阶级上层的未婚女性。她的兴趣和成就绝不会偏离由其所属阶级规定的、可以接受的界限。不过，变化还是有的，这就是她去了异国他乡。但这并不意味着她的社会环境的改变，因为来华德国移居者群体为她所提供的社会环境与其在本国所处的社会环境几乎是一样的，直到1914年7月初仍然如此。关键是这个“几乎”。因为充分的参量变换使她在中国期间可以从事一些诱人的冒险活动，尽管在厌倦了旅行的21世纪周游世界者看来，这没有什么了不起。

从1913～1914年的家信中，我们可以看出她的目标是将士瓦本的生活方式移植到国外，而且决不妥协让步。使她深感困扰的是雇佣中国厨师，因为这些厨师最多只能不完全地领会她的意思，而她偏要让厨师像她家人对她的了解那样蒸煮烹饪，尽管这样做一再受挫。能够弥补这一经常不讨好的工作并且使她在捍卫自己的文化姿态时从未产生失败感觉的东西，乃是这样一个简单事实，这就是她的家信是她自己的成功故事，正如我们已经看到的，她对家信赋予了巨大的价值。简而言之，她的叙述总体上实现了一种身份，而对她来说这种身份与她留在斯图加特的身份有重大不同。

正如前面已经提到的那样，她一再叮咛她母亲在她回家之前用心保存好她的全部书信，因为这些书信将成为她非常个人化的“美好回忆”①。她是在到达中国大概 4 个月后这样写信说的。此刻，她已经有时间对她的周围环境作出评价，并且她也相信她的记忆将是“美好的”，这个信念同她坚持要让她的中国厨师掌握士瓦本烹任方法的意志一样坚定。事实上，所有的不愉快要么是个别“仆人问题”——这个问题是主要的，但又是慢性的、将会得到处理的，要么就是边缘问题。在这里，“边缘”是指她所面对的中国的大多数事情。对于这些事情，除了全家人都感兴趣的建筑这个特殊领域，或者干净整洁的青岛这个绿洲，伊莉莎白 · 弗雷通常的反应是逃之夭夭，就像对待缫丝厂或京剧那样，或者是缩进带有我行我素式优越感的殖民心态之中，如她笔下的中国宴会、火车站或天津的火灾那样。

就此而言，她没有讲述发生在中间地带，即德国移居者群体中的任何不愉快事情，这一点是很能说明问题的。很可能，这个中间地带是她产生自由恋爱的地方。这与含蓄的性欲有极大关系。1914 年 3 月，在来到中国 5 个多月后，她以幽默的口气向她母亲讲述说，她收到了一位大约比她大 10 岁的商人施特鲁佛（Strufe）先生的示爱：

> 一到上海，我们就不断结交新朋友，并且有一位在船上认识的施特鲁佛先生乐意与我通信联系。我们相处得很好并在一起度过了许多愉快时光。他在天津停留了八天，而且有一天晚上邀请瓦尔特和我去他下榻的旅馆做客。第二天晚上，我就收到了一封信，在信中他明确示爱，并请求我以后与他保持通信联系……他是一位非常好的人，看起来有点老相——我想起来了，是 38 岁。不过，伊莉莎白 · 弗雷是不会轻易地陷入爱河的。我给他回信时也这么说，我们彼此都需要更好地了解。你知道，妈妈，这是一封很难写的信——你知道我是个什么样的

① 伊莉莎白 · 弗雷书信，上海，1914 年 2 月 1 日。

人——但我还是努力地写了。我让瓦尔特先读了读，因为信里面没有什么秘密。我用诙谐的神态来对待整个事件，后来的发展证明这是我能够做到的最好的办法。因为昨天我收到了他的另外一封来信，语气很愉快，他同意我在回函中所表的态。他正准备回家休假——或许他会在她妈妈居住的汉堡找个好姑娘。回家后选择余地就大了——长时间在外的人很容易忽略这一点。我们将继续通信——我很高兴这样做——但不会经常写。因此这是没有危险的，妈妈，对这件事，我的心情极其平静。我在这儿被宠坏了——我已经28岁了并且聪敏伶俐，这是好事。所有的年轻人和单身汉都为我疯狂，真是太有趣了。①

这封信写于她郑重宣布她所有的中国记忆都将是愉快的。这一声明之后的一个月，揭示出她是一个精明的、在她自己定义的成功意义上的成功的战略家。首先让我们来看一下结局：她沉醉在她对殖民地的男士们所具有的吸引力上，尽管已经28岁了，这个年龄，如果是在国内，她无论如何都不能如此欣然享受，她已经处于大龄未婚者行列了。在最后一封被保存下来的书信（写于1914年7月）中，她仍旧在玩同样的游戏。她因吸引了一位“确确实实比我小四岁”的官员的注意而欣喜。②

这一游戏在她到达天津后不久就开始了，她向母亲言不由衷地评论道：“在这儿真让人感到尴尬，因为所有人都认为我很年轻，只有20或22岁。这的确很好笑，但我不会特意地纠正他们——他们爱怎么想就怎么想吧。”③她的未定婚女人的身份，加上不用为经济需要而结婚，同时她的兄弟又是最值得尊敬的男性保护人，所有这些都使她处于一个与斯图加特极不相同的环境中，成为了一段重回青春的经历。这里有一个悦人心意、但又被严加避讳的性目标，她

① 伊莉莎白·弗雷书信，1914年3月30日。

② 伊莉莎白·弗雷书信，1914年7月7日。

③ 伊莉莎白·弗雷书信，天津，1913年10月8日。

喜欢这样。

施特鲁佛先生的关注让她感到惬意，如果是在紧迫的情况下，她或许会接受诱惑，更认真地对待他的追求。但她已经准确地估计了她的处境，并且觉察到这个处境会带给她什么。从某种意义上说，她把在斯图加特家中安全的小环境置换为旅华德国人社团中同样安全的小环境。但她又意识到意味深长的变化，这些变化对她有利，并且有助于她实现积累几年宝贵回忆的计划。

她以少许讽刺来对待“重回青春”，因为她知道她在中国的仰慕者和追求者在德国家乡会有宽广得多的选择范围，可以在与她相同阶层的真正年轻女孩中进行挑选。更具体和真实的是，她不用在母亲、婆婆或丈夫的监督下料理家务。她的兄弟瓦尔特似乎非常温顺。在6月份，她能够这样向家里汇报：“今天上午，当我在家里走动穿行时，我第一次感到了满意——我第一次没有不得不喝斥什么人”① ——最终达到了一个高潮。这从一开始就是她的目标，这一目标经常因为“仆人问题”而使她深感困惑。她的大部分书写都导向这种解放的经历，正如她自己曾经解释过的那样，这就使人比较容易理解她为什么对婚姻不太感兴趣了。在斯图加特老家，她有一个安全的家，但在那里她不是家庭的女主人。她非常喜欢与有身份的绅士调情，但他们的奉承缺乏她前往中国所要享受的家庭独立。她深知不能终生沉湎于这样的社交活动，但这却是一段尽情享受的插曲，她的在斯图加特故乡的同伴们几乎都不能像她这样毫无焦虑地尽情享受。

她的解放事业在两个重要方面得到了强化。由于缺少竞争，她的魅力增强了；另一个方面则是她能够以歌星和音乐家的资质在社会上大出风头。来到中国不久，她就骄傲地记述道，就艺术造诣而言，她在移居的德国女孩中无可匹敌：“现在，我已经做了很多来让他们感到愉悦，这在最后他们对我的感谢中流露出来。当然，一个

① 伊莉莎白·弗雷书信，天津，1914年6月16日。

人如果有些东西来奉献，就会感到快乐——其他女孩则没有什么可表演的。”①

她向她母亲汇报了她在音乐上取得的一连串的成功，到 12 月的时候，她的自信已经毫无边际了：“我的名声已传到了北京。如果我去那里的话，将会是非常美好的。我已经成为此地的名人了，你也很高兴，是不是？人们希望我在新年前夜的舞会上再次来这里表演，但是如果我们不在这里的话，不表演也没什么。”② 7 月，她记述了由领事馆举办的、有德国海军“老虎号”军舰军官参加的舞会。几天后当她去向军舰挥手告别的时候，军官们邀请她到船上参加告别酒会。正如她惊叹的语调所清楚表明的，这是她社会成功的制高点：

> 天津的所有官员，整个领事馆的人和其他众多绅士都在那儿——我在那里是唯一的女士。我逐渐变成了一个厚脸皮的小魔鬼！这来自于我的成功——真的，对所有这些来说，我的年龄已经是太大了，但这只是就年龄而非就感觉而言。在家里，我早已被束之高阁，但在这里我突然间又年轻了。哦，生活真的很美好，妈妈！今天我正出发进行另一次旅行，一想到这我的心就剧烈跳动。你也为我感到高兴，是吧，妈妈！③

不幸的是，保存下来的伊莉莎白 · 弗雷书信到 1914 年 7 月便结束了。否则的话，我们肯定会看到她是怎样应付那些导致她撤离并最后在 1915 年初经旧金山返回德国等事项的，那会是很有意思的。清楚的是，她已发觉自己是“厚脸皮的小魔鬼”了——她推想它潜伏在她身上。此外，她这样做并没有打破她的社会地位所要求的任何惯例。她欣然主张的解放在斯图加特老家是不可能实现的，但她无需突破体面的边界去获取它。她只是充分利用了她的决心、音乐

① 伊莉莎白 · 弗雷书信，天津，1913 年 10 月 14 日。

② 伊莉莎白 · 弗雷书信，天津，1913 年 12 月 9 日。

③ 伊莉莎白 · 弗雷书信，天津，1914 年 7 月 7 日。

天赋以及旅华德国人有限的社会环境所提供给她的东西。

回到体裁问题上，她写了她自己的成功故事，流畅、生动地要求翻新的身份认同，但却从没有超越她与她母亲和她的家人共同拥有的期待范围。语气从一开始就是自信的，并且到书信中断时已经达到了顶峰。在这里，我们既看到了把这些书信与《他未收到的信件》一书进行比较的意义所在，但又不得不对此半信半疑。因为就角度来讲，这两篇叙述被调向完全不同的结局。一篇明确是小说而另一篇则声称不是小说这一点，倒或许是一个不甚重要的限制。伊莉莎白·冯·海靖在中国的很多真实经历被用到了她的小说当中，我们只是不能确定伊莉莎白·弗雷的书信中是否有虚构的成分，如果有，它们会是什么。

三、书写中国，书写伊莉莎白

伊莉莎白·弗雷的家信引出了一些重要的方法问题。在多大程度上这样的“第一手报告”早已被教育因素和社会环境所预先决定？在多大程度上这些信件能够被确认为“真确的原始资料”？

就“第一手报告”的预先决定性质（或相反）而言，给伊莉莎白·弗雷叙述的任何方面贴上“跨文化”标签的做法，都需要极大的勇气。她要把士瓦本移植到天津的决心耗费了她如此多的精力，以至于——只有少许例外——她似乎把她与中国及其文化的较大范围邂逅当做了长期存在的“仆人问题”的变种。适用于烹饪问题的东西很容易延伸到其他地方。在1913年11月的一封写作比较早的书信中，她宣布了与她自己的烹饪有关的、能够很容易地适用于她与中国事物间的其他邂逅的信念：“我们吃了一只我自己烹制的野兔。尝起来味道的确不同。仆人们根本不会运用这么好的调味酱。如果我再多给他们演示几次的话（他们大概能学会）。但我们在家里的烹饪方法恰恰通常是更好的。”①

这种被强烈的优越感封锁住了的闭关心态，在厨房当中同在京剧当中一样明显。只有在建筑领域似乎有某种开放性，但这毕竟是家族的专业领域，并且她兄弟对中国建筑的仰慕可能也被她吞占了。从她的叙述天赋和她对满清官吏陵墓的素描中，我们可以看出，一个人能够这样简单地、眼看自己的天分没有得到运用而做出另一种选择，因为没有积极的推动力促使她进一步大胆进入这个男性活动领域。因为信件就是这样，我们不能进一步推测。

至于将这些书信当做历史“原始资料”的问题，则因为这些书信有一个独特的议事日程而变得复杂起来。伊莉莎白·弗雷几乎不“书写中国”的做法与她的主要关注点是“书写自己”这个事实有直接关系。没有必要怀疑她因“仆人问题”而勃然大怒的真实性，因为这样的问题——尽管不太严重——在斯图加特简直是闻所未闻的。在她与非殖民中国极少的几次边缘性邂逅中，她的退缩，不管是身体上的还是感情上的冷漠超然，表达了在多种语言的殖民写作中经常是清晰可辨的现象，以至于似乎没大有理由去加以质疑。鉴于她有用几个灵巧的语句捕捉一个场景的能力，我们感到遗憾的是，她没有发现在自己所处的移居者圈子以外有一个广阔的空间更令人感兴趣，她也没有养成对自己记录下来的东西进行深思的习惯。

对于中间立场，也就是说她与移居国外的朋友们的相互作用来说，因为时间久远，我们几乎不可能知道在她的叙述当中是否混杂着有意识或无意识的虚构成分。难道在家中不可靠的仆人们和在中国城市污秽的街道之间的区域中的每件事情都是如此令人愉快？这就是体裁问题最诱人的地方，因为在她书信中如果有任何东西像小说构思一样浑然一体的话，那就是伊莉莎白·弗雷对移居者圈子充满魅力的生活的描绘。

由于她叙述的是供她以后珍爱的、有意识地精心设制的解放，

---

① 伊莉莎白·弗雷书信，1913年11月28日。

因此一个没有内讧、嫉妒和令人厌恶事件的国外移居者社团是必不可少的，而且它也已然这样出现在信中。有可能不会再发现关于伊莉莎白·弗雷所描述的社会群体生活的记述，以便让我们比较全面正确地看待这些书信。然而，即便承认她的书信有一个议事日程而审查掉了国外移居经历的许多方面，这些书信也对大量自发的殖民文化姿态进行了记录，这是很有价值的，它们与那些在事件以后所写就并具有学术超然性的关于殖民主义在中国的已出版资料大不相同。

1941～1966 年香港与东亚新帝国主义

［美］杜赞奇
赵洪玮、韩威译

本文旨在专门解读东亚地区的帝国主义嬗变，同时也将其视为自 20 世纪 30 年代迄今为止的一个全球化现象。香港，尤其是在第二次世界大战之后，表现出了这种基本转变的一种形态。帝国主义主导下其他社会的嬗变鲜有达到香港同样的发展程度，但这些帝国主义的动力学原理却又并非完全迥异。我将要探索的问题之一是，香港的帝国主义嬗变怎样使香港社会变为一个更加发达的资本主义社会，以及何以至此。

帝国主义形式的改变，是对 20 世纪早期帝国主义国家之间竞争压力以及稍后殖民地或从属地区独立与发展要求的回应。日本建立的傀儡政权伪满洲国（1932～1945）清楚地证明了这一变化。虽然一战之后大英帝国深深地承受了这些压力，但是直到二战后，在 20 世纪 50 年代香港脱颖而出成为王冠明珠时，大英帝国才在其已经产生变革的基础上进一步发生了引人注目的嬗变。然而，与此同时，殖民地香港实现新帝国主义理想的契机与冷战的条件相关联。诚然，由于苏联和美国采用新的手段控制其盟友和从属国，冷战本身不过是帝国主义蜕变后的一种表现。

冷战场景营造了有利于香港的新环境。由于远离两个超级大国，而且制衡着中英关系，香港发挥了颇为可观的杠杆作用。身处这样的环境，香港得以摆脱帝国的控制并且在多项经济指标上超越宗主国。就此而论，帝国关系不仅仅是发生了嬗变，而且蜕变成原术语已无法再全面涵盖之物。

一、新帝国主义

相互交战时代是以帝国主义竞争和控制的新环境为特征的：英国的“自由贸易帝国主义”被新兴的帝国主义竞争对手所削弱，同时也受到殖民地和半殖民地崛起之民族主义的威胁。当然，在殖民地化世界中出现的民族主义同样也威胁着其他新兴帝国主义竞争者，如德国、日本和美国等其他国家。这些后起的竞争对手通过建立地域性的地方政权或经济集团来发展新帝国主义，而那些被扶持的地方政权或经济集团往往会在殖民地或从属领土地区上重建名义上的独立自主国家，但在军事上，他们却依赖其操控者。新帝国主义反映了对殖民地外围战略的重新定位，而这种重新定位是帝国统治力量实现称霸全球这一目标的有机组成部分。就如一战后阿尔贝特·勒布伦（Albert Lebrun）所声称的那样，当前的目标是“使法国和那些同法国关系疏远的殖民地国家相联合，以便整合其力量，构建一个互利互惠的环境”①。然而，法国自己却发现很难实施这种新举措。

在殖民地和从属地区，随着权利意识的崛起和资源需求的增长，新帝国主义能够更有效地在从属地区建立可间接操控的现代统治机构。其目的是，通过控制他们的银行、交通基础建设和政治机构来

① 引自D. 布鲁斯·马歇尔：《法国殖民理念与第四共和国宪法的制定》，纽黑文：耶鲁大学出版社1973年版（D. Bruce Marshall, The French Colonial Myth and Constitution-making in the Fourth Republic, New Haven: Yale University Press, 1973），第44页。

控制这一地区，而这些机构的创立模仿宗主国的同类机构（比如立法委员会、政治监护机构和类似伪满洲国的协和会那样的政党等等）。简而言之，新帝国主义者关注了这些机构的现代化和身份认同。他们通常赞成文化上或意识形态上的相似性——有时包括一些反殖民地的思想意识形态——甚至不惜容忍种族主义与民族主义同军事政治控制相伴的实际存在。

为了宗主国的缘故，从属国或地区需要得到宗主国的武力保护和经济支持，但是，后者的利益并不一定要求从属国经济与制度落后。因此，帝国主义有时有必要使经济与军事和政治相分离。在一些情况下，宗主国把大量资本和资源注入从属地区，就像日本与伪满洲国那样的关系，因此冲破工业化宗主国与殖民地之间传统的二元关系成为首要问题。①

英、法这两个老牌帝国主义强国早已认识到在一战冲突与竞争过程中经济增长的价值，而在经济增长的过程中，殖民地的军队保证和资源供给起到了至关重要的作用。一战后，在英国，张伯伦（Joseph Chamberlain）提出的关于殖民地发展和“帝国优先”新重商主义理念更加受到关注。作为殖民地自给自足与战后国内资本需求顽固观念的结果，非常需要得到英国工业的保护，1940 年前英帝国

---

① 参见杜赞奇：《主权国家和真实性：伪满洲国和近现代的东亚》，兰哈姆：罗曼和里特费尔德出版社 2003 年版（Prasenjit Duara. Sovereignty and Authenticity: Manchukuo and the East Asian Modern. Lanham: Rowman and Littlefield, 2003）；也参见杜赞奇：《民族主义、帝国主义、联邦制度与伪满洲国实例：对安东尼·帕格登的答复》，《共同知识》第 12 卷第 1 期，2006 年冬（Prasenjit Duara, Nationalism, Imperialism, Federalism and the Case of Manchukuo: A Response to Anthony Pagden, in: Common Knowledge, 12. 1［Winter 2006］），第 47 ~ 65 页。

对殖民地的支出只有一次攀升到英国国民生产总值的0.1%以上。[①]与之相类似的，我们在阿尔贝特·勒布伦的言论中也已经注意到一战后法国对殖民地态度的转变。但是，当法国政府于20世纪30年代在非洲实行帝国优先政策，尤其是贯彻法律和政治权力改革的时候，经济投资和社会发展事业却变得无关紧要了，这种情况直到1946年经济与社会发展投资基金建立之后才有所改观。[②]

1932年伪满洲国的建立标志着改变宗主国与殖民地关系的首次尝试。的确，尤其在伪满洲国建立之后，日本对诸如朝鲜等殖民地的开发极大地促进了生产力的高速增长。日本的经济集团，在整个20世纪30年代纷纷建立并且在太平洋战争期间发展壮大。这类似于德国在新殖民地建立的统治新秩序，其本质上是德国的傀儡政权或由德国派出军事长官管理。但是，由于整个占领区从属于日本的战争需要，日本的失败也意味着新帝国主义的失败。然而，在20世纪30年代日本对伪满洲国和其他殖民地的初次尝试体现了新帝国主义的特征并不完全是被战时需求所驱使，因而更具有实用性。与老牌欧洲帝国主义国家相比，例如，1938年，英国对印度的人均投资只有8美元，而日本对朝鲜的人均投资则达到了38美元。[③]

我另外对其他地区做了一些关于新帝国主义即所谓“自由国家帝国主义”的研究。在此足以总结出几点：第一，直到1945年，苏

---

① 斯蒂芬·康斯坦丁：《英国殖民发展政策的制定：1914～1940》，伦敦：弗兰克·卡斯出版社1984年版（Stephen Constantine, The Making of British Colonial Development Policy, 1914—1940, London: Frank Cass, 1984），第25、276页；迈克尔·哈文登、大卫·梅雷迪思：《殖民主义与发展：英国与其热带殖民地，1850～1960》，伦敦：劳特里奇出版社1993年版（Michael Havinden and David Meredith, Colonialism and Development: Britain and its Tropical Colonies, 1850－1960, London: Routledge, 1993），第148～159页。

② 引自D. 布鲁斯·马歇尔：《法国殖民理念与第四共和国宪法的制定》，纽黑文：耶鲁大学出版社1973年版（D. Bruce Marshall, The French Colonial Myth and Constitution-making in the Fourth Republic, New Haven: Yale University Press, 1973），第224～226页。

③ 萨布·帕克：《殖民地的开发与发展：朝鲜与印度》，《朝鲜政治经济期刊》第1卷，2003年第1期（Sub Park, Exploitation and Development in Colony: Korea and India, in: Korean Journal of Political Economy, vol. 1－1, 2003），第19页。

联、美国和老牌欧洲国家都已经形成了各自特色鲜明的帝国主义理念，这一点我们从1937年侵华和太平洋战争之前的伪满洲国可以看出。需要特别指出的是，在发展方面或者伪满洲国的发展情形，并不是所有二战前帝国主义的共同特征。第二，日本和德国以残暴而臭名昭著，在东欧，德国新秩序并不是建立在鼓吹民族平等基础上的。正如我们将要看到的一样，日本声称的"亚洲平等"和"从欧洲帝国主义手中解放出来"很有影响力，尽管日本侵略者的实际行为与此背道而驰。①

当殖民地发展问题进展缓慢之时，英国仍然不得不对一战后新环境所产生的动力学原理做出反应。战时的债务使英国成为美国之后的第二大债务国，英镑贬值刺激着英国建立一个经济区。到20世纪30年代，英国越来越需要依靠殖民地资源来稳定英镑与美元之间的比率并保持英镑的稳定流通和平衡债务。1931年，英国放弃了金本位而另外建立了英镑区，以便实行贸易保护，英国的从属国和其他国家与英镑保持稳定的比率关系，实现货币流通的外部价值。②

二战使英国对美国的欠债急速增加，而这种趋势在1947年之后表现尤为明显。于是，英国殖民当局便采取了让殖民地向宗主国靠拢的手段，加紧了对殖民地资源掠夺并且控制殖民地的金融。这种手段便是尽可能增加殖民地的出口，以便使英镑外流同时储备美元，而这种方法在1947年英镑汇率产生浮动之后发展得尤其迅速。然

---

① 参见杜赞奇：《民族主义、帝国主义、联邦制度与伪满洲国实例：对安东尼·帕格登的答复》，《共同知识》第12卷第1期，2006年冬（Prasenjit Duara, Nationalism, Imperialism, Federalism and the Case of Manchukuo: A Response to Anthony Pagden, in: Common Knowledge, 12. 1 [Winter 2006]）。

② 艾利斯特·海因兹：《英国英镑本位殖民政策与非殖民化：1939～1958》，韦斯特波特，康恩：格林伍德出版社2001年版（Allister Hinds, Britain's Sterling Colonial Policy and Decolonization, 1939—1958, Westport, Conn.: Greenwood Press, 2001），第11、29页。

而，朝鲜战争却导致了英镑进一步贬值。[①]

为此，英国不得已只好实行两项政策：（1）向殖民地引入社会福利政策和发展计划，以便使之准备实行非独立的政治自治。1943年，又成立了社会福利顾问委员会以便给殖民机关提供建议。[②]（2）扩大对殖民地的经济生产部门的投资，包括建设基础设施和提供资金保障。我认为这种与殖民地建立的隐形契约体现了新帝国主义在英国的变体。但是，在大多数情况下，这种政策操作起来与殖民地的利益相悖，因为英国没有充足的财力向殖民地推广合适的福利和发展计划。而且，由于利益的冲突，英国限制美元的使用又惧怕美国投资，结果限制了殖民地发展。同时，这一时期政治动荡、独立运动活跃抑制了这种一体化政策。换句话说，政治自治和经济一体化这两个新帝国主义的核心特征之间相互抵触。1955年之后，很明显主要的英镑过剩国家都不乐意在帝国主义操纵下实行自治，如尼日利亚、象牙海岸和马来亚。英国也不得不放弃了原有的帝国计划转而准备于60年代中期全面改换英镑本位。[③]

然而，凯瑟琳·申克（Catherine Schenk）表示，无论何处，也不管什么原因，英国都要继续拥有殖民地，它会紧紧控制或努力控制殖民地货币政策。20世纪60年代香港成为所有殖民地中最大的英镑储备基地，其储量从20世纪50年代后期的1亿4千万至1亿6千万英镑上升到1967年10月的3亿6千3百万英镑。这个数目超过了

① FO，371/53630，476号文件，HKRS，163—1—761。也参见艾利斯特·海因兹：《英国英镑本位殖民政策与非殖民化：1939～1958》，韦斯特波特，康恩：格林伍德出版社2001年版（Allister Hinds, Britain's Sterling Colonial Policy and Decolonization, 1939—1958, Westport, Conn.: Greenwood Press, 2001），第121页。

② 邓广良：《殖民政府与社会政策：香港的社会福利发展1842～1997》，兰哈姆，Md.：美国大学出版社1998年版（Kwong-Leung Tang, Colonial state and social policy: social welfare development in Hong Kong 1842—1997, Lanham, Md.: University Press of America, 1998），第50页。

③ 艾利斯特·海因兹：《英国英镑本位殖民政策与非殖民化：1939～1958》，韦斯特波特，康恩：格林伍德出版社2001年版（Allister Hinds, Britain's Sterling Colonial Policy and Decolonization, 1939—1958, Westport, Conn.: Greenwood Press, 2001），第146、197页。

全英国海外债务总额的十分之一。这一增长是香港工业化与殖民货币体系成功联合的结果，其中殖民货币体系需要百分之百的英镑储备。[①]罗杰·路易斯（Roger Louis）曾经指出，香港和所有的殖民地一样，直到变革的最后几年一直保持着独裁模式，英国的税收和司法管理包括警察力量和边界防卫等方面得到改革，这一模式得以接受。[②]但是，1967年英镑贬值之后，英国主要来自香港的财政支持下降。

申克充分研究了1967年英镑贬值对英国和香港之间殖民关系的影响。首先，伦敦方面坚持英国的特权，单方面地使英镑减值14%并让殖民地承受英镑下跌，使香港这个储备高达4亿英镑的殖民地蒙受巨大损失。而正是由于香港控制了这一大量的储备资金，以及英国军队在殖民地力量的削弱，香港政府因此有了能力进行“反击”，获得了财政自治，改变了香港自身与英国之间的力量平衡。[③]

二、二战日本占领时期（1942～1945）

我选取了上世纪中叶，香港在被日本占领背景下英国新帝国主义的经历。日本对香港的占领，演示了日本占领中国其他地区惯用的模式，并且表现出同样的残酷和狡诈。香港作为中国独特的一部分，同时作为与东南亚其他欧洲殖民地关联的一块殖民地，在日本

---

① 凯瑟琳·R. 申克：《英国与英镑本位区：20世纪50年代从货币贬值到可兑换性》，伦敦：劳特里奇出版社1994年版（Catherine R. Schenk, Britain and the sterling area: from devaluation to convertibility in the 1950s, London: Routledge, 1994），第7页。

② Wm. 罗杰·路易斯：《香港：危机的局面，1945～1949》，《美国历史评论》，1997年10月（Wm. Roger Louis, Hong Kong: The Critical Phase, 1945—1949, in: American Historical Review, Oct 1997），第1053页。

③ 凯瑟琳·R. 申克：《帝国回击：香港与20世纪60年代英镑本位的衰落》，《经济史评论》第LVII卷，2004年第3期（Catherine R Schenk, The empire strikes back: Hong Kong and the decline of sterling in the 1960s, in: Economic History Review, LVII, 3［2004］），第551～580页。

战时帝国概念中同样也扮演了特殊的角色。值得注意的是，日本欺骗式新帝国主义所带来的深层冲击，甚至影响到了二战后英国的政策和对待殖民地的态度。但是，菲利普·斯诺（Philip Snow）的近作，为我的研究带来了灵感，即日本带来的冲击往往被历史编纂学家所忽视。[①]我研究这种冲击的目的是想证明新帝国主义是一种错综复杂、相互联系、地域性的、甚至是全球性的现象。

1941年12月日本入侵之后，带来了在伪满洲国和中国其他地区所确立起来的统治秩序。日本军队及其同盟者在进行了长达几个星期的摧残与蹂躏后，开始转向笼络香港的精英阶层和中产阶级，并让他们在大亚洲改革主义者的旗帜下与日本合作。[②]就像起初在伪满洲国和华中地区建立地方"和平重建"委员会那样，日本在香港也建立了"和平重建顾问委员会"[③]。后来在1942年，上述机构被香港的一些领导精英们如罗旭和（Robert Kotewall 或 Law Kuk－wo）、周

① 菲利普·斯诺：《香港的沦陷：英国、中国与日本占领》，纽黑文：耶鲁大学出版社2003年版（Philip Snow, The Fall of Hong Kong: Britain, China and the Japanese Occupation, New Haven: Yale University Press, 2003）。

② 曾锐生：《香港近代史》，伦敦：I B 陶努斯出版社2004年版（Steve Tsang, A Modern History of Hong Kong, London: I B Taurus, 2004），第125～130页；菲利普·斯诺：《香港的沦陷：英国、中国与日本占领》，纽黑文：耶鲁大学出版社2003年版（Philip Snow, The Fall of Hong Kong: Britain, China and the Japanese Occupation, New Haven: Yale University Press, 2003），第91～102页。罗伯特·沃德宣称，日本的暴力行为大多直接针对西方人，而且日本是通过慰安妇制度和严格的法律来控制军队的强暴行为的。他同时指出，在这些年里，普遍流行的现象是，三和会和青帮的帮派争斗都宣称效忠于国民党。参见美国领事罗伯特·沃德向商业部国内外商业局远东处的报告《日本占领下的香港：敌人控制术个案研究》，华盛顿特区1943年版（Robert S Ward, Hong Kong under Japanese occupation; a case study in the enemy's techniques of control, Washington, DC 1943），第15～17页。当然，日本军队也有效地利用了三和会。

③ 蒂莫西·布鲁克：《协作：日本机构与战时中国的地方精英》，剑桥，马萨诸塞：哈佛大学出版社2005年版（Timothy Brook, Collaboration: Japanese Agents and Local Elites in Wartime China, Cambridge Mass.: Harvard University Press, 2005）；拉纳·密特：《东北人的现实：民族主义、抵制和合作在近代中国》，伯克利：加利福尼亚出版社2000年（Rana Mitter, The Manchurian Myth: Nationalism, Resistance, and Collaboration in Modern China, Berkeley: University of California Press, 2000）。

寿臣（Chow Shou－son）、何启东（Robert Ho－tung）以及胡文虎（Aw Boon－haw，the Tiger Balm king）等所就任的“中国代表理事会”和“中国合作协会”所取代。在这些精英们重新建立起地方协会并将这种势力扩大发展之后，日本继而允许其他由亚洲人和欧洲人建立的各级政体和社会组织成立。①

1943 年，美国领事罗伯特·沃德（Robert Ward）在离开香港后不久记叙了香港被占领的过程，他给我们留下对于日本早期统治印象的记录。他以相当的关注，写下了他所认为香港被占领的军事、行政和意识形态的成功。对于沃德来说，日本提出的大亚洲思想是最为重要的，并且也最具威胁。他认为，这种观念会颠覆欧洲统治世界的传统秩序，并且对于穷苦、受剥削的人们尤其具有吸引力。或许，这种大亚洲主义最富戏剧性的一幕是，日本军队迫使英国人拖着人力车拉中国人和印度人。对于精英和中产阶级，沃德记录了政府基层组织大量扩张的重要性，通过与 1942 年之前英国殖民统治清晰的比较，他认为 1943 年的境况不佳。②

在 1942 年之前的体系当中，香港的整个行政事务是由英国官员来管理操作的，并且在行政立法机构中政府委派给华人的席位只有 4 个，地方管理机构或代表机构也没有建立起来。与之不同的是，日本军事政府则在只有 4 个中国人席位的代表机构之下建立了 18 个局，作为“自治政府”行政机构。这些机构由华人担任正副职，有数以百计的华人雇员和领导着多达 3000 名的管理者。除此之外，主要行业被拥有 22 个华人席位的“合作理事会”所代理。日本人还重开了因 1925 年香港海员大罢工失败而被迫关闭的海员和航海联合工

① 罗伯特·沃德向商业部国内外商业局远东处的报告《日本占领下的香港：敌人控制术个案研究》，华盛顿特区 1943 年版（Robert S Ward，Hong Kong under Japanese occupation；a case study in the enemy's techniques of control，Washington，DC 1943），第 18～22 页。

② 罗伯特·沃德向商业部国内外商业局远东处的报告《日本占领下的香港：敌人控制术个案研究》，华盛顿特区 1943 年版（Robert S Ward，Hong Kong under Japanese occupation；a case study in the enemy's techniques of control，Washington，DC 1943），第 18～33 页。HKN，1942 年 3 月 29 日。

会，并且建立了渔业和贸易合作社。到1943年，这类联盟组织被重建起来，以便顺应日本政权的意志。①

日本建立的18个局代表了保甲监督制度和现代动员体制的融合。他们主要负责协助日本政权管理社会治安、食物配给、遣返大陆难民、制定预算和受到同等重视的公共卫生等工作。这种组织结构与伪满洲国政权的协合式的社会结构类似。与其他地方一样，日本通过派遣日本官员去监督中国的统治机构，从而达到控制这种社会组织结构的目的。这种统治方式在香港的地方行政机构成立后不久，便立刻在3个区付诸实施。香港的地方行政机构直接受到以矶谷廉介（Isogai Rensuke）为首的指挥部（或称总督部）的管理。日本控制着生死大权。关于委任了大量的华人一事，沃德也不得不说："当然，他们都应该对日本官员唯命是从，但是交给他们的任务不久就会关乎个人'脸面'的问题，随后就是自尊问题；他们的自我形象不可避免地成为日本天皇的良民。"②

香港同样被视为要在"共荣圈"宏伟计划中扮演重要角色。这样，它将不仅仅是金融中心和贯穿帝国南北的中转港口，而且还是人口、文化甚至是意识形态的连接枢纽。按照总督的说法，"最终目的是把香港建设成一个贸易中心，在这里来自日本、中国、菲律宾、印度、马来亚和其他地区的亚洲人都能平等相待，共享和谐与繁荣"③。因此，香港不仅仅是要变成一个集造船、维修、补给和中转

---

① 罗伯特·沃德向商业部国内外商业局远东处的报告《日本占领下的香港：敌人控制术个案研究》，华盛顿特区1943年版（Robert S Ward, Hong Kong under Japanese occupation; a case study in the enemy's techniques of control, Washington, DC 1943），第35页。菲利普·斯诺：《香港的沦陷：英国、中国与日本占领》，纽黑文：耶鲁大学出版社2003年版（Philip Snow, The Fall of Hong Kong: Britain, China and the Japanese Occupation, New Haven: Yale University Press, 2003），第124～125页。HKN，1942年2月26日；1942年3月2日。

② 罗伯特·沃德向商业部国内外商业局远东处的报告《日本占领下的香港：敌人控制术个案研究》，华盛顿特区1943年版（Robert S Ward, Hong Kong under Japanese occupation; a case study in the enemy's techniques of control, Washington, DC 1943），第35页。HKN，1942年3月7日；1942年3月22日。

③ HKN，1942年10月14日。

于一身的主要中心，而且要成为一个亚洲不同文化交汇处，以便保持他们与日本这个中心的连接关系。中国商人与日本代表之间的会议记录揭示了一个谨慎的兴趣，即前者加入日本帝国可能提供开发东南亚新市场和资源的机会。[①]而具有嘲讽意味的是，日本帝国及其对香港的控制恰恰在这一环节发生了故障。

在香港的日本军队被分成了中国派和东南亚派。早期的政权建设初步展示了中国派的努力，中国派视香港改革为巩固其在大陆统治的机遇。但随着战争的进展，东南亚派的影响超越了中国派，他们更加关注把香港殖民地视为打入东南亚的港口和补给基地。当战争的诉求压倒其他一切时，军队变得极度需求兵员。日本商业和军队利益粗暴地践踏了地方利益。到 1944 年，宪兵队和三和会再次对平民实行了恐怖政策。[②]“大亚洲团结”早已被置之脑后，沃德早先的担忧也变得不再重要，并且完全不能实现了。

然而，日本的占领改变了所有的一切。战时反对欧洲种族主义的宣传和随后非殖民化运动使得英国难以维持他们的种族政策和统治机构，即便这种优越感能够再次恢复，英国的“高贵”也只能限定在 50 年代。战后在 1946 ~ 1947 年杨慕琦（Mark Young）的直接统治时期，尝试了许多改革。1918 年规定的将亚洲人隔离的法律被废除，相互通婚合法化，华人警察得以招募，一些城市议员得以选举，并且得到参与教育、福利、公共事业和城市规划的权力。最显

---

① HKN，1942 年 12 月 10 ~ 12 日。

② 菲利普·斯诺：《香港的沦陷：英国、中国与日本占领》，纽黑文：耶鲁大学出版社 2003 年版（Philip Snow, The Fall of Hong Kong: Britain, China and the Japanese Occupation, New Haven: Yale University Press, 2003），第 89、149 ~ 156、215 ~ 228 页。

著的是 18 个称为街坊自治政府实体的建立。①

当然，街坊与日占时期的区役所毫不相干。事实上，它们是早在太平洋战争开始之前至少 20 年就已经被废除的旧中国的自治机构的重现。在 1949 年，新确立的社会福利官开始力图恢复这些志愿组织，到 1952 年 3 月便已经完全建立起 18 个街坊“福利联合组织”。按照社会福利会的报告，这一系列做法的目标不仅仅是让他们能够自己提供救济和资助，而是让他们拥有一个“完整的建设性服务网络，旨在使他们拥有自己实际的福利和改善。因此，他们将传统的福利观念与现代西方福利观念结合起来”②。

事实上，至少到 20 世纪 70 年代，街坊在西方是颇为罕见的现代福利机构。如日占时期的区役所一样，他们代表了古老的保甲监督制度、中国地方精英自发团体和寺院组织的结合体，是提供基本医疗服务和教育的实体，以及沟通政府与民众的媒介。但是，除了政府的鼓励之外，他们得不到政府任何基金，也没有任何权力。他

---

① 亨利·J. 莱思布里奇：《日本占领下的香港：社会结构的变迁》，伊恩·C. 贾维斯、约瑟夫·阿加西主编：《香港：社会转变》，伦敦：劳特里奇出版社基幹和保尔公司 1969 年版（Henry J. Lethbridge, Hong Kong under Japanese Occupation: Changes in Social Structure, in: Ian C. Jarvie/Joseph Agassi [ed.], Hong Kong: a society in transition, London: Routledge Kegan and Paul, 1969），第 123～125 页。菲利普·斯诺：《香港的沦陷：英国、中国与日本占领》，纽黑文：耶鲁大学出版社 2003 年版（Philip Snow, The Fall of Hong Kong: Britain, China and the Japanese Occupation, New Haven: Yale University Press, 2003），第 289～295 页。

② CO，1023/126，1948～1952 年社会福利事务所（福利机构）报告（1948 年 4 月 1 日～1952 年 3 月 31 日第一个四年部门报告）（Social Welfare Office [welfare institution] Report from 1948 - 1952 [Dept report for the first Four Years 1st April 1948 - 31 March 1952]），第 18～20 页。

们靠募捐和地方乡绅酬谢捐献供养自己，颇似王朝时代的村庙组织。①的确，引进街坊的时机是难民数量上升，监视再次发挥重要的功能。②街坊无疑是对殖民地人民国家意识觉醒的一种回应，但是它与英国版的新帝国主义相一致：在不增加政府开支的情况下，引进监督与发动的新举措。

三、香港契约

基于多种原因，香港反映了一种与其他英国殖民地不同类型的“隐形契约”。当英国于20世纪50年代开始对其他一些地区放弃帝国统治之时，殖民统治权在香港不仅是加强，而且比英国梦想的还要成功。

这多半要归功于战后的第二任总督葛量洪（Alexander Grantham）爵士（1947～1957），他预见到香港1997年将回归中国大陆。因此，他更多地致力于与中华人民共和国保持和平相处并提供经济增长机会，而不是忙于地方和立法建设。与香港被占期间在斯坦利受过关押且以此为耻的杨慕琦不同，葛量洪的前景规划致力于最终建立一个忠诚于帝国又脱离中国本土的自治体（更加典型的英国隐

① 黄简丽中的研究成果提供了一些能够证明区域行政机构体系在1949年被直接合并进街坊体系的证据。例如，在1949年，当政府声明对全部殖民地的区域行政机构权力全面责任的时候，在深水埗区，被用来维持前一届区域行政机构权力的资金被直接转入了深水埗街坊的基金当中。黄简丽中：《街坊福利会与香港社会》，台北：东方文化服务社1972年版（Aline K. Wong, The Kaifong Associations and the Society of Hong Kong, Taipei: The Orient Cultural Service, 1972），第79页。邓广良：《殖民政府与社会政策：香港的社会福利发展1842～1997》，兰哈姆，Md.：美国大学出版社1998年版（Kwong－Leung Tang, Colonial state and social policy: social welfare development in Hong Kong 1842—1997, Lanham, Md.: University Press of America, 1998），第58页。

② CO, 1023/126, 1948～1952年社会福利事务所（福利机构）报告（1948年4月1日～1952年3月31日第一个四年部门报告）（Social Welfare Office [welfare institution] Report from 1948－1952 [Dept report for the first Four Years 1st April 1948—31 March 1952]），第19页。

形契约）。

在葛量洪的直接统治下，英国精英一旦对当时的政治前景有了更安全的感觉，殖民地的态度也再一次变得清晰起来。民主改革出现了倒退，警察队伍中非当地居民越来越多，欧洲人的“高贵心理”也开始死灰复燃。[①]就像詹姆士·海斯（James Hayes）和其他对殖民地社会有过研究的人所证明的那样，在20世纪50年代，香港仍然是殖民地社会——远离本土的英国人在香港自视为优等民族而与当地人隔绝。[②]

不过，与此同时，随着全球环境的改变，殖民观念和决策结构与资本主义世界的竞争颇为协调一致。的确，如果没有强烈民族运动，涉及帝国体系内部自治的绝对契约将由地方殖民政府贯彻，而且殖民地政府似乎对领土也已经产生了一种强烈的责任感和兴趣。事实上，只要粗略地瞥一眼20世纪50和60年代充满紧张与讽刺的殖民地政府机关档案，便可以发现，在财政部与大都市主管们进行交涉时，殖民地政府像任何民族主义政府一样，坚定地、成功地谋求殖民地的利益。[③]

为什么殖民官僚主义的态度会发生转变，我不知道这样问是否有益。或许这是一个缺乏基础结构性的毫无规律的态度转变。香港是一个新帝国主义能够实际实现的地方，如果我们假定专业官僚们的确努力为他们的目标而拼搏，他们一定会在香港获得成功。然而，

---

① 菲利普·斯诺：《香港的沦陷：英国、中国与日本占领》，纽黑文：耶鲁大学出版社2003年版（Philip Snow, The Fall of Hong Kong: Britain, China and the Japanese Occupation, New Haven: Yale University Press, 2003），第291~292、318~326页。

② 詹姆士·海斯：《东西方在香港：历史和个人经验的映像》，伊丽莎白·辛恩主编：《东西方之间：香港社会与经济发展面面观》，香港：香港大学亚洲研究中心1990年版（James Hayes, East and West in Hong Kong: Vignettes from history and personal experience, in: Elizabeth Sinn (ed.), Between East and West: Aspects of Social and Economic Development in Hong Kong, Hong Kong: Univ of Hong Kong, Center for Asian Studies, 1990），第6~10页。

③ BT, 64/4562，贸易文件（Board of Trade doc），1953~1954年。参见英国香港办公署对香港金融秘书的附加意见，例如，第六条“如果殖民地退出英镑区会产生不利结果，不用说，我并没有得到我所要求的”。476号文件，HKRS, 163—1—761。

往往会出现反对宗主国权利的残酷斗争。因此，下文所要解决的问题之一，是探讨殖民地官员工作条件的变化。在多大程度上和为什么殖民地官员在维护香港利益中反对宗主国当局?

在这里，至少有两个因素在起作用。第一，我不仅关注非殖民化显然杂乱的作用，而且关注多边全球组织和国际协定的出现，因为它们为香港提供全球发展的新标准和新规则。充溢着同样讽刺的是档案中对暴发的前殖民地居民的回应，其名为库瑞奇（Qureishi）和洛克内森（Lokanathan），来自东南亚条约组织或亚洲及远东经济委员会这样的机构，他们要求殖民官僚主义者遵从这些标准。①第二个因素是指上述新帝国主义矛盾的和必然不明确的目标。新帝国主义在理论上是为了宗主国和殖民地的共同利益而设计：它并非一个无收益游戏战略。然而，它在实质上是由帝国主义者操控的，无论何时宗主国总是在压榨附属国。从殖民地官僚的观点来看，他能够看得更远大，并且有时成功地说服当局，尽管经常并没有说出其理由。

的确，殖民地地方政府的最重要手段之一就是故作沉默。1948年，财政部决定放弃对香港财政的控制，建立一个对殖民地财政和殖民地政府进行磋商和监管系统，包括殖民地办公署审批年度评估和某些重要项目。正如王室顾问律师艾什顿（Ashton）在1956年所披露的，尽管上述情况貌似“财政转移”，但实际上英国财政部对香港财政的控制严厉仍然远远超过对非洲殖民地和斐济岛财政的控制。与其他殖民地不同，这种控制之所以能够得逞，是因为“英国议会上院非法定多数”的缺失（参阅民族主义者的要求）。②

但是，艾什顿同样也指出尽管葛量洪从未要求财政转移，在实

---

① 参见东南亚条约组织文件（The exchanges regarding SEATO），FO，371/111883和FO，371/111882；又见亚洲及远东经济委员会（ECAFE）449号文件，HKRS，163—1—711。

② CO，1030/392，香港的财政转移—1948年的原始规章与1956年的修订（Financial Devolution of Hong Kong - original regulation 1948 and revisions 1956）。

践中，他忽视了整体的磋商和规则体系。年度评估（或预算）必须先由机构投票最终确定才能提交给殖民地公署。下面我们将看到总督如何反对收紧英镑本位制度来保护地方商人的货币利益。艾什顿坦承——实质上，对英帝国而言，由殖民地总督和提名的立法机关进行财政自治比公开的财政转移更有利，因为后者可能会引发激进的政治家进行宪法改革。政府不可能给予“工人阶级和商人阶级不同的选举权和影响力，因为工人阶级可能会借此要求更高的福利待遇，从而会增加政府的支出”①。

从新帝国主义的观点来看，葛量洪的政策是成功的。香港能够使宗主国英国的财政保持活力。就如我们看到的那样，它能够赚取美元，并且在金融市场上为英国公民及公司提供机遇。作为回报，香港殖民地要求获得控制其他金融事务的权力和一定程度上的自治。尽管在这种契约关系中双方存在着许多摩擦和伤痕，但是宗主国的统治者和附属地区的精英们的关系还是可以保持平衡的。虽然新帝国主义的成功也许与其必然的制度有关，但是，由于没有来自民族主义者提出超越契约要求的压力，这才是其奏效的真谛。

四、香港与冷战

这就把我们带到香港民族主义弱点背后的历史力量，即冷战。从理想化角度来看，冷战是新帝国主义发展到一定阶段的必然结果：在冷战中两个超级大国都在试图赢得表面上独立自主国家的效忠，实际上，这种独立自主的国家不仅在军事上依靠霸权国家，在政治、

---

① 大卫·福尔对香港的社会福利问题有明确的看法。他的研究揭示了殖民部在20世纪50年代敦促香港在福利方面加大资源投入。但是，实际上，立法机构的地方精英反对这些支出和增加了的税收。葛量洪认为，政府并没有在规划上完全失误，“仅是遵命稍施福利，便取悦了他们的上司”。大卫·福尔：《殖民主义与香港心理》，香港：亚洲研究中心2003年版（David Faure, Colonialism and the Hong Kong Mentality, Hong Kong: Centre of Asian Studies, 2003），第35页。

经济和意识形态上也从属于这些霸权国家。当然，历史现实要更加复杂。首先在各个阵营内部都存在着竞争，并且在1956年的苏伊士危机和1958年的台湾海峡危机发生之前，英国一直也没有放弃对世界超级大国的谋求。①就这方面而言，中苏关系的破裂对世界力量的再分配和达到均衡势必造成了不小的影响。其次，民族主义通过旨在抵制霸权主义及其策略的不结盟运动这种形式（其说辞可能比其政治更具说服力），不仅在各个阵营内部也在其外部形成了一定的力量。最后，霸权的两极化本身使得像香港这种在两极中充当中间人和竞技场所的关键地方成为了两极之间的杠杆。

随着朝鲜战争的爆发，冷战的主战场从欧洲转移到了东亚。有人可能会说，冷战最激烈的时刻发生在东亚、朝鲜、越南和马来西亚等地区。1950年之前，美国对英国占领的香港并没有表示出太多的兴趣，因为美国相信香港最终会回归中国。但是随着冷战时局的变化，尤其是在美国将第七舰队被派往台湾海峡之后，美国开始敦促英国对香港进行控制。一旦香港的安全有了保障，英国的冷战言论便会获得并且香港就可以成为东方的柏林；如果世界还没有落入共产主义手中的话，这座堡垒是必须要坚守住的。另外，保护好香港对于保护英帝国也是至关紧要的，因为如果香港倒向共产主义，势必会导致东南亚的局势动荡从而影响欧洲帝国在那里的利益。②这样，殖民地的利益开始纳入“自由”和繁荣的冷战视野之中。

1948年马来西亚共产主义者领导的“叛乱”的爆发和1948年越南共产党人成功击退法国的事件成为多米诺骨牌效应的开端。到1950年，英国在香港的武装力量从以前的几千人上升到3万人。在

① 曾锐生：《冷战奇偶：“中华民国”与英国的意外合作，1950～1958》，伦敦：I B陶里斯出版社2006年版（Steve Tsang, The Cold War's Odd Couple: The Unintended Partnership between the ROC and the UK, 1950—1958, London: I B Tauris, 2006），第10、194页。

② 曾锐生：《冷战奇偶：“中华民国”与英国的意外合作，1950～1958》，伦敦：I B陶里斯出版社2006年版（Steve Tsang, The Cold War's Odd Couple: The Unintended Partnership between the ROC and the UK, 1950—1958, London: I B Tauris, 2006），第60～87页。

20世纪50年代到60年代，香港一直是各方在自由贸易掩盖下进行军事行动的场所。国民党，作为政党，台湾“中华民国政府”的特务机构，和岛上的“国防部”，或分别或同时在香港采取——经常是不协调的——行动。这包括搞阴谋破坏、重建和重整在中国大陆的秘密组织，巩固秘密社团，开设训练中心，积蓄武装力量和进行爆炸性袭击等等活动。美国的一些部门，比如中央情报局在幕后对这些活动进行操控，另外一些部门，如美国新闻处或美国劳动联盟自由贸易联合委员会等则通过文化部门和劳动团体来开展活动。在香港的中华人民共和国情报人员也渗透进了香港社会的各个阶层，从秘密社团到娱乐俱乐部，但是其重点在学生组织、教师群体和运输行业的劳动团体当中。①

然而，导致香港与柏林有所区别的原因是，英国统治者不希望煽动对中华人民共和国的抵制行为。葛量洪希望香港依靠中国大陆而进行发展，以便使香港殖民地能够获得和平发展的环境直到1997年移交给中国。因此，在正式的场合中，他寻求保持中立的政策。实际上，这就意味着英国当局不会对香港的这些秘密活动进行干预，除非这些活动变得太过明显。②然而，正如我们所看到的，香港实际上成为了冷战在政治和意识形态层面上进行争夺和冲突的战场。殖民政府虽然对政治战争不感兴趣，但他们发现经济发展和市场自由的发展可以成为将地方民族主义和共产主义相分离的可靠办法。

---

① 371/105354；561号文件，HKRS，163—1—909，581号文件，HKRS，163—1—931；黄简丽中：《街坊福利会与香港社会》，台北：东方文化服务社1972年版（Aline K. Wong, The Kaifong Associations and the Society of Hong Kong, Taipei: The Orient Cultural Service, 1972），第106～109页；曾锐生：《冷战奇偶：“中华民国”与英国的意外合作，1950～1958》，伦敦：I B 陶里斯出版社2006年版（Steve Tsang, The Cold War' s Odd Couple: The Unintended Partnership between the ROC and the UK, 1950－1958, London: I B Tauris, 2006），第60、167～175页。

② 曾锐生：《冷战奇偶：“中华民国”与英国的意外合作，1950～1958》，伦敦：I B 陶里斯出版社2006年版（Steve Tsang, The Cold War' s Odd Couple: The Unintended Partnership between the ROC and the UK, 1950－1958, London: I B Tauris, 2006），第165页。

的确，不仅仅是因为香港在新帝国主义中的位置，还因为其民族主义的相对薄弱使得香港在世界经济中取得特殊优势，也在自由市场上获得成功。此外，殖民政府还否决了杨慕琦 1946 年提出的将香港发展成一个特殊的民主自治政府的计划。换句话说，在香港，那种经常迫使民族国家强烈谴责内部和其他国家的不平等待遇并施加一些严格的经济限制的民族主义激情，不能说没有，但却是相当微弱。比较明显的例子是，香港没有中央银行。作为一个殖民地，香港固然会受到英镑本位的限制，但是与此同时地方殖民政府也能够充分行使自治权，通过平衡中国大陆同美国之间的经济关系，来获得巨大的货币优势，从而使香港成为全球金融中心。

五、香港夹缝：非意识形态之意识形态

香港地方政府不仅对香港更加关注，而且也比以前干预得更多。新帝国主义的秘密绝招之一是，即使是在其对殖民地事务进行更多干预及殖民地高度工业化之时，地方政府仍然继续声称坚持实行“不干涉主义”和“转口贸易”经济政策。

就基层建设而言，大多学者都认同香港是非常积极的。大量廉价公共住宅和道路、港口设施、供水系统和其他公共设施的修建是从根本上保证资本主义的发展，尤其是廉价公共住宅的修建。廉价公共住宅修建方案之所以被提上议事日程是因为大量沿山坡开垦地和沿海泥潭地的殖民地居民定期会受到大火的毁灭性伤害。1953 年发生的石峡尾大火便是最直接的因素。艾伦·斯马特（Alan Smart）认为，政府的再安置计划主要是为了迎合冷战的需要，因为中华人民共和国非常关注殖民地在一连串大火中对华人的忽视。然而资助和集中的大量廉价住宅却成为廉价劳动力的重要因素，因为他们都

在日益增长的出口外向型工厂里工作。①

正如我们已经见到，许多学者都一致认为，香港是一个没有福利且不受金融规则制约的地区，这很令人不可思议。然而，规则的缺失并不意味着不存在政府干预。的确，地方政府要对经济不断进行干预以抵制来自宗主国及国际上的限制②，于是在20世纪50年代到60年代，出现了非常著名的“香港夹缝”。

殖民地官僚意识到香港最有价值的经济遗产是上个世纪殖民统治下产生的地域资本主义力量。由本地银行和地方商人所构建的网络系统使香港保持住了其汇款中转中心的地位，来自东南亚和其他地区的款项从这里输向中国。固然，这种地区网络系统离不开英帝国公司和殖民地机构的支持。如滨下武志（Hamashita）所认为的那样，许多西方大银行积极开展他们的工作并且与中国和东南亚建立联系的手段主要是建立与中国的汇款和贸易网络关系并与之发展成共生关系。

的确，由于他们加入了英镑区，这个网络也变得繁荣起来；英镑区保证了货币的稳定并且还保证了包括英国在内的英镑区优先获得香港货物的机会。③早在1952年英国议会中就出现了抱怨的声音，他们认为廉价的香港货物涌入英国市场会对英国的生产商产生不利

① 见大卫·福尔：《殖民主义与香港心理》，香港：亚洲研究中心2003年版（David Faure, Colonialism and the Hong Kong Mentality, Hong Kong: Centre of Asian Studies, 2003），第27～31页；也参见曼纽尔·加斯特尔、李·戈何、雷金纳德·Y. －W. 夸克：《石峡尾综合症：香港和新加坡的经济发展和廉价公寓》，伦敦：派恩出版社1990年版（Manuel Castells, Lee Goh, Reginald Y. －W. Kwok, The Shek Kip Mei Syndrome: Economic Development and Public Housing in Hong Kong and Singapore, London: Pion, 1990）。

② 对布雷顿·伍兹体系和联合国的抱怨，参见449号文件，HKRS，163—1—711；756号文件，HKRS，163—1—1199；FO，371/111883。

③ 凯瑟琳·R. 申克：《香港作为国际金融中心：产生与发展，1945～1965》，伦敦和纽约：劳特里奇出版社2001年版（Catherine R Schenk, Hong Kong as an International Financial Center: emergence and development, 1945—1965, London and New York: Routledge, 2001），第9页。

影响。[1]然而，自从香港企业家们赚取了有竞争力的美元借以巩固了英镑本位的地位之后，英国政府便不再像以前那样严格限制从香港进口货物了。[2]

在宗主国严苛的英镑本位政策下，殖民地政府积极地保护包括本地银行和商人网络在内的本地商业。因此，香港实行了两种货币制度。一种是，一些大型的通常是外国银行和公司执行英国政府规定的英镑本位政策固定汇率；另一种是，香港本地网络执行以美元为标准对换货币的政策，因为这对于香港扮演贸易中心这一历史角色是十分必要的。

从狭义的角度来讲，香港之所以获得国际性贸易中心的重要地位，就是因为这种被称为“香港夹缝”的独特结构构成。殖民地在获利于英镑区的同时，香港重要的团体，如地方银行家和商人团体，则增强生产力以避免殖民统治所造成的金融责难。这种依照固定汇率的美元价值与浮动市场的美元价值差额吸引了世界各地的资本，为的是能在套汇中获得利益。从某种程度上来说，资金的流入也为香港的工业化提供了经费，继而出口又给香港赚得了更多的美元和英镑。[3]

香港夹缝的直接代理商和受益人是最初进行转口贸易的当地商人和银行团体。来自中国南方的商人早在19世纪70年代便已经从欧洲人手里接管了转口贸易。由大船装载从欧洲和美国运来的货物，在这里重新装船，用型号较小的亚洲船将货物运往东亚和东南亚。

---

① BT，64/4562。

② 凯瑟琳·R. 申克：《香港作为国际金融中心：产生与发展，1945～1965》，伦敦和纽约：劳特里奇出版社2001年版（Catherine R Schenk, Hong Kong as an International Financial Center: emergence and development, 1945—1965, London and New York: Routledge, 2001），第81页。

③ 凯瑟琳·R. 申克：《香港作为国际金融中心：产生与发展，1945～1965》，伦敦和纽约：劳特里奇出版社2001年版（Catherine R Schenk, Hong Kong as an International Financial Center: emergence and development, 1945－1965, London and New York: Routledge, 2001），第82～85页。

在战争期间这种贸易骤减，但是，当这种转运贸易再度恢复时，范围更大了。的确，让香港商人保留美元收入的75%（按官方汇率上缴25%）的要求提醒我们：除非以市价收取美元，否则就会在以美元为主导的转口贸易中被澳门以及其他没有此项限制的地方商人淘汰出局。①

尽管香港的转口贸易在朝鲜战争后受到了英美对中国禁止出口政策的影响，然而，香港的商业网络还是能够迂回地绕过这些限制。而且作为中国对外贸易的中转站，他们也能够从中国大陆的工业增长和由此产生的工业产品海外贸易中获利，包括从随后20世纪50年代中期，尤其是60年代经过香港销往海外市场的工业货物出口中。由于美国与中国大陆在政治和经济上都处于敌对状态，所以中国大陆公司在对外贸易中要求以英镑支付而不是以美元支付。②因此，冷战使香港夹缝进一步扩大，由于政治的要求使得英镑按自由市场价兑换而不是由官方汇率决定。

六、结　论

本研究专门从宏观上进行探讨，揭示帝国主义的某些紧迫的连续性和非连续性问题。这样，本文忽视了叙述什么因素使得我们去观察地方团体怎样适应和塑造殖民地社会，就像斯托勒（Stoler）和

---

① 参见葛量洪的报告，CO，1030/292；凯瑟琳·R. 申克：《香港作为国际金融中心：产生与发展，1945～1965》，伦敦和纽约：劳特里奇出版社2001年版（Catherine R Schenk, Hong Kong as an International Financial Center: emergence and development, 1945－1965, London and New York: Routledge, 2001），第21～23、103页。

② 凯瑟琳·R. 申克：《香港作为国际金融中心：产生与发展，1945～1965》，伦敦和纽约：劳特里奇出版社2001年版（Catherine R Schenk, Hong Kong as an International Financial Center: emergence and development, 1945—1965, London and New York: Routledge, 2001），第40～41、85页。

库珀（Cooper）在《帝国的张力》中的帝国研究那样。[①]全面地理解需要这样的叙述加以补充：例如，香港殖民地政府是如何养成对地方的那种效忠和为什么要采取“不干涉主义”这种独特的形式。对于我们理解这一点，地方机构肯定是非常重要的。

与此同时，新帝国主义的结构是不能轻而易举地拆除的。我们看到了当伦敦财政部试图限制香港的自由美元市场时，殖民地政府是怎样积极地保护地方利益的。解释这一现象的一个线索或许是当香港的殖民当局能够成功地抵挡对美元市场的一些影响的时候，它却没能阻止黄金兑换成美元。在香港自由市场中，许多英国公民也在把英镑兑换成美元中获利；但是在黄金市场则主要受限制的就是亚洲商人。[②]这说明了殖民地政府也能够成功地使宗主国公民获利。

此外，地方环境离不开全球的发展。或许香港最大的特色是民族主义的缺失。如果民族主义在香港是一种积极力量的话，那么殖民地当局恐怕就很难像这样很好地平衡殖民地与宗主国的利益。因为几乎没有哪个民族主义金融当局或中央银行能够忍受这种削弱主权的双重体系的。然而正是这种民族主义夹缝使香港获得了国际金融中心的地位并且成为了全球化进程的领袖。

最后，我们应该怎样理解“不干涉主义”这一殖民地信条和“自由”这一冷战意识形态呢？在这些口号背后其实是一种积极选择的干涉战略，以便保证资本家竞争的条件。这些条件并没有造就一个像成熟的资本主义社会一样普遍享有福利的国家。这些口号同样也转移了新殖民地的注意力，使他们不关注新殖民地不民主的特征。

---

① 弗雷德里拉·库珀、安·劳拉·斯托勒主编：《帝国的张力：资本主义世界的殖民地文化》，伯克利：加利福尼亚大学出版社1997年版（Frederick Cooper/Ann Laura Stoler (ed.), Tensions of Empire: Colonial Cultures in a Bourgeois World, Berkeley: University of California Press, 1997）。

② 凯瑟琳·R. 申克：《香港作为国际金融中心：产生与发展，1945～1965》，伦敦和纽约：劳特里奇出版社2001年版（Catherine R Schenk, Hong Kong as an International Financial Center: emergence and development, 1945—1965, London and New York: Routledge, 2001），第118页。

拥挤在殖民地上膨胀的劳动力，在不健康的条件下长时间地工作。他们得到的只是最低限度的法律保护和微弱的讨价还价交涉能力，殖民地政府却维持着他们被最大限度利用的条件。这就是赢得冷战的“自由”，它的历史条件就是这样的吗？

“同乡”背后的权力与声音：周生有事件再探

冯筱才

一、前　言

“同乡”，是那些离开原籍的旅居者互相之间的称呼，也是外界对他们之间关系的一种认识。在中国人的传统文化中，“同乡”是一个重要概念。它意味着一种关系或人际网络，也意味着一种义务或责任。对于那些生活异地的人们而言，同乡关系也许可以让个人凝聚在一起，形成某种“共同体”或“公共利益”，其表现之一便是地域性的会馆、公所等建筑或组织。①由于政治社会形态的变化，同乡意识在近代中国似乎更得到强调，这方面，宁波人的“团结力”大概是最有名的，在人们的印象中，这种团体形象也往往是与清末民初一系列的同乡关系事件紧密相连。这些事件中，发生在1904～1905年的周生有事件，便是其中一个经常被人提及的案例。

① 窦季良：《同乡组织之研究》，正中书局1943年版，第1～8页。

周生有[①]是一位在上海的普通宁波籍木工，1904 年 12 月 15 日，他不幸被一位酗酒的俄国水手用斧头意外地砍伤至死。这种意外事故在上海这个华洋混居的大城市里并不鲜见。然而，周生有之死却在此后一二个月时间里，成为上海各大报纸的头条新闻。也因为他的死所引发的凶犯审判定罪等问题，中国从中央到地方的各级政府，与俄国外交部门前后交涉数月。据说上海的公共秩序一度也陷于“危险”之中，几乎每天都有“将要暴动”的消息在媒体上传播。这是为什么？

目前的既有记载中，周生有案通常被赋予两种意义：民族主义性质的反帝事件以及社会公益性质的同乡声援事件。就前面一层来说，周生有成为“帝国主义”侵略中国主权的牺牲者，“各界民众”激于“公愤”表达抗议。由于事情是发生在日俄战争期间，因此多被作为日俄两大“帝国主义”侵略中国所犯的“罪行”之一。[②]一些学者亦将周生有案作为中国 1901～1905 年的“拒俄运动”的一个环节来讨论。[③]从后面同乡公益事件的角度来说，许多记载都强调事情发生后上海民众的广泛抗议浪潮，尤其宁波人的集体抗议被视作其团结力的一个表现。[④]

周生有事件是在日俄战争的背景下发生的，此前拒俄运动在中国一些大城市曾风起云涌，反对俄国军队对东北三省的侵占。1904 年 2 月日俄开战后，中国有不少人在舆论上表示支持日本，这种情境下发生的俄海军败舰水手杀死华人案，当然容易激起一些报纸舆

---

① 周生有的名字在当时上海的报纸上，有时又被写作“周胜友”、“周生友”等。

② 丁名楠：《帝国主义侵华史》（第 2 卷），人民出版社 1986 年版，第 202～205 页。

③ 如杨天石编《拒俄运动》一书，即将周生有案列为专章。杨天石编：《拒俄运动》，中国社会科学出版社 1979 年版，第 247～262 页。在杨天石与王学庄合撰《一九〇一年至一九〇五年的拒俄运动》（载《社会科学战线》，1978 年第 4 期）中，周生有案也被列为该运动的一部分。熊月之持同样看法。参见熊月之《上海拒俄运动述论》，唐振常等编：《上海史研究》，学林出版社 1988 年版，第 245～246 页。

④ 顾德曼（Bryna Goodman）：《家乡、城市和国家：上海的地缘网络与认同，1853～1937》，宋钻友译，上海古籍出版社 2004 年版，第 132～135 页。

论的反弹。然而，在当时的上海，周生有一案，真的像一些文献中所称引起了宁波同乡的“公愤”吗？

如果我们翻查当时政府与周生有案相关的来往函电，也许我们可以找到一些表面证据。在这些材料上面，经常会看到地方官员转述在上海的宁波人对周生有之冤死以及俄人独断专行的“公愤”。但是，与目前一些描述大相径庭的是，因周生有事件而引发的上海舆论风潮中，多数报纸评论对宁波人在此役中的表现并不满意，尽管初期一些报纸也曾大力渲染宁波人的集体愤怒以及对俄方态度的不满，但是由于宁波人后来没有采取实际抵制行动，多数报纸都开始批评宁波人的团结力已经退化，责怪他们缺乏公德，罔顾国权，贪图私利。显然，这些评论者的眼里，周生有事件恰恰成为宁波人互助公益精神衰退的证据。那么，究竟旅居上海的宁波人在周生有事件中有何表现？“同乡公愤”在何种程度上存在？“同乡”的背后是否有其他实际权力因素存在？

周生有事件之发生距今已100多年，要完全重构整个事件的过程是非常困难的。不过值得庆幸的是，与此事有关的档案基本完整，外务部曾经在事后将整个交涉过程的相关资料誊录成卷并保存完好[①]，最后负责处理此事的盛宣怀个人的档案中也保存了相关的来往文电稿[②]。另外，对此事进行热烈报道的各大报纸今天都能查阅，个别时人的日记与回忆中对此事也有记载。笔者在本文中将利用这些史料，以“同乡抗议”问题为线索，对周生有事件作一重新探讨。

① 此一份案卷后来被整理发表于《近代史资料》（《1904年俄兵砍毙华人案》，《近代史资料》第43期，中华书局1981年版）。

② 盛宣怀：《愚斋存稿》，卷九十七、一百六十七、一百六十八，台北：文海出版社1975年版。

二、“俄兵砍毙华人”：事发初期上海中外各方的反应

1904年对上海来说，正是多事之秋。引人注目的“苏报案”①尘埃还未落定，11月，党人万福华因为谋刺革职过沪之广西巡抚王之春被捕，闹得满城风雨。同时，“警世钟案”②也正在审理之中。这些事件都显示以排满为号召的革命会党人士正图大举。从外部来说，1904年2月日俄战争开始，上海虽距东北甚远，但也受战事牵连。中国在宣布“局外中立”后，原来停泊在上海的俄海军“满洲”号军舰的留去问题就在中、日、俄三国间引起交涉风潮。③到8月，俄国海军在旅顺战败，其鱼雷舰“格罗苏福意”号与巡洋舰“阿斯科尔德”号（Askold）到上海避难，于是又发生处置交涉问题，经过一个多月的艰难谈判，才算基本达成了处理方案，两舰均卸除武装与关键轮机部件，水兵则置留船上严加看管。10月，上海道袁树勋与俄国驻沪总领事阔雷明达成4条约束办法，其中特别规定舰上员弁水手只准在舰只停泊的东清码头附近道胜银行空地体操，在浦滩散步，不得四处闲游，进入租界要限定人数与时间，并有人负责巡察。④但俄国兵士并没有严格执行此份约束文件。

1904年12月3日，日本总领事曾致函上海道，通告俄兵已有“任意游行各国租界，时有酗酒滋扰”等事发生，要求袁树勋转告俄官严加约束。日领之所以发出这个警告，当然是为侨居上海租界2000多日人的安全。⑤俄兵不久果然肇祸，只是受害者却是宁波籍的

---

① 苏报案指1903年6月章炳麟、邹容等人在《苏报》上鼓吹革命排满被捕一案，《苏报》即被查封。1904年5月，上海会审公廨判章太炎监禁三年，邹容两年。

② 因上海书局刊印贩售违禁书《警世钟》，上海几家书局被告上会审公廨，最终以分别判处不等拘押结案。

③ 崔志海：《日俄战争时期的上海外交》，《史林》，2005年第2期；丁名楠：《帝国主义侵华史》第2卷，人民出版社1986年版，第201页。

④ 《日本总领事致上海道请约束俄舰弁兵函》，《申报》，1904年12月4日第1版。

⑤ 《日本总领事致上海道请约束俄舰弁兵函》，《申报》，1904年12月4日第1版。

普通华人。12 月 15 日，俄“阿斯科尔德”号水手亚其夫（Ageef）与地亚克（Diak）两人乘人力车到外滩，为车费事与车夫发生争执，结果亚其夫持斧行凶，车夫逃逸，桂带作 52 岁的伙计周生有正在外滩大马路码头等渡船，当即被挥动的利斧砍中头部，送到仁济医院不久就身亡，两名涉案水手被公共租界巡捕房拘捕。

老巡捕房捕头在事发后即通知地保，地保速到县衙报案并请派人到医院验尸。当时《文汇报》（*The Shanghai Mercury*）（晚报）最早接获消息，因此，该报当天即将此事予以披露，除将过程叙述之外，记者还指出各国领事及工部局应对此事给予关注，限定俄兵行动；同时该报亦希望俄领事能将犯兵“公开会审，以昭信实”。《时报》[①]与《新闻报》[②]均在次日报道了此案。

16 日上午 10 点钟，上海知县汪瑶庭照会驻沪俄国总领事阔雷明，约定下午 3 点钟会同验尸。[③]下午 3 点，汪即率同仵作、刑书等人到仁济医院，由于俄领未及时到，先行讯问了几个证人，等了一个小时，俄国副领事才到场查看即离开。汪回署后准备禀明上海道再照会俄领“订期提齐人证凶犯讯问”[④]。17 日一早，汪到道辕向道台袁树勋报告此案，袁即谕令照会俄领事“请订期会讯”，并要周生有亲属准备届时去对质。按照当时的规定及惯例，外人在租界犯案，其审讯裁判权应归其本国领事；犯案者若属军人，其审判权似又可归军官。然而，就中方来说，此时正是上海道在与俄领事争论“中立国”地位之际，按照国际公法有关中立国的规定，俄舰水兵既受中国保护那么其管辖权自然也应归中方。因此，周生有案一发生，便面临适用条款的争议，也与中国争取“中立国”地位联在一起。上海道袁树勋的想法大概是争取由中方审理，如果不成就退一步由

---

① 《俄舰亚斯哥尔特水兵逞凶杀人》，《时报》，1904 年 12 月 16 日第 1 张第 3 页。

② 《俄兵砍毙路人》，《新闻报》，1904 年 12 月 16 日第 1 张第 2 版。

③ 《请订讯期》，《新闻报》，1904 年 12 月 18 日第 2 张第 1 版。

④ 《会验因伤毙命》，《新闻报》，1904 年 12 月 17 日第 1 张第 2 版；《汪大令与俄副领事会验尸首》，《时报》，1904 年 12 月 17 日第 1 张第 3 页。

中俄共同审理。如果这两个目的达到任何一个，对中国来说，都是对外交涉上的重大突破。

正因为此案关系重大，对俄国驻沪总领事来说，他自然不敢擅自作主处理，估计是在与军舰长官协商后，决定由海军自行审办此案。16日上午他咨照老巡捕房将肇事水手解至领事署讯问，但是当中外各报馆记者准备按惯例前来采访时，却遭到拒绝，俄领表示水手将送舰上由海军负责长官去审决。①记者们对这种做法很不认同，因为到了舰上关门审讯无异于秘密裁判，这将让人无法相信审判的公正性。当天，《字林西报》（*North - China Daily News*）就此事刊印号外传单。②第二天，《文汇报》与《字林西报》复在报纸批评俄领做法不合体例。外报记者对此事的关注，除了新闻职业敏感外，也是因为此事与租界公共秩序相关。《字林西报》即称“上海道须令其将凶犯交出归华官审判更又须设法使俄国水手不得再入公共租界之内”，因此希望各国领事能督促袁办好此事。③

而中文报纸消息相对滞后。《新闻报》在17日的时评中虽然也批评俄领不准记者旁听，但仍认为俄领主导审讯，比移归司令官审判要好。④《时报》则认为俄领事在袒护本国水手，并指出俄兵随意上岸酗酒胡闹、坐车不给钱已是经常之事。⑤之所以如此，《时报》也将其归咎于上海道的失职疏漏，其评论称“败国之兵在我国权制之下，我不能管束之，反使游行无忌，伤害我民，我更为我华官羞

---

① 《审诘俄兵》，《申报》，1904年12月17日第1版。

② 《俄领事不敢将犯罪俄兵公同审讯》，《时报》，1904年12月17日第1张第3页。

③ 《英报论俄领事不应交凶手于俄舰》，《中外日报》，1904年12月18日第1版。

④ 《论俄兵砍死华人事》，《新闻报》，1904年12月17日第1张第1版。

⑤ 《俄兵强横与俄领事之袒庇》，《时报》，1904年12月17日第1张第3页。

之”[①]，甚至直呼“呜呼，上海道死矣！”[②]《中外日报》强调上海道不切实约束俄水手才会发生此种惨剧。[③]《申报》也在18日发表时评，批评华官对监管俄舰一事根本不加注意，未能防患于未然，因此虽然已有日本领事函告后，仍没有采取措施，所以才会导致租界之华人猝遭砍毙[④]，因此该报主张“上海道于此似宜视为重要案件，力向俄官索回凶手，自行办理”[⑤]。可见，上海道袁树勋在事发初期受到了广泛的指责，而他是否能索回案犯治罪成为报纸舆论注意的焦点。

日本方面，在周生有事发后，由驻沪总领事12月17日照会沪道，表示对俄兵“惨杀华民”一事的关注，对监督约束俄舰及水兵行动等再次提出要求。[⑥]不过，在战争敏感时期，其他各国领事对此事却没有表态。当时中文报曾传出消息，称外国领事准备干涉此案。[⑦]《时报》更称英领事已照会上海道“戒以勿放弃中立国之责任”，速将犯罪之俄兵凭公讯究[⑧]，否则“俄舰弁兵之拘留上海者约近千余人之多，如任其恣行杀戮，则凡寓租界之各国商人后患无穷”，如果中方无力保证，英国“将调兵千名来沪自行弹压”。[⑨]不过

---

① 《俄舰亚斯哥尔特水兵逞凶杀人》，《时报》，1904年12月16日第1张第3页。

② 《时事批评》，《时报》，1904年12月18日第1张第2页；《英领事照请沪道究办俄兵砍毙华人案》，《时报》，1904年12月18日第1张第3页。《时报》的这些评论大概很能激发一些少年学生的义愤。当时在梅溪学堂读书的胡适受这些短评的影响，还与同学专门写信去骂上海道袁树勋。（胡适：《四十自述》，上海亚东图书馆1933年版，第47页；胡适：《我们的政治主张》，《十七年的回顾》，台北：远流出版事业有限公司1986年版，第2页）。

③ 《日总领事照会上海道文》，《中外日报》，1904年12月18日第2版。

④ 《论俄舰水手杀人一案宜由华官自办》，《申报》，1904年12月18日第1版。

⑤ 《论俄舰水手杀人一案宜由华官自办》，《申报》，1904年12月18日第1版。

⑥ 《日总领事照会上海道文》，《中外日报》，1904年12月18日第2版。

⑦ 《紧要新闻》，《中外日报》，1904年12月27日第2版。

⑧ 《时事批评》，《时报》，1904年12月18日第1张第2页。

⑨ 《英领事照请沪道究办俄兵砍毙华人案》，《时报》，1904年12月18日第1张第3页。

此一消息后来证明是谣传。[①]中文报纸之所以瞩目于外国干涉，实际上是对上海道应变处置能力缺乏信任，此种宣传也可以看出这些报馆评论者对“主权”的概念也无甚在意。

值得注意的是，从16日到19日，也就是周生有案发生后的最初几天内，笔者并没有在报纸上发现上海的宁波人对周生有之死及凶犯处置问题发表意见。因此，《中外日报》在12月20日曾发表时评，呼吁“凡隶籍宁波者，必当齐心协力，为死者筹伸冤之法”，“如果坐视其同乡之被害，而不为之所，则宁波人之名誉必将因之而损。宁波人之势力必将因之而减”。作者并举此前“四明公所事件”为例，称既然为死者之骸骨尚且如此，“岂其于生人之性命忍掷诸外人之手而漠然，无所动于衷?”[②]作者无疑想以“四明公所事件”来唤起旅沪宁波人的集体记忆，以激起其行动。[③]然而，就普通的旅沪宁波人来说，“四明公所事件”牵涉到的是可见的公共利益（甬人寄柩与公所产权），而周生有之死可能被认为是一桩个人被误杀的孤立事件，因此要动员民众起来抗议不是那么容易。

三、“会审”之争执：上海道台的应对与宁波绅商的行动

1904年周生有事件发生时，负责对外交涉的上海道台袁树勋正

① 《俄兵砍毙华人事件》，《时报》，1904年12月21日第1张第3页。

② 《论俄舰水手杀人一案华人宜筹对付之法》，《中外日报》，1904年12月20日第1版。1874年、1898年，旅居上海的宁波人曾经两次为四明公所寄柩处置及公所产权等问题与法租界当局发生流血冲突。

③ 有关四明公所事件，可参见吴健熙：《对第二次四明公所事件中诸现象之考察》，《史林》，2001年第4期；曹胜梅：《四明公所事件之根源：四明公所地产权试析》，《档案与史学》，2002年第4期。

面临特殊的政治情境。[①] 日俄战争爆发后，因为俄舰留置上海引起的交涉困难，袁也经常遭到舆论批评。不过，周生有事件之前，他在上海与俄领事之间的沟通还算是畅通。12 月 15 日，袁树勋还正在为俄领事来函商请将伤重水兵送回俄国一事而努力[②]，因此对解决俄兵误杀华人一案，他最初可能没有太大的担扰。

然而，12 月 16 日，俄国领事将两名涉案水兵送回军舰，第二天，俄国海军军官在阿斯科尔巡洋舰上审讯犯案水手，这使得袁树勋颜面扫地，无法下台。早在 16 日，就有记者在报纸上鼓吹中方应按中立公法将凶犯自行审判，但考虑到实践的困难，袁好像最初并没有往那个方向努力。然而，当俄领事自行将犯案水兵送交所属军舰审判，袁树勋也只有撕破脸面，照会俄领，要其按中立条规交出凶犯，由中方按律惩办。[③]这个要求比此前所说的“中俄会讯”要高得多，要做到显然更难，事态于是趋于僵化。

其实，袁向俄领提出“交凶归中方审理”，也是一种应付姿态。12 月 21 日他在给外务部的电文中即表示“此事向无成案，或归华官，或归兵官，或归华、洋官会拟”[④]。但在俄方不同意会审的情形下，袁似乎有抬高要求以迫使俄领让步的意图。此时，两江总督与外务部对周生有案均无一定之见，没有对上海道的高调应付策略表

---

① 从行政隶属关系上来说，上海道须受两江总督节制。1904 年 10 月 30 日，原来的两江总督李兴锐在任内过世，清廷以周馥署理两江总督。从派系源流上来看，袁树勋最早是由刘坤一所保举。刘 1902 年去世后，袁树勋在政治上可能得到张之洞的奥援。然而，周馥却是刘、张政敌李鸿章的重要部属，而且以办事干练而出名，因此袁树勋此时的处境是很微妙的。(《上谕电传》，《新闻报》，1904 年 10 月 26 日第 2 张第 1 版）袁在甲午战争时随刘督师，刘在保举折中曾称袁“办理军务，筹饷筹兵，深资臂助”。(茅海建：《戊戌变法期间的保举》，《历史研究》2006 年第 6 期，第 89 页）有关清末上海道台的源流及其与地方政治及外国势力之间的关系，可以参见梁元生：《上海道台研究——转变社会中之联系人物，1843～1890》，陈同译，上海古籍出版社 2003 年版。

② 《咨尚日领事》，《时报》，1904 年 12 月 16 日第 1 张第 3 页。

③ 《沪道索交凶手》，《新闻报》，1904 年 12 月 20 日第 1 张第 2 版。

④ 《1904 年俄兵砍毙华人案》，《近代史资料》第 43 期，中华书局 1981 年版，第 166 页。

示异议，外务部并以此方案照会俄国公使。[①]对这些照会，俄国驻沪领事以及驻京公使似乎都采取搁置不理的态度。直至俄国政府饬令其在上海的领事不准将嫌犯送交中国，由其海军舰官自己审判。[②]

但上海道袁树勋的态度也在游移不定。12月23日，就周生有案究竟“应否即由华官审判，抑仍候华、洋会审”，要求外务部给一个说法。在当时，由华官审理，是以国际中立法规为据；由华洋会审则以中俄条约为本。袁犹豫之后，当天又致电外务部，主张以条约规定为依据，先由华俄会审，再交俄领照俄律办。但是，外交部表示已经给俄国公使照会要求俄方“将凶犯交出讯办”[③]。中方在应付方案上显得步骤有些混乱。就袁树勋来说，他既然已经高调照会俄领事要其交凶由华官讯办，便缺少自行转圜的空间，另谋他策也成为急务。

在这个时候，报纸上终于开始出现“宁波绅商”的声音了。12月20日，《时报》刊登了旅沪宁波籍绅商的一份传单：

> 俄败舰亚斯古尔特之兵二名，于十一月初九日，在大马路码头用木匠斧头砍毙过路之宁波人周生有一案，闻俄官欲将凶手二名送回兵船，归俄国水师法律判断，此等办法实与上海租界历办之案大相径庭，凡我宁波府各属同人何可坐视，不加申理，致失华人权利，兹拟延订律师致函领袖领事，英工部局，申明租界治安章程，从严办理，一面举宁波诸绅商具禀南洋大臣并函达上海道宪，申明中立国权力，认真办理。沈敦和、虞

---

① 两江总督周馥12月21日致外务部电，以及外务部12月22日复电，均采用沪道“转饬交犯”的方案。(《1904年俄兵砍毙华人案》,《近代史资料》第43期，中华书局1981年版，第167页)

② 俄使雷萨尔致外部沪俄兵砍毙周生有案请按俄律惩治罪人照会，1904年12月31日,《清季外交史料》，卷一八六，台北：文海出版社1963年版，第3008～3009页。

③ 《1904年俄兵砍毙华人案》,《近代史资料》第43期，中华书局1981年版，第168～170页。

洽卿、朱葆三、严筱舫、苏宝森、何瑞棠、周金箴、叶洪涛等。[①]

这份传单显示他们的抗议动机是反对俄领事将凶手送回兵舰自行审判，其立场非常鲜明。同时，《新闻报》上也出现“宁波绅商公愤”的报道，表示他们已经联名公禀沪道，抗议“俄兵官将该水手带回船上审判”，要求“改归岸上公堂会同审判，照俄例尽法处治，免失主权而安人心”。[②]《中外日报》上也有刊登了类似内容的署名“宁波绅商”呈上海道的禀文。[③]尽管我们可以假设这些人是基于对同乡的关怀而自行决定作出这个反应，但是其时机以及诉求无一不与上海道的交涉策略暗合，“会审”其实正是袁树勋当时真正的诉求。

12月20日，上海道在两次被拒后终于到俄署见到俄领，据说其“索交凶犯甚力”，而俄领事最终仍以无权办理作托词。[④]而上海道仍不断以“索凶”为要求照会给俄领事[⑤]，29日俄总领事复照上海道，表示“送由中国官员审讯一节置两国约章于不顾，断难照办”[⑥]。上海道即第四次照会给俄领事，表示即使按照中俄和约第七款及后来续增条款第八款规定，俄人犯案均需要与华官一同审理，按照这个规定，那么，俄领事应该定明日期会讯。[⑦]这显示沪道自己在要求上往后退到其实际目的——“会审”。《新闻报》曾经对袁的交涉策略

---

① 《寓沪宁波绅商争俄兵砍毙华人案》，《时报》，1904年12月20日第1张第3页。署名的这些“宁波绅商”，其实也多是与地方官府关系深厚的人，甚至本身就拥有官衔。这些人中，沈仲礼是宁沪铁路管理处坐办，严信厚、周金箴分别是上海商务总会总理、协理，朱葆三、虞洽卿、苏保森是商会董事。

② 《宁波绅商公愤》，《新闻报》，1904年12月20日第1张第2版。

③ 《宁波绅商呈上海道禀》，《中外日报》，1904年12月21日第1版。

④ 《俄兵砍毙华人案移至北京办理》，《时报》，1904年12月23日第1张第2页。

⑤ 《上海道第二第三次照会俄总领事》，《新闻报》，1905年1月1日第1张第1页。

⑥ 《俄总领事照复上海道》，《新闻报》，1905年1月1日第1张第1页。

⑦ 《上海道第四次照会俄领事》，《新闻报》，1905年1月1日第1张第1版。

有过评论："在上海道之意，以为吾无索交凶手，而俄领事不允亦必能使函电往来，必能商议一酌中办法，所谓取上得中也。"①

然而，即使如此，领俄也不给袁树勋答复。为了给俄领施加压力，力求进一步交涉空间，12月23日，宁波绅商又致函各国驻沪领袖领事以及工部局，请其转商俄领，将俄兵移交上海道审理。②尽管最开始公共租界工部局总董曾有意致函俄领，建议将俄兵在岸上会审，但当他得知上海道有意由中方主导审讯，便决定不出面介入。③12月28日，上述宁波绅商又电呈外务部，除主张索犯会审外，文电中强调"四明人工匠居多，人心愤懑，殊难抑遏，屡次聚议"，经过他们的劝慰才勉强保持镇静，但如果再延缓不决，"必将激成从前罢市之局"。④尽管报纸上当时没有看到相关"工匠聚议"的报道，但是上海方面是想把这种可能的后果转达给俄驻华公使及其外交当局。

尽管上海道那边的交涉一筹莫展，但是29日宁波绅商却接到新任领袖领事德国总领事克纳贝的复函，邀请甬绅到德领署面谈。30日下午，严筱舫、沈仲礼、周金箴、朱葆三、虞洽卿等人赴约，克纳贝关心的是希望宁波绅商能够说服甬人不致生事，绅商代表一方面表示自己面对同乡公愤调解困难的苦衷，一方面将一份说帖交给克氏。此份说帖中提出了5点主张，其核心要求是将周生有一案在会审公廨由华俄公开会审，其实是上海道意见的反映。⑤克氏当场表

① 《再论索交凶手》，《新闻报》，1904年12月28日，第1张第1页。

② 《详录宁商致领袖领事信》，《新闻报》，1904年12月24日第1张第2版。

③ 上海市档案馆编：《工部局董事会会议录》第15册，上海古籍出版社2001年版，第694页。显然，对于所谓"法律公正"与可能的俄兵危害秩序等等，"治外法权"是一个更为重要的问题，如果因为此事让中国开审判在华外人的先例，显然不是租界当局所乐意见到的事情。

④ 杨天石编：《拒俄运动》，中国社会科学出版社1979年版，第258~259页。

⑤ 《宁波绅商呈领袖领事说帖译文》，《新闻报》，1905年1月1日第1张第2版。当时新闻报就有"上海道一露其意，宁波绅商表之说帖"的评论（《论俄允开设特别公堂》，《新闻报》，1905年1月1日第1张第1页）。

示很难做到，自己只能请俄领"务求尽法惩治"而已。[①]

德领事的斡旋似乎有些效果。次日，克纳贝派人通知沈敦和、严信厚等宁波绅商，称俄领已于当天将凶犯二人由船提解上岸送到俄领署关押，并且决定在1月3日开审。宁波绅商即发出传单，称俄领事已经同意与华官会同审理此案。[②]事实上，俄领只是答应请华官在审讯时前往"观审"，并无请华官会审之意。[③]这一点上海道在元旦拜会德总领事时，也已经很清楚知道。[④]但是，报纸上仍出现署名"四明同人"的传单，继续称"俄领事已允交犯定二十八日会同华官讯问"，要同乡届时"同至领事署观审以防偏袒"。[⑤]对这种故意曲解外人意思的做法，《中外日报》批评华官与商董均在"两面见好"，"坐听其模糊了结"。同时，该报也指出"各省之工商人等既如秦人视越人之肥瘠，漠不关情，甚至四明绅商工业中人亦复不知挟众力以相持"，任由官董在糊弄大家。[⑥]

1月2日，两江总督周馥委派的江宁候补道厉瑞书到上海负责会审，袁树勋陪同拜会俄领事，似乎仍在争取其同意会审。[⑦]上海道是日也致电外务部，表示"今允其照约会审似已通融"，同时也表示"在沪甬人众多，激干公愤，势甚汹汹，欲得俄犯而甘心，幸各绅董竭力开导，暂免暴动，然众怒未已，非设特别公堂全同审办，风涛所撼，难以弹压，窃恐别滋事端"。[⑧]对于袁树勋来说，甬人"公愤"与可能发生的"暴动"已经成为他重要的说辞了。但是，俄领却在

① 《宁波绅商与领袖领事问答》，《新闻报》，1905年1月1日第1张第2版；《领袖领事对于俄兵砍毙华人案之意见》，《时报》，1904年12月31日第1张第3页。

② 《宁波绅商布告同乡传单》，《时报》，1905年1月1日第1张第3页；《俄领事允开特别公堂》，《新闻报》，1905年1月1日第1张第1版。

③ 《要求另开公堂》，《新闻报》，1905年1月3日第1张第2版。

④ 《录上海道与德领事谈话》，《时报》，1905年1月2日第1张第3页。

⑤ 《宁波人传单》，《时报》，1905年1月2日第1张第3页。由于没有明确的机构与人物署名，这种传单的真实性是有问题的。

⑥ 《俄水手杀人案书后》，《中外日报》，1905年1月9日第1张第1版。

⑦ 《江督特委审员》，《新闻报》，1905年1月3日第1张第2版。

⑧ 《上海道电禀外务部南洋大臣》，《新闻报》，1905年1月4日第1张第2版。

3 日照会袁，请其派人到领事署观审，袁即予拒绝。[①]结果当天俄署也没有开审，但据说“上海宁波工商界人士到俄领事署甚多”，严筱舫派人到场劝导，称确定会审日期再行通告。[②]

上海道与宁波绅董两方面的交涉显然都不太成功，但由于俄方推迟开审，这也为继续争取留下可能的空间。宁波绅商的游说既然没有效果，于是 1 月 4 日袁树勋再次照会俄领事，直接提出“设立特别公堂会审”的要求，该照会也称“宁波绅商工艺人等在沪何止数十余万，向来以激烈著称，重以此次特别受屈，无不公愤，汹汹之势尚恐不能终免暴动”，其用意无非仍是欲以此施加压力。[③]袁也直接照会领袖领事，请求领袖领事支持设立特别公堂会审此案，并表示公堂可由华开也可由各国主持。[④]这种做法大概有违本国主权，然而，事已至此，袁似乎也不顾其他了。袁也想领袖领事出面帮忙调解，强调此事租界治安章程有关，但德领一再表示“未便干预”[⑤]。

争取外人援颊不果，以绅董走民间路线又不通，上海道唯有不断在给俄领的照会中以“甬民暴动”相恐吓。[⑥]尽管报上披露有“各帮工商”会同宁波工商暂停交易之拟议[⑦]，甚至有所谓匿名揭帖谎称宁波会馆悬赏募人暗杀行凶水手[⑧]，但事实上普通宁波工商对周案仍无甚反应，因此，在 1 月 10 日的照会中，袁只得称“旅沪外帮工商同抱不平”，“咎宁波人贸易如恒，不免贪利忘害，势更汹汹”。[⑨]对上海道这种简单的计谋，俄领显然洞悉于心，因此 12 日，他仍旧

① 《俄领仅请观审》，《新闻报》，1905 年 1 月 4 日第 1 张第 2 版。

② 《劝解观审甬人》，《新闻报》，1905 年 1 月 4 日第 1 张第 2 版。

③ 《上海道照会俄领事文》，《新闻报》，1905 年 1 月 5 日第 1 张第 1 版。

④ 《上海道照会领袖领事文》，《新闻报》，1905 年 1 月 5 日第 1 张第 1 版。

⑤ 《复请襄办俄水手杀毙周生友案》，《时报》，1905 年 1 月 11 日第 1 张第 3 页。

⑥ 《补录上海道照会俄领事文》，《新闻报》1905 年 1 月 14 日第 1 张第 3 版。

⑦ 《各帮绅董会议》，《新闻报》，1905 年 1 月 8 日第 1 张第 2 版。

⑧ 《严拿缮发匿帖》，《新闻报》1905 年 1 月 10 日第 1 张第 1 版。

⑨ 《补录上海道照会俄领事文》，《新闻报》1905 年 1 月 14 日第 1 张第 3 版。

照会袁树勋，表示已经决定明天在领事署由俄海军主持开审，要袁派人到场观审。对此，上海道显然已经无计可施，除了表示决不承认之意[①]，只有不断将恐吓升级，称俄领“若不受商量，设使甬人大动公愤，难以理喻，或有不测，中国不认保护，应由俄国担其责任”，否则“定行禀请政府限定阿斯科各舰离开上海以谢众人”。[②]其实，“甬人暴动”只是停留于口头恐吓[③]，而要俄舰离沪在现实上也不大可能。只是上海道此时唯有出此空言而已。

为增强抗议声势，1月12日袁致电外务部表示俄领不愿设特别公堂会审，仍以“甬人公愤”、“众怒难压”为辞，要求电催驻俄公使胡惟德在俄京尽力。[④]宁波绅商又致电其同乡京官，其要求无非复述沪道意见，与袁的说法如出一辙。[⑤]也许是心情过于急迫，当12日胡惟德复电外务部表示俄海军部已经“电饬交凶审办”时，尽管内心有怀疑，上海道还是把此电解读成俄海军部同意将凶犯交给中国并由中俄会同审办，并通知各方，借以减轻自身压力。[⑥]然而俄领后来复照上海道，称所谓“交凶审办”一说不知从何谈起，他并未接到政府及驻京公使的公文。[⑦]

1月13日，俄领事署依旧开审，虽然无华官列席观审，俄海军

---

① 《俄兵砍毙华人案》，《时报》，1905年1月13日第1张第3页。

② 《驳覆听审述要》，《新闻报》，1905年1月13日第1张第1版。

③ 江苏巡抚效良曾致函袁树勋，要求其对周案“请为持平办理，断勿再蹈四明公所覆辙”，显然苏省负责当局不希望上海因为周案出现动荡。（《苏抚注意俄兵砍毙周生友案办法》，《时报》，1905年1月8日第1张第3页）。

④ 《1904年俄兵砍毙华人案》，《近代史资料》第43期，中华书局1981年版，第180页。

⑤ 《甬绅致同乡京官电文》，《新闻报》，1905年1月13日第1张第2版；《1904年俄兵砍毙华人案》，《近代史资料》第43期，中华书局1981年版，第182～183页。

⑥ 《上海道禀南洋大臣电文》、《上海道禀外务部电文》，《新闻报》，1905年1月14日第1张第2版；《俄海部允交凶》，《新闻报》，1905年1月14日第1张第1版；《谨告商学会诸君》，《中外日报》，1905年1月14日第1张第1版；《1904年俄兵砍毙华人案》，《近代史资料》第43期，中华书局1981年版，第181页。

⑦ 《记上海道对付俄舰水手杀人案事》，《中外日报》，1905年1月15日第1张第2版。

审判官当堂判处误杀周生有之水手亚其夫四年监禁并作苦役。[①]至此，上海道与宁波绅商争取会审的努力算是基本失败。

四、“宁波人可以兴矣”：报纸鼓动与实际成效

周生有案一经俄国单方面作出判决，在上海几大中文报纸上都引起了强烈的舆论反弹。《中外日报》、《时报》、《警钟日报》均言辞激烈，《新闻报》则较为和缓，《申报》最为平稳。纵观各报言论，除了表达对俄人的不满外，最主要的内容就是鼓动宁波人以及上海工商起来以实际行动表示抗议。不过，这些煽动言辞最后并没有什么成效。

其实，周生有案一发生，就有言辞激烈的报纸以此攻击政府、鼓动民众自决。如光复会背景的《警钟日报》在12月18日就痛斥“中国放弃特权，置华民于不问，而华民四百兆遂成为无国之民”，称“外人戕毙华民非外人戕之，而中国政府戕之也”[②]。而由汪康年主办的《中外日报》也发表评论，认为周案如“仅恃宁波商董请求官场，尽力索犯，此事必不能如愿以偿”，提出“官不可倚，商董不可恃，惟有筹自保之策已耳”[③]。该报也批评袁树勋在此前办理俄舰人口均不甚得力，对宁波绅商“惟上海道是赖而不速自为谋”表示不满。[④]

12月28日，正当上海道与宁波绅商力争“会审”权限时，《中外日报》刊出一则以“宁帮代表人”落款的传单，声称“官不可靠，绅更不可靠”，表示如果再无妥善办法，准定在元旦日开四明公所，要“我寓沪同乡诸友，至期速来公议办法”，以免“数十万”

① 《俄官判断罪案》，《新闻报》，1905年1月14日第1张第2版。

② 《惨哉无国之民》，《警钟日报》，1904年12月18日第1版。

③ 《论俄水手案仍当由上海商工自行争执》，《中外日报》，1904年12月27日第1版。

④ 《论上海近事》，《中外日报》，1904年12月25日第1版。

同乡为“外帮人”所窃笑。[①]该报同时在同日的新闻栏里也记载此事。[②]但是这个传单疑点甚多，既无确实署名，在其他各报上也不见刊载，而直接攻击官绅自非授权负责者刊登，因此，笔者怀疑此消息为《中外日报》所自编，其用意似在激动甬人，或逼使四明公所有所表白。[③]

《警钟日报》则在1月5日登一篇署名“童拯”的来稿，主张民众应对周案拟定一恰当对付之法，以作交涉失败的准备。他提出的主张是设立一“民命互保会”，“仿西商团练队，富者为马队，贫者为步队，每省约马队一万，步队二万，专为外人戕害华人，理不得直之用。不干涉国家他事，一切费用由民自筹，请国家准后派武弁随时观察，以明无他”[④]。作为会党机关报刊登此类计划，显然是有所图谋。8日，《警钟日报》更发表《宁波人可以兴矣》一文，公开鼓吹同盟罢工，以逼迫外人出来调停此事，作者并期待宁波人能以过去四明公所“力抗法人”之精神抗俄。[⑤]

《新闻报》也引四明公所事件为比较，认为当时宁波人“欲保全已死之枯骨”全体罢业，其精神“至今为中外人士所钦佩”，今日为了“保全无死之生命”，难道甬人“肯低首下心默尔而息”，以致其好义之名誉，团结之美德堕于一旦？不过作者也承认“艇夫负贩食力之徒，一日不作工一日不得食者，亦未必以为然也”，透露出当时上海宁波籍的普通百姓对周案并没有什么反应。不过，该报还

① 《我宁波同乡公鉴》，《中外日报》，1904年12月28日论前广告第2版。

② 《紧要新闻》，《中外日报》，1904年12月28日第1版。

③ 代表旅沪宁波人的总机关四明公所的经理沈洪赉等人自始至终都未在此案中露过面。四明公所从1901年后，其权力即由长生会柱首沈洪赉控制，名义上虽然有许多董事，但并不管事，而沈氏更与负责董事严信厚关系不是太好。（参见《上海四明公所研究》，上海通社编：《上海研究资料》（续集），上海书店1984年版，第297页；《四明公所沈洪赉启事碑》，上海博物馆图书资料室编：《上海碑刻资料选辑》，上海人民出版社1980年版，第429～432页）另外，12月17日，四明公所发生一场火灾，“焚去楼房三幢”，沈可能正忙着处理此事。（《饬查失火》，《新闻报》，1904年12月19日第2张第1版）。

④ 童拯：《俄兵砍毙华人事敬告全国同胞》，《警钟日报》，1905年1月5日第4版。

⑤ 《宁波人可以兴矣》，《警钟日报》，1905年1月8日第1版。

是称“闻别帮工商亦有气愤不平意，欲罢市者”，并推论“甬帮一动，别帮随之，上海之治安必有大损”，“一动百摇，上海地方因此破坏灭裂未可知也”。此种分析实际上是写给外人所看，意在以“上海治安”为辞，激使工部局以及领袖领事等方面对此事予以援手。[①]

当然，并不是所有中文报纸都如此激进，《申报》主笔即对“少年好事者”既责备当局之“畏葸”，又怂恿甬人“使哗”表示不满，认为万一演成四明公所此前的血案，引起租界当局调兵弹压，伤及更多无辜，则甬人更大不幸。[②]这种担心实际上是普遍存在的。从上到下的官厅以及那些需要承担责任的宁波绅董，都对发动实际抗议行动持谨慎态度。

1 月 13 日，由于俄人自行将俄水手杀人案审决，上海道袁树勋召集重要宁波绅商在商会总理严信厚公馆聚议应付办法。据《新闻报》消息，在会上，有人主张称案不重办，即从钱业开始“止出银票，以便一律停止交易”。对此，袁即席表示“俄领事虽欺人太甚，但罢市之举关系太大，万不可行”。盖罢市一起，上海秩序摇动，最终的政治责任仍要由上海道承担，这一点袁树勋是很清楚的。不过，在袁的主导下，决定次日在商会开各帮大会。[③] 当天晚上袁致电外务部，表示宁帮公愤汹汹，“各帮咸抱不平，亦有暴动之意”，并告知 14 日有各帮会议，“众怒一发，势难解散”，只有劝他们不要暴动。[④]如何在操纵民意与秩序失控之间保持一种平衡，是需要上海道小心提防的。

14 日，商业总会各帮商董召开会议，据称到者“千余人”。沈仲礼首先就表示“罢市现非其时”，因各国洋人尚不如俄人之无礼

---

① 《论保全上海治安》，《新闻报》，1905 年 1 月 13 日第 1 张第 1 版。

② 《论寓沪甬绅索惩俄水手事》，《申报》，1905 年 1 月 3 日第 1 页。

③ 《各帮绅董会议》，《新闻报》，1905 年 1 月 14 日第 1 张第 2 版。

④ 《1904 年俄兵砍毙华人案》，《近代史资料》第 43 期，中华书局 1981 年版，第 181 页。

也。他强调要专门针对俄人。①会议最后议定“上海全埠各省商董传单”，内容称：一、周生有案今日下午各省商董在商务总会公议电禀外务部南洋大臣据理力争；二、各省商董公函上海道台并知会领袖领事及公共租界工部局声明人心不平商董等难以解释之情形；三、停用俄国银行钞票候事定再议。以上3款各帮同心协力均已经议允照行，公请四明工商暂缓开议特此飞布。会后，“上海各绅董”即电禀外务部、商部以及南洋大臣，一方面称“沪上人心大为激动，欲向俄署自行索犯”，“宁波工众已发传单，定于明日开四明公所会议，势将暴动”；一方面要求立即照会俄使迅饬俄领赶紧交犯，于俄署外设立特别公堂，由华官会同审办，严定罪名，并限令逃舰及鱼雷艇等速离上海口岸。②同时又致函领袖领事以及英法两工部局，亦以“四明工商人心不平”为由，要求他们出面调停。③由于俄人坚持认为自己已是在秉公办理此案，因此这些办法结果证明都是没有什么实际效果的空论。

上海道则仍只有不断向各方警告，反复称“暴动”箭在弦上，既以此为自己责任之推托，也是欲借此从上面迫使俄领让步。1月15日，袁电外务部电文中有“探闻商会各帮绅董公议，自明日起，不与道胜往来，并电宪台及商部力争”，又称“得宁绅函告，四明公所已定明日开议，工党均欲停工罢市，各绅董力劝不从”，而他“漏夜飞函，布告宁商，阻止暴动，能否暂免，不可预必”。④此处袁无

---

① 《商会聚议述略》，《新闻报》1905年1月15日第1张第2版。此前，沈仲礼已经接到公共租界工部局总董的警告，如果租界发生任何骚乱或罢工，这些人“将承担重大责任”。（上海档案馆编：《工部局董事会会议记录》第16册，上海古籍出版社2001年版，第552页）。

② 《上海各绅董禀外务部商部南洋大臣电文》，《新闻报》，1905年1月15日第1张第2版；《各商董会议纪》，《时报》，1905年1月15日第1张第3页。

③ 《上海各董致领袖德总领事英法两工部局函》，《新闻报》1905年1月15日第1张第2版。

④ 《1904年俄兵砍毙华人案》，《近代史资料》第43期，中华书局1981年版，第183页。

疑将情形夸大，实际上各商帮董事并未决定立即停用道胜钞票。15日四明公所虽报载消息称“有数千人聚议”（或称“2000余人”），但经董事劝谕，袁又请法租界巡捕实施警戒，因此人群很快解散。[①]袁之所以如此，应该是向上峰表达情势紧急，而自己能够控制，显示其办事能力；同时，或者俄国方面在我外交当局催促下有所转圜，袁复能见好于上海当地绅商，以为自己找台阶下。不过，袁一面压制，一面仍称事情不解决“宁波工人”仍将罢工。[②]

然而，也许宁波人其实并没有“暴动”的打算。因此，1月13日《警钟日报》曾以光复会女将陈婉衍等人的名义刊《宗孟女学校特别广告》，责骂宁波人“缩首无用，大失其昔年见义勇为之名誉”，称“我辈女子尚知之，何以彼宁波人，堂堂须眉，竟退避畏怯如此耶?”[③]1月15日后，《警钟日报》更是每天一评，批判宁波人之不以实际行动争周案之解决，皆托之于空言，“畏葸退缩，惟官绅之命是从”。[④]该报也把宁波人争尸骸不争生命权，作为“人民退化”之证明。[⑤]1月21日，该报更在头版刊一整页之评论：《宁波人太无公德》、《争四明颂扬之威果安在耶》、《图说：俄水手杀周生有图》。最后的图说不但有画，而且有用白话文所写鼓动文字，无疑是想影响识字不多的宁波籍群众。

《时报》主笔陈冷的评论则更加猛烈。1月13日俄人结束审判后，陈即提出要“以暴报暴”，为周生有复仇，撤废俄国之领事裁判

① 《甬人聚众》，《申报》，1905年1月23日第2版；《解散四明会议》，《新闻报》，1905年1月16日第1张第1版。

② 《汇志俄水手杀人案近闻》，《时报》，1905年1月18日第1张第2页。

③ 《宗孟女学校特别广告》，《警钟日报》，1905年1月13日广告页。

④ 《宁波人犹不兴乎》，《警钟日报》，1905年1月15日第1版；《宁波人无好动性》，《警钟日报》，1905年1月16日第1版；《宁波人不如香港人》，《警钟日报》，1905年1月17日第1版；显汉：《论俄水手案》，《警钟日报》，1905年1月17日第1版；天骄：《呜呼国民》，《警钟日报》，1905年1月18日第1版；《请看俄国之工人》，《警钟日报》，1905年1月26日第1版。

⑤ 《论中国人之退化》，《警钟日报》，1905年1月20日第1版。

权。① 17 日，陈在评论中更称"不鸣不知其声之大小也，不飞不知其力之远近也，不争不见人心之团结与否，有用与否也，故我谓如此次为周生有事与俄人争而败，自后我中国必更无民气可用"，直呼"亡我中国之民力者，与俄人争周生有案也"。②陈甚至提出要把周生有案俄方之行为视同宣战，要中国准备对俄作战③，否则中国人根本就不能算得上是"人类"。④言辞激烈若此，也属罕见。然而，此时，在上海谋生的成千上万的宁波人正忙着置办年货，盘点一年账务，或准备回乡过年了，大概没有几个人对这种煽动的话有兴趣。⑤

五、"幸勿别生枝节"：周生有事件的收束

由于俄人对周生有一案审判已告终，更改匪易，上海道实际已骑虎难下，除了申明不予承认，又空言建议不保护在沪俄舰之外，已无其他方法。⑥ 13 日，俄政府还通告各国政府，称中国自开战之初就违反中立国之义务，因此俄国有权保护自己在中国之利权。⑦在此情形下，外务部大致已经明白俄人是不会再作让步，如果拖延不决，局势也有可能真的失控。万一酿成什么事端，俄人以此为由开衅，

① 《论对付俄兵砍毙华人案》，《时报》，1905 年 1 月 14 日第 1 张第 2 页。

② 《时事批评》，《时报》，1905 年 1 月 17 日第 1 张第 2 页。

③ 《论今日宜预筹对于俄人之法》，《时报》，1905 年 1 月 23 日第 1 张第 2 页。

④ 《时事批评》，《时报》，1905 年 1 月 24 日第 1 张第 2 页。

⑤ 此案中，宁波人之所以行动不多，时间可能是一个很重要的因素。《中外日报》就曾经提及此案争执"适值岁事告终，工商人等无暇他及之时"。（《论俄兵及水手近日迭次滋事》，《中外日报》，1905 年 2 月 12 日第 2 张第 1 版）袁树勋后来也曾提到"日来正工商料理年事之际，故风声少静"。（《1904 年俄兵砍毙华人案》，《近代史资料》第 43 期，中华书局 1981 年版，第 191 页）。

⑥ 1 月 13 日袁电外部"应请将俄舰之在沪者，申明不复保护"。对袁树勋建议当局令俄舰尽速出口一说，外务部曾在覆电中明白表示"未便遽议"。（《1904 年俄兵砍毙华人案》，《近代史资料》第 43 期，中华书局 1981 年版，第 180 ~ 181 页）。

⑦ 《俄送各国公文》，《新闻报》，1905 年 1 月 14 日第 1 张第 1 版。

中国不但“局外中立”地位不保，而且很可能遭受重大损失。①

然而，1月15日，袁在给外务部的电中仍称“俄领独断，万公承认，在沪华民亦决不甘服”，俨然以所有上海华人的总代表自居。袁又称四明公所将开议，自己与各绅董“只能劝解不能遏抑，只能暂阻不能终禁”，其鼓动态度至为明显。外务部大概感觉不能再继续让上海道操弄下去，故在覆电中责备袁不应“徇商民之意”②。1月26日，外务部尚书那桐在给盛宣怀的电报中，直称“沪道执中立办法，并无确切依据”，如果想以此争治外法权，各国亦未必助中国。那氏也担心在俄捏告中国不守中立之际，如果上海一旦出现暴动，则反给对方口实。电文最后称“持高论而居美名，徒坏大局，非任事者所宜言”，这无疑在批评袁树勋的做法不顾大局。③在此情形下，如果袁再坚持其办法，显然已经不合时宜，于其政治前途也相当不利。

为了彻底解决争端，1月16日，外务部致电商约大臣盛宣怀，请其就近商办周生有一案。电文称：“朝廷慎重民命顾全大局，此事惟有据理力争，该商民等自应静候妥办，倘或不忍小忿，聚众暴动，深恐别生枝节，更难结束。”④之所以派盛宣怀出面，是因为他既“熟谙交涉”，又“兼悉商情”。⑤由于其作风平实，不好空论，也比较能得到外人的认同。盛因任商约大臣，又主办洋务事业甚多，因此，与商界人物关系深厚，当时在上海的宁波籍头面人物多与盛有

---

① 1月14日，外交部致电周馥及袁树勋称“俄方寻衅，意在坏我中立，务饬寓沪甬绅切实开导商民，慎勿暴动，授人以隙，大局所关，该绅等必能体察也”。(《清季外交史料》，卷一八六，台北：文海出版社1963年版，第3009页)。

② 《1904年俄兵砍毙华人案》，《近代史资料》第43期，中华书局1981年版，第185～186页。

③ 外部那琴轩尚书来电，1905年1月26日。盛宣怀：《愚斋存稿》，卷六十七，台北：文海出版社1975年版，第1225页。

④ 《外部电咨商办》，《新闻报》，1905年1月17日第1张第1版。

⑤ 《1904年俄兵砍毙华人案》，《近代史资料》第43期，中华书局1981年版，第184页。

密切关系，如沈仲礼、严信厚、周金箴等人，他们也是盛倡办的上海商业会议公所的主要人物。是故，以盛来收拾已经僵化的局面，确实是比较合适的人选。

盛接电后，即于16日晚邀上海道及甬绅周金箴、沈仲礼以及严渔三、张让三等人到其行辕聚议。同时，又夜发函件给俄领订期面商，17日一早派柯贞贤到俄领署要求其暂缓宣布判语。[①]但是俄领仍于当日上午宣布监禁法租界监狱四年之判决，下午俄领到盛宅与盛商谈，最后决定将全部案卷交盛查看，以判断有无不公。[②]随后，盛宣怀即率同上海道与南洋专员以及甬绅严筱舫、朱葆三、周金箴、沈仲礼等人与俄领事一起将周生有全案文卷进行复查，盛本来想“照监禁八年定案”，但俄领事坚拒。俄领最后表示在法租界监牢年月不计，回国后要重新开始计算监禁与做苦工满四年。盛无法只有将全案文件咨送驻俄公使胡惟德，由其向俄外交部力争。[③]但俄方仍然坚持洋犯在华向无会审之例，并以俄京“各国驻使齐声阻止”为理由。同时，俄外部也表示凶手定罪已严，无法加重。[④]

由于胡惟德争执无效，两江总督周馥19日曾致电盛宣怀及袁树勋，承认会审一层“恐难做到”，又称“盖凶犯并未碍及中立，不能不照约。既照约不能不由彼承审，彼既持之有故，我转争之无辞”。周进而表示，如“俄领有议抚之意，如能于办罪外添此一层，在彼固格外见好，在外亦不能约外再争，似亦可以下台”，要盛、袁令劝甬民勿再聚议，“时势如此，幸勿别生枝节”。[⑤]上峰命令既如此，袁树勋也惟有遵令之一途。其实到最后袁也只是争一面子而已，

---

① 《邀集官绅商办》，《新闻报》，1905年1月17日第1张第1版。

② 《允送全案卷宗》，《新闻报》，1905年1月19日第1张第2版。

③ 《商办俄兵定罪交涉》，《新闻报》，1905年2月7日第2张第2版。

④ 《俄廷设法推诿》，《新闻报》，1905年1月20日第1张第1版；《胡使覆外部原文》，《新闻报》，1905年1月20日第1张第2版。

⑤ 周玉帅来电，1905年1月19日。盛宣怀：《愚斋存稿》，卷六十七，台北：文海出版社1975年版，第1222页；《江督令劝甬人勿再聚议》，《申报》，1905年1月21日第2版。

仅要求“会审一次，用俄军律定罪，借以安慰众心”[①]。

尽管上海道因此前的强硬态度颇得各报的称赞[②]，各报的激烈言辞也应得到袁的支持，甚至与案件有关的官电皆交其发表。但当交涉大权归盛宣怀之后，与报馆的关系大有变化。由于此案中，报馆舆论不断推波助澜，鼓动民气，因此，盛主管此案后，一方面在游说报纸支持，一方面也不允许将某些政府电文交由报馆发表。1月18日，《新闻报》告诫“宁帮工商”切勿轻易罢工，以免“沪上流氓”乘机滋事，治安紊乱，要他们“再行忍耐”，“盛宫保必与俄领力争，各帮绅董必为死者昭雪”，显示出其态度倾向于支持盛。[③]而《时报》则开始批评当局之“秘密政策”[④]，继而攻击盛宣怀，称盛奉政府会办周案后，“日以迁延秘密解散民气为得计”，设法阻遏清议，可能又要“卖我中国国权民命之一部分”。[⑤]类似对盛不利的言论在《时报》曾不断出现。[⑥]

两江总督周馥也因为批评上海道过激而饱受攻讦。[⑦]《时报》即为袁树勋大抱不平，强调各帮工商合力以争乃伸民气非好多事，上海道据理以争，为保国权非徇民性。[⑧]质问周“身为何国之官，而敢出此耶?”并举出英国对周任江督之警觉，认为可能会助于德人势力

① 《1904年俄兵砍毙华人案》，《近代史资料》第43期，中华书局1981年版，第190页。

② 《俄京聚众事件与上海聚众事件》，《时报》，1905年2月27日第1张第2页；《日人论俄兵砍毙华人案》，《时报》，1905年2月14日第1张第2页；言辞苛刻的时报主笔陈冷对1月23日上海道致外务部电曾评曰：“上海道此电可谓能知居官之名分焉，其重民命一，其知国权二，其顺舆情三，其不屈上官四，其不畏外人五，其始终如一六。”（《上海道禀外务部文》，《时报》，1905年1月26日第1张第2页）。

③ 《忠告宁波工商》，《新闻报》，1905年1月18日第1张第1版。

④ 《论秘密政策之不可行于现在》，《时报》，1905年1月27日第1张第2页。

⑤ 《俄人砍毙华人案》，《时报》，1905年1月27日第1张第3页。

⑥ 《盛宫保照会俄领事文》，《时报》，1905年2月8日、9日第1张第2页；《盛宫保之满意》，《时报》，1905年2月11日第1张第3页；《俄兵砍毙华人案》，《时报》，1905年1月19日第1张第3页；《时事批评》，《时报》，1905年1月21日第1张第3页。

⑦ 《论江督对于俄兵砍毙华人之办法》，《时报》，1905年1月21日第1张第2页。

⑧ 《时事批评》，《时报》，1905年1月21日第1张第3页。

之伸张，该报断言如此下去周“江督之前途其亦可危哉”。①该报并称“此电先由□□□发出，嘱为刊登，旋又收回，嘱令不必登报，然外间知者已多，故特为补录如右”。②隐去姓名者似乎即是上海道袁树勋，袁在周嘱勿登报的情形下还将密电泄露，不得不让人怀疑背后另有政治深意。

另外，一些宁波绅商也遭到《时报》的批评。陈冷在1月21日的“时事批评”中曾写道：“噫已矣，我今而后不愿我国中有官。噫已矣，我今而后不愿我社会中有绅。盖官者，媚外以死我民者也；绅者，媚官以欺我民者也。”③两日后，该报更登出一篇文章攻击“投机宁波人某甲”，指其在周案中“既欺俄人又欺甬人，使彼此亟亟有开衅之势而已”，以便从中渔利。评论称宁波人在事发之初，未无暴动之意，如果后来有不满都是“某甲”一再诡称俄领事将开特别公堂所致。但其实，“某甲等”毫不得甬人信任，因此“向来不敢涉足四明公所”，恐甬人殴之。④这里所说的“某甲”，指的似乎是沈仲礼⑤。沈在此案中身兼两重身份，既是两江总督特派专员之一，也是作为宁波绅商领袖。此种攻击言辞虽然不足全信，但是也可以看出周生有事件中一些幕后运作的影子，而四明公所之所以在此案中未有实际表现似乎也可得一旁证。

周生有一案最后确实是不了了之。不过，一些记载认为俄方最

---

① 《论江督咨上海道诸语之可疑》，《时报》，1905年1月19日第1张第1页。

② 《忠告我南洋大臣》，《时报》，1905年1月24日第1张第1页。

③ 《时事批评》，《时报》，1905年1月21日第1张第3页。

④ 《论以周生友案起家者》，《时报》，1905年1月23日第1张第1页。

⑤ 所谓俄领事愿意在1月3日开会堂会审的消息最早是由沈仲礼自德国领袖领事翻译官处得来。（《紧要新闻》，《时报》，1905年1月1日第1张第1页）沈又曾经为夫马费向两江总督提过要求。（《请留道员商办》，《新闻报》，1905年1月20日第1张第2版）如前所述，工部局总董在担心宁波人不稳时，也是先警告沈氏。因此，笔者猜测《时报》所称“宁波人某甲”即指沈仲礼。

后妥协，改判凶犯八年，则与事实相违。[①]4 月 29 日，驻俄公使胡惟德曾经告诉盛宣怀，他已经在俄京咨询过外国律师，改禁八年不可能做到，以误杀罪监禁四年已属相当重的处罚，如果要由俄京复核此案，很可能要减轻处罚。[②]这个要求，盛宣怀早就知道无法实现，他在致外务部电中，承认改判八年一条，“明知未必能允，但其时不能不作此宕笔”。既然无法实现改判，盛氏请胡再争取俄方“格外优给抚恤”，以了结此案。[③]根据盛的要求，俄方最多给抚恤银五六千两，此款最后经外务部与盛等人讨论，改作善款，建造一个工艺学堂，借以平息旅沪甬人之心而已。[④]

六、结　论

周生有案，是清末一起重要的外交事件，或者近代一起重要的舆论事件，但是，它却不是一次重要的民众集体抗议行动。从目前的资料来看，这件事并没有在上海引起广泛的民众抗议，甚至宁波人也没有因为这件事而爆发大规模的抗议集会。尽管四明公所与俄国领事署门前可能有过两三次小规模的群众聚集，但是整个事件过程中，除了几位宁波籍的商董出面交涉斡旋，其他绝大多数的宁波人并无实际的行动表现。正因为此，在事件中，后来“宁波人”才

---

① 刘惠吾：《上海近代史》（上），华东师范大学出版社 1987 年版，第 310 页；顾德曼（Bryna Goodman）：《家乡、城市和国家：上海的地缘网络与认同，1853～1937》，宋钻友译，上海古籍出版社 2004 年版，第 135 页。

② 胡惟德致盛宣怀电，1905 年 4 月 29 日。盛宣怀：《愚斋存稿》，卷六十八，台北：文海出版社 1975 年版，第 1237 页。

③ 盛宣怀致外务部电，1905 年 4 月 27 日。盛宣怀：《愚斋存稿》，卷六十八，台北：文海出版社 1975 年版，第 1237 页。

④ 盛宣怀致外务部电，1905 年 4 月 30 日。盛宣怀：《愚斋存稿》，卷六十八，台北：文海出版社 1975 年版，第 1237 页；那琴轩尚书致盛宣怀电，1905 年 2 月 3 日。盛宣怀：《愚斋存稿》，卷六十七，台北：文海出版社 1975 年版，第 1229 页。俄兵砍毙华人案总由，《1904 年俄兵砍毙华人案》，《近代史资料》第 43 期，中华书局 1981 年版，第 165 页。

成为一些报纸攻击的对象。所谓“同乡公愤”，与其说是实际的群众情绪，不如说是上海道台与报馆主笔在文字中有意塑造出来的一种集体形象。

在周生有案中，一些重要政治人物的态度可能决定事态的走向。如上海道袁树勋、两江总督周馥、商约大臣盛宣怀以及外务部尚书那桐、驻俄公使胡惟德等人。这其中最重要的人物无疑是袁树勋。另外一股对事态有一定影响的是以笔代表“舆论”的上海中文报馆主笔们，他们的文字无疑会影响许多人的观感，甚至牵动事态发展，尽管这种文字未必能促成民众的直接行动。

时局环境对事件有着重要影响。同样一个华人被外国兵士砍毙，如果放在其他的时间，或者不会引起这么大的风潮。周生有之死所以会引起重大的交涉风潮，未必是为死者争个人的权益，更多的是为解决某个已经存在的问题。周生有事件发生，正值中俄两国争论中国的中立国地位，讨论如何约束到上海避难的俄国舰只与水兵。所以，对中国来说，周生有之死既是由这些问题所引发，或者它也能成为解决这些问题的一个契机，由于这些问题的妥善解决牵涉到相关官员的职责与政治前途，周生有之死便具有非同寻常的意义了。特别是当报纸舆论开始以此事谴责上海道不顾民命、对外软弱时，也许他对周生有事件在其交涉中的工具性价值便有了更深的认识。

要体现出一个普通华民的死亡的重要性，“同乡公愤”的建构便相当有必要，而“可能的同乡暴动”也同样可以成为他们对外交涉时的重要话语资源。不过，他们希望利用的这种“公愤”、“暴动”的话语资源只能停留在纸面上，如果化为不可控制的现实，那么他们也许会弄巧成拙，不但让他们的政治交涉失败，他们更要承担严重的政治责任。因此，他们一方面要在公文中反复渲染宁波人的“公愤”与可能的“暴动”；另一方面，他们却要通过那些与他们合作的“宁波绅商”来谨慎地控制局势。

对报馆来说，或者对那些有政治企图的会党人士来说，周生有事件也给他们提供了一个攻击政府、鼓动民众抗议、制造政治混乱的机会。当然，他们的这种想法本来就存在，周生有事件只是提供了一个发泄这种理念的“合法”出口罢了。为了体现出这种思想的合理性，他们也需要有“同乡公愤”与“可能的同乡暴动”作为政治表述的合理的逻辑基础。于是，在这两种路径的需求下，“同乡公愤”与“可能的暴动”便大量频繁地出现在官员的交涉文电以及报纸的激进评论中。当然，那些激进的报纸评论家们与官员们不同的地方在于，他们希望“公愤”与“暴动”不要仅仅是一种空言，而要化成现实。当他们的希望落空时，一些报纸评论家便极尽所能去攻击“宁波人”，刺激“宁波人”，希望将他们的“公愤”挑起来，转化为实际的行动。

不仅这些激进的评论作者，其他希望事态转向恶化的还有其他各色人等。正如盛宣怀在给外务部的一封密电中所称：“周案无他难，难在全沪哄动，不仅甬人，报馆、新党、枭匪、无赖，唯恐不生事。”[①]因此，一个普通华人的死亡，如果控制不力，便有可能成为不同势力获取利益的机会。有这种投机心理不仅是那些有潜在反政府意识的人，也包括奉命处理的官员绅商。

然而，作为被广泛宣传的“公愤”与“暴动”等意识的主体——那些在上海的普通宁波人，他们究竟是如何看待这件事呢？他们是否真的认为周生有的死亡与他们的生活，或者生命安全有关系呢？一些报纸评论家曾反复强调，周生有是死于列强水兵暴力之下，如果不能对这种施暴实施严厉的制裁，为死者求得公正，那么其他人的生命也都在死亡的阴影下。但是这种思考逻辑，许多普通百姓是很难明白的，因此，要他们行动起来也是非常困难的。那些“言论精英”们对“列强侵略”的感受，对“殖民地待遇”的不满，与普通百姓的意识之间有着巨大的落差。

在中国近代历史上，地域性的活跃的社团网络当然存在，为了

---

① 收商约大臣盛宣怀电，1905年1月26日。《1904年俄兵砍毙华人案》，《近代史资料》第43期，中华书局1981年版，第194页。

达到某种公共利益目标的同乡集体行动也经常发生。但是，“同乡”有时也是一种目的性明确的权力建构物，这种权力既有可能来自官府，也有可能来自其他新型势力（如报馆）。周生有事件中被官员与报馆主笔反复强调的“同乡”集体抗议，在很大程度上就是一种策略性的话语，并非宁波人的实际行动。这种“同乡”话语的建构与操作，在近代中国一些政治外交事件中经常可以见到，它也有可能会取得一些效果，但也有可能会使权力拥有者失去对局势的控制。例如周生有一案中，后来一些官员都在担心“暴动”会从纸面变成现实。因此，当预期目的无法达到，时势环境又相当敏感，当局放弃这种危险的策略便可以理解了。

上海早期股票市场的殖民主义、民族主义和中国文化问题

［美］顾德曼
孙立新、徐振江译

我国认真古怪精灵，会做东西洋未作之事。

——俞寰澄：《民元来我国之证券交易》1948[①]

1921年下半年，在上海大约有136至150家股票交易所开张营业。满怀着对现代性和经济繁荣前景的空前热情，上海市民在一个城市里建立起了大量股票交易所，并投资于这些交易所；其数量之多远远超出了当时在世界其他地方已有的交易所，我甚至敢断言，

① 转引自朱斯煌主编：《民国经济史》，上海银行公会1948年版，第142页。

也超出了当今世界现有的交易所。①到 1922 年初，除了个别例外，上海的股票交易所几乎都崩溃了。也许陈独秀关于这个城市被“纽约拜金主义的铜臭”②完全腐化的论断可以解释这次上海股票市场泡沫，但这些交易所的产生，其特征和与之相关的普遍理解还是值得进一步分析。

为数不多的有关上海早期股票市场的学术研究多强调其经济史意义。尽管不是所有历史学家都把上海早期的证券交易所看做是近代资本主义金融“萌芽”时期的象征③，但他们基本上将这一段上

① 股票交易所数量之多只是交易所热潮的一个侧面。在这次风暴中，上海股票交易市场的资金总额比该市中外银行的资金总额多两倍多。根据 1921 年 11 月一份上海英国商会的报告，当时中外银行的资金总额为 7500 万元，而交易所的数字是 1 亿多元。公共档案局（Public Record Office），FO 228/3175。乔治·索科尔斯基（George Sokolsky）提供的数据是 98 家交易所资金数为 169000000 元，在 1921 年 12 月初为 140 家交易所 2 亿资金。《物品交易所的赌博》，《华北每日新闻》，1921 年 12 月 6 日（The Gambling in Produce Exchanges, North China Daily News, December 6, 1921）。刘志英的数据为资金 148500000 元加上 1 千万美元投资在股票市场，8 百万元投资在信托公司。刘志英：《近代上海华商证券市场研究》，学林出版社 2004 版，第 19 页。

② 《三论上海社会》，1920 年 11 月 1 日，重印于《独秀文存》，安徽人民出版社 1987 年版，第 595 页。

③ 刘志英：《近代上海华商证券市场研究》，学林出版社 2004 版，第 1 页。

海历史理解为经济不成熟。①一些参照经济学常规来解释上海交易所的运作或者说功能失调的尝试倾向于把现代化者的渴望和中国人的机构说成是对西方模式的拙劣模仿，正如那些把欧洲的机构与理性联系起来的现代性假说一样。我更愿意考察政治因素——城市中多重的、限制性的和政治上不平等的司法权运用（换言之，半殖民地框架结构）和民族主义——塑造中国对于大众化市场资本主义的早期经历的方式。我的叙述侧重于上海“交往区”（contact zone）的特殊性，它是这样一个区域，在这里，中外居民及其权威机构都深受不平等的相互接触关系的影响。1921 年在上海兴起的中国股票市场，就其令人惊奇的投机特色而言，一些精明的占用——不是一个抽象的、理想化的西方股票市场的占用，而是一个现实的、以投机为突出特征并在上海进行经营的欧美人股票市场和一个刚刚在同一城市开张的日本人股票交易所的占用。但是除了包含在刺激它们的投资热中的赢利动机外，催生并推动 1920 ~ 1921 年上海股票市场发展的主要不是市场因素，而是政治，民族主义修辞学的和忧虑的策略。股票市场的推动者隐瞒了下列事实，即中国的交易所并非纯粹是中国人的，而在上海这个各种势力混杂的地方，资金流动也难以得到

---

① 究其本身，这些研究假设了一个标准化市场发展的逻辑，而这只是到近来才在经济领域起主导作用。朱荫贵：《近代上海证券市场上股票买卖的三次高潮》，《中国经济史研究》，1998 年 3 月；安德里亚 · 麦克爱德里：《上海证券交易所的过去和现在》，《商业史论文集》，昆士兰大学亚洲商业史研究中心，2001 年 1 月（Andrea McElderry, Shanghai Securities Exchanges: Past and Present, Occasional Paper Series in Business History, 4 (January 2001), Asian Business History Center, University of Queensland）；W. A. 托马斯：《中国西方式的资本主义》，埃尔德休特：阿什盖特出版社 2001 年版（W. A. Thomas, Western Capitalism in China, Aldershot: Ashgate, 2001）；冯子明：《民元来之交易所》，朱斯煌主编：《民国经济史》，上海银行公会 1948 年版，第 146 页；玛丽 - 克莱尔 · 比尔律：《中国资本主义的黄金时代》，珍妮特 · 劳埃德翻译，剑桥：剑桥大学出版社 1989 年版（Marie - Claire Bergère, The Golden Age of the Chinese Bourgeoisie, Janet Lloyd, trans., Cambridge: Cambridge University Press, 1989）。关于标准经济概念长期的争论，看帕特里西亚 · 科恩：《经济：讨论基本假设的迫切愿望》，《纽约时报》，2007 年 7 月 11 日（Patricia Cohen, In Economics Departments, A Growing Will to Debate Fundamental Assumptions, New York Times, July 11, 2007）。

有效监控，保证其民族单纯性。正是民族主义和以民族为导向的历史编纂的极端化词语模糊了人们对复杂的身份认同、混合的机构和遍布全城的跨国资金流动及其关系网的认识。最后，我的叙述试图阐明本土文化对资本主义和股票交易所的理解，而这一理解是不能被简约为殖民主义或民族主义的，但它对于半殖民地接触的独特性来说却是根本的。①

这篇论文呈现出了三条相互交织的线索。第一部分是对那些导致如此众多的上海交易所建立的事件和关键人物所作的概括介绍。这个介绍为后面的部分提供了必要的背景知识，而后者则集中探讨围绕着这些新经济形式产生的意识形态观点；第二部分介绍了民族主义的分支，帝国主义和城市的半殖民地结构——特别是民族主义者借以为股票交易所发展提供合法性证明和针对中国资本的民族单纯性而制造忧患意识的方式；第三部分介绍了在经济泡沫时期以及市场崩塌后出现于上海报刊的有关经济问题的大众讨论和分析以及从这些讨论和分析中产生的道德和意识形态窘境，既根据民族主义又根据旧话语关联。股票市场的崩溃造成了各种各样的危机，特别是在中国人的道德方面。他们的道德被牟利的欲望所玷污，而这也是造成这场经济灾难的重要原因。

一、上海早期股票市场简史

1920～1921 年的上海中国人交易所是由下列诸因素促成的，即上海经济的发展、拥有治外法权的外国租界的存在以及民族主义者幻想与实际的革命经费需求的综合。要讲述这段历史，有必要把上海历史中通常被分别开来的几个组成部分综合起来：一是聚焦于现

① 在这里我想说明一下在 1920 年代的上海其半殖民地化冲击的特点：多重的帝国主义和外来的现代化模式；上海独特的外国租界及相关机构（这显示了由赋有治外法权的多样的外国势力所造成的社会政治环境）；旧式的本地价值观和文化观与民族主义和现代化概念的相互作用。

代化的关于经济快速发展的描述，一是与孙中山的财政考虑和蒋介石及其合伙人的投机热望相关的非官方历史，一是关于该城市的外国机构和权威机关的地方史。

尽管正式的中国人股票交易所直到1920年才建立，但各种各样的证券交易场所已经在19世纪末出现于上海。朱荫贵描述了1880年代的中国股票市场，讲述了一个短命的、专门从事股票交易的中国人公司在1882年的发展情况；这个公司在1883年就被一次投机危机打垮。[①]此后，中国的证券——主要是企业股票——大都非正式地在“茶会”（teahouse meetings）进行交易。[②]1907年时，一些上海商人曾向政府提议按照东京证券交易所的模式创建一个中国股票交易所[③]，但商人社团并没有在这个计划下团结起来，而计划本身也没有得到政府的支持。非正式的中国人股票交易逐渐集中到1914年开业的上海股票商业公会（Shanghai Stock and Bonds Trading Association）了，大约有20个证券在该公会挂牌交易。个别商业行会（例如面粉和黄金）也建立起了类似的股票交易场所。在这些场所中，人们制定了详细的有价证券买卖规则。[④]由于上述交易场所只限于少数商业行会，所以19世纪末20世纪初的大多数上海投资者主要是在同时期具有高回报率的外资股票交易中了解这个市场的。

上海外资股票市场是随着（1898年）股票与证券经纪人公会和1905年上海证券交易所的出现而形成的。与其他的上海外国社团一

---

① 朱荫贵：《近代上海证券市场上股票买卖的三次高潮》，《中国经济史研究》，1998年3月；也可见《上海品君（音译）股票公司蓄积章程》，《申报》，1882年9月27日、28日。

② 在特别的茶室中进行茶会这样的特殊交易一天两次，一次在早晨一次在晚上。冯子明：《民元来之交易所》，朱斯煌主编：《民国经济史》，上海银行公会1948年版，第146页。

③ 东京株式取引所于1878年开始营业。

④ 《上海交易所》，《中国经济周刊》，中国政府经济信息局1933年版，第43～44页；冯子明：《民元来之交易所》，朱斯煌主编：《民国经济史》，上海银行公会1948年版，第147页。

样，上海证券交易所并不仅仅适应于某个单一国家的需要，它所执行的相关规则也是以几个欧美模式为基础的（包括伦敦及纽约的股票交易所）。它的纪律从一开始就非常松懈，其交易记录也很不精确，投机倾向的交易随处可见（简言之，它具有腐败、人为操纵、变化无常及规则缺失等等所谓“不成熟市场”所共有的特征）。正如W. A. 托马斯（W. A. Thomas）在他新出版的有关上海西方人股票市场的研究著作中所提及的那样，在大部分国家，股票市场主要为了筹措资金、解决国家财政赤字而建立的；而在上海，投机则成为其唯一的也是最主要的促进因素。公司的主管们不会制止利用企业内部消息来“卖空”他们自己公司股票的行为。这个投机市场吸引了众多的中国投资者。这些投资交易虽然没有深触中国社会，但中国的买办和在外国公司工作的职员通过倒卖外国股票为外资运输及其他商业投资提供了充实的资金来源。在怡和（Jardine）、旗昌（Russell）和其他大公司1860年代就形成的中外合资企业中，中国的资金占总资本的40%强。尽管中国的资金属于全部股票交易的主要组成部分，但上海证券交易所直到1929年才接纳中国企业成为其成员。①

对于外国股票市场的投资也揭示了世界经济的趋势。1910年，英国和美国汽车工业的蓬勃发展为橡胶市场创造了巨大的发展前景，东南亚的橡胶种植业随之兴盛了起来。许多橡胶公司在上海大做广告，上海的中外投资者也狂热地予以回应。据报道，在上海买卖的橡胶股票有70%～80%属于中国人，特别是浙江商人。在全球经济的低迷中，中国人的投资损失惨重，而当地的半殖民地架构又进一步加重了这一损失。随着橡胶泡沫的破灭，那些破产的上海股票交易所经纪人与那些强大的外国银行及其他外国金融机构一起制定了

① W. A. 托马斯：《中国西方式的资本主义》，埃尔德休特：阿什盖特出版社2001年版（W. A. Thomas, Western Capitalism in China, Aldershot: Ashgate, 2001），第71、78、86～89、90、103、112页。因为中国的资金投资到外国公司是不被中国道台承认的，所以这样的投资对于中国股份持有者更危险。

一个复杂的解决方案。但中国本土的银行，由于资金有限深受打击，很多中国银行因为外国银行撤资而破产。[①]

在目睹了中国人金融机构在上海橡胶危机中所处的不平等地位[②]和中国人被排除在西方人股票交易活动之外的事实之后，各种各样的中国商人、政治改革家和革命家遂呼吁立即建立中国人自己的股票交易所，并把建立股票交易所看做是实现本民族现代化的一个先决条件。正如在看到英国人和日本人设立于中国的商会的运作之后极力劝说清政府建立本国的商会一样，世纪之交之际，中国商人和政治幻想家为争取建立中国人自己的股票交易也在清王朝的末年开展了强有力的宣传鼓动工作。梁启超早在1910年就撰文赞扬股份公司形式远胜于在中国一直占主导地位的家族式和合伙式商业组织，大力提倡建立中国人自己的股票交易所，并把这一举措评价为增强国家实力的重要手段。[③]1914年，北京政府极力让人相信股票市场将成为中国未来之不可缺少的一部分，并颁布了第一部股票交易法，为中国人注册股票交易所、制定相应规章制度提供了法律依据。但是在一些问题上仍存在不同的看法，特别是对于股票交易所究竟应当官商合营还是由商人自己经营的问题争论颇大。[④]

但是接下来，左右上海股票市场风云变化的，既不是某个商人

---

① 在中国商团要求阻止国家金融危机的压力下，上海道台赴外国商会商洽，并从外国银行得到一笔低息贷款以保护上海贸易，帮助减轻中国金融机构未来的危机。朱荫贵：《近代上海证券市场上股票买卖的三次高潮》，《中国经济史研究》，1998年3月，第62～65页；W. A. 托马斯：《中国西方式的资本主义》，埃尔德休特：阿什盖特出版社2001年版（W. A. Thomas, Western Capitalism in China, Aldershot: Ashgate, 2001），第153、162页。上海人民银行上市分行：《上海钱庄史料》，上海人民出版社1960年版，第74～78页。

② 在十年后俞寰澄对相关事件的账目统计上看，很明显中国人在橡胶热潮中的损失是由于“狡猾的外国人”造成的，他们利用中国人的损失赚取了大量金钱。俞寰澄：《民元来我国之证券交易》，朱斯煌主编：《民国经济史》，上海银行公会1948年版，第141页。

③ 《警告国中谈实业者》，《国风报》，1910年11月2日。

④ 刘志英：《近代上海华商证券市场研究》，学林出版社2004年版，第6页。

也不是北京政府的某个官员。刺激上海第一批中国人股票交易所在新法规下出现的因素，并非来自于经济发展的需要，而是出于政治需要和一项筹资计划。1916 年末，由于缺乏革命活动资金，孙中山请求浙江运输业大亨和上海商人虞洽卿帮助实现一个股票交易计划；此前孙就有一种包括发行革命公债在内的财政革新计划。[①]他们共同起草了一个详细的、准备向中国财政部提交的在上海建立一个股票交易所的申请报告。[②]杨天石在其最近发表的一篇论文中详细论述了早期股票交易所的复杂情况；他的论文为早期的国民党口述史学增加了新发现的文献资料。在这一活动中，孙中山一直与一名日本合伙人有密切联系。这个日本人就是神户的一位被描绘为“中国革命的支持者”的运输业大亨，他想创办一家中日合作的交易所，并通过提供资金而从中获利。[③]

1917 年 1 月，孙、虞、张、戴等四人赴京向政府提出了建立股票交易所的申请。他们从民族主义者的立场观点出发阐述了他们的理由。他们认为，为了规范商品价格、促进资金流动、监管股票经纪人、为新企业吸引投资和预防经济恐慌，作为中国商业、金融和工业中心的上海需要建立一个股票交易所。他们还认为，如果不建立股票交易所“大宗物产之价格，一二外国经纪人常得自由操纵之，病商病国，莫此为甚。至于有价证券之交易，亦无一中心之机关，已发行之公司股票不能流通，新发生之公司不易招股，已发行之公

---

① 玛丽－克莱尔·比尔律：《孙中山》，珍妮特·劳埃德翻译，斯坦福：斯坦福大学出版社 1988 年版（Marie－Claire Bergère, Sun Yat－sen, Janet Lloyd, trans., Stanford: Stanford University Press, 1988），第 191 页。

② 《上海交易所》，《中国经济周刊》，中国政府经济信息局 1933 年版，第 43 页。

③ 日本的合伙人被认为是三上丰夷。这可能只是一个虚构的名字（也许是代替三井），尽管这个名字没有出现在账目上。根据杨的观点，戴季陶在 12 月 5 日与三上丰夷的代表签署了一个合同，固定了该交易所的基本金为 500 万银元。因为中国一方缺乏资金，日本人同意半数资金的有息贷款，要求返还该所利润的 80%。有关该所雇用日本顾问的协议也被签署。孙中山、戴季陶、张静江及虞洽卿都在协议上签了字。杨天石：《蒋中正先生和上海证券物品交易所》，《近代中国》第 139 期，2000 年 10 月，第 158 页。

债价格日见低落，将来国家或地方发行公债更难于办理。因此之故，中国公司多于外国政府注册，以图其股票可以赖外国交易所而流通，中国之投资者亦多弃本国公债于不顾，而乐购外国之公债……”①这份充满民族主义者声调的申请书并没有提及日本人的参与。这段时间里，戴季陶只身一人赴日，在东京证券交易所建立了一个筹备性办公机构。

这个计划在施行中遇到了许多政治上和组织上的困难。1918 年春天，正当戴季陶忙于筹备工作时，旅居上海的日本人在公共租界中建立了他们自己的股票交易所——商业取引所，这一行动得到了日本政府的支持。日本交易所的出现使虞洽卿感到了竞争压力并促使他进一步劝说北京政府同意在上海建立一家中国人股票交易所。②上海的请愿者断言日本交易所将会对中国投资者采取歧视态度，要求政府采取措施抵制日本人对市场的操控。③

正当中国的组织者与农商部就刚刚被批准成立的中国股票交易所的定义和规模进行谈判磋商之际④，获利颇丰的日资商业取引所受到了由五四运动所引发的反日情绪的折磨。1919 年底，虞洽卿在一个曾经遭遇日本人经济渗透的地方，具有象征意义地发起了攻击。他买断了商业取引所占据的地段（两亩左右的不动产，位于爱德华

---

① 杨天石：《蒋中正先生和上海证券物品交易所》，《近代中国》第 139 期，2000 年 10 月，第 159 页。

② 第一个主要经营政府债券的中国交易所在 1918 年创立于北京，是由日本人在上海建立交易所事宜引发竞争的一种表现。《取引所与交易所之争逐》，《申报》，1918 年 12 月 17 日。

③ 朱振陆：《证券物品交易所简述》，中国人民政治协商会议上海市委员会文史资料工作室编：《旧上海的交易所》，上海人民出版社 1994 年版，第 13 页；刘志英：《近代上海华商证券市场研究》，学林出版社 2004 年版，第 8～9 页。

④ 政府部门创建更喜欢三个交易所而不是只建一个综合经营债券及有价证券的交易所。虞洽卿努力争取建立的交易所类似于日本人的“取引所”。杨天石：《蒋中正先生和上海证券物品交易所》，《近代中国》第 139 期，2000 年 10 月，第 160 页。

大街和四川路的交叉处）并发出通告，要求商业取引所马上搬家。[1]

在这个地方，虞的上海证券物品交易所迅速建立起来并于1920年6月获准开张营业。据说，他宣称他的目的是与“日本三井商团1916年建立的”日本企业进行竞争，从而赢得了反日积极分子的支持。[2]

然而，第二家中国人交易所的创办很快就使局势复杂化了。该交易所与虞的交易所展开了竞争，证明了中国法律在派系政治面前的软弱无力。一场发生在上海股票公会内部的争论导致中国政府批准在上海设立两家股票交易所。虞试图吸引原有的上海股票和债券交易公会的成员共同行动，但是被回绝了。与之相反，上海股票和债券交易公会在1921年初成功地成立了它自己的竞争性康采恩——上海华商证券交易所。[3]两个交易所都在北京有其支持者，而后者又有能力迫使政府批准其成立，虽然这有违于在某一地区只准设立一家股票交易所的新法律规定。[4]两个交易所都发行了他们自己的股票。正像刘志英所观察到的那样，这些早期的上海交易所都有这样一个

---

① 《日本交易所将它的地址让给了中国的商人联合》，《中国新闻》，1920年1月1日；《中国人建立股票交易所：20年激动后交易所正式开业》，《中国新闻》，1920年2月3日。日本人的交易所尽管搬了家，但一直开业到1922年它被迫清盘的时候。冯子明：《民元来之交易所》，朱斯煌主编：《民国经济史》，上海银行公会1948年版，第152页。

② 董显光：《关于上海股票商品交易所的争论》，《米勒氏评论》，1921年1月22日(Hollington Tong, Controversy Over the Shanghai Stock and Produce Exchange, Millard' s Review, January 22, 1921)，第419页。至于三井方面，我们不清楚虞洽卿是否早已与这个早期的日本谈判伙伴脱离了关系。

③ 刘志英：《近代上海华商证券市场研究》，学林出版社2004年版，第11～12页。根据陈果夫的回忆，在上海证券物品交易所开业之际，他和蒋介石开设了茂新号经纪所，但是蒋与他的浙江合伙人对此业都是外行，最初损失惨重，后来才逐渐赢利。蒋和张静江还开设了另一家恒泰号经纪所，但并不赚钱。从陈果夫与蒋介石的往来信件中可以看到，所得钱款都汇给了孙中山，但具体数目不详（陆丹林：《蒋介石张静江等作交易所经纪的物证》，《文史资料》第49辑，1964年，第156～158页），表明经纪人业务的目的就是投机。

④ 奇良：《中国华商证券交易所概况》，中国人民政治协商会议上海市委员会文史资料工作室编：《旧上海的交易所》，上海人民出版社1994年版，第39～42页。

共同特点，即“三合一”：其成员既是建立者、股东，又是经纪人。①

两家交易所很快就变成了摇钱树，其赢利额大大超出了创办人的期望。然而，这些初步收益也导致了竞争、模仿与投机。

> 本所股涨价了，发财的，都想办交易所了……当时人心若狂，听说办交易所，就千方百计，辗转想法，来与购股票。股票到手就是钱财到手，各业风起云涌……就是没有业的凭空亦设交易所。好在那时没有交易法……②

到1921年夏天，对于证券交易的狂热弥漫了整个城市。在接下来的几个月份大约有150家股票交易所和12家信托公司粉墨登场，他们都以疯狂的投机和大众的无知进行竞争。大多数新建机构仅仅交易他们自己的股票。

零零碎碎的证据可以表明下列看法是有道理的，即这些新产生的经济机构很容易进入，它们也向社会上只拥有少量财产的那部分人开放。小数额的股票交易吸引着普通市民这类投资者，甚至包括妇女。至少有20家交易所在夜间营业，其中之一是位于大世界娱乐场的上海夜市物券交易所，这是为了吸引办公室职员从事股票交易而采取的一种手段。③法国领事馆的文件对一个夜间股票交易所的场景进行了描述：为了将女士的珠宝变成现金，进行快速投资，当铺

---

① 刘志英：《近代上海华商证券市场研究》，学林出版社2004年版，第12页。

② 俞寰澄：《民元来我国之证券交易》，朱斯煌主编：《民国经济史》，上海银行公会1948年版，第142页。

③ 南特：《法国外交部外交档案》，《上海领事文件》A-59，1921年12月23日（Nantes, Ministere des Affaires Etrangeres, Archives Diplomatiques, Shanghai Consular Papers, Serie A, Box 59, letter dated December 23, 1921）。

就设立在交易所的门前。①随着泡沫的膨胀，投机把“妓女、演员、仆人和士兵熔于一炉了”②。

新建交易所在投资方面是容易进入的，但它们远不是透明的。根本不存在统一的规章制度或者说明情况的义务。一小伙人在紧紧关着的大门后进行暗地操纵，然后携款潜逃，根本不顾广大民众的利益。在争论中，甚至连内部的人员都不能看清楚真相，这一真相远不像杨天石所搜集到的关于陈果夫、蒋介石和张静江的投机活动的资料所揭示的那样明显。据说陈布雷也曾深陷股票市场，而且损失惨重。

比起经济分析来，我对人们理解中国人交易所的方式更感兴趣。在接下来的部分中，我将运用新闻评论和连载小说来探讨主权意识与文化忠诚是怎样融入中国关于国家、现代化、道德和经济发展的争论之中的，而这一争论正是由上海的“股票交易热”刺激形成的。

二、对于日本人渗透的担忧和对于市场资本主义的拥护

在历史上，当资金的抽象化和市场交换关系取代了以往更个人化的、更直接和更易于理解的习惯时，它们曾在不同的地区引起了对隐蔽的金融组织的忧虑，也引起了对遭受外来种族的、性别的和民族的团体侵染的担心，而这些团体往往被看做是可疑的、背叛性

---

① 南特：《法国外交部外交档案》，《上海领事文件》A－59，1921年12月23日（Nantes, Ministere des Affaires Etrangeres, Archives Diplomatiques, Shanghai Consular Papers, Serie A, Box 59, letter dated December 23, 1921）。

② 有关社会最低阶级参与的说法出现在《信交狂潮之反动》（《银行周报》，1921年12月27日）、冯子明《民元来之交易所》（朱斯煌主编：《民国经济史》，上海银行公会1948年版，第147页），提到屠夫和小贩也卷入其中。

的、危险的和不体面的。[①]在上海，由于对日本人殖民侵略计划的关注与日俱增，人们就对外国人尤其是日本人产生了一种特别的忧虑。尽管五四抵制日货运动比较明确地将日本人的产品和公司（包括那些出售或生产日货的中国“奸商”）作为斗争目标，但是外国资本的个体性入侵仍很难被察觉到。毫无疑问，谣言是普遍的。上海新建股票交易所的行情会因为对外资操控、侵染上海金融市场的恐惧而不断发生波动，起伏不定。

因为中国交易所是作为一种抵制外国经济渗透的手段而建立起来的，所以北京政府试图以捍卫国家经济主权的名义控制不受约束的跨国资金的流动。中国的股票交易法禁止外国股东介入中国证券市场，也不允许中国交易所雇佣外国职员。[②]

在民族主义高涨时期，如何保证这个新兴的、把个体的和民族的认同性转变为普遍化的资本联合市场机制不被外国势力所渗透，便是中国民众所要面对的一个问题。上海证券物品交易所开业不久，有关外国势力操控本地中国股民的谣言就开始在中国媒体上流传开

---

① 在18世纪的伦敦股票交易中，人们对于犹太人和苏格兰人也怀有普遍的恐惧，他们因为善于投机而被看做是英国经济的破坏者。唐纳·T. 安德鲁和兰德尔·麦克古文：《派鲁斯（Perreaus）和鲁蒂夫人——18世纪伦敦的伪造罪和出卖行为》，伯克利：加利福尼亚大学出版社2001年版（Donna T. Andrew and Randall McGowen, The Perreaus and Mrs. Rudd: Forgery and Betrayal in Eighteenth - Century London, Berkeley: University of California Press, 2001），第155～157页。在有关19世纪法国股票交易所的研究中，V. E. 汤普森也在其作品中讲述了一位女性跌入股票市场漩涡的故事。维多利亚·E. 汤普森：《有道德的市场——1830～1870年巴黎的男人和女人、金钱与政治》，巴尔的摩和伦敦：约翰·霍普金斯大学出版社2000年版（Victoria E. Thompson, The Virtuous Marketplace: Women and Men, Money and Politics in Paris, 1830 - 1870, Baltimore and London: The Johns Hopkins University Press, 2000）。关于女人和中国交易所的情况可见顾德曼：《非道德的交易所：民国早期股票市场的女性和腐败》，载罗梅君和尼考拉·斯帕克沃斯基主编：《中国女性——历史透视中的民国时期》，明斯特：LIT出版社2005年版（Bryna Goodman, Unvirtuous Exchanges: Women and the Corruptions of the Stock Market in Early Republican China, in: Mechthild Leutner and Nicola Spakowski, eds., Women in China: The Republican Period in Historical Perspective, Münster: LIT Verlag, 2005），第351～375页。

② 《证券交易法》，1914年12月29日。中国人民政治协商会议上海市委员会文史资料工作室编：《旧上海的交易所》，上海人民出版社1994年版，第274～281页。

来。当交易所的股票在几天内从12.5元上涨到70元的时候，《时报》笼而统之地报道说："原因在于某个（外国人）的投机。大部分中国人一直在买进卖出，期望赚取一点点利润，他们想在价格达到100元左右的时候就把股票卖掉。然而，这个外国人突然停止买进了，导致价格在一天之内跌了20多点，中国人因为他的狡猾而被套住，损失惨重。"①

随着价码、大众化和专门化规模的逐步升级，大众意象和个人交易的有利可图性必然深受影响。上海第二家交易所名称中的前两个字"华商"意欲表明该交易所是属于中国人的，同时也暗示其竞争对手上海证券物品交易所是被日本资金所渗透的。②关于一个神秘的日本专家"潜藏在证券物品交易所内"的谣言无径自走，并称这位专家的能力是"无限的"。日本政府否定了虞洽卿曾与大阪富士纺织会社经理达成某种协议的传言，但大阪富士纺织会社仍希望在上海建立第二家日本交易所。虞的竞争对手声称大阪商人已经通过提供贷款的方式换取了上海证券物品交易所80%的股份。③1920年11月初，有一封信刊登在上海一家发行量很大的英文报纸《中国新闻》上，写信的人抨击上海证券物品交易所与日资企业中华企业社有密切联系并认为该交易所通过在股东章程中只登列中国人姓名的方式来掩盖其拥有日本股东的事实。这一抨击使上海证券物品交易所在国人和上海的欧美人士面前颜面尽失。很快上海华商证券交易所也面临了相同的指控，甚至是诉诸法律的威胁。例如，1920年11月18日，有一家中文报纸刊登报道说，上海原棉交易所的代表律师在发给中央政府和江苏省政府的电报中公开对上海华商证券交易所进

---

① 《时报》，1920年8月15日。这个账目明显认可了中国人的投机，并可以断定中国人的投机比外国人要幼稚，缺少狡诈。

② 奇良：《中国华商证券交易所概况》，中国人民政治协商会议上海市委员会文史资料工作室编：《旧上海的交易所》，上海人民出版社1994年版，第39页。

③ 董显光：《关于上海股票商品交易所的争论》，《米勒氏评论》，1921年1月22日（Hollington Tong，Controversy Over the Shanghai Stock and Produce Exchange，Millard' s Review，January 22，1921），第419页。

行谴责，他认为这家交易所非法向日本人借款300万元，其行为严重损害了中国商人的利益。①

尽管民族主义情绪和对日本人卷入的揭露是大众讨论中的习惯性话题，但观察者也批评指出了中国人以爱国言辞加以论证的投机方式和腐败。②管理跨国资金流动的实际问题、爱国主义对于建立新交易所的有利可图性、上海商人共同体内部派系的划分以及各派系在事件中对媒体的战略性利用等等，使有关交易所的议论更加热烈。据1921年1月《密勒氏评论》报道，上海证券物品交易所“正努力向大众证明该所是由中国人投资和管理的，是为中国人的福利而开办的”。而它的批评者，“正直的人（如张謇、H. Y. Moh）和上海华人商会主席C. C. Nieh则宣布，它是由外国人投资并为外国人牟利服务的”③。

论战使上海证券物品交易所的名声和经营受到损害。该所最初的经营对象包括“原棉、纱布、金银、谷类、油料和皮革”，但是因与日本人有联系而越来越遭人猜忌，许多专营这些商品的商人逐渐撤出了，并且建立起了自己的交易所。结果，该所的股票和商品交易“几乎陷入崩溃”④。与此同时，信息的传播就像资金流动一样迅速，很快就传遍整个上海新闻界。上海证券物品交易所的对手们从一家日本报纸那里，得到了可以证明他们的指控的真实性的证据。

---

① 《时报》，1920年11月11日；《时报》，1920年11月18日；《上海时报》，1920年11月9日。这一指控似乎并没有什么事实依据，因为上海华商证券交易所建立后不久，就由于管理不善和投机失败产生了财政困难。这个问题是通过向一位台湾裔日本人借款而得以解决的。朱振陆：《证券物品交易所简述》，中国人民政治协商会议上海市委员会文史资料工作室编：《旧上海的交易所》，上海人民出版社1994年版，第16页。

② 《上海时报》，1920年11月9日。

③ 董显光：《关于上海股票商品交易所的争论》，《米勒氏评论》，1921年1月22日（Hollington Tong, Controversy Over the Shanghai Stock and Produce Exchange, Millard's Review, January 22, 1921），第418页。

④ 董显光：《关于上海股票商品交易所的争论》，《米勒氏评论》，1921年1月22日（Hollington Tong, Controversy Over the Shanghai Stock and Produce Exchange, Millard's Review, January 22, 1921），第418页。

从日本《金融与经济》上减债的信息中，人们可以看到上海证券物品交易所“实际上是一家中日合资企业”，该“企业的大部分利润为日本的对华贸易公司所有”。①

在当时的小说中，中国证券市场那些肮脏的幕后交易勾当也受到了重复和讽刺。1922～1923 年连载于《星期》杂志上的江红蕉著社会小说《交易所现形记》就是其中之一。它为我们了解当时的经济和股票市场打开了一扇窗口。②

在小说中，交易所是作为一个新兴的、尚未被人完全理解的事物出现于中国大地上的。作者描写道，中国商人在看到自己无法与之竞争的日本上海取引所建立后，就开始对建立中国人自己的证券交易所产生了兴趣。广东商人郁谦伯③完全是为了赚钱才开办交易所的，但他却把自己的行为理性化为争取中国人自己的经济权益，捍卫国家主权。（第 27 页）因为他本人不懂交易所事务，所以他依靠一位日本熟人——一位被冠以“龟”的姓氏的日本浪人——来设计经营这个新建的中国交易所。郁向其中国合伙人隐瞒了龟与交易所的关系。但当龟不得不显身时，郁就给他起了个中国人名字并把他说成是一名留日回国的中国学生。郁所创办的支那交易所就是这样打着爱国主义的旗号为自己谋取私利的。在声称中国人应该购买股

① 董显光：《关于上海股票商品交易所的争论》，《米勒氏评论》，1921 年 1 月 22 日（Hollington Tong, Controversy Over the Shanghai Stock and Produce Exchange, Millard's Review, January 22, 1921），第 420 页。另一家日本人办的期刊则确认这家交易所是属于日本人的，它还把虞洽卿形容为日本人的傀儡，并且指出：“在反日情绪过去之后，日本人将向公众解释这个秘密。”董确认第二家期刊为《金刚石经济学报》（Diamond Economic Journal）。关于上海的新闻报道见顾德曼：《半殖民主义、跨民族纽带和共和国早期上海的新闻文化》，《中国评论》第 4 卷，2004 年 4 月第 1 期（Bryna Goodman, Semicolonialism, Transnational Ties, and Press Culture in Early Republican Shanghai, China Review, 4: 1 (April 2004)），第 55～88 页。

② 这部比茅盾关于股票市场的经典小说《子夜》早 10 年出现的小说，被收录于汤哲生等主编：《交易所真相的探秘者——江红蕉》，《中国近现代通俗作家评传丛书》第 7 卷，南京出版社 1994 版。

③ 实际上，早期的交易所受到浙江和江苏商人的控制。

票，捍卫祖国的观点的劝诱下，连本来对市场投资没有兴趣的中国人都开始购买股票了，股价开始大涨。（第 37 页）尽管交易所能灵活地操纵中国大众的投资，但最终也还是被谣言击溃了。《评言报》散布谣言，极力揭露支那交易所从事外国证券交易的活动。

正如小说所讽刺的那样，对来自外国的竞争以及外来资金渗透中国金融的恐惧造成了中国股票交易所的发展，也造成了这些交易所的相互攻击。①尽管在这部小说以及小说所讽刺的大众讨论中普遍存在对日本人的警惕，但更引人注目的是有关如何消除这座城市中的半殖民地政治结构的分析，这种结构也为交易所的繁盛创造了基础架构。人们可以想象，这座城市所存在的多国租界的事实早已为许多讨论作出了预先决定。

对于在 1921～1922 年广泛传播的股票市场热来说，这座城市多重的政治权力是一个根本因素，它们对各种有效的交易市场管理产生了结构性阻碍。一旦中国的交易所出现于世，中国股票交易的梦想者所难以预料的和中国政府所难以控制的恰恰是那些西方势力借以煽动中国交易狂热的方式，这就是西方势力在上海所拥有的治外法权，即使人们对此并不总是有清醒的意识。

正如我们在前面所提到的那样，根据中国的法律，在每个道级行政区划，针对每一种产品只准一家交易所在政府部门登记营业。假如这一法规能够得到贯彻，那么它就会使上海限制于一家证券交易所，并且每一种商品也只能有一家交易行。②然而，当意识到建立可以发行他们自己股票的交易所是一本万利的营生时，不少人马上就跑到外国领事馆注册创办起新的交易所了。乔治·索科尔斯基

---

① 虽然在公众讨论中，经济论据屡见不鲜，但在小说中，这种论据并没有受到多大关注，这或许是因为它们多种多样，性质不一，或许是因为它们缺少文化上的诉求。对于有关经济论据，本文将在最后一部分予以分析。

② 这并不能说明北京政府不能控制交易所的数量。正如上文提到的，相关部门同意上海成立违反法规的第二家证券交易所，这就表明了一种由政治派系斗争而导致的腐败现象的存在。

（George Sokolsky）在1921年底写道，“在外国领事馆的损害性注册”正是造成交易所建立过多的根本原因，它为交易所逃避中国的相关法律提供了便捷的“后门”。[①] 1921年的一份关于上海交易所的英国报告表明，只有10家声明是在中国政府部门注册的，4家得到美国政府的保护，16家声称是在法国领事馆登记的，11家宣布是在西班牙领事馆注册的等等。[②]

随着中国人办上海交易所的繁盛，不仅在上海，而且在天津、汉口、广州、宁波等其他的开放口岸，北京政府都采取了强硬的、试图制止其疯狂蔓延态势的措施。[③]一封在11月初由中国外交部发给法国驻北京公使馆的公函表明了政府的努力，也表明了其收效的微小：

> 中国商业农业部以及北京和各省的各级管理部门与商会团体一再要求我外交部采取措施关闭那些有问题的交易所，因此我指示驻上海的外交专员与法国上海总领事商谈关于关闭这些机构的事宜。该专员告诉我说，法国总领事不想关闭这些交易所……这种事态发展下去将会造成很多个人的破产以及当地市场的动荡……如果贵方能指示贵国驻上海总领事馆：1）与中国外交部专员通力合作关闭法租界内未授权的交易所；2）尽可能

① 索科尔斯基认为，一些中国人购买股票是相信“如果出现麻烦，他们将得到美国领事的保护”。他认为美国和其他国家的领事机构倾向于采取一种“道义上负责任的”态度，因为“外国人的荣誉”有可能在股票市场危机中毁于一旦，“人们会声称，在自己国家不被容忍的经济活动却在外国旗帜的保护下，在上海得到了存在和发展的许可”。G.格拉玛达：《物品交易所的赌博》，《华北每日新闻》，1921年12月6日（G. Gramada, The Gambling in Produce Exchanges, in: North China Daily News, December 6, 1921）。

② FO 228/3175。

③ 很多中国个人和组织也抗议外国领事允许中国交易所在租界中注册。英国档案中有香港和上海银行买办的申请书。FO 228/3175。

> 快地废除法租界管理当局颁发的执照收费政策，我方将不胜感激。①

法国当局的让步不是关闭这些交易所，而是对这些交易所收费方法的改变。他们规定在法国领事馆登记的交易所每个月要固定缴纳100两白银，该费率的制定既满足了法国接受者的最大收益，又不至于导致交易所跑到别国租界避难。②中国外交部驻江苏的专员徐元（音译）和法国上海总领事威尔登（Wilden）一直保持着书信往来。12月份时，徐注意到股票价格下跌已经导致了金融危机和自杀现象的出现，因此，他再一次请求威尔登关闭所有未经中国政府授权的交易所。③月末，威尔登在致法国特命全权部长（Plenipotentiary Minister）德·弗里奥（de Fleuriau）的公函中提到中国政府"一直没有停止要求禁止所有交易所"。威尔登根本不理会这些要求的严肃性，并评论说，虽然中国政府颁布了相关政策，但一些政府官员"为了自己的私利不停地要求对那些（特殊）交易所加以关照"。除了这些中国官僚非专业的和个人性的行为（他们——连同他所作的关于中国官员自己就为注册交易所要求5000两白银的贿赂的声明一起——自然减弱了中国政府要求的合法性）外，威尔登提出了"不能满足中国政府要求"的三点理由，每一个理由循着一种逻辑关系：

> 首先，允许中国当局在我们已经拥有司法权的区域进行干预将是非常危险的。第二，关闭未在北京注册的交易所……将会引起上海市场的恐慌，导致所有股票持有者即刻崩溃……我

---

① 南特：《法国外交部外交档案》，《上海领事文件》A-59，1921年11月7日（Nantes, Ministere des Affaires Etrangeres, Archives Diplomatiques, Shanghai Consular Papers, Serie A, Box 59, letter dated November 7, 1921）。

② 南特：《法国外交部外交档案》，《上海领事文件》A-59，1921年12月25日（Nantes, Shanghai Consular Papers, A-59, letter dated October 25, 1921）。

③ 南特：《法国外交部外交档案》，《上海领事文件》A-59，1921年12月12日（Nantes, Shanghai Consular Papers, A-59, letter dated December 12, 1921）。

> 们将因此承担失败的责任，而这些失败最终也会被自身不变的经济法则所导致。可以推论……关闭交易所的决定会将大量的交易所拱手让与别国的势力范围，从而使其免受中国政府的监管。西班牙和意大利的领事馆也不幸地倾向于为这些不合中国规定的机构提供保护。鉴于以上理由最好不要过多探究此事。①

换句话说，与中国政府合作是不可能的，因为这将破坏治外法权原则，破坏永恒的市场规律；更主要的是，在西班牙人和意大利人明显地不同意合作的情况下，法国方面即使有最好的意愿也无能为力。

实际上，在管理交易所的事宜上，与其他国家的领事机构相比，法国作了更认真的努力。②也许正是出于这个原因，1921 年秋天只有 33 家交易所在法租界开业；与之相对，有近 100 家交易所在公共租界开张营业。③正如英国的报告所悲叹的那样，在国际租界，“由于分立的司法权利以及绝对行政权力的缺失，我们不能遵循好的模式行事”。除了组织上的障碍，英国和法国一样找到了思想意识上的理由来回绝中国的请求：“如果支持了中国政府那就相当于承认了公共租界有一种破坏自由贸易权利的存在。”最后，英国方面没有采取措施：“我们的观点是，这样一种相当于警察干预的政策将构成中国政府对租界内部事务的干涉。”④

中国的观察者很容易发现治外法权在加剧股票交易投机方面所起的关键作用，而作为帮凶的外国势力也使中国政府清理交易市场

---

① 参见威尔登写给弗里奥的公函，1921 年 12 月 19 日（Wilden to Fleuriau, December 19, 1921）。

② 除了月费，法国人还因为违犯法规征收 5 元到 1000 元不等的罚金。FO228/3175，第一号（FO 228/3175 Enclosure No. 1）。

③ 南特：《法国外交部外交档案》，《上海领事文件》A－59，1921 年 12 月 19 日（Nantes, Shanghai Consular Papers, A－59, letter dated December 19, 1921）。

④ 弗莱瑟注明日期为 1922 年 1 月 31 日的报告，USDS 893. 52/37（Fraser, report, dated January 31, 1922, USDS 893. 52/37）。

的努力功亏一篑。但是上海媒体对于中国反对外国租界的声明却持消极态度。因为中国的声明危及中国商人的权益，它们也使非大众化的北京政府取缔过多的非法交易所的努力合法化了。

对于北京政府取缔过多的交易所的努力，上海的《商报》[①] ———一份倡导对中产阶级（middle－class）进行政治动员的报纸——表现出极大的关注。其中有一篇旗帜鲜明的社论（可能出自陈布雷或者潘公展之手）以爱国主义词语反对政府的监管和治理，大肆宣扬中国“民众”（中国商人?）反抗专制政府的权利：

> 今中央对于交易所已提出对外交涉矣。抑知上海交易所之成为交涉问题者，当始于撤销某国之取引所乎，乃他国人破坏我国权之取引所。既听其存在，而反于自国人设立之交易所，欲借以挽回国权，不益授人以口实乎。总之爱护国权，今日衮衮诸公且忘之，尤于民人何责焉。[②]

另一篇社论更加激进，它论证说，既然中国农商部违反了它自己制定的交易所限令，那就表明这些中国法律本身是无效的：

> 若以法律之目光论之，则国家至于今日，并未产生合法之交易所法，其有以命令制定，或以命令变更者，已缺法律之要件，当然无拘束商民之效力。即退一步言，今日官厅所称之法规，事实上不得不认为一种暂行条例。然此项条例，亦为官民所应共同遵守者，而农商部先自有所出入，商民之否认，尤何足责。[③]

① 《商报》是一家独立的报纸，创立于五四运动时期。陈布雷是总编辑，他本人当时也卷入市场投机之中。陈布雷：《陈布雷回忆录》，上海书店1949年版。

② 《商报》，1921年8月11日。

③ 《商报》，1921年9月4日。

邵力子在国民党机关报《民国日报》中撰文说，自由的市场竞争本身足以解决问题：

> 官厅的调查、取缔，又能否有效呢，也者实是个疑问。中国人别的不能自由，只有弄钱的方法自由，环境又在与这种人以便宜。就使官厅真有心防范，尚且困难，何况未必是真心呢！我看这劫是没法避免的了。不过从又一方面看，却不必悲观。资本主义的自由竞争，或者反因此自行淘汰，促进经济改造的机运，也未可知啊。①

这些评论者（20世纪20年代初为工、商、金融界动员起来的阶级代言的当时或日后国民党的主要人物）认为只有通过中国商人、银行界以及公共团体的联合努力才能采取有力措施，解决问题。他们拥护中国资本主义的发展，对北京政府以维护国家主权名义阻碍国人牟利的行为持强烈反对态度。②他们的民族主义从战略上论证了当时正与在中国经济中存在的日本势力的渗透发生对抗的市场的正当性，但是当北京政府的政策将导致对中国股票交易所加以严格监管甚至是取缔时，国家主权就不是他们的争论的出发点了。

三、"经济学犯罪"：物质和道德价值的估算

最后的一段将进一步探讨有关"经济"这个跨语言概念的理解

① 《没法避免的劫运》，《民国日报》，1921年7月24日。

② 《经济事变与社会责任》，《商报》，1922年2月27日；《恐慌之防治》，《实事新报》，1921年8月13日。

问题，而“经济”本身则是一个融汇了中国、日本和西方元素的词汇。[①]然而在这里，我们将看到的不是经常与“殖民地现代性”相联系的、被假定为欧洲现代性符号标志的霸权，而是构成半殖民地交往区文化特色的多重外来因素与本土因素的复合作用。经济这个词在19世纪20年代初的中国具有多种含义及不确定性，它们包括了对科学的国家建设、财政计划和经济繁荣的期望，并被嫁接到中国古代的“经世济民”词语上了。

突如其来的经济振荡为新术语开启了有关贪婪的社会破坏性的文化保留。股票投机导致了对在深刻经济危机背景下遭到削弱的市场进行修辞学防卫的合法性。民族主义者经济发展的不可靠话语被建立在一个不稳定的经济概念上。由交易所造成的社会恶梦与旧的对赢利的怀疑态度产生了共鸣。反对外来势力渗透、捍卫民族资本单一性的爱国主义行为提供了一种简易的、从旧的视资本主义为污物的意识中分离出来的反殖民姿态。正是这种旧意识有力地谴责了中国交易市场的过热。

紧跟着交易所泡沫破灭而迅速产生的对于这一经济崩溃的社会理解充满了道德情操内容。一份来自公共租界的中国承包人报告记录了1921年“蘑菇金融”（mushroom finance）所造成损失和1922年1月大约三分之一的交易所的破产。当这座城市被投资狂热所笼罩时，市区的房屋租金大幅上涨，增幅达20%。股票交易所的创办者携款逃跑，商人丧失了财富和企业，许多人被迫自杀。不少有前

① “经济”是一个借用词，来源中国古代汉语。另一种翻译是，它包括了富国策、富国学等。见刘禾：《跨语际的实践——1900～1937年中国的文学、民族文化与被译介的现代性》，斯坦福：斯坦福大学出版社1995版（Lydia Liu，Translingual Practice：Literature，National Culture，and Translated Modernity - China，1900—1937，Stanford：Stanford University Press，1995），第268页、第315页、第360页。

途的青年人误入歧途。[①]在江红蕉的《交易所现形记》中，对于交易所导致的破坏作用有这样的描述：

> 这时市面上一百余家交易所同归于尽，只剩三四家罢了，也是风雨飘摇。……那些办事的所员，有的弃了小学教员。弃了店伙，都来投身，没有半年，那失事而返，却变得奢华惯了，闹了一批亏空，再要谋旧事，早已有人在那里，不容回任，真是坐吃山空，噬脐莫及。独有一辈房主、木器店、水木作、漆匠、印刷店，以及律师和他的翻译，却捞了一大批，但是也并不积了起来，大都用到窑子里去。不过像金枝花、绮缘、红蕤馆一辈红倌人，问问她们也说没有多一件首饰，也没有积了些私房。可是上海的市面，被交易所这样一扰乱，已是凋敝得不少，大非昔比了。正是：一场浩劫化昙烟，无人不说交易所。[②]

在读了上海知识分子写作的一些杂文后，我意识到现代的“经济”术语已经变成旧文化含义的一个载体；这些杂文讲述了一位在1921年股票狂热中失去所有积蓄并因此而自杀的妇女的故事。[③]在描写这个故事时，上海先锋派导演郑正秋愤怒地责问究竟谁应该受到谴责。通过调查股票市场对社会所造成的损害，郑认为谴责席女士因为“投机而死”是不公平的[④]，与当时其他一些人一样，郑断言

---

① 《上海的股票和商品交易所》,《中国工程师和承包人公告》, 1922年1月增订版，美国档案部, 893. 52/37 (Shanghai' s Stock and Produce Exchanges, The Chinese Engineer and Contractor Bulletin (supplement, dated January 1922), U. S. Department of State Archives, 893. 52/37)。

② 江红蕉:《交易所现形记》, 重印于汤哲生主编:《交易所这项的探秘者——江红蕉》,《中国近现代通俗作家评传丛书》第七卷, 南京出版社1994版, 第158页。

③ 这件事详见顾德曼:《新女性的自杀——报刊、文化记忆和新共和国》,《亚洲研究》第64卷, 2005年2月第1期 (Bryna Goodman, The New Woman Commits Suicide: Press, Cultural Memory and the New Republic, Journal of Asian Studies 64: 1 [February 2005])。

④ 崔蔚茹:《席上珍》第一部分, 上海妇女职业研究社1922年版, 第8~9页。

犯罪早就发生了，席同其他一些由股票市场导致的自杀者一样，也是不知情的牺牲品。犯罪的一方是一种抽象："这是谁的罪恶？不是经济的罪恶是什么？"①

郑的质问揭示了一种负面的文化联系，它依附于股票交易所这个新兴资本主义机构以及在1920～1921年间横扫上海的投机性投资热潮。②当时的股票市场指南、经济报告、交易所图表展示和有关股票市场的早期小说都证实了利益相关者对资本主义经济的积极意义的战略虚构。这一工作对于反对当时广泛存在的、与资本主义格格不入的道德保守和位于欧洲模式现代性观念之下的关于财富不断增长的想象是必要的。

四、经济的现代性和"虚业"问题

正如我们所看到的那样，在半殖民地的上海，中国股票交易所的建立变成了一个民族主义者事业，民族主义也从文化上证明了企业不确定因素的合法性。加入竞争性全球秩序的民族资本主义梦想使中国的改革者和商人能自由地拥护传统上不被认同的牟利思想。中国经济现代化新道德的倡导者认为，通过增强中国的工商业可以使中国挑战它所面对的世界列强的殖民化欲望。1921年，上海的一份指南曾对建立中国股票交易所的必要性作了如下解说：

> 寰球交通，竞争日烈。兵战而外，兼以商战。顾兵战为有

① 崔蔚茹：《席上珍》第一部分，上海妇女职业研究社1922年版，第10页。

② 我在别的地方考察了股票交易市场中的女性活动，见顾德曼：《非道德的交易所：民国早期股票市场的女性和腐败》，载罗梅君和尼考拉·斯帕克沃斯基主编：《中国女性——历史透视中的民国时期》，明斯特：LIT出版社2005年版（Bryna Goodman, Unvirtuous Exchanges: Women and the Corruptions of the Stock Market in Early Republican China, in: Mechthild Leutner and Nicola Spakowski, eds., Women in China: The Republican Period in Historical Perspective, Münster: LIT Verlag, 2005）。

形的、一时的，而商战为无形的、永久的。且兵战仅恃武力充足，而商战全赖实业发展，此一定之理也。夫欲发展实业，非有伟大之实力，雄厚之资本，并组织有秩序有统系之经济机关，以维护而启导之不为功。是交易所之设立，在今世界所断不容或缓者也。盖交易所者，为商业上一种保证信托之特殊机关，所以平准物价，调剂供求，指导投资者之方向，减少商业上之危险。此种机关之产生，视国民经济能力发展迟早为转移。近世潮流急进，商情实业，愈趋愈扰杂，其危险之机四伏，决非小企业小资本家者所能窥测而运用，于是不得不藉伟大之经济机关，以为之辅翼，为之维持，作投资者之向导，保持金融上之平和，俾投资事业，渐趋于稳健地位。由此观之，交易所一业，实为经济界工商界金融界上不可或缺之一种机关也。①

正如引文所谈到的那样，股票交易所的拥护者们阐述了一种和谐的和受到保护的市场的思想，一种对于个人谋利和投机等麻烦问题未有任何顾虑的幻景。②在这样的指引和评论下，股票交易便以为大众和民族谋福利的机构身份开始出现了。③

这样的幻景只能通过抹掉早期的赚钱概念才能得以持续。像五四新文化运动时期商业报纸所展示的那种中国资产阶级现代化的浪漫文学正是建立在有关信用丧尽的中国过去的观点之上的，这是一

---

① 王恩良：《交易所大全》，上海：交易所所员暑期养成所1921年版，第3页。

② 在中国传统的文化范畴中缺少对于亚当斯密经济理论的支持者，即使在上海的商人阶级中也认为追求个人利益将会损害集体利益。上海交易市场的推动者关于市场的描述可以和A. J. 休斯（A. J. Hughes）在皇家亚洲协会大厅面对在上海的英国听众发表的的演讲内容相对照：交易所不仅仅只是“历史发展车轮的一个零件”，而且对于普遍的社会福利也是不可或缺的。休斯所发表的关于刺激个人和建立股票交易所的价值的轻率言论是很难说服中国听众的。《休斯先生关于股票市场是社会发展促进因素的演讲》，《上海时报》，1920年11月30日（Mr. Hughes Discusses “The Stock Exchange as a Factor in Social Evolution”, Shanghai Gazette, November 30, 1920）。

③ 自私的动机不是良好股票市场的一部分，尽管当上海的股票市场走向歧路时贪婪的商人成为公众批评的靶子。

个被一系列“传统的”性格缺陷和文化虚弱搞垮了的过去。要重建中国文化、增强民族的力量，必须首先根除这些缺陷，结束帝国主义羞辱的梦魇。在这些缺陷中，腐朽堕落的消遣活动，特别是逛妓院和赌博占有突出地位。这些行为只是沉迷酒色的表现，对于国家经济的建设毫无用处。报刊社论连续不断地攻击彩票并号召取缔各种赌博活动。①

经济的现代主义者反对赌博，因为它浪费了发展民族经济所必需的资源。对于建立股票市场来说，这是一个特别的问题。在市场充斥着投机的背景下，把股票交易与赌博联系在一起的做法为股票市场的推动者制造了与道德相关的问题，而这些推动者正是赌博的反对者和股票交易所的鼓吹者。与道德有关的概念产生于媒体制造的股票与赌博的类比。例如上海《商报》中的一篇文章是这样阐述的：

> 失望者遂至公然指斥交易所为有害于社会之投机事业，而谋所以废止之。其实投机之一名词，用意非一。一般社会所视为毒蛇猛兽之投机，与学术上之所谓投机，决非一物。谓交易所为提倡投机事业，即交易所之自身亦当是认之，但若比此类投机于赌博，而武断地指为如何有害于社会，则不独有看朱成碧之嫌，亦不啻自证其不学无术。……投机与赌博，世人多不能名辩其异同。就表面视之，两者俱以博未来之利益。……赌博者，除道德上之损失外，于社会无利亦无害，甲失乙得而已。而投机不然，依契约者才智之不同，或增加财产，或减少财产，此根本的区别也。但吾以为赌博者，不特在道德上有损失，即

① 《实事新报》、《中华新报》、《申报》中相关的例子，出现在1919年11月15日和1921年2月15日的《上海时报》。也可见《漕河泾商人请严禁赌博》，《商报》，1922年4月3日。鲁迅在其经典作品《阿Q正传》中，讽刺了主人公赌博的恶习以及因此受到的欺骗。而在像鲁迅那样的文化批评家声讨赌博时，中国的改革者则通过了以根除城市中赌博行为为目标的法律。

> 在社会上亦非无损失。……而真诚之投机则不然。真实之投机，一商业行为耳，虽不能无减少财产之虞，然决无若从事赌博者之危险也，且其事非损人利己之行为，于道德上亦无损失。……可悟投机与赌博之截然为二物而不可合并。况乎投机事业，形式上虽似只有个人之利益，而实能增加国民经济之活力，因为现代经济组织下所不可缺之要素耶。[①]

那些批评股票市场的资本主义运作机制的人自然会将它与赌博加以比较，并将它称为“虚业”，空的或无实际意义的产业，甚或是“骗人的买卖”。与市场投机相关的中国词汇如“买空卖空”就揭示了这些行为的无实际意义性。1921 年 7 月初，《上海总商会期刊》刊登了一篇题为《股票市场的优缺点》的文章，断言中国股票交易所是对中国在全球经济面前表现出的脆弱性所作出的一种错误反应。在作者看来，一战期间中国经济的短暂繁荣被战后的萧条所打断，这就导致中国商人“群趋交易所，作孤注之一掷”。但是这一冒险行为的结果很快就清楚地显现出来了：“死者死，逃者逃，变产质衣者，踵趾相接，于是有识者，皇皇然相告曰，交易所即大赌场也。”[②]随着市场投机性的日益显露，人们越来越多地把它与赌博相提并论了，报道自杀事件的作品充斥于市。[③]

为股票市场辩护的人们则需要做以下两件事情：一是用可为发展带来广泛机会的光明一面取代可导致全球不平等的灰暗一面；二是用股票市场理性的、生产性的和现代性的特征对抗赌博的非理性和挥霍浪费性特征。对于报纸中出现的关于这个话题争论的经济和道德策略尚需进一步加以探讨。

发生在股票市场的批评者与拥护者之间的争论在反对交易所的《实事新报》和支持交易所的《商报》上充分展开，而《商报》自

① 《交易所与投机事业》，《商报》，1921 年 2 月 22 日。

② 《论交易所之利弊》，《上海总商会月报》，1921 年 7 月，第 1 ~ 2 页。

③ 《晶报》，1921 年 6 月 17 日、6 月 18 日、8 月 9 日、8 月 27 日；1922 年 7 月 30 日。

股票交易所建立伊始就持积极的支持态度，后来，尽管上海的股票交易所在各方面已经失真，它至少仍在原则上保留着信心。这次讨论之所以被大幅引用，主要因为作者为对抗根据旧道德经济提出的批评展示了一种普遍经济进步话语。

> 时贤以其非生产的也，创为虚业之说以示裁抑。……
>
> 经济上之所谓生产，其义非指造物而为造财，故凡能增加财之效用者，……均可名之曰生产。其利用天然以培植原料者，固为生产，而变更原料之形体，或变更其地位以至于变更其时日者，盖无往而非生产。换言之，亦即无往而非世之所谓实业也。夫企业之本质，所以增加财之效用，而藉以充足世人较大的欲望。是故一切企业，皆具生产之效能，以其皆具生产之效能，故以经济之全体言，实业虚业，其剖析颇属难能。……
>
> 且即退一步言，姑认农业以外之企业，或农工业以外之企业为不生产的企业，因以此等事实为虚业，然此种虚业之影响于社会经济者，其为利为害，要亦应时应地而异，而未可悉加以裁抑也。例如金融业，明明非农工的企业也，然其流通资金，利用游资，以酌盈剂虚而助他业之活动者，其造福于经济社会，未必在农工业下。……
>
> 抑又有进者，今之所谓虚业，吾人即认其为不当，而实业亦未必尽利也。例如生产过剩，常足以形成信用之破裂，与经济之恐慌。……本以增加财之效用为职责，以经济之全体言，本无实业虚业之分别，尤抑此扬彼之余地。①

《实事新报》对于《商报》论点的回应不是反驳其论证的逻辑，而是对在中国建立交易所的必要性和隐蔽在其建立之后的动机提出了疑问：

---

① 《我的“虚业”观》，《商报》，1921年8月11日。

陡然设立这样许多交易所能不能成为疑问？至于信托公司呢，也要看看现在社会上是不是有大宗过剩的资金，再要看看社会上对于公司事业信用的程度如何。……

再就中国的需要上来看到底何种实业是最需要的。以现在外货充斥，日用品都仰恃于人的时候，恐怕没有谁能否认发展农工事业比发展商业更为需要……那么，在中国与其以资本来办调济物价之交易所，及设立吸收余资之信托公司，那就不如把这宗大资本来开设工厂，改良农业，效用更要大一些。……况且事实上，现在的交易所及信托公司，其能以真实营业为目的者有几家。……大多数是以抬高股票价格以图获利为目的。[1]

《商报》的作者通过找出其对手的经济学理论错误进行还击，坚决主张科学与股票市场的紧密联系。[2]《实事新报》的编辑则用道德和自杀现象来反驳上述科学论。

交易所及信托公司，无论在学理上有如何的效能，然我总以为在中国现状下实不相宜。……现在有了这样许多交易所和信托公司了，我之见他们已经造出许多罪恶，不见于经济社会上有何种裨益。如因投机失败而潜逃自杀也是有的。……其中暗受损失者不知若干人。听说他们发起人中有些在当时风头好的时候，抬高卖出，现在因为风头已过，社会上不信任了，于是便压价收进。这一卖一收，他们已经赚了不少，而吃亏的人竟不知有多少。[3]

道德变成了大众讨论的主要话题，同时也为人们理解股票市场

① 《我的“虚业”观》，《实事新报》，1921年8月15日。

② 《我的“虚业”观，二》，《商报》，1921年8月16日。

③ 《为交易所及信托公司问题答养初君》，《实事新报》，1921年8月17日。

提供了主要框架。我在这里引用《商报》和《实事新报》之间的争论是为我们了解当时公众对于经济的理解和评价提供一个窗口。这次争论表明了对于经济的两种不同理解，一种是把“经济”视为国家层次的复杂体系，而另一种则是从个人行为和道德方面来看问题。着重于道德问题的，除了讨论经济事务的专业出版物，还有诸如《上海总商会期刊》等杂志。正如前面已经引用过的《股票市场的对与错》一文的作者所哀叹的那样，“我国年来，商业渐兴，消息亦较前灵动，交易所亦逐渐增多，然商业道德，反因之而薄弱”①。

在这种情况下，回到江红蕉的社会小说是值得的。我们可以把它当做一部揭露市场的贪婪、腐败和不道德的小说（exposé）来读。小说中，交易所——像帝国晚期的财神五通一样——试图使那些良家妇女误入歧途。②就像五通利用金饰物这样的小恩小惠来迷惑少女一样，股票市场不但拿走了那些本来应当是它给予的东西而且毁灭了那些被它勾引到手的受害者。让我们来考虑下面这一段描写，它以死亡和毁灭的全景式概括凸现了一个人的自杀而亡：

> 别家交易所没有女人做买卖，独有半夜交易所，有许多女人在里面。投机买卖，女人那里懂得其中奥妙，只知道价高了便买进，瞧见价跌了，忙又卖出，自然蚀的居多，赚的居少。最可惨的，便是西医潘笏臣的妻子……他瞧见本所股日涨夜大，

---

① 《论交易所之利弊》，《上海总商会月报》，1921年7月，第1页。

② 关于五通，参见冯·格兰：《罪恶之路——中国宗教文化中的神与恶魔》，伯克利：加利福尼亚大学出版社2004年版（Von Glahn, The Sinister Way: The Divine and the Demonic in Chinese Religoius Culture, Berkeley: University of California Press, 2004），第242～246页。真实生活中，男人在市场中作为受害者的数目远多于女人。但是在小说中描写女性受害者自杀效果更显突出。参见顾德曼：《非道德的交易所：民国早期股票市场的女性和腐败》，载罗梅君和尼考拉·斯帕克沃斯基主编：《中国女性——历史透视中的民国时期》，明斯特：LIT出版社2005年版（Bryna Goodman, Unvirtuous Exchanges: Women and the Corruptions of the Stock Market in Early Republican China, in: Mechthild Leutner and Nicola Spakowski, eds., Women in China: The Republican Period in Historical Perspective, Münster: LIT Verlag, 2005）。

> 他就托人去买了一百股，四天之内，便赚了七百多元……谁知一个月以后，忽然大跌……他的血本也去了一大半。他还不死心，要待价格回涨，不肯割舍，追证增证，总是照数解出去……他见大势已去，只得忍痛割卖，谁知他才卖掉，价钱忽大涨起来了。他更眼红得了不得，便又去设法借凑了一笔钱，买了二百股，果然每股涨了三元，他想再看看风头，让它涨足了再卖不迟，可以稍稍捞还些以前的损失。谁知隔了一天，有四个经纪人，在场上大抛空头……不到两个月，前后蚀去了一万七千余元。起初是瞒着丈夫的，后来被丈夫知道了，他想如何搪塞得过去呢，便又奔到半夜交易所去，躲在一处黑暗之所，待夜里十二点钟收市了以后，人都散了，他才蹑手蹑脚到市场上来，解下一条汗巾，系在经纪人所立的栏杆上缢了。①

陆守险以同样的风格写作了小说《失败妇女之投缳》。小说暗示女人是那些操控市场的经纪人的一个天然目标，因为他们知道“妇女之钱，易以利诱”。故事讲述了一个股票经纪人利用经济利益诱惑一位不谨慎的女人的故事。这个女人的丈夫经常在汉口做生意，没有发现她的秘密以及她最后的损失与经纪人发生的灾难性经济联系。小说完全从妇女与经纪人之间的人际关系角度，描绘了妇女投身投机市场的非个人性经济后果。“非独衣饰已一空如洗，即向人借贷之款，早晚追索不容少缓，不得已，经纪人催迫于胡女，胡女反乞怜于经纪人。”胡女士绝望了，她去找交易所的董事长并屈辱地跪在他的面前。虽然这个虚构的胡女士在性方面不是随便的人，但她的债务问题还是不得不通过背叛丈夫的方式加以解决。②

在这些道德故事中，股票市场成了玷污道德的代表。那些被诱惑的人很快从道德堕落纵向了自我毁灭。所有的一切发生的很快，

---

① 江红蕉：《交易所现形记》，重印于汤哲生主编：《交易所这项的探秘者——江红蕉》，《中国近现代通俗作家评传丛书》第七卷，南京出版社1994版，第155～156页。

② 陆守险：《交易所现形记》，上海：中华图书集成公司1922年版，第41～42页。

就像新交易所“所有贵金白银，尽变数页字纸”并且最后使之变成“废纸”一样迅速。[1]

假如说股票市场最初是在那些与现代化和民族经济强大相关的宏大话语中得到了支持和欢呼的，那么1921～1922年的危机很快就以一种有关死亡、毁灭和女性自杀的画面取代了经济上的期望。报纸上的漫画也从一种温和的文化矛盾心理转移到了预示着危险、死亡，甚至是自我毁灭的影像。(在1921年8月份《申报》上出现的)两幅漫画展现了对于现代新交易所的惊叹。画面一，《上海市之今昔观》，城市中突然出现的交易所被描绘为高大的西方建筑并使得它周围的事物毫无价值可言[2]；画面二显示了一种更大的社会矛盾情绪(即使缺少幽默意味)。我们可以从中看到两幢建筑，一幢的入口处是空的，而在另一幢的门口则挤满了人。第一幢建筑的门口有一个标记说明很多人参加了大学考试但只有少数人被录取。标题上写道“有志不成者不知几何人”；第二幢建筑是股票交易所，很明显里面有很多的学生。其标题为“流入此中者又不知几何人”。漫画显示了股票交易所的流行性和容易进入性，也表明很多没有考进大学的人涌入交易所从事交易。[3]

更多的漫画阐述了股票市场对青年人和老年人的危害。画面三描绘了一个穿着校服盲学生正在通过一个铺满鹅卵石的小路，小路上标有“股票交易所，信托”的字样。[4]画面四《旋入漩涡》则展现了一群青年人（标有小学老师的字样）被卷入漩涡（代表股票交易所)，他们的手高举着就像在交易所中喊价一样。[5]主题变成了自杀和毁灭。画面五描绘了破产的交易所和信用公司以及一些正在跳崖

① 陆守险：《交易所现形记》，上海：中华图书集成公司1922年版，第54、74页。

② 《申报》，1921年8月23日漫画《昔》描画了一个厕所，幽默地预示着交易所是在大便满地的地方建立的（另一种解释，预示着其以大便为基础）。

③ 《申报》，1921年8月19日。

④ 《晶报》，1922年7月30日。

⑤ 《申报》，1921年9月17日。

的人物。[①]画面六《交易所造孽》描绘了席上珍自杀事件的画面。席的头盖骨被描绘为“上海交易所出品陈列室”的最后一件附加品。[②]陆守险写作的关于股票交易所的讽刺作品《交易所现形记》也在封皮上印有很多的骷髅。[③]

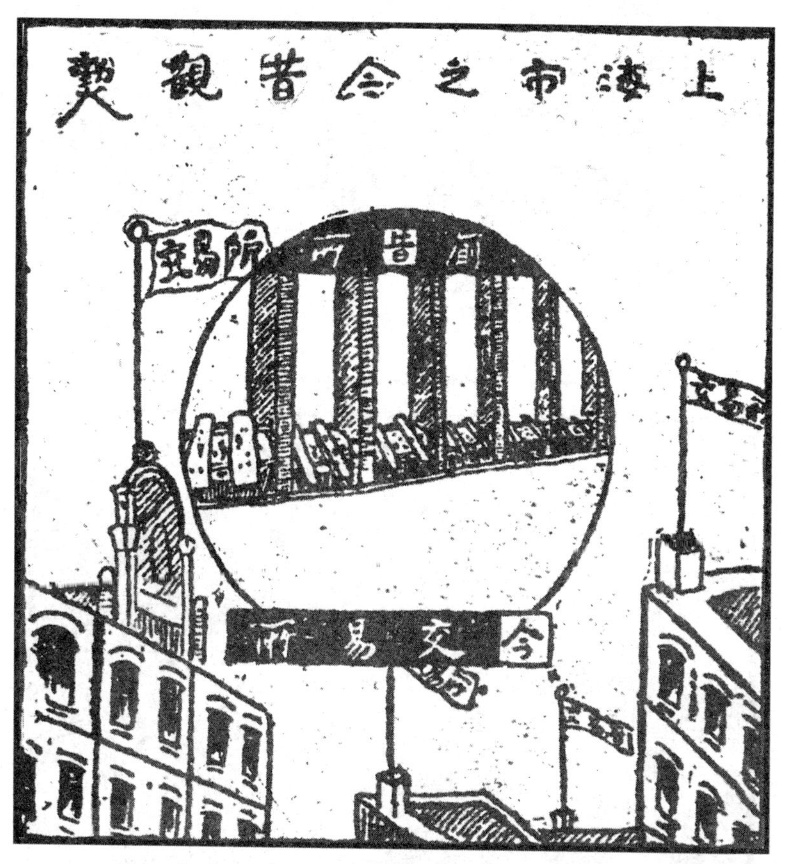

① 《申报》，1921年9月18日。

② 《晶报》，1922年9月18日。

③ 陆守险：《交易所现形记》，上海：中华图书集成公司1922年版。

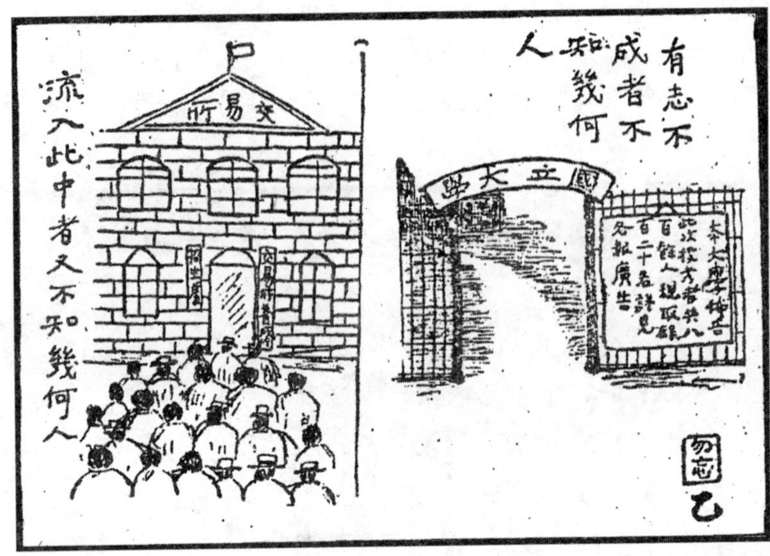
有志不成者不知幾何人
國立大學
本大學佈告
此次投考者共八百餘人祇取錄百二十名詳見各報廣告
交易所
流入此中者又不知幾何人
勿忘
乙

信託
交易所
獎券
獎券
獎券
獎券

捲入旋渦
交易所

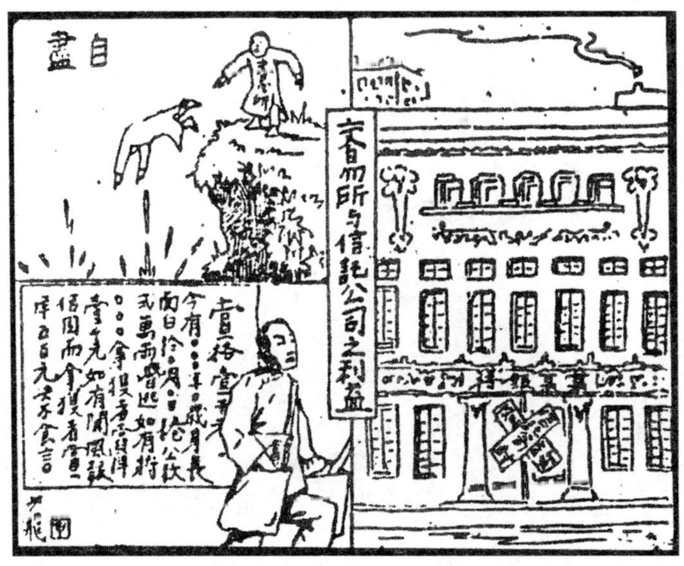
自盡
交易所與信託公司之利益

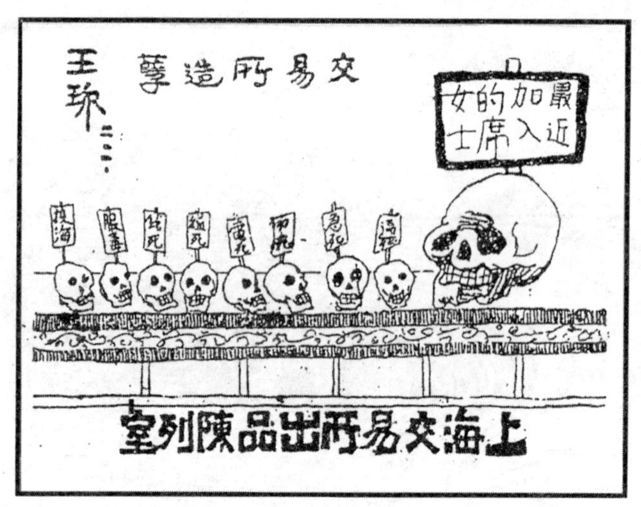
交易所造孽
最近加入的席女士
上海交易所出品陳列室

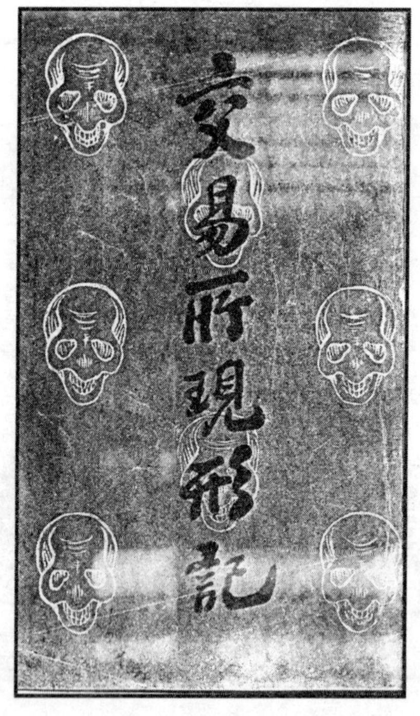
交易所現形記

五、自杀、罪犯和文化救赎

人们可以这样解释股票市场与自杀事件之间的联系，即认为这是一种对于经济灾难和由这一灾难造成的自杀的简单反映。关于当时上海发生自杀事件的实际情况没有相关的统计数据，因此我们不能从经验上回答这个问题。[①]然而，在梳理了当时报纸对于席上珍和席上珍以外的其他有关股票市场自杀事件（找到了一些，但不是很多）的相关报道后，我认为集中于文字上的自杀事件不足以说明在上海民众中广泛传播的对自杀事件的理解和股票市场的逐渐消失问题。一些外国观察者认为自杀事件被夸大了。有一份关于这次市场崩溃的英国人报告总结道：当时的情况的确造成了严重破坏，“然而其破坏程度很容易被夸大。尽管中国媒体不断地报道相关事件……但这些报道是靠不住的，只能被看做是公众观点的一个索引而已”[②]。

对于那些股票交易所的反对者来说，破产投资者的自杀现象为这些机构的罪恶提供了最有力的证据。自杀是道德真理产生的舞台。从市场崩溃后的大量评论来看，人们不能期望被一种普遍利益的缺席所打动，它或者是以经济分析的方式讨论什么东西出错了，或者援引政治分析，把该城市的半殖民地结构或中国在全球强权关系中的地位都考虑在内。相反，人们主要是从道德方面来理解股票市场的，这种道德既不与资本主义相契合，也不懂得系统的经济语言或阶级分析。就这一点而言，与十年之后的股票市场分析或在1933年茅盾小说《子夜》中有关股票市场的著名描述相比，民国初期对于股票市场的讨论与早期的对于商业社会的文化批判更能产生共鸣。

假如说在五四运动和新文化运动的经济理解中发现早期的金钱

① 在1928年之前，上海没有关于自杀事件的数据统计。上海地方协会编：《上海市统计》，商务印书馆1933年版。

② USDS89．52/37，弗莱瑟1922年1月报道（USDS 893．52/37，Fraser，report dated January 31，1922）。

观念并不令人十分吃惊的话，我们也必须注意1920年代早期的上海民众并没有完全将五通这个老魔鬼定义为罪犯。对于那些不认为自杀者要自负责任的人来说，除了经济学的抽象概念和股票交易所罪恶的运行机制外，还有另外两个罪犯需要予以关注。

其中之一，正如从早期民族主义者讨论中看到的恐惧那样，是那些令人怀疑的外国人，他们通过无形的资金流通渗透和操纵了中国经济。但是，鉴于上海没有被完全殖民地化，中国人又拥护市场并通过在外国租界注册来躲避中国政府管辖的情况，确定和查找一个国内的罪犯是必要的。大众普遍认为这个罪犯就是中国商人。1921～1922年的市场崩溃使商人共同体失去了原有的光环，因为它推动了破坏性的交易市场。[①]日报中的散文和诗歌也一致“咒骂这些创办股票交易所的毒蛇”[②]，谴责那些应为股票市场崩溃负责的“良心败坏的商人”[③]。在这些谴责中，商人们被比喻为“大腹便便”、“披着人皮的恶魔”。[④]

尽管报纸的读者和学者们选择了他们中意的罪犯，关注自杀行为的最吸引人特点仍然与下列情况密切联系，这就是对于自杀的文化理解有助于显示，这种理解用欺骗的安全代替了变质的美德。假如大多数上海人贫穷得不能在股票市场上投资，那么如此多保守的中国家庭屈从于市场的诱惑实在是太令人吃惊了。由1921年市场投机造成的必然的市场崩溃引发了中国人关于道德丧失问题的深思。如果说中国人的道德观念曾经是一种相比于外国帝国主义者和殖民主义者而言的文化优越性的安全资源的话，那么那些无辜的自杀者形象大概就是一种揭示覆盖在所发生事件之上的文化罪恶的手段。

① 在市场崩溃后出现了大量的法律诉讼事件，每一件都会证实令人吃惊的商业行为。上海的商会在被法庭传唤和提交证词时，语言谨慎。相关事宜可见上海商会档案。上海商会档案—工商联档案，200-1-008（1922年）。

② 《实事新报》，1922年9月18日。

③ 崔蔚茹：《席上珍》第一部分，上海妇女职业研究社1922年版，第16页。

④ 《时报》，1922年10月14日、16日、18日、19日。

六、结论：关于“交往区”的反省

在这篇论文中我把半殖民地的交往区看做是这样一种手段，它突出说明了塑造上海早期股票市场经历的多重不平等权力机构和思想文化的作用。假如我必须为我的论文过长进行辩护的话，我的理由就是重要的细节可以使人们对于泛泛而谈的殖民主义，对于所谓的殖民与反殖民的区分，对于一个过于概括的“殖民地现代化”理论获得更深刻的认识。而上述的三个方面模糊了“殖民者”多样的和复杂的实际行动，也模糊了舶来品现代性的当地代理人的身份，模糊了现代性在当地的含义及其重新工作情况。在这里，我试图突出地域的复杂性——半殖民主义借以提供多重模式的方式、竞争的和相互限制的殖民权威（即使这些权威严重地损害了中国主权）、含混不清的身份认同（实际是日本人的台湾投资者）和跨民族的资金流动（革命筹款）等等。我也试图突出资本主义的现代性模式和语言在当地环境中所需要得到的合法性，突出半殖民主义的内部冲击、全球规则的形成以及报纸宣传在各种语言中的状况，而这些语言为支持的声音和反对的声音提供了多种多样的平台。

上海租界公墓研究（1844～1949）

［法］安克强

闵锐武、郭敏译

1842年《南京条约》的签订改变了上海的命运。外国租界最初被认为不过是外国人的飞地，处在中国当局的掌控之中，但租界的出现却开辟了一片新天地，最终导致上海市区出现三个独立的城区。虽然中国拥有租界的土地所有权（香港除外），这些位于通商口岸的外国租界（特别是上海、天津和广州）在发展过程中带有明显的殖民地性质。由于具有一定规模并在城市中扮演重要角色，上海的两个租界成了外国人在中国土地上实行统治的缩影。

清政府企图只准外国人（包括他们的中国侍从）入住租界的计划显然不切实际。19世纪50年代中期的中国内战给中原地区带来浩劫，大量难民涌到外国租界寻求安全和保护。治外法权和炮舰提供了一个相对安全的避难所，使他们远离太平军和清军的激战。这是租界内第一次人口的迅速增长，同时也给“只准外国人居住”的规定画上了句号。清末民初，长江下游的自然灾害以及随之而来的战乱也带来了租界人口的持续增长。

上海在经济上的成功吸引了大量外国移民。在最初的几十年里，移民主要是西方人，和他们一同来华的通常还有大量殖民地国家的臣属，尤其是在危机年代。英法来华军队主要是从其他殖民地国家招募的大量临时雇佣兵。日本人来沪时间虽晚，但定居人数很快就超过了其他国家人数的总和。最后来了几批西方国家的难民，如20世纪20年代的俄国人和30年代后期突然涌入的中欧犹太人。

上海的人口组成具有国际化的特点。这时的上海表面上魅力四射、四海大同。其实，繁荣掩盖下的各种矛盾危如累卵。上海两个租界的所有事务都由外国人管理、协调和判决。日常生活方面，他们要负责处理客死中国的外国人的后事。来华的外国人持有不同的信念、信仰及宗教，在对待死亡的问题上就显现出来。城市空间被切成碎片，社会景观也被分割开来。国别不同，个人享受到的权利就不同，不管是死亡还是活着。

本文侧重考察公墓管理的有关事务。这是一个特殊的角度，希望借此揭示殖民主义在上海的运作情况。本文注重对两个外国租界进行研究，因为这两个租界都要应对人口激增后的丧葬问题。本文研究的对象不是上海所有人口的死亡管理，而是公共租界工部局和法国租界公董局如何制定死亡人口政策，以及如何利用各种特权确定安葬死者的场所。研究重点是作为接纳与排斥、紧张与争论以及城市变迁场所的公墓。

一、生物学的必然：死亡不可避免

传统史学和西方研究中关于西方帝国主义侵占中国领土是蓄谋已久的观点无疑需要修正。并不是否认外国人通过武力得到土地和特权，也不是要否认外国人为了保留这些土地和权利而进行的损害中国主权的行动。“殖民地”（学术用语“租借地”）的建立是这一过程的具体表现。在通商口岸设置飞地被双方视为权宜之计，对外国人来说，他们在中国的土地上拥有相当大程度的自治权；对中国当局来说，他们可以通过传统的方法把外国人隔离开来，并让他们自治。在这些飞地中，特别是在上海，当租界发展到全盛时期拥有上百万居民时，外国人得到的自治权和各种权利比条约中规定的多得多。中国政府及外国当局在考虑活着的外国人的问题时，也应该预见到外国人的死亡问题了。当中国人进入外国租界，他们也成了租界社会和人口平衡的一部分。

死亡引起执政当局的注意程度首先取决于人口增长。人越多，死亡人口就越多，同时就需要更多各种形式的殡葬。可惜上海的人口数据不完整，每个地区有自己的记录，每五年的人口普查也各有标准。对进行人口统计的历史学家来说，最大的困难是缺少合适的人口数据。因为1949年之前都没有系统的人口报告。在民国及民国之前，人们只能寄希望于局部的重建以及猜测。如果参照邹依仁先生的著名研究，上海人口从1852年的540000人增长到1948年的5400000人，在近一个世纪增长到了原来的10倍。外国租界1865年的第一次人口普查表明，英租界人口从1853年的几百人增长到1855年的20243人（没有法租界的数据）。1865到1942年间，两个地区的人口分别从92888人（公共租界）和55925人（法租界）增长到1585673人（公共租界）和854380人（法租界）。这里忽略了战争时期的人口大幅度波动。①

除了在最初的几年里，租界内的外国人不过是总人口中的一个微小部分。1845年英租界中约有50个居民，1855年有几百人，1860年已经不止500人。1865年数目激增（2297人）之后，人口开始下降，再也没有达到先前的水平，直到1880年（2197人）。这一数目持续增长，1900年和1910年间此数目加倍，分别为6774人和13536人，到1930年再次达到29997人，到1942年的时候为57351人。事实上这些数据并不完整，因为没有包含居于虹口地区英租界与虹口北部中国辖区之间的日本人口。在法租界也有类似的情况，虽然有适度的变动，从1865年的460人（这个数据直到1900年都基本保持不变）到1905年831人。从那之后增长速度开始加快，人

① 邹依仁：《旧上海人口变迁的研究》，上海人民出版社1980年版，第90~91页。

口加倍：1910 年 1476 人，到 1925 年 7811 人，到 1942 年 29038 人。这个数据没有考虑 1937 年战争带来的变化。[①]

在公共租界，与中国人的年死亡人数相比，外国人的年死亡人数非常精确。因为 1902 年之前没有对中国人做过人口统计，所以也无从对比。外国死亡人数在 1880 至 1900 年间加倍，从 55 人增加到 97 人，但是死亡率有所下降。自此以后，每年的死亡人口稳定增加，从 1902 年 138 人增加到 1936 年的 560 人，是原来的 5 倍。与此同时，中国人口死亡数目增加了三倍，从 1905 年的 6443 人增加到 1936 年的 17594 人。[②]然而，即使在外国人中，死亡人口也绝不仅限于生活在这个城市中的居民。由于上海是港口城市，每天存在大量流动人口，他们在逗留的过程中随时都有不幸死亡的可能。政治动荡及军事对峙同样带来了大量外来军队的流动。1887 到 1907 年间，外来人口的死亡数目基本和本地成年人口死亡数目一样多，甚至还要更多一些。[③]这些粗略的数据说明，上海每年有几十到几百名外国人死亡，他们需要就地埋葬。

二、上海外国公墓的出现

早期殖民者也许并没有考虑到他们要管理人口的死亡和安葬。先前中国同外国签订的条约中也没有这方面规定，这个问题直到

① 1942 年上海共有 150931 名外国人，日本人占了其中的 2/3。到 1946 年，这个数字下降为 65409，所有的日本人都被遣返回国了。邹依仁：《旧上海人口变迁的研究》，上海人民出版社 1980 年版，第 141、146～147 页。

② 邹依仁：《旧上海人口变迁的研究》，上海人民出版社 1980 年版，第 138 页。

③ 亚瑟·斯坦利：《健康和医院》，阿诺尔德·怀特：《20 世纪香港、上海和中国其他通商口岸的印象：他们的历史、人民、商业、工业和资源》，伦敦：劳埃德大不列颠出版公司 1908 年版（Arthur Stanley，Health and Hospitals，in：Arnold Wright，Twentieth century impressions of Hongkong，Shanghai，and other treaty ports of China：their history，people，commerce，industries，and resources，London：Lloyds Greater Britain publishing company，1908），第 435 页。

1858～1860年第二轮条约签订的时候才被考虑进去。然而，移民区里有些中国人和外国人没有等到条约做出有关规定就去世了。对中国人的规定非常简单、直接：不能葬在外国租界。也没有制定任何措施，因为中国人被要求埋葬在别处。这应当被看做是一种排斥。尽管对居民的规定没有执行，但禁止埋葬的命令却被保留下来。然而也有例外，租界向东、向西扩张的过程中吞并了一些已经存在的公墓，这些地区可以埋葬中国人，虽然有限制。这些中国人的公墓大部分由旅居者修建，同时用来埋葬他们。

第一处公墓（8.25亩）购置于1844年，价值规银730两。投资公墓被视作股东们的冒险之举，资金共分73股，每股价值规银1两，股东都是外国居民。1847年，传教士麦都思（W. H. Medhurst）被第一批股东委任为公墓托管人。根据"上海公墓"的所有权证书，此地为"英国公民在此港口的公墓"①。随着公墓脱离教区、公墓建设成为市政或私人投机的一种方式，私人个体纷纷效仿英租界修建公墓。②考虑到中国当时没有任何公墓设施及养护部署，而且除了"马路和码头"管理，不存在其他正规市政机构，为了给那些客死他乡的外国人提供体面的墓葬，就修建了上海外国人公墓。上海公墓位于租界以外的乡村，和老市区风格类似。然而随着城市发展，公墓所在地很快成了市中心（见图1）。到1871年该公墓关闭时，它（那时改名为山东路公墓）共有469个墓穴。③

---

① 《简明历史》，1939年5月4日，U1—14—6912，上海市档案馆。

② 克里斯·布鲁柯斯：《终有一死——维多利亚和埃德华公墓的历史与现状》，德文郡首府埃克塞特：惠顿出版社1989年版（Chris Brooks, Mortal remains. The history and present state of the Victorian and Edwardian cemetery, Exeter, Devon: Wheaton, 1989），第38～42页。

③ 信函，卫生处－秘书处，1925年2月23日，U1—14—6912，上海市档案馆。

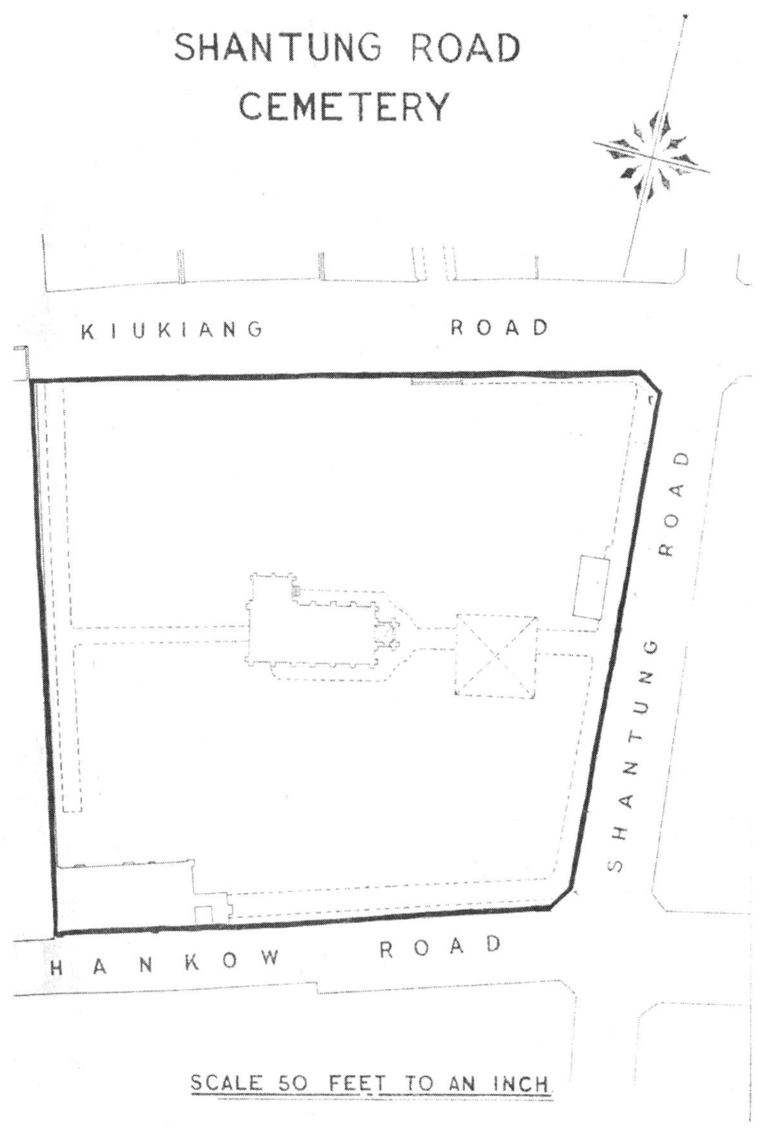

▲ 图1 （资料来源：上海市档案馆，U1－14－6912）

外国团体规模不大，“上海公墓”安葬的主要对象是游客，更多的是外国海员。1855 年，随着 50 名海员在此安葬，公墓宣布墓葬额满。上海公墓委员会决定：“出于社团卫生保健考虑”，开始寻找另外可以接受这些亡者的地方。显然，卫生保健不仅仅是为租界居民保留这片公墓的理由。委员会强调说，他们无意制造“死亡个体间的差别”，但是必须为将来的死者提供埋葬的土地。1859 年，社团内部筹集了 3000 美元在浦东购置了一块地皮。[①]浦东外国坟山是第一处公墓的两倍大（16.22 亩）。当地殖民者吸取了先前的经验。然而，我们注意到，浦东外国坟山在额满之前也关闭了。到 1904 年，它一共为 1783 名死者提供了墓穴，它仍然有空地但不再接受新棺。它服务的对象为客死中国的船员和士兵。[②]

渐渐地，私人组织发现为处在扩张状态中的当地团体提供足够的公墓越来越困难，特别是在外国移民人数迅速增长的头几十年里。另一方面，欧洲市政当局大规模参与公墓供给和公墓管理，这无形中影响和促使上海市政府介入公墓管理工作。最后，双方一致同意将两家公墓（上海公墓和浦东公墓）转交工部局（驻沪外国侨民设立的租借管理机构——译者注）管理（1866）。[③]这意味着私人经营外国公墓时代的结束，开启了外国移民区死者管理的新纪元。恰在这一时期，两个租界决定在上海共同开发一片新公墓。

1865 年修建的联合公墓是唯一一家联合公墓，此后，两个租界开始各行其是，再没有做出类似举动。1865 年，新公墓（这个名字在地图上存在了很长时间）委员会成立，在宁波礼拜堂附近购置了一块土地。工部局甚至修建了一条马路和一座横跨洋泾浜的桥通向

---

① 《北华捷报》，1855 年 9 月 15 日（上海公墓委员会会议）。

② 参见 58～61 号文件，1924 年，U1—14—6921，上海市档案馆。

③ H. W. 登特（H. W. Dent）致工部局的信件，1866 年 2 月 8 日，U1—14—6921；摘自 1865～1866 年的年度报告，U1—16—2452，上海市档案馆。由于上海公墓的产权是直接相关的，工部局更不关心改名为浦东公墓的事宜。当意识到没有有效的标题时，最初的所有者都走了。它必须通过一系列冗长的程序，在英王最高法院的主持下让土地注册在自己名下。这一工作最终完成于 1927 年 3 月。《字林西报》，1927 年 3 月 8 日。

公墓（见图2）。以规银4000两购置了50亩土地，此为第一处公墓的6倍。联合公墓是法租界首次参与市政公墓建设。在租界的最初20年间，法国团体规模很小，还没有独立建公墓的必要。洋泾浜将新公墓一分为二，由两租界分别管理。新租界没有得到英当局赞助。①然而不久，八仙桥外国坟山成了与市政合办的公墓，双方共同拥有所有权。

除去早期私人修建的公墓，后来的公墓有些用于埋葬军事行动后大量死亡的士兵。客死他乡的士兵通常被埋葬在离营地不远的地方。第一个这样的公墓位于老城墙附近，在中国管区南部，被称作“士兵坟山”。这处公墓服役2年，仅在1862～1865年间使用过，给300位死于1862～1863年的英国士兵提供了墓穴。②但没有得到充分利用：1867年，还余有80个墓穴。③因为这里埋葬的士兵多数没有单独墓碑，只有3座墓碑和5张匾额来记载入葬的死者，不久这处公墓就被世人淡忘了。④这片公墓后来转由工部局管理，但是没有找到地契及记载。工部局密切地关注这处公墓并努力营造一个体面的环境。从它的角度考虑，这其实是一个困难且无意义的举动。然而工部局依然不懈地维护这片公墓。⑤从这处公墓的记录能推测出，其他公墓都是为英国殖民者和法国军队提供的。关于它们的回忆和记录都没有被保存下来。

---

① 摘选自1865年年度报告（1865年3月17日），U1—16—2453，上海市档案馆。

② G. 兰宁和S. 考琳提到，皇家炮兵和皇家工程第31和67军团、军需部门部队以及很多Belluchis都死于外伤或霍乱。G. 兰宁和S. 考琳：《上海的历史》，上海：凯利和沃尔什有限公司1921年版（G. Lanning and S. Couling, The history of Shanghai, Shanghai: Kelly & Walsh, Limited, 1921），第254～255页。

③ 给工部局的信函，1867年5月27日，U1—2—1111，上海市档案馆。

④ 《北华捷报》，1908年1月24日。

⑤ 给工部局的信函，1867年5月27日，U1—2—1111，上海市档案馆。

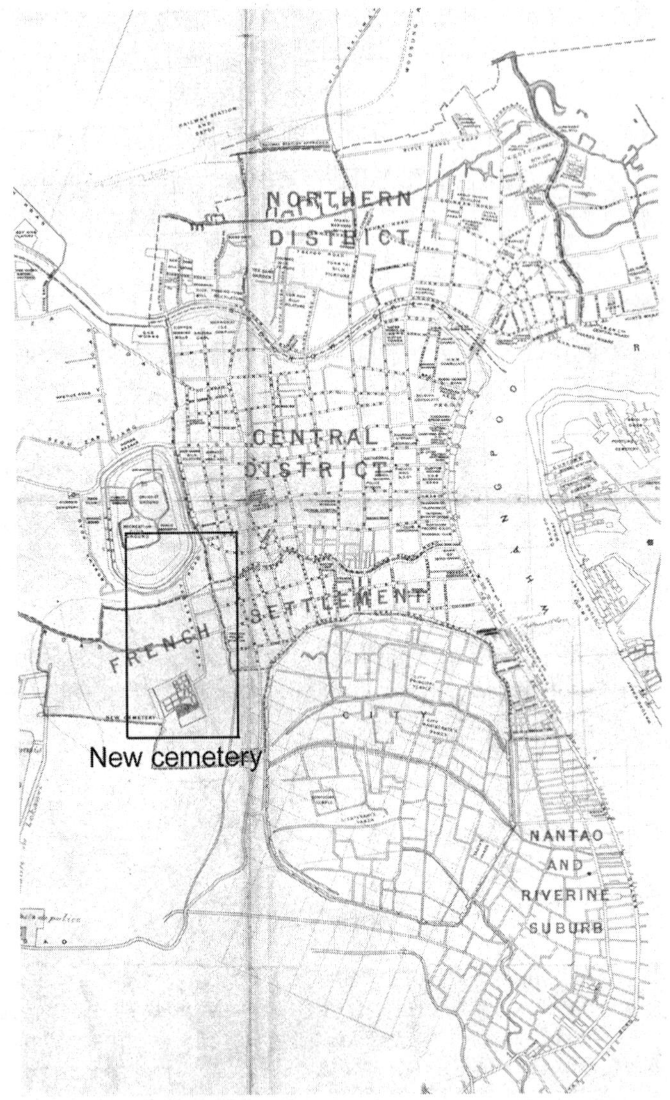

▲ 图 2 （资料来源：上海外国租界地图，伦敦斯坦福地图绘制中心，1900 年）

1935年秋，有一名海员写信给《字林西报》说，吴淞附近有一处废弃的公墓。3天之后，一位名叫A. 格里芬（A. Griffin）的外国居民，回忆说这里是原来法国海军的公墓。多年以来它被彻底废弃、亵渎了。1909年，法国居民筹集了一小笔钱，但是没有采取任何行动。1912年10月，这名居民写了一篇文章发表在《中国回声》（L' Echo de Chine）上，并获准将这些钱用于建设卢家湾公墓，给这个公墓建了一堵围墙。①在这些信件来往之后，《字林西报》刊登了一篇名为《吴淞附近的外国坟山》的短文。尽管它被人们遗忘了20多年，但始终被一圈低矮的围墙默默地护卫着。1931～1932年日本侵华时期部分围墙被拆毁。公墓长100英尺，宽50英尺，共有3孔墓穴，其中两个被鉴定为法国人的尸骨。公墓的其余部分被当地的农民开辟为农田。②

三、人口增长和市政公墓扩建

相关资料证明，为外国居民提供的公墓远远不能满足人口增长的需要。1896年，工部局决定在涌泉路购置64亩土地用以修建新公墓（涌泉路公墓，位于今南京西路）和火葬场。③新公墓当时的选址偏西，位于中国管区，远离市中心，但是城市最终还是扩张到了此处（见图3）。工部局投资白银30150两用于购置土地，10038两用于建设火葬场，加上其他各种费用，总耗资白银56200两。该公墓经历了数次扩大、缩减，但是规模基本没有变化。④1928年，涌泉路公墓面临满员。租界工部局想吞并周围的工厂，那样公墓还可以继续服务30年。⑤两年后，卫生处再次发出警告，涌泉路公墓面临满

① 《字林西报》，1928年9月28日。

② 《字林西报》，1928年9月28日。

③ 工部局1896年的年度报告，U1—16—2443，上海市档案馆。

④ 1938年12月2日的技术笔记，U1—14—6913，上海市档案馆。

⑤ 信函，卫生处－秘书处，1928年6月26日，U1—16—2443，上海市档案馆。

员。卫生处解释说，出于强烈的感情因素，（外国）居民倾向于选择涌泉路公墓，而非几年前（1926）开放的虹桥公墓。由于比较近便，涌泉路公墓被外国社团认为是“最好的公墓”，葬礼费用也比虹桥公

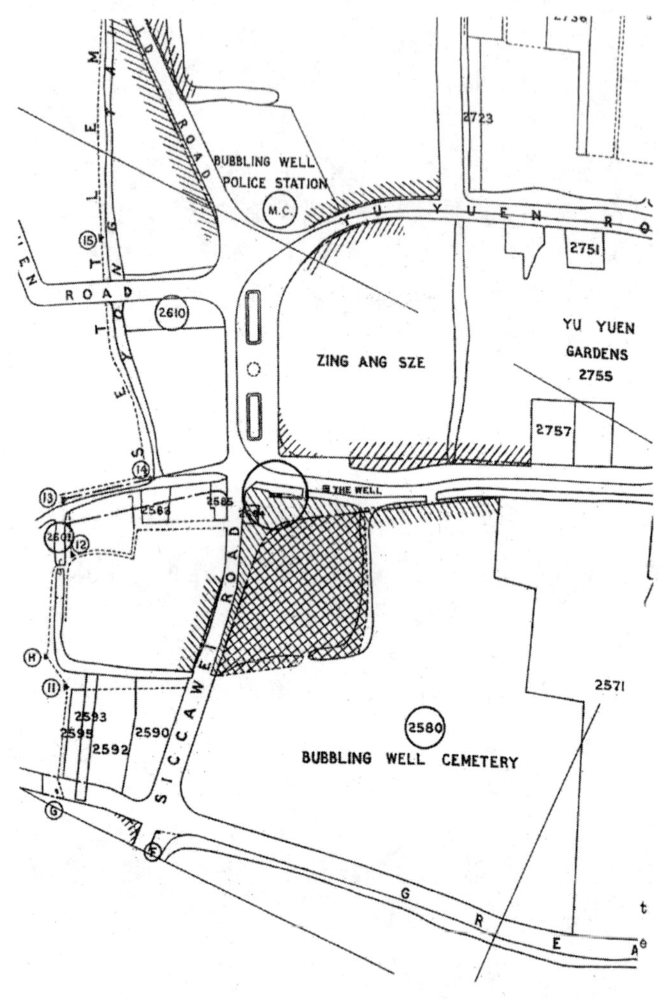

▲ 图 3　（资料来源：上海市档案馆，U1－14－6913）

墓高。为了提供更多墓穴，卫生处再次提出清除灌木丛并迁走苦力区。[①]我们不清楚这些措施是否得到执行，但是1939年涌泉路公墓仍然营业，虽然一直被墓穴不足的问题困扰。在卫生处和工务处就关于转移苦力区和工厂问题打了一阵子笔墨官司之后，工部局对涌泉路公墓和八仙桥公墓进行了改造（减少了公墓内的小路和灌木），为墓穴腾出了更多的空间。[②]

在法租界，八仙桥公墓的紧张情况促使1905年在租界外，紧靠租界的地方开发了一处新公墓。新公墓位于中国管区内的卢家湾，在租界南面。卢家湾公墓在建设初期预计服务几十年，因为只收外国人，没有扩建的必要。不仅如此，法国人借用本土的管理方法来经营这处新公墓。卢家湾公墓提供三种不同期限的墓穴：永久埋葬（506），25年期（40），15年期（247）。这种制度给公墓的管理带来了一定的灵活性，使墓穴更新成为可能。被移走的尸骨将被安放在集体藏骨堂。这一规定适用于卢家湾的越南人公墓（424）和西部公墓（见图4）提供给穷人的墓穴，那里还专门为士兵提供墓穴（36）。[③]和大城市一样，主要的空间用于建设永久墓穴。根据个人需要，最终安葬的地方可以是永久性的或是有时间限制的。法国居民都不自觉地打算把自己永久地埋葬在中国的土地上。据统计，卢家湾公墓的葬礼数由于人口增加而急剧上升，葬礼数每五年就增加一倍。卢家湾公墓共有1377个墓穴，虽然有墓葬改迁的安排，但还是不能满足社会的需要。15年前或者25年前的死亡人口和新近的死亡人口在数据上存在不平衡。

① 信函，卫生处－秘书处，1930年6月23日，U1—16—2443，上海市档案馆。

② 信函，卫生处－秘书处，1939年5月4日；工务处－秘书处，1939年5月11日；公墓主管－工务处，1941年3月4日，U1—16—2443，上海市档案馆。

③ 《陆家湾公墓平面图》，U38—4—3282，上海市档案馆。

卢家湾公墓埋葬数目（1914～1938）

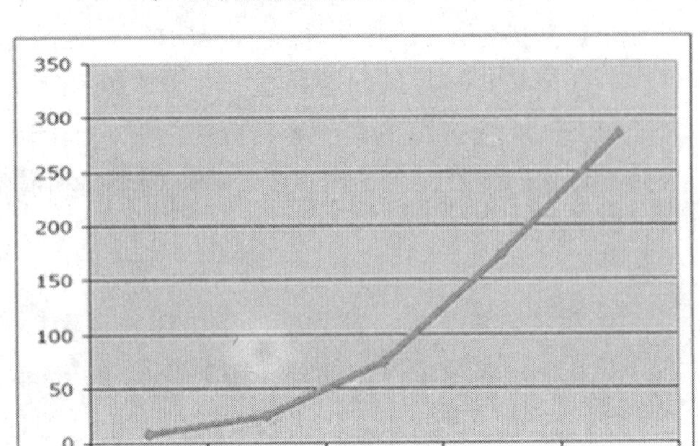

▲ 图4　（资料来源：信函，市政服务部主管－总指挥，1939年12月11日，上海市档案馆，U38－4－3280）

这一趋势能够解释为什么公董会最终决定于1934年在徐家汇开辟第三处公墓，并提供免费墓葬。虽然战争给新建的公墓带来了不小压力，但徐家汇公墓仍有大量空间。1939年9月，它一共有738个单独的墓穴，同时也向乞丐提供墓穴。①我还没有找到相关的统计记录，虽然1937年8月14日淞沪会战时，在日军对大世界轰炸中死难的560人全被埋葬在那儿。1939年，卢家湾公墓也面临满员，除非腾空现存的墓穴。由于墓穴受租界保护（永久性、25年期和15年期），向外最多只能扩张到越南人区。先前规定20年之后有一批墓穴被挖掘，这部分尸骨将被移送藏骨堂。由于租界内外国人死亡数目比预期的要高，相关机构做出决定，挖掘越南人墓穴，腾出空地给永久公墓。随着租界内人口不断增长，越南人公墓的挖掘工作

① 信函，市政服务部主管－总指挥，1939年12月11日，U38—4—3280（1），上海市档案馆。

一直没有间断。[①]

1939年11月，市政处主管观察到："不可否认，市政公墓的设计不够充分，现在提出的所有见解几年之后都将失效。"他建议在外部道路区域购置一块土地建设新公墓，但没有被采纳。[②] 1942年9月，当局观察到外国人的死亡人数激增（1942年9月为116人，而在1941年时还只有75人）。必须要采取措施增加卢家湾和徐家汇的公墓空间，但是两处的扩张都不太可行。徐家汇只剩下170个空墓穴。鉴于徐家汇公墓接收贫民墓葬，秘书长再次建议利用市政财产为贫民专门修建一处公墓。这就是市政公墓最后一处——西部公墓。它建于1943年7月，战争期间开放，对外接收穷人墓葬，多是没有经济来源的外国人，如俄国难民。与此同时，另两个公墓的地位发生了微小的变化。卢家湾公墓全部用于永久墓穴，而徐家汇公墓只提供15年期墓穴。[③]西部公墓为贫民提供墓葬，不收费，但有时间限制。财富和种族直接决定了死者埋葬地点。

在公共租界，工部局继续将公墓西移并将其安置在租界以外。在涌泉路公墓还可以提供足够墓穴的时候，当局就已经意识到，由于城市的不断发展以及与一位中国业主的争执，公墓的扩大根本是不可能的。1926年，有关方面决定购置一片土地以备不时之需。新公墓位于虹桥区，即后来的虹桥公墓。费用、投资、土地价格以及环境保持等因素决定了涌泉路公墓费用较高，而虹桥公墓的费用相对来说还负担得起。像上海的其他社会方面一样，微小的收费政策将富人和其他人分离开来。这项政策没能像在英国和法国一样消除贫富差别。公墓的紧缺和战争因素加大了收费差距，并导致涌泉路公墓成了外国在沪人口中富人的专区。虹桥公墓经历了几次扩张

① 信函，市政服务部主管－总指挥，1939年8月11日，U38—4—3280（1），上海市档案馆。

② 信函，市政服务部主管－总指挥，1939年11月8日，U38—4—3280（1），上海市档案馆。

③ 《城市委员会决议》，1943年6月29日，U38—1—1000，上海市档案馆。

(1932 年、1933 年、1935 年)，特别是 1937 年之后，死亡率不断攀升要求更多的公墓，而周围的耕地为不断扩张提供了可能。①虹桥公墓似乎能满足当时的要求，到战争结束，甚至到 1949 年。有一点必须要提到的是，尽管公墓位于中国管区，但是并不接受中国死者。

购置的土地并没有立刻用于公墓建设。工部局将它们作为备用土地以备不时之需。公墓间的空地被修建成运动场或者公园。涌泉路公墓的西南角直到 1921 年底都是运动场。②事实上，工部局一直面临着为公墓预留的未使用土地的问题。有人认为，这些土地也许会成为永久的备用土地。租界里的外国人口流动性较大，有些人本打算留下来，但又离开了，不过他们仍然有公墓的使用权。1921 年，随着公墓承载能力的急剧下降，卫生处建议提高定金费用。③不过，政策没有发生变化。5 年后，这件事再次被提上议程，有人建议引进严格的条款来限制预约，即本人离开城市 5 年或 10 年后预约无效。工部局采纳了这项提议。④

在城市扩张的过程中，公墓随移民迁移到西部廉价的土地上。城市空间上点缀着这些永久公墓，后来基本上都在市区以内，其他的“斑点”因为缺少官方支持都只是昙花一现（见图 4）。总体来说，上海的西部基本上变成了“墓区”，有一种现象使其在战争期间愈发明显。事实上那儿存在不止两处公墓，有一片不小的中国公墓（在 1932 年的地图上出现过，虽然我不知道其意图何在）。1937 年之后，教会（SPBC）和辅元堂将乞丐尸体以及马路上战死的士兵和被人丢弃的棺材埋葬在此处。虹桥区也成了一个用来埋葬客死他乡

---

① 1932 年：工务处－秘书处，1932 年 8 月 11 日，1933 年（文件 18－22），1935 年（文件 23－35，包括地图），U1—16—2450，上海市档案馆。

② 信函，卫生处－秘书处，1921 年 12 月 12 日，U1—3—1183，上海市档案馆。

③ 信函，卫生处－秘书处，1921 年 3 月 1 日，U1—3—1183，上海市档案馆。卫生处显示，土地自 1886 年开始预留，有些再也不能被使用。

④ 信函，卫生处－秘书处 1926 年 2 月 3 日，U1—3—1183，上海市档案馆。

的中国人的临时公墓。最终100000多具棺材被存放在这个地区。[①]战后国民党人控制上海的时候，出台了新政策，禁止在市区修建公墓、存放棺材或举行火葬，并在上海郊区指定了3个墓区（公墓区），虹桥就是其中之一。[②]

四、是去是留：公墓与种族划分

（一）公墓管理的总体政策

公墓为谁而建？表面上来说，答案似乎很简单。毕竟，公墓是为上海居民服务的。然而，不管是生存还是死亡，上海居民的权利都是不同的，不仅因为种族不同，还由于不同的宗教信仰和居住模式。西方殖民者根据自己的喜好创造了可以根据种族、财产、宗教等划分等级的公墓。对于死者，各租界只关心自己国家的人，尽管现实比这要复杂。但中国人一般都被排除在市政公墓之外。公墓都是给外国人，事实上给西方居民预留的。我们随后可以看到，即使没有制定任何处理中国亡者的政策，排斥所有死亡的中国人很困难。日本人也不受欢迎，尽管日本人有自己单独的公墓。在公墓问题上，对西方人来说宗教也起着非常重要的作用。

法租界试图限制他们的居民入葬卢家湾公墓，但必须考虑到客死中国的流动外国人。为了挑选出“正确的人”，常驻居民和暂住居民有一系列不同的收费标准可供选择。此项规定引进于1926年，有效期一直到1943年。[③]同样的情况也出现在公共租界，但是要搞清楚“常住居民”和“暂住居民”是一个非常棘手的工作。1933年，卫

① 安克强：《大镰刀和在战时的上海旅居》，《知惠—— 一份哲学杂志》，第20卷20期，2007年（Christian Henriot, Scythe and Sojourning in Wartime Shanghai, Karunungan - A Journal of Philosophy, Vol. XX, No. XX, 2007）。

② 报告（1949年11月），B242—1—226—62，上海市档案馆。

③ 信函，卫生处-秘书处，1931年10月20日，U1—3—1183，上海市档案馆。

生处提议，根据国籍定义居民。据此，法国居民被排除在公共租界以外，同其他生活在法租界的外国人，当然还有所有的中国人都享有不同的墓葬权。[①]然而，工部局意识到很多他们之前的居民已经移居到法租界，也许会死在那里，即使他们申请被葬在公共租界。[②]

在20世纪30年代，公墓排斥中国人（主要指中国基督徒）也被证明在政治上和宗教上很敏感，甚至招来非议。最终，工部局得出结论，这项安排一旦公之于众将会带来麻烦。最终没有将之完全公开，而是把它作为部分说明。尽管承认“在严格的市政基础之上，像对待基督徒一样对待非基督徒”，它基本上受到了限员的基督徒公墓的欢迎。为解决这一进退两难的问题，工部局保留了一项权力，即在必要的时候出台限制基督徒墓葬的措施。[③]此事被搁置一旁，直到1937年因战争使公墓承载压力过大，才被再次提上议程。[④]工部局没有采取严格措施的原因之一，是因为法租界内只有少数人选择葬在公共租界里的公墓内，而那些死者生前都是公共租界的居民。[⑤]

除了中国人被剥夺墓葬权，公墓礼拜堂的使用也是争论的一大焦点。1899年日本董事西卷（Nishimaki）写信询问涌泉路公墓礼拜堂的使用事宜：为何用公众的钱修建的礼拜堂只供一个团体（基督徒）使用，引起了董事之间长期激烈的争论。多数人认为，用公众的钱在公共土地上建设的设施理应对公众开放。即使达成了一致意见，人们还是感受到强烈的不信任，甚至有种族主义的味道。麦华佗（Muirhead）牧师抗议道：“如果中国人在那儿举行拜鬼仪式，难

---

① 卫生处，1933年6月16日；备忘录（无作者）1933年6月29日，U1—16—2423，上海市档案馆。

② 公墓卫生处主管，1937年11月23日；列表，未标日期；列表，未标日期，1940，U1—16—2423，上海市档案馆。

③ 有关此事请参见卫生处1933年6月16日的记录；1933年6月29日的备忘录，U1—16—2423，上海市档案馆。参见新规定，1933年5月4日第4361号《市政通知》，《政府公报》，U1—16—2423，上海市档案馆。

④ 信函，公墓卫生处主管，1937年11月23日，U1—16—2423，上海市档案馆。

⑤ 列表（1940），U1—16—2423，上海市档案馆。

道没人反对吗？我，作为一个人，决不把自己埋在那”。[①]由于愤怒，麦华佗的话显然有失偏颇，但是自此中国人被禁止埋葬在这片公墓，除非他们是基督徒（事实上，仅仅是基督徒也不一定行）。

中国人通过预订，可以安葬于涌泉路公墓。到了1913年，由于申请不断增加，引起了卫生处的警觉，它要求制定规章。1913年之前，中国人偶尔被埋葬在此，“他们都信奉了基督教”。1912年以后，随着人口增长和信教人数增多，更多的中国人希望被埋葬在涌泉路公墓。卫生处官员提出了三种选择，但是只有一个看上去可行：在建成中国人的公墓之前，将中国人每年的安葬人数限制在20例左右。[②]工部局认为如果有机会，购置一块土地给中国人修建公墓的建议也是可行的。此后，现存的公墓只对外国人开放。然而，10年之后工部局并没有采取任何行动。[③]

在法租界，对待中国人的总体政策没有差别。中国人必须自行解决安葬问题。法国当局采取18世纪后在法国本土实行的墓葬政策，这个政策没有排他性。[④]所有非中国居民和法国居民一样，不管他们的籍贯、种族还是宗教信仰是否相同，都是这个规定服务的对象。法租界内的公墓是真正的市政公墓，只有中国居民被排除在外。与此同时，法租界当局却把他们所有死者都埋葬在了中国管区。1900年法租界扩张之后，禁止租界内举行任何墓葬，规定被严格执行，一直持续到1914年的大扩张之后。[⑤]所有新建的公墓都位于租界周边，南部和西部。除了宁波会馆，租界内其他地方不得停放棺材。

---

① 摘自1899年年度报告，U1—16—2443，上海市档案馆。

② 信函，健康调查部，1913年3月14日，U1—14—3195，上海市档案馆。

③ 信函，工务处，1924年9月5日，U1—14—3195，上海市档案馆。

④ 马德琳·拉瑟丽：《城市空间与死亡——在格勒诺布尔建立一个市政坟场（18～19世纪）》，《简史》第39卷，1994年第2期（Madeleine Lassere, L'espace urbain et la mort: la création d'un cimetière communal à Grenoble (XVIIIe—XIXe siècles), Cahiers d'Histoire, 39 (2): 1994），第119～132页。

⑤ 信函，法国公董局－英美工部局，1911年2月24日，U1—16—2453，上海市档案馆。

租界内只有一个殡仪馆对外营业，中日战争期间也是如此。

公墓被视为神圣的地方，需要特别管理。在这方面工部局要比法租界敏感得多，虽然他们对公墓的价值有相同的认识。由于两个租界地共用一处公墓（八仙桥公墓），他们决定制定统一的制度。公共租界的公墓由公墓负责人遵照1923年出台的详细条例统一管理。条例规定了公墓应该保持的状态，同时还规定"本土工作人员"的工作及行为。他们要在公墓日夜不停地巡逻。①为了保证公墓的"尊贵"身份，工部局引进了大量的规定。在基本操作方面，法国和工部局一样，对公墓严格管理。②公墓有严格的工作时间（5～9月：7:00～19:00时；10月～来年4月：8:00～20:00时）。1930年之前，每天都可以举行安葬；此后，工部局决定公墓工作人员应当有一天休息时间，因此宣布周日和节假日不得进行安葬。来宾须衣冠整洁，禁止随地吐痰。③"若理由充分，也可接收有名望的中国人。儿童禁止入内，除非有人陪同。狗禁止入内。只准在正式的葬礼上由军乐队、海军或工部局的乐队演奏音乐。除了神职人员和死者至亲，送葬者必须步行进入公墓。当然，具有基督教特性的公墓也不允许非基督教的葬礼仪式。"④

1924年，在一位董事申诉后，工部局颁布了未经工部局警务处许可不得在公墓拍照的禁令。这一规定是为了保障送葬者的隐私。虽然这一禁令没有法律基础，但工部局和法租界协商一致，共同颁

---

① 《公墓巡逻人员工作注意事项和指示》，1923年6月15日，U1—16—2423，上海市档案馆。

② 《徐家汇澳华人永远坟场的道路规则》，《领事条例》，1933年10月12日，U38—1—2174，上海市档案馆。

③ 信函，卫生处－工部局，1938年7月21日，U1—4—712，上海市档案馆；第4030号市政通知，《政府公报》，第23期，1275号，1930年11月14日，上海市档案馆。

④ 《公墓巡逻人员工作注意事项和指示》，1923年6月15日，U1—16—2423，上海市档案馆。

布了未经许可禁止拍照的管理规定。[①]这一规定得以实施并且几乎无人违反，只有一位名叫马赛（P. W. Massey）的人投诉：《字林西报》刊登了他出席某次葬礼的照片。工部局向马赛表示道歉，并谴责了报社。[②]

（二）大家的地盘，各自的地盘：种族公墓

上海的外国人来自五湖四海，可以说上海是他们的家，尽管只是临时的。1935 年的人口统计表明，两租界的居民分别来自 51 个国家。然而，国籍的数量不能说明问题，因为殖民地的权力通常是由某个特定民族掌握的。有些社团长期在沪居住，因而具有一定规模；有些只为短暂停留，如随军人员，很快就离开了。在这之中，有些在上海不幸去世的，就被同行葬在上海，至于具体的地方后来经常就被忘记了。即使相对稳定的日本人和犹太人起初也是轮换着在几个公墓安葬，后来才固定一个公墓。因此，上海的安葬之地是不断变化的，新的出现，旧的消失，以满足不同团体的需要。

工部局和公董局原本不想参与特殊团体的公墓建设与管理。当然首先是费用的问题，其次是出于原则考虑，虽然涉及西方基督教主流团体时违背了这些原则。英美工部局参与建设的唯一两个特殊团体公墓分别是穆斯林公墓和犹太难民公墓。工部局为这两处公墓建设免费提供了土地。他们自称，没有为中国人建公墓，是出于尊重中国人的“传统”：“中国长期以来的习俗是，公墓由家庭、行会和慈善团体提供，由于市政当局没有给佛教徒提供公墓的惯例，因此工部局不打算这样做，我们知道，对这一习俗的不尊重会有损家

---

① 信函，P. W. 马赛（P. W. Massey）致工部局；规程草案，工务处－秘书处，1924 年 8 月 6 日；信函，工务处－马赛，1924 年 8 月 11 日；信函，秘书处－工务处，1924 年 9 月 17 日，U1—16—2423，上海市档案馆。

② 信函，P. W. 马赛－工部局，1938 年 11 月 20 日；信函，工部局－马赛，1938 年 11 月 23 日，U1—4—712，上海市档案馆。

族、行会和慈善团体的权威和影响。”[①]这显然是无视中国人需要的事后借口，尽管有把死者遗体船运回乡的习俗。在上海，并不是每个人都是旅居者，但是外国租界从未对当地的中国居民提供任何的安葬处理。

（三）殖民地的臣民

法国殖民军队伍中的大部分人来自印度支那。越南人在危机时期作为殖民地先遣队的一部分来到上海，其任务是保障租界安全。他们也被招为警察，类似印度锡克教徒在英美租界扮演的角色。这些暂时的或者临时的越南居民以及他们的家庭成员很多死在了上海。我不知道第一位葬在上海的越南人的时间和地点。一份市政报告指出，从1905年起，在卢家湾公墓预留了424个墓穴。到1939年，这个公墓只有206具尸体。[②]年死亡人数的变化反映了在法国警察局工作的越南人人数的增加，1925年之后该数加倍（从32人到超过65人）。[③]

法租界对殖民地臣民的安葬政策也遵从与租界内其他外国居民一视同仁的原则，但是他们享有不同的权利。主要的殖民人口是越南士兵和警察。他们被埋葬在卢家湾一处单独的墓区，那儿共为他们预留了424个墓穴。20年之后，他们的尸骨被挖出来放到藏骨堂。战争期间，由于租界内“外来因素”的增加，公墓人数以更快的速度增加。当局意识到如果再不想办法腾出空间，公墓到1940年就要关闭了。他们必须要平衡越南死者和法国以及其他西方国家居民申请永久墓穴的数目。为了满足这一要求，采取了一系列新的规划，

---

① 信函，工务处－秘书处，1942年12月28日，U1—4—712，上海市档案馆。

② 1939年8月，越南区接纳了217具尸体，其中206具越南人尸体（89具为男性，48具位女性，9具为儿童），此外还有11具其他亚洲人和非洲人的尸体。信函，市政服务部主管－总管，1939年8月11日，U38—4—3280（1），上海市档案馆。

③ 信函，市政服务部主管—总管，1939年8月11日，U38—4—3280，上海市档案馆。

把部分墓穴腾空，用于永久墓穴建设。这是统治当局在战争期间也没有做的事情。①

锡克教徒是英国殖民者在上海的一个重要组成部分。他们的主要身份是警察，也有私人护卫和仆从。锡克教徒在危机年代也参加殖民军。他们组成的永久社团规模庞大，具有独特的安葬习俗。锡克教最大的特点是对死者的尸体进行火葬。第一次火葬在市区外的虹口举行。我不能确定首次火葬的时间。1907 年 7 月，警务处长在报告中提到，锡克人抱怨火葬厂的建设有缺陷。而且计划内的虹口公园建设要求取代火葬场，因此给锡克教徒提供了公园附近的一块地。②

对火葬场的维护很糟糕，最重要的是它选址不当。它位于一片凹地，地面经常覆盖着积水。1911 年，一位锡克族的警务处副处长请求工部局采取措施改善这一状况。③工部局接受了这个请求，在四川路虹口公园对面附近建设了一家火葬厂，然而迁址到此还没有结束。随着它附近建设房屋的增多，维持愈发困难，两年之后不得不迁移到打靶场附近（见图 5）。④ 到 1923 年，因射击惯例又迫使它从防弹堤后面迁到打靶场东边。这是最后一次迁移。锡克人的火葬厂是一个非常简陋的场所，被形容为“露天里的一块混凝土板”⑤。然而在举行火葬的日子里，正像照片中显示的，它具有了宗教场所的

① 信函，市政服务部主管－总管，1939 年 8 月 11 日 U38—4—3280（1），上海市档案馆。通过开凿，这一项目加速了更新，甚至比原计划的速度还要快：1939 年（1908～1915 年 17 具尸体），1940 年（1916～1920 年 30 具尸体），1941 年（1921～1925 年 35 具尸体），1942 年（1926～1930 年 68 具尸体），1943 年（1931～1936 年 67 具尸体）。法国当局认识到，1935～1936 年间，申请永久墓地的数目（43）比越南人的免费葬礼少了很多。

② 观察委员会备忘录，1907 年 11 月 7 日；信函，公园管理人－市政工程总管，1908 年 4 月 5 日，U1—14—6907，上海市档案馆。

③ 信函，锡克人总管助理，1911 年 4 月 12 日，U1—14—690，上海市档案馆。

④ 秘书处－工部局，1911 年 5 月 4 日；工部局－秘书处，1913 年 9 月 10 日，1913 年，U1—14—690，上海市档案馆。

⑤ 信函，工务处，1923 年 9 月 10 日，U1—14—690，上海市档案馆。

重要性。中日战争爆发后就被渐渐废弃了。

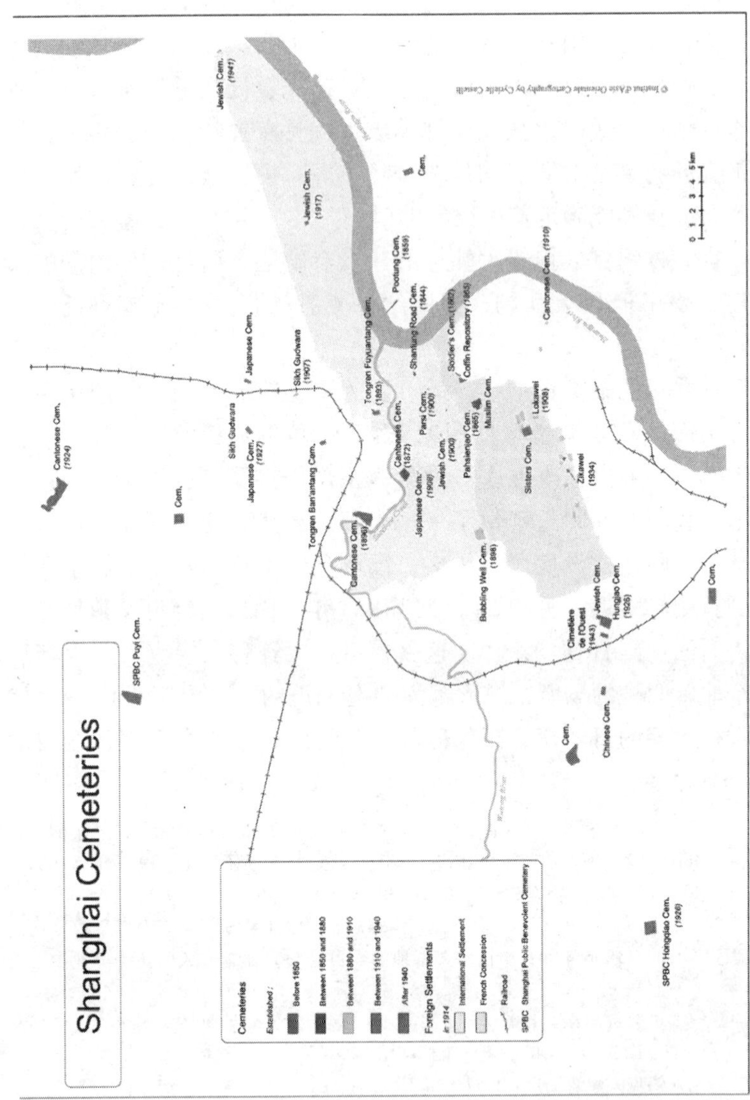

▲ 图5 上海公墓（资料来源：上海市档案馆，B242-1-226-62）

1900年的地图显示有“帕西人公墓”，后来的地图上再没有提到。[①]帕西人是印度拜火教徒，他们不像常人一样埋葬死者，由于资料太少，推测其埋葬地点比较困难。因为帕西人后来从上海消失了，也没有人再照料他们的公墓，所以它最终在城市里消失了。

早期的公墓都是为信仰基督教的“英国殖民者”修建的。地图显示，1900年之后法租界南边有大量穆斯林公墓。由于地图是在1900年法租界大扩张之后不久绘制的，这片埋葬英国或者法国死亡士兵的公墓建立的时间一定会更早一些。这些公墓的建立只是权宜之计，很快，它们就被忽视、忘记并渐渐废弃了。我掌握的资料中关于穆斯林公墓的记载最早出现在1910的一封信中。从中我们得知，几年前有人出资在八仙桥公墓西南角购置了一块土地（见图6），其中有三分之一都是义和团运动期间到来的穆斯林。1910年，清真寺代表R. 拉扎贝里（R. Rajaballv）要求工部局为他们出资另外购置一处公墓。工部局最初的态度是，每个团体应该对各自的死者负责。工部局愿意出钱买地，但是希望社团支付房屋拆迁及其他费用。拉扎贝里强调说，他们的社团里只有两户富人，而他们已经为清真寺和公墓围墙的修建捐献了钱。一番争论之后，工部局决定提供三亩土地并支付其他各项费用，并由法租界公董局最终决定将哪一块土地用于穆斯林公墓建设。[②]

另外一些信件揭示了法国公董局并不希望穆斯林公墓扩张，它直接拒绝了公墓扩张的计划。英美工部局争辩说，事前通知法国公董局有关事项并要求合作解决穆斯林公墓问题时，他们并没有表示任何异议。法国公董局的理由是：“为了公共利益，自1900年租界扩张以来，禁止在租界内停放棺材，公董局本身也要在租界之外得到一块可以安置新墓穴的土地。”[③]法国工部局决定的法律根据是一

---

① 上海外国租界地图，1900年（Virtual Shanghai，Map ID 342）。

② 参见文件U1—16—2453中的信件，上海市档案馆。

③ 信函，法国公董局－英美工部局，1911年2月13日，U1—16—2453，上海市档案馆。

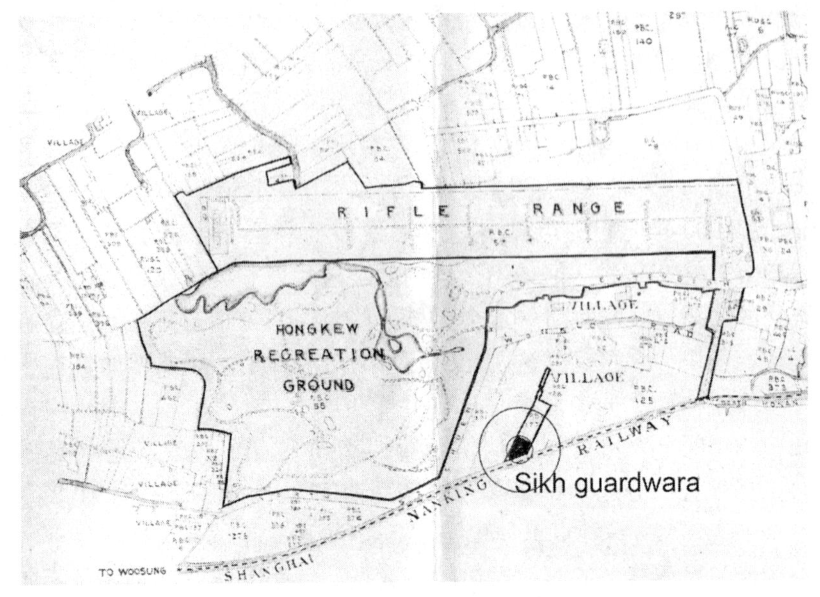

▲ 图 6　（资料来源：上海市档案馆，U1－14－1907）

视同仁的原则，同时也由于被迫在其租界中心位置建设公墓的痛苦经历。虽然 1865 年时法国没想到它的租界能够扩展这么大，但是它还是从过去的经验中吸取了教训。1900 年颁布了法令，禁止在租界内举行任何形式的安葬，甚至棺木存放也被禁止（宁波会馆除外）。1910 年，法租界内的建成区并不比 10 年前大多少（仍有大量的空地），但是法国公董局依然强烈要求向外扩张。这并不能阻止英美工部局利用现有土地为穆斯林修建公墓，但是工部局拒绝收购毗连的地块。1940 年，英美工部局手中依然有一块当年买来用于公墓扩建的土地，但却一直让它空着。由于邻接的土地所有者不断侵吞未使用的土地，工务处建议开辟一条小道并出售，用这笔钱在虹桥地区购买较便宜的土地。①

① 信函，工务处－秘书处，1940 年 7 月 29 日，U1—16—2453，上海市档案馆。

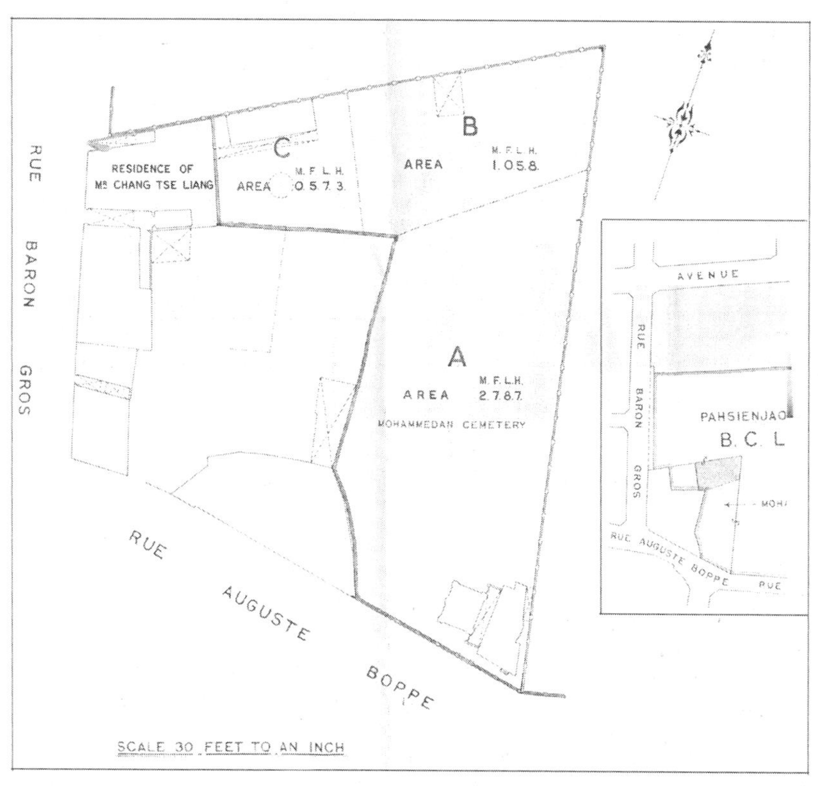

▲ 图 7 （资料来源：上海市档案馆，U1－16－2453）

（四）非基督徒

犹太人是第一批来沪的外国人，他们中有很多成功人士，其中当属沙逊（Sassoon）和哈同（Hardoon）家族的名气最大，他们成了当时一个颇具规模的社团。大量犹太难民随着布尔什维克革命来到中国，随之而来的还有俄国难民。而第三批涌入的难民来自中欧、德国和奥地利，他们是为了逃避纳粹的迫害。他们来沪的条件不同，规模也不同，这意味着不同形式的葬礼要融合。同其他少数团体一样，永久墓葬是最后出现的。1900 年地图上的“希伯来人公墓”，位于涌泉路跑马场附近。18 年后，在 1918 年的城市地图上依然有这个记录，但在此后的地图上消失了①，很可能是被城市扩张的浪潮吞没了。

另外，档案中提到一座由犹太社团创建的，位于贝加尔湖路的犹太人公墓。这座公墓一直服务到 20 世纪 30 年代中期，1936 年接近满员。1936 年 2 月，一家房地产公司（大概是犹太社团代表）写信给英美工部局，希望能在昆明路上另外购置一片土地用于公墓扩建。英美工部局没有表示异议。②事实上，档案资料显示工务处提供出售另一处面积为 11 亩的土地，在杨树浦最东部的格伦路。③我没有找到其他资料，但此事很可能没有被执行，因为 1940 年 12 月，启用那块地皮（2.5 亩）的事宜在别处被再次谈起。④

英美工部局内部必须面对犹太难民大量死亡的问题。贝加尔湖路的犹太公墓只对能够负担公墓费用的人开放。工部局内部就是否应在虹桥公墓附近为犹太人修建公墓的事宜展开了讨论，部分人认为这是一个“危险的先例”。工部局害怕其他社团也会期待类似的待遇并申请各自的专区，所以考虑给这个团体拨款购置一块土地，但最终卫生处的意见占了上风，结果将虹桥公墓的一角预留作犹太公墓。⑤这个决定有悖工部局对外公布的原则，即不向任何团体提供公墓。每个社团都期待能得到购置土地和日常维护的费用。鉴于大规模的穷困团体的存在，英美工部局不得不适时作出例外反应。

---

① 上海外国租界地图，1900 年（Virtual Shanghai，地图 ID 342）；1919 年上海城市规划，由上海城市委员会制作的调查编制而成，1919 年（Virtual Shanghai，地图 ID 28）。

② 中国房地产公司－工部局，1936 年 2 月 28 日；信函，工部局，1936 年 3 月 4 日，U1—14—6927，上海市档案馆。

③ 信函，工务处－尼希姆（Nissim，犹太团体），1936 年 3 月 20 日，U1—14—6927，上海市档案馆。

④ 工务处－“被提议的犹太公墓”，1940 年 12 月 31 日，U1—14—6927，上海市档案馆。

⑤ 秘书处－工务处，1939 年 12 月 11 日；公墓工务处总管，1939 年 12 月 14 日；工务处－秘书处，1939 年 12 月 15 日，U1—16—2422，上海市档案馆。

然而这处公墓的开放也没能根本解决犹太公墓的问题。1940 年 12 月，“犹太人自由社团”代表向英美工部局申请土地，希望根据自己的传统埋葬死去的同胞。[①]通过他们之间的往来信函，可以看到工部局内部对这一事件的不同意见。1936 年，工务处准备提供一块土地用于修建犹太难民公墓。一个月后，犹太难民援助委员会向英美工部局表达了相同的观点，他们也希望得到更多土地用作犹太难民营和公墓。[②]虽然对于以适当价钱出租一块土地，工务处没有遇到反对意见，但是董事会成员之间就是否可以利用市政土地修建公墓一事存在争议。难民营是临时建设的所以可以被接受，但公墓是一项长期建设。1939 年 12 月，在免费提供虹桥公墓土地一事上产生了很大分歧（虽然卫生处承认，墓穴的安排是一个失误）。[③] 主要问题是，多数犹太难民居住在虹口地区，而虹桥公墓在城市的另外一边，两者距离过远。对于安葬和扫墓来说，费用太高了，特别是战争期间运输费用还在不断提高。工务处辩解说，犹太墓区正在以很快的速度被填满。1941 年 3 月这一问题才被解决，卫生处和工务处在讨论中获胜，为犹太难民社团争取到一块地皮。[④]从此，英美工部局无需在自己的公墓中维护犹太墓区，也避免由于缺乏对犹太人惯例的了解而引发的各种冲突。新公墓位于东区最边上，周家嘴路和黎平路的交叉路口。

虽然紧张局势得到一定缓解，但是公墓还是不能满足犹太难民高死亡率的要求。1942 年上半年，共有 185 起葬礼，月增长率高达 20%。工部局预计，公墓到 1943 年 3 月将面临满员。[⑤] 1942 年 7 月，犹太难民援助委员会曾申请额外土地用于埋葬死者。英美工部局最

---

① 信函，犹太人自由团体－工部局，1940 年 12 月 11 日，U1—14—6927，上海市档案馆。

② 工务处－秘书处，1941 年 1 月 15 日，U1—14—6927，上海市档案馆。

③ 委员会会议备忘录，1941 年 2 月 19 日，U1—14—6927，上海市档案馆。

④ 工务处－秘书处，1941 年 2 月 28 日，U1—14—6927，上海市档案馆。

⑤ 1942 年 6 月 27 日参观犹太公墓（未标注时间的笔记），U1—14—6927，上海市档案馆。

初给出的是否定回答。[①]接管犹太难民援助委员会事务的犹太社区于1942年11月重申他们的要求，显然没有取得成功。[②] 1943年9月，犹太社区告知英美工部局，犹太公墓区只剩6个空墓穴了，迫切需要购置地皮修建新公墓。犹太社区愿意提供部分资金作为补偿，但希望英美工部局能够考虑到社团本身的经济状况。[③]工部局尽量坚持它的原则，并且极力说服犹太社区使用虹桥公墓或者提供给穷人的公墓，但是犹太社区坚持强调进驻虹桥地区的运输费用和困难。最终，英美工部局做出让步，授权工务处出售3亩土地给犹太社区。[④]没有找到档案来介绍交易的具体时间和过程。

虽然日本人在上海也很重要，但是我仅收集到部分日本公墓的材料。19世纪与20世纪之交时，在公共租界的西部修建了一处公墓，这个地方后来修了石门二路。在1908年和1919年的地图上都有日本公墓，再往后就没有了。[⑤]这一定是日本人为自己修建的。此后，由于社团主要集中在虹口区，便在上海北部修建了一处新公墓。一张1919年的地图显示了一家中国管区内的日本公墓，在所谓的外围道路区域内，虹口公园东面。这样更好，因为日本人主要在这一地区活动。[⑥]到现在我没有掌握其他日本公墓20世纪30年代以前的文献证明。

1932年英美工部局同“上海日本人街道联合会”签署了一项协议，向后者出租一块2.9亩的土地，租期20年，用于修建神道教圣

① 协助犹太难民委员会－工务处，1942年7月3日；工务处－协助犹太难民委员会，1942年7月3日，U1—14—6927，上海市档案馆。

② 信函，犹太人团体－工务处，1942年11月4日，U1—14—6927，上海市档案馆。

③ 犹太团体－总秘书长，一号特区—1943年9月21日，U1—14—6927，上海市档案馆。

④ 工务处－秘书处，1943年10月6日；工务局－犹太人团体，1943年10月8日；犹太人团体－工务局，1943年11月8日；秘书处－工务处，1943年12月15日，U1—14—6927，上海市档案馆。

⑤ 最新上海地图，1908（Virtual Shanghai，地图ID 269）；1919年上海平面图（Virtual Shanghai，地图ID 28）。

⑥ 1919年上海平面图（Virtual Shanghai，地图ID 28）。

地，地址在中国管区的江湾路东侧，租金为每年250两白银。[①]两年之后圣地向外扩张了0.7亩。另外还有两次扩地行动：1935年扩大1.65亩，1936年扩大1.64亩。[②]然而不知是遇到了财政困难还是有意如此，自1938年始日本人街道联合会开始不再履行租金支付义务。[③]1939年，有人申请接管原上海万国商团使用的一块土地，但是被万国商团拒绝了。[④]日本人街道联合会于1940年1月得到另外一块5.32亩的土地。公共租界被日本人占领之后，神道教圣地之前期望的扩张才被批准，即圣地再次扩大18.8亩，租期从1942年1月开始，为期20年。最终，神道教神社成了上海最大的外国公墓（31亩）。它四周是竹林，竹林中有圣堂、商店、神宫，祭司和看守的住处也位于竹林之中。[⑤]

日本军队在上海的胜利没有带来任何公墓政策上的重大变化。1942年12月，一名信仰佛教的锡兰人克兰比（Kelambi）抓住这次彻底打倒先前西方统治者的机会，要求受日本控制的工部局将市政教堂和公墓对佛教徒开放，好让他们按照自己的习俗举行葬礼。他对前西方统治者的种种行为进行了谴责："工部局完全由英国人管理时，任何佛教徒或印度徒死后都没有安葬之地，除非他们死后在市政公墓接受洗礼，尽管这些公墓都是用纳税人的钱修建的，而这些纳税人多数是亚洲人和佛教徒。这只是盎格鲁——美利坚情节带来的众多不公平待遇之一，对全体亚洲人来说都是不公平的。……幸运的是，英国人的统治结束了，这儿交给有能力和有正义感的人来开发亚洲这一地区。"如果克兰比希望得到肯定答复，那么他一定失望透了。虽然换了日本人统治，工部局的立场却没有改变。卫生处

---

① "协议"，U1—14—6931，上海市档案馆。

② 参见U1—14—6931，上海市档案馆中的扩展文件。

③ 工务处备忘录，1938年9月14日，U1—14—6931，上海市档案馆。

④ 信函，秘书处－万国商团经理，1939年11月9日，U1—14—6931，上海市档案馆。

⑤ 参见U1—14—6931，上海市档案馆中的文件和地图。

强调说，自1899年以来，教堂就对各种信仰的人开放，并且暗示，如果公墓也对各种信仰的人开放，公墓将很快就被填满。另外，并不反对在教堂举行非基督教葬礼，也欢迎在涌泉路公墓的设施内进行火葬。最后得出结论，工部局公墓中的可用空间不够接受信仰佛教的死者。像英国统治者一样，建议这样的公墓修建的费用应该由相关的社团支付。最终重申了他的立场，没人反对将所有的教堂对非基督教徒开放，但是因为租界内没有可以利用的土地用于修建公墓，董事会没有能力再为佛教徒死者提供任何设施。①

（五）殖民地纪念

公墓建设初期都是为了尽可能长久存在，虽然不一定能永远存在。在上海的西部公墓，由于宗教信仰、回忆及法律等因素使这个公墓在关闭之后能够保留很长时间。得到公墓的土地所有权之后，英美工部局就一直牢牢地抓住不放手了。1918年，计划迁移山东路公墓中的尸骨，在原址创建仁济医院。②有关这件事的文献不多，但似乎由于法律程序过于复杂最终被搁浅了。1925年，工部局又向法律顾问咨询可否用这处公墓建一个新的消防站。虽然没有法律条文适用于这一案例，但法律顾问指出，建设之前必须转移墓穴中的遗骨，而这一定会招来死者家属的抗议。如果告到法院，法官必须根据自己的判断做出判决，考虑到迁坟会被公众视为亵渎亡灵的行为，法官是很难准许迁坟的。顾问要求谨慎从事的另一个原由是，如果把公墓改成空地，可能没人反对；但是一旦要在上面建房，就会招来反对。尽管这种可能性很小（此处的公墓1871年就关闭了），英

① 给工部局的信函，1942年12月3日；信函，工务处-秘书处，1942年12月11日；信函，工务处-秘书处，1943年12月19日，1942年12月28日；（工部局）统筹委员会备忘录—1943年1月4日；U1—4—712，上海市档案馆。

② 山东路公墓备忘录，1940年2月23日，U1—14—6912，上海市档案馆。

美工部局还是决定放弃。[①] 1939 年，一家私人公司提出将公墓改建成停车场，但工务处还是否决了，因为工部局要遵守接受这块土地时的法律约束。[②]我掌握的文件中最晚的一个是将公墓建成一片空地，将临街的房子售出。出售部分浦东公墓和改葬士兵公墓的先例以及英国领事的口头许诺，都没有提供充分的法律依据。计划又一次落空。1940 年，公墓所占的土地估价为＄120000 每亩，成为无息资产，总价值＄1000000（8.25 亩）。[③]

各机构也开始打浦东公墓的主意。但很长一段时间，英美工部局严格遵守规定，杜绝任何侵犯公墓权利的行为并维持公墓的原貌。随着城市的发展，这一地区建立了许多制造厂和纺织厂，公墓的存在引起了麻烦。最初它周围尽是空旷的农田，但随着时间的推移，公墓就成了制造厂和纺织厂联通的障碍。由于它一边靠河，将河边地分成两块互不相接的地方。虽然扎成的篱笆深入陆地，工部局却不允许路人在公墓和前滩之间行走，更不让人在此修路。1913 和 1917 年，邻近公司的申请被拒绝。[④]也有人试图租用部分土地建房，甚至一个新教教区的申请也被拒绝了。[⑤] 1924 年，英美烟草公司因在公墓旁树立一块广告牌而遭到斥责。像在南市的士兵公墓一样，由于英美工部局的抗议，广告牌被拆除。[⑥]最终，在众多公司的压力之下，英美工部局做出让步，部分原因是他们发现让这些公司支付修建及维护围墙和两端大门的费用有利可图。工部局保证使工程的质

---

① 信函，秘书处－法律顾问，1925 年 2 月 2 日；法律顾问－工部局，1925 年 5 月 22 日，U1—14—6912，上海市档案馆。

② 信函，E．S．李泰尔（E．S．Little）致工部局，1939 年 3 月 28 日，工部局－法律顾问，1925 年 2 月 2 日；信函，法律顾问－工部局，U1—14—6912，上海市档案馆。

③ 山东路公墓备忘录，1940 年 2 月 23 日；山东路公墓备忘录，1940 年 2 月 26 日，U1—14—6912，上海市档案馆。

④ 参见 1913 年、1917 年编号为 38—40 的文件，U1—14—6921，上海市档案馆。

⑤ 参见 1920 年编号为 47－50 的文件，U1—14—6921，上海市档案馆。

⑥ 参见 1924 年编号为 38－40 的文件，U1—14—6921，上海市档案馆。

▲ 图8　（资料来源：上海市档案馆，U1－16－2536）

量上乘，正如档案照片中显示的一样（见图8）。[①]然而英美工部局依然不希望看到浦东公墓的前滩被开发建设。1928年，它拒绝了上海划船俱乐部从苏州河迁到此处的申请。卫生处和工务处都表示反对，特别是这个俱乐部还企图免费获得这片土地。[②]他们认为，主要的问题是，这里还有一些非法的华人茅屋，租给俱乐部就无法清除它们。尽管工务处采取措施防范大水，前滩还是经常被大水淹没。他们建议卖掉前滩地带以避免进一步的移民。[③]英美工部局没有据此采取行动。根据当时的新闻报道，浦东公墓如同被废弃了一般。1932年，一项新的进展再次引起了英美工部局的恐慌。上海市政府开始给那

① 信函，工部局－上海船坞工程公司，1927年9月14日；协议，U1—14—6921，上海市档案馆。

② 信函，1928年5月22日，U1—16—2452，上海市档案馆。

③ 信函，卫生处－工务处，1928年6月18日，U1—16—2452，上海市档案馆。

些茅屋分发门牌号码，在工部局看来，这似乎是要让那些占据者对公墓拥有一定的权利。卫生处再次提出修建围墙并出售前滩地段的建议。然而这些非法茅屋就在其上（见图9）。同市政府一番交涉之后，中方警察驱逐了59户非法居民，而他们得到了英美工部局的经济补偿。[①]工部局立即售出土地，得到大批资金。此后再没有发生任何交涉，直到1937年日本侵华，平静才被打破。在山东路公墓和涌泉路公墓，似乎并没有砌一堵砖墙以便长久保护它们。[②]

▲ 图9　（资料来源：上海市档案馆，U1－16－2536）

至于老城墙边的士兵公墓，情况则要复杂得多。然而，它在西

① 信函，卫生处－秘书处，1932年1月29日；信函，工部局－市政府，1932年11月21日；信函，工部局－公安局，（1932年），U1—16—2452，上海市档案馆。

② 信函，公墓卫生处主管，1938年11月1日，U1—16—2452；报告，公墓卫生处主管，1942年9月17日；信函，秘书处－卫生处，1942年10月23日，U1—16—2443，上海市档案馆。

方侨民的记忆中具有更高的地位。浦东公墓被视为二流公墓，而士兵公墓的规模虽然不大，但在工部局首领的眼中却具有特殊地位。19 世纪 60 年代以来，公墓维护就一直很困难，但 1912 年围墙的毁坏却引起了人们对维护它的极大关注。报纸报道了公墓的不良状况，说它已经被遗忘、被忽略了。1907 年工部局夷平了围墙，将之改建成一个公园。《北华捷报》的描述是“一片污秽不堪之中的小小绿色避难所”①。这种田园诗般的描述也许有些夸张，因为这片偏远的土地位于人口密集区的中心，受到各种形式的侵害。主要的问题是这儿被用作垃圾场。这一直是个棘手的问题。1924 年，一家中国公司在此竖起一块广告牌，工部局不能容忍，他们给中国当局施压，广告牌最终被移走了。为了避免再受侵害，工部局加高了围墙。②然而两年之后，同样的问题又出现了。③由于类似问题经常发生，1929 年工部局考虑将这些墓穴转移到他们自己的公墓中，但却不能解决棘手的遗骨所有权问题。④

1938 年，人们又对士兵公墓产生了兴趣。公墓主管将 1937 年战乱后公墓的不良状况进行了报告：第七难民营制造的大量垃圾堆放在此处，6 具棺材置于地面之上。1933 年，工部局曾试图以每亩 $13000 的价格出售给上海市政府，而中方有意将其改造成一个公园。但工部局没有正式的地契成了主要障碍，因为它不能主张所有权，而且英国领事对公墓改迁一事也持反对态度。⑤同年，工部局决定一劳永逸地将士兵遗骨改葬。这是一件很复杂的事，因为改迁必须要得到有关当局的许可，而有关当局却难以作出决断。⑥工部局向领事馆提交了他们的改迁计划，即将士兵遗骨迁往虹桥公墓，并为

① 《北华捷报》，1912 年 2 月 3 日。

② 信函，工务处－秘书处，1924 年 7 月 15 日，U1—16—2454，上海市档案馆。

③ 信函，公墓卫生处主管，1926 年 5 月 27 日；信函，领事－工部局，1926 年 7 月 5 日；信函，工部局－领事，1927 年 1 月 21 日，U1—4—711，上海市档案馆。

④ 信函，卫生处－秘书处，1938 年 2 月 4 日，U1—16—2454，上海市档案馆。

⑤ 信函，工务处－秘书处，1938 年 3 月 28 日，U1—16—2454，上海市档案馆。

⑥ 会议记录，1938 年 4 月 6 日，U1—16—2454，上海市档案馆。

他们设立纪念馆。领事馆同士兵们生前效力的英国军队取得联系。[①]经过漫长的交涉，领事馆得到了军方的肯定答复，于是，领事馆对公墓改迁一事做出了口头许可。[②]迁移工作在1938年11～12月展开。《上海史》的作者兰宁（Lanning）和考琳（Couling）认为里面有2000具尸体，但工部局的工人只挖出316具成人尸骨和2具儿童尸骨。[③]英语报刊对公墓改迁一事欣喜若狂："给镇压太平军英雄的新墓地"，"放弃了传奇式的古老公墓"。[④]尸骨改葬变成了对西方人（英国人）为保护和拯救上海做出巨大牺牲的颂诗，成了以西方人眼光阅读上海历史的"记忆保存"的一部分。虹桥公墓纪念馆是老城墙的复制。1939年10月3日举行了盛大的揭幕仪式。一份英文报纸对此事进行了广泛报道，来自西方国家的居民代表、宗教界代表、外交官代表和军方代表济济一堂。[⑤]但不论是嘉宾名单上还是照片上都没有中国人。

在最终归还给中国当局之前，公墓一直是外国租界的重点关注对象。1927年现代市政机构的建立创造了新环境，中国当局也开始涉足这个领域，尽管只是管理他们自己的公墓。他们没有挑战外国人经营的公墓，尽管内务部颁布的法令对现有外国人公墓产生了潜在的挑战，其中主要是禁止公墓设在住宅区、工厂、学校等人口密集区。[⑥]在这一法令颁布时，两处位于市中心的公墓、八仙桥公墓和山东路公墓已经关闭几十年了，而涌泉路公墓则被各种建筑和居民

---

① 信函，工部局－领事馆，1938年4月9日，U1—16—2454，上海市档案馆。

② 信函，领事馆－工部局，1938年8月13日，U1—16—2454，上海市档案馆。工部局甚至同皇家东方肯特团商议了设计纪年设施的事宜。信函，卫生处－工务处，1939年1月9日，U1—16—2454，上海市档案馆。

③ 公墓主管汇报说，有305名坟墓挖掘工人每天工作以提供319枚墓穴，总耗资$842.68。信函，公墓主管－工务处，1938年12月9日，U1—16—2454，上海市档案馆。

④ 《字林西报》，1938年12月14日；《中国报》，1939年3月1日。

⑤ 《上海时报》，1939年9月27日；《字林西报》，1939年9月30日；《中国报》，1939年10月4日；《字林西报》1939年10月4日。

⑥ 《有关公共墓地的规定》（英文翻译版），1928年10月，内务部，U1—4—711，上海市档案馆；中文原版U1—16—2423，上海市档案馆。

包围了。随着时间的推移，中国政府对公墓管理的规章制度越来越严格，尽管在执行过程中考虑到了公墓的实际情况。①

公墓的存在割断了城市自然空间和社会景观。除了大量独立的日本人，殖民地臣民和少数群体与主流群体享受的权利并不一样。他们只能自己照顾自己或者依靠当局不情愿的善心。甚至在相对开放的法租界，进入公墓也要遵循严格的等级。另一方面，公墓的“特性”是需要长期维护的。出于其他目的企图收回土地的，如山东路公墓，因为受到法律和宗教因素的挑战而未能得逞。公墓作为西方人在上海的历史一部分，像浦东公墓或者更明显的士兵公墓，当它们被迁移时，就凸显出来。

四、公墓作为争权的场合

坟场造成了各种冲突。在外国租界出现的早期，城墙四周散落的个人坟墓就成了土地管理中的棘手问题。城墙以外用于埋葬当地人，这和上海郊区农村的风俗相似。大量的人口增加了地上坟墓的密度，而这一带后来辟为租界。这种情况在法租界尤其明显，租界在向西扩张的过程中兼并了大大小小的村庄，而在这些村庄附近也有不少的坟地。大多数情况下，如果死者家属住在附近，墓穴改迁就与他们进行协商，这几乎没遇到麻烦。然而对于公墓来说，改迁或者改造是一件棘手的事情。在给了福建人先前坟地南面的河边地后，法国当局成功地说服福建人将公墓迁往彼处。然而，正如顾德曼（Bryna Goodman）教授所言，宁波公墓的交涉成了一场拉锯战，

① 《上海特别市私立公墓规则》（英文翻译），1942 年 12 月，刊登在《市政公报》上（未标注日期，大约在 1945 ~ 1948 年间），U1—16—2423，上海市档案馆。

且愈演愈烈，引发了几次骚乱。[①]我这里只探讨几种中国人不太暴烈的反对活动，但是我希望大家能够明白，即使在这种情况下，外国当局也已经不能随心所欲了。

至于宁波公墓，英美工部局对于那些在租界成立之前或租界扩张时已经存在的中国公墓无能为力。它也许是吸取了法国人的反面教训，也许采取了一种更务实的方法。尽管它采取避免直接对抗的方式，可一旦希望某块地消失，他们就会抓住不放。1893 年，同仁辅元堂的一家公墓（一个致力于收集和掩埋被遗弃在马路上的尸体和棺材的慈善团体）恰巧位于被划分的“美国虹口租界”之内。[②]工部局与同仁辅元堂签署了一份协议，工部局保证，除了在周围建一道围墙，它不会修路穿越公墓，也不会打扰公墓；而同仁辅元堂则要确保一切秩序井然，避免产生任何冲突或者对健康有害的事物。特别是不能让棺材停放在地上。[③]然而，在迅速发展的地区，公墓的存在是非常不合时宜的。1902 年，工部局计划收购这块土地用于建设中国公立学校。虽然同仁辅元堂最初表示同意，但该组织内外的一些大佬却极力反对。工部局只好放弃，并最终购置了另外一块地皮。但是他们强行和同仁辅元堂签署了另一份协议，即后者不能把这片土地移作它用或者出售。[④]这标志着同仁辅元堂与工部局长期冷战的开始。

1906 年一个总工程师的报告显示该公墓处于非常肮脏和被忽视

---

① 顾德曼：《本土、城市和民族：上海的区域网络和身份，1853～1937》，伯克利，加利福尼亚大学出版社 1995 年版（Bryna Goodman, Native Place, City, and Nation: Regional Networks and Identities in Shanghai, 1853 – 1937, Berkeley: University of California Press, 1995），第 159～169 页。

② 夫马进对同仁辅元堂的案例进行了详细研究，参见夫马进：《清末上海的近代化坟墓问题》，《人类起源研究》第 4 卷，东京：岩波书店 1898 年版（Susumu Fuma, Shanhai – Shinmatsu shanhai no kindaika to tsuka mondai, in: Kōza tenkanki ni ōkeru nigen no. 4 – Toshi no wa, Tōkyō: Iwanami, 1989），第 287～290 页。

③ “协议”，1893 年 7 月 18 日，U1—14—6928，上海市档案馆。

④ “中国公立学校的地址”，摘选自 1902 年年度报告，U1—14—6928，上海市档案馆。

的境地。工部局得到了其中一小块地，通常是用来建路，而绝大多数还是在同仁辅元堂的掌控之中。工部局要求进一步推进以拓宽甘肃路和七浦路，同时给同仁辅元堂施压，要求他建造围墙，以免附近的居民向其中丢弃垃圾。同仁辅元堂同意了，但是前提条件是要在别处寻找免费土地，用以迁走新道路线旁的墓穴。[①]之后几年有关公墓的文件多数是工部局总裁的信件或报告。他们往往指责“公墓围墙附近到处都是倾倒的垃圾和瓦砾”[②]。1930 年，工部局试图把公墓据为己有以便将其改成公园。它试图用南市士兵公墓和市政府交换宁波公墓（鉴于士兵公墓所有权的重重障碍，这是一次大胆的尝试）。无论如何，这个建议搁浅了。[③]两年之后，工部局又通过市政府向同仁辅元堂提出同样的建议，即将公墓改建成公园，但还是没有成功。[④]

像过去一样，宁波公墓在工部局卫生检查官的监督下使用着。从 1933 年的一张公墓彩色地图上可以看到，里面有旧货摊，非法民房，还有人的粪便等。虽然检察官有一定的偏见，但是公墓显然并不是用于殡葬，而是成了各色人等用来营生的空地。看来同仁辅元堂似乎没有严密地控制这片区域或者说没有意识到使用这片公墓的过程中出现的问题。因此，工部局要求同仁辅元堂让所有的占据者迁出，然后重新修葺围墙。[⑤]工部局抗议的效果并不长久。1936 年 3 月，一份报告指出，公墓被用作足球场，还有非法居民的茅屋，甚至还有妇女在里面染羊毛。[⑥]或许是受到了工部局的压力，同仁辅元

---

① 信函，工程师和测量员 - 同仁辅元堂，1906 年 1 月 5 日，U1—14—6928，上海市档案馆。

② 同仁辅元堂公墓地图，1927 年 1 月 27 日，附有工务处调查员的注释，U1—14—6928，上海市档案馆。

③ 信函，卫生处 - 工务处，1930 年 7 月 28 日，U1—14—6928，上海市档案馆。

④ 《辅元堂公墓备忘录》，1932 年 10 月 6 日，U1—14—6928，上海市档案馆。

⑤ 报告和地图，工务处，1933 年 11 月 22 日；信函，工部局 - 同仁辅元堂，1934 年 4 月 14 日；注释，工务处，1934 年 6 月 8 日，U1—14—6928，上海市档案馆。

⑥ 注释，1936 年 3 月 19 日，U1—14—6928，上海市档案馆。

堂似乎愿意出售这块土地。在同仁辅元堂要求腾空所有墓穴之后，一家公司便同工部局联系，询问可否在墓地之上建房。也许同仁辅元堂只是间接试探工部局的态度，但是工部局重申他们的立场，即绝不允许改变这块土地的用途。显然，工部局渴望控制公墓，然后将其改成公园。

至少到1940年，宁波公墓也没有被移作他用。1937年春，有座学校申请用它作操场，但是被工部局拒绝了。1937年晚些时候，学校再次提出同一要求。这次工部局没有表示反对，但学校似乎没有采取什么行动。在信中，学校形容公墓“像一片荒地，如同战前一样……比以前任何时候都脏。附近的居民都在这儿晒衣服，无赖们……经常在这里设赌局。到处都是丢弃的垃圾”。① 1938年2月，上海慈善总会申请在公墓设立难民营，得到了工部局的许可。关于这个公墓的一系列文件以1940年工务处关于推倒公墓部分围墙的备忘录告终。②公墓也不再是难民营，而被还原成最初的用途，即作为一片“空地”。工务处说他们再也无能为力了，只能请求虹口警察局维持治安并确保不再发生任何破坏活动。③ 尽管制造了一定的压力也拥有一些调控权，工部局却既不能让公墓的土地出售给自己，也不能用满意的方式规范土地的用途。1893年强加的限制条款和1902年失败的收购尝试使双方潜在的敌意流传下来，导致相互压制。总体来说，同仁辅元堂在屡次较量中占了上风，控制了公墓的使用权。④

公墓作为争权和竞争场所的另外一个例子是虹桥公墓。购置这

① 信函，中华学校－工部局，1937年3月25日，1937年12月25日；信函，工部局－同仁辅元堂，1938年1月17日，U1—14—6928，上海市档案馆。

② 信函，联盟－工部局，1938年2月10日；信函，工部局－联盟，1938年2月15日，U1—14—6928，上海市档案馆。

③ 备忘录，工务处，1940年10月3日，U1—14—6928，上海市档案馆。

④ 夫马进：《清末上海的近代化坟墓问题》，《人类起源研究》第4卷，东京：岩波书店1898年版（Susumu Fuma, Shanhai － Shinmatsu shanhai no kindaika to tsuka mondai, in: Kōza tenkanki ni ōkeru nigen no. 4 － Toshi no wa, Tōkyō: Iwanami, 1989），第294～295页。

块土地不久，工部局又得到了成片的土地用于扩充公墓容量。1934年，在两次扩地之后，又打算从11184号土地主人手中购买这块地。经过一轮讨价还价，土地的主人发现对方提出的价钱过低，尽管工部局声称这已经高于市场价格了。1939年，土地收购被再次提上议程，但是没有取得任何进展。①被看中的土地成了工部局和土地所有者之间争论的焦点。工部局不悦的是因为这块土地位于公墓正中央(见图10)。这个“令人烦恼的景观”成了工部局必须要拔掉的眼中钉。1941年，在一名买办的协调下开始了新一轮的谈判，但是每当工部局接受一个要价后，土地主就会提出一个更高的要价。工务处怀疑土地主故意买下这块土地以抬高价钱，“让我们掉进这个坑”②。最终出价法币15000元，但是土地所有者的要价是这个数的四倍。出于无奈，卫生处建议切断通往这块地的小路，给土地主制造麻烦，然而终究没有付诸行动。③最后的努力是在1943年初，但也以失败告终。④显然，聪明的土地主预料到公墓会扩展，赌定这块没有多少农用价值的土地会大大升值。然而如上所述，这位土地主直到十年后也没有卖出，这使他最终没有得到预期的暴利。

工部局无法挑战先于外国租界存在的公墓，它甚至在和普通农民、特别是和人多势众的农民家族进行土地交涉时，都遭遇了严重的挫折。虽然都说殖民者如何横行霸道，但工部局通过《上海土地章程》享有的“既得权利”毕竟有限。我们必须承认，工部局也必须遵守给租界内的居民制定的法律法规。1907年，工部局计划收购毗连涌泉路公墓的一整块土地，以覆盖整个街区（见图3)。2月份，工务处在与土地主人初步接触后，汇报说未能说服他们与工部局谈判。⑤这件事被搁置了几个月，但工务委员会下令继续进行。工务处

① 工务处－卫生处，1939年11月21日，U1—16—2450，上海市档案馆。

② 工务处－卫生处，1941年8月11日，U1—16—2450，上海市档案馆。

③ 卫生处－工务处。1941年8月15日，U1—16—2450，上海市档案馆。

④ 卫生处－秘书处，1943年2月3日，U1—16—2450，上海市档案馆。

⑤ 部门报告，1907年2月1日，U1—14—6913，上海市档案馆。

请求涌泉寺（静安寺）的住持协助他们与当地村民谈判。在会谈纪要中，我们看到：土地业主之所以反对是因为工部局拒绝他们修葺当地寺院；一位业主有意出售他的土地，但是其他业主不同意，因为这会切断通往他们土地的道路；土地所有者对土地的价格心中有数（每亩不少于5000两规银）。[①]

第二次会谈在工务处、住持、地保和当地首领之间举行。他们一致认为，同个体单独协商是没有任何意义的，建议召开全体村民大会。[②]工务处准备了一份印有20名业主的名单（其中7户姓张，9户姓顾），在1907年11月15日召集了一次会议。在会上，工部局代表解释说工部局准备以市场价格收购他们的土地，并且要利用权力实现这一目的。村民有3周时间表达自己的要求，逾期工部局将发布通告、依据条约征用土地。[③] 1907年12月12日，工部局张贴了中英文布告，告知村民：土地专员将着手估价土地，以便工部局征用。[④]然而，到了1908年3月，工务处却报告说，村民们根本不理睬布告。工务委员会决定不再采取进一步的行动，因为迟延并不改变购地费用。[⑤]可见，“既得权利”的威胁并没有吓倒村民。工部局大概意识到它计划购地的法律依据并不牢靠，而且也得考虑，它遭遇的不是单个家庭的抵抗，而是两个紧密联合的家族——张家和顾家的反对。村民们的消极抵抗迫使工部局计划搁浅。

1911年，工部局再次试图购买这块土地。紧邻公墓的这块地像脚底的一根刺一样，妨碍了涌泉路公墓向外扩张（见图3）。工部局内部就收购策略产生了激烈的争论。工务处认为，除非工部局能够坚持到底，否则免谈。如果又像1908年那样半途而废，将给当地村

---

① 采访备忘录，1907年10月16日，U1—14—6913，上海市档案馆。
② 采访备忘录，1907年10月18日，U1—14—6913，上海市档案馆。
③ 一般会议备忘录，1907年11月15日，U1—14—6913，上海市档案馆。
④ 宣传海报，1907年12月12日，U1—14—6913，上海市档案馆。
⑤ 备忘录，1908年3月23日，U1—14—6913，上海市档案馆。

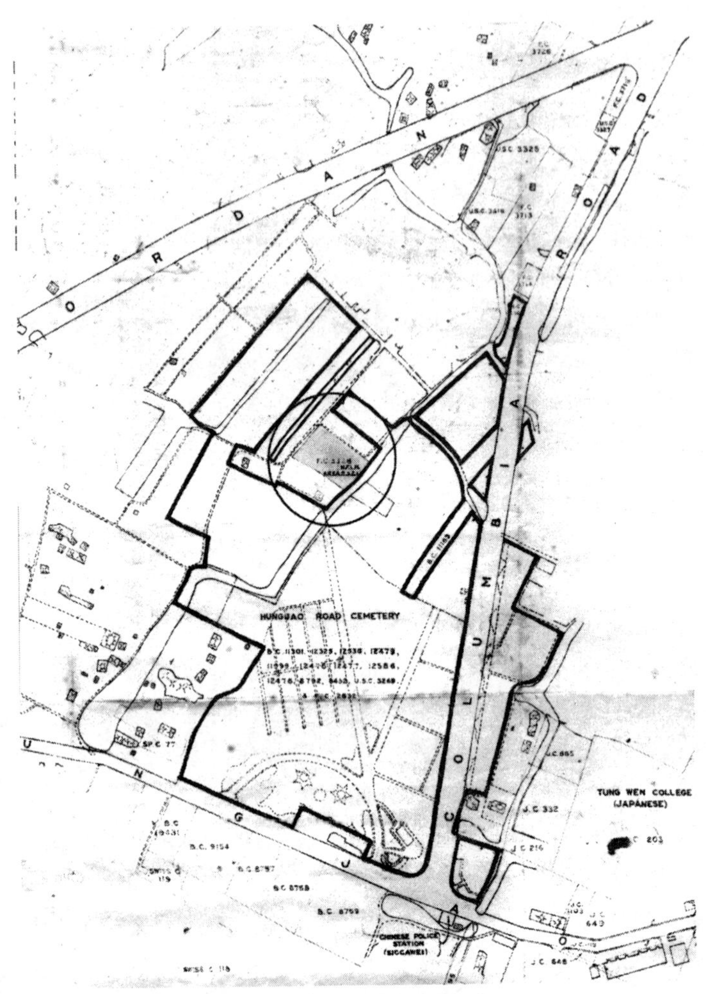

▲ 图 10　（资料来源：上海市档案馆，U1－14－6913）

民留下一种印象，即工部局软弱无力。[①]为了探究可否离间两大家族

① 秘书处－工务处，1911 年 12 月 23 日；工务处－秘书处，1911 年 12 月 27 日，U1—14—6913，上海市档案馆。

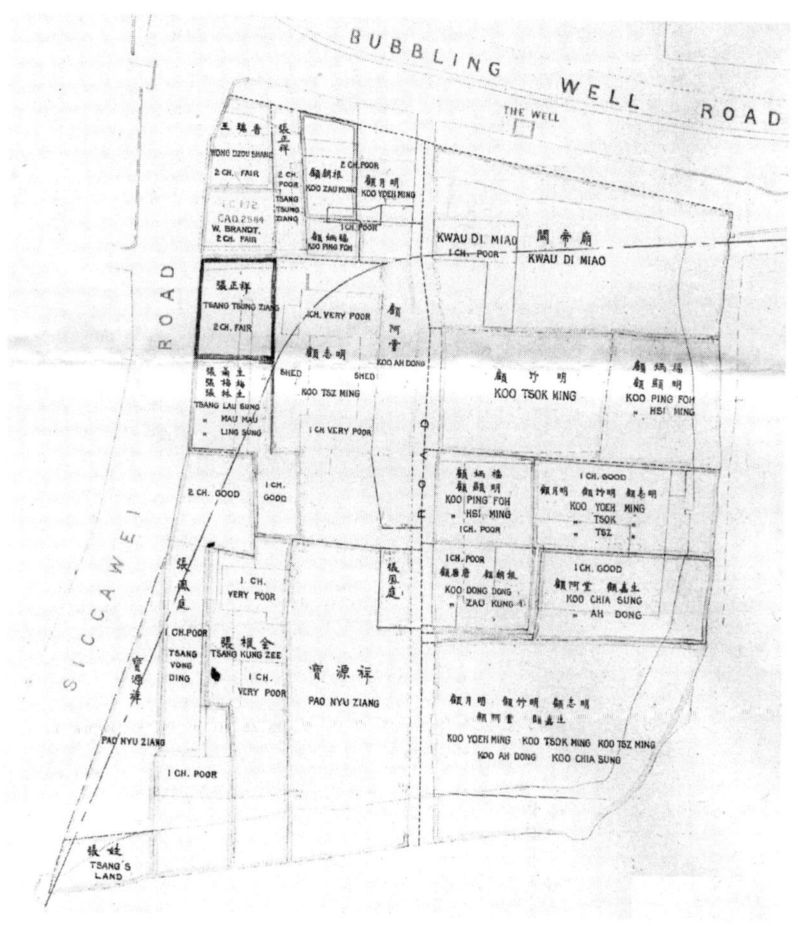

▲ 图 11　（资料来源：上海市档案馆，U1－14－6913）

内的穷人和富人，工部局对这个地区展开了详细的调查（见图11）。[①]文献中没有此类记载，但工务处绝不会为了学术研究而对每个业主的社会经济状况展开调查。尽管进行了一系列的准备工作，尽

① 参见文件 U1—14—6913，上海市档案馆中的地图 62 和 63。

管购地时中国当地政府的统治并不稳定，但由于革命运动的兴起，工部局最后决定放弃。[①]

工部局感到没有权力迫使村民出售土地，他们也不想冒险。然而，如同对付同仁辅元堂公墓一样，作为报复，工部局禁止在这片地区进行任何的房屋修缮和搭建活动。[②]土地收购失败成了工部局不能愈合的伤疤。1916 年 4 月，工务委员会再次下令购地，但是似乎什么也没有发生，也没有更多的文献记录。[③] 1920 年 2 月，工务处又企图收购这块土地。在给总办的一封信中，强调了吞并这块地的好处。从工部局回信的语气中，可以看出它很沮丧："无论如何，工部局现在不想将来也不会收购这块土地。"[④]此后，购地的热情日趋冷淡，首先是因为这个地区已经大大城市化，其次是虹桥公墓已经开放。

五、结　语

中国共产党接管上海给这个城市的外国公墓画上了句号。山东路公墓是第一个消失的外国公墓。卢家湾公墓一直服务到 1951 年 3 月，此后禁止新棺入葬，到 1959 年被取缔，建成停车场。与 1951 年一样，在三家报纸发布通告，所有墓穴都被迁到青浦的吉安公墓，但不知道是不是统一迁走的。[⑤]八仙桥公墓被改建为公园。其他公墓的命运还有待于进一步查考。

公墓的建立最初是专门为了满足外国移民或海员的丧葬需要。

---

① 劳动委员会备忘录，1908 年 1 月 8 日，U1—14—6913，上海市档案馆。

② 秘书处，1914 年 11 月 25 日，U1—14—6913，上海市档案馆。

③ 劳动委员会备忘录，1916 年 4 月 20 日，U1—14—6913，上海市档案馆。

④ 工务处 - 秘书处，1920 年 2 月 14 日；秘书处 - 工务处，1926 年 1 月 26 日，U1—14—6913，上海市档案馆。

⑤ 陆家湾公墓共有 2313 个穴位，大部分（1994 个）接纳的是外国人，这些死者分别来自 27 个国家，其中只有两具中国人的尸骨。公用事业管理局报告，1959 年 5 月 20 日，S440—17—15，上海市档案馆。

原先根本没有为外国人在上海的殡葬作出规划安排。公墓最初是由私人发起建立的，后来事态的发展表明需要公家的参与。英美工部局和法国公董局对公墓的控制引进了一个新的维度，因为公墓成为制定政策法规的对象。然而我们可以看到，在公墓“西进”的过程中，租界外国当局的预见程度总是远远落后于人口的增长和城市的扩展。必须要在更靠西的地方为不断增加的各种外国团体的逝者找到安息之处。不过，由于缺乏严格的法规，在邻近公共租界的城区内，小型墓地也允许存在或建立。

外国当局对主流群体中的亡故者是精心安置的，可是，对于来自殖民地的团体或者来沪的难民，他们对其中死者的安葬却漠不关心。只有在迫不得已的情况下，工部局才同意划拨土地给社团建设公墓。至于公墓的维护和维修费用，他们概不负责，完全落在相关团体身上。因此，能否享用公墓，取决于民族、种族、宗教和财富的高低贵贱。有经济实力的人就可以在一个体面的公墓里得到一块像样的坟墓，而穷人或殖民地的下等人就只能仰赖别人的善心或依靠自己的微薄财力了。即使在殖民地臣民当中，人们也可以感觉到微妙的等级差别，比如，锡克人得到的照顾就比穆斯林团体要多一些。

公墓还是争权和竞争的地方。虽然不是以暴力的形式，但很显然，中国业主试图在公墓扩张占领他们农田时从中获利。扩张带来了“城市化”，使土地升值。然而，平心而论，问题的主要方面在于中国社团（家族、慈善团体）能力较强，他们坚持保护自己的土地，阻止外国强权势力购地、强迫交易或者限制土地用途，正如同仁辅元堂一事中所体现的那样。消极反抗是打击工部局野心的强有力武器，它超乎一般人的想象。当然，1949年以前，上海公墓管理的主流模式是排斥大多数的中国人，而其他团体则分为三六九等，区别对待；高低贵贱，各不相同。

一位细菌学家和共产主义者眼中的中国社会——国崎定洞在青岛

［日］饭岛涉

刘萍译　李玉尚、孙立新校译

一、序　言

本文旨在讨论细菌学家和共产主义者国崎定洞眼中的青岛社会状况。

国崎定洞（1894～1937）是日本社会医学与卫生学的先驱之一，毕业于东京帝国大学医学院并留校在传染病研究所工作。作为细菌学家，国崎定洞在其前半生主要从事流行病及其他传染病的研究。他对 B. 查杰斯的著作 *Konmendium der Socialen Hygiene*（1923）进行了研读，出版了自己的研究著作《社会卫生学讲座》（1927）。这本书是最早介绍德国社会医学的著作之一。

国崎在 1924 年成为东京帝国大学医学院的副教授，他本人则受以 B. 查杰斯和 A. 格罗特汉为代表的德国社会医学家和卫生学家的深刻影响。

自 1926 年起，国崎获得机会到德国留学深造。在此期间，他于

1928年加入德国共产党，参加了激进的政治活动。国崎加入德国共产党的主要背景可以说是他对社会医学和卫生学的研究。1929年，在其共产党员身份曝光后，他马上就被东京帝国大学开除了。

国崎作为德国共产党的一分子继续在柏林进行他的政治活动。后来，由于阿道夫·希特勒和纳粹主义的兴起，他在1932年移居苏联。在莫斯科的日本共产主义者这个圈子中，国崎依然是个重要人物，但他最终死于共产主义团体之间的政治斗争。

在有关近代中国的研究领域中，国崎并不为人熟知。他曾经参加过反传染病计划，尤其是在1920年曾作为驻青日军的随军医官，积极抵制青岛地区的亚洲霍乱，这是非常重要的。在青岛期间他写下了《发自青岛的报告》，记述了日军占领下的青岛社会状况。

本文旨在证实作为细菌学家的国崎眼中的青岛社会以及国崎的报告在研究近代中国历史中的意义。

二、国崎报告的背景：德日在细菌学领域的联系

（一）德日在细菌学领域的联系

要想真正了解国崎关于青岛的报告，就需要印证德日在医学和细菌学领域中的密切关系。这种密切关系的关键就在于日本现代医学与细菌学是在深受德国医学与细菌学影响这个基础上建立的。

日本的现代细菌学开始于1877年的东京帝国大学，而这一切都得益于外国科学家，尤其是德国科学家的支持。E. 贝尔茨（E. Baelz, 1849～1913）就是一位德国人，他在1876至1902年间执教于东京帝国大学，指导过很多日本学生。饭岛魁（Iijima Isao, 1865～1921）即是这众多学生当中的一个，主修动物学。饭岛魁也曾留学德国，1885年成为东京帝国大学的第一位日本教授。他在实验室进行授课，这使他的学生被训练成细菌学领域的重要人物。

绪方正规（Ogata Masanori, 1854～1941）同样是一个关键人物，

他主修的是卫生学。在德国留学时曾师从佩腾考佛（M. Pettenkofer, 1818～1901），1886年成为东京帝国大学的教授。横手千代之助（Yokote Chiyonosuke, 1871～1941）原是绪方的学生，后来成为东京帝国大学工业卫生学的教授。

如果我们要讨论日本现代细菌学的历史，就必须注意北里柴三郎（Kitasato Shibasaburo, 1852～1931）的重要作用。对于日本传染病研究学科的确立，他可以说是一位最重要的科学家。北里在1883年毕业于东京帝国大学，进入内务省卫生局工作。他同公共卫生局局长后藤新平（Goto Shinpei）关系密切，从而获得留学德国的机会，师从R. 科霍（R. Koch, 1843～1910）。

在19世纪的最后10年间，日本政府计划建立一个传染病中央研究所，因为当时传染病是导致人口死亡的主要原因。在建立传染病中央研究所这个问题上，北里与东京帝国大学的学者们产生了冲突。而这种冲突产生的主要背景即当时教育部与内政部公共卫生局在培训医生这个问题上的矛盾。

北里有一项效仿德国建立传染病中央研究所计划。科霍在德国中央研究所工作，并且是研究所的主任。由于这种冲突，北里在1892年建立了一个传染病研究所，并在日本传染病研究协会以及福沢谕吉（Fukuzawa Yukichi）和长与专齐（Nagayo Sensai）等人的支持下，成为了该研究所的主任。福沢谕吉是最著名的思想家，也是应庆义塾大学（Keio University）之父；长与专齐则是内政部公共卫生局的负责人。

研究所建立后，北里和众多受其影响的科学家为研究和控制日本地方性传染病做出了很大努力。在研究这些地方性传染病的同时，北里和他的同事也同样开展了对国外传染病的研究。典型事例之一就是对香港1894年鼠疫的研究。①在内政部公共卫生局新的负责人后

① 在北里的研究中，他声称自己发现了鼠疫细菌，但实际上这种细菌并非致病的病原体。巴斯德研究所的一位法国科学家A. 耶尔森（A. Yersin）发现了真正的鼠疫杆菌。

藤新平的支持下，北里继续他的工作，并在控制传染病方面发挥了作用。

1899 年，传染病研究所被置于内政部公共卫生局的直接管理下，成为了国立传染病研究所。该研究所是反传染病计划研究中心之一，该计划还包括了疫苗的批量生产。[①]在检疫事业成为内政部公共卫生局的一部分后，传染病研究所及后来的国立传染病研究所中的许多科学家在北里柴三郎的领导下成为传染病研究领域的重要人物，并为控制这些传染病做出了很大贡献。[②]

在这一部分，我好像对日本现代细菌学的历史讨论过多，但确实非常有必要说明日本细菌学是在德国细菌学的广泛影响下通过东京帝国大学和传染病研究所建立起来的。

（二）传染病研究所与东京帝国大学之间的矛盾

1914 年，国立传染病研究所转由教育部管理。在以降低预算为目标的政治改革期间，研究所搬到了东京帝国大学医学院。实际上，那些内阁的领导人并没有就研究所的调整同北里柴三郎进行商议。鉴此，北里与以他为首的这个圈子里的很多科学家反对这种调整，纷纷从国家传染病研究所退出，重新组建了以北里的名字命名的研究所——北里研究所。在发生 1914 年事件时，北岛多一（Kitajima Taichi）是公共卫生局检疫处的处长，同时也是北里圈子里重要成员。他给新成立的研究所以很大帮助。北岛授予北里研究所可制造多种疫苗的许可，此项许可使研究所通过制造疫苗获得大量研究经费。此后，北里与北里研究所的研究人员一起又在 1916 年建立了应

① 小高：《近代医学的开拓道路——传染病研究所史》，东京：Gakkai Shuppan senta 1992 年版（T. Odaka, Densenbyo Kenkyujo: Kindai Igaku Kaitaku no Michinori, Tokyo: Gakkai Shuppan senta, 1992）。

② 饭岛涉：《帝国疟疾》，东京：东京大学出版社 2005 年版（W. Iijima, Mararia to Teikoku, Tokyo: University of Tokyo Press, 2005），第 118 ~ 120 页。

庆义塾大学的医学院，北里成为该院的第一任院长。①

1914 年事件发生后，东京帝国大学医学院教授青山胤通（Aoyama Tanemichi）成为了设在东京帝国大学之下的传染病研究所的负责人。横手千代之助和长与又郎（Nagayo Mataro）则为该研究所的研究人员。②

北里同以他为首的学术圈子，也就是说北里研究所和应庆义塾大学的医学院，与东京帝国大学的传染病研究所的科学家产生了严重的冲突。而这两大细菌学研究中心之间的冲突给日本的殖民地医学结构造成了非常深刻的影响，北里研究所的许多科学家因与后藤新平和内政部公共卫生局的密切关系而能远赴海外进行研究工作。

日本的殖民地医学始于殖民地台湾。为使殖民者远离传染病，台湾的日本殖民政府非常重视公共卫生的建立，这就为更好地控制包括土著人口在内的台湾居民的身体奠定了基础。而事实上，台湾的殖民化恰恰开始于热带医学的“黄金时代”。后藤新平曾在德国跟随科霍学习公共卫生，后成为日本在台湾设立的殖民政府（日语名称“台湾总督府”）的民政长官。后藤新平的这些个人原因，使他能在日本殖民政府重视公共卫生这件事上发挥很大作用。之后，日本政府将台湾的模式推广到其他殖民地：关东州和朝鲜。而这一切又确定了传染病研究所与北里研究所在建立殖民地医学方面的核心地位。③

北里研究所与东京帝国大学之间的严重冲突构成了国崎 1920 年被派往青岛的一个背景。东京帝国大学传染病研究所的领导们（长

---

① 饭岛涉：《帝国疟疾》，东京：东京大学出版社 2005 年版（W. Iijima, Mararia to Teikoku, Tokyo: University of Tokyo Press, 2005），第 3 章，第 1 页。

② 东京大学医学研究所百周年纪念委员会：《传染病研究所与医学院百年史》，东京：东京大学医学院 1992 年版（Tokyo Daigaku Ikagakukenkyujo Hyakushunen Kinen Iinkai, Densenbyo Kenkyujo/Ikagaku Kenkyujo no Hyakunen, Tokyo: Institute of Medical Science, University of Tokyo, 1992），第 13 ~ 15 页。

③ 饭岛涉：《帝国疟疾》，东京：东京大学出版社 2005 年版（W. Iijima, Mararia to Teikoku, Tokyo: University of Tokyo Press, 2005），第 3 章。

与又郎和横手千代之助等）计划通过派出包括国崎在内的科学家一事来扩大他们在殖民地医学领域中的影响。

（三）中日关系中被隐藏的日本社会医学与卫生学历史

围绕着第一次世界大战而建立的日本社会医学与卫生学也是国崎到青岛从事研究的一个背景，而这些都受到了德国的深刻影响。

福原义柄（Fukuhara Yoshie，1895～1927）是一位输入德国社会医学与卫生学的先行者。福原毕业于大阪县立医学院，后在东京帝国大学和德国进一步深造。从德国回国后，他成为大阪县立医学院的教授，致力于寄生虫研究。他的《社会卫生学研究》是第一本将德国社会医学与卫生学介绍到日本的著作。

国崎定洞毕业于东京帝国大学，留任东京帝国大学传染病研究所。在研究所，他研究流行病及其他从属于细菌学的传染病。由于他的研究工作，他于1920年被派遣到青岛，作为驻青岛日军的随军医官加入到了反传染病计划中。

同时，由于细菌学研究，他研读了B. 查杰斯的著作*Konmendium der Socialen Hygiene*（1923）并将其翻译成日文《社会卫生学讲座》（1927）。东京帝国大学传染病研究所的领导人长与又郎和谷口腆二（Taniguchi Tenji）希望国崎能成为东京帝国大学医学院的第一位社会卫生学方面的教授。国崎深受以B. 查杰斯与A. 格罗特汉为代表的德国社会医学和卫生学的影响。1924年国崎成为东京帝国大学医学院第一位社会卫生学方面的副教授。

当时，还有另外一组人从事社会医学和卫生学的研究。他们中的核心人物是晖俊义等（Teruoka Gito，1889～1966）。他毕业于东京帝国大学医学院，后加入大原社会问题研究所。该研究所由仓敷棉纱会社社长大原孙三郎（Ohara Magosaburo）建立于1919年。晖俊于1921年组织成立了仓敷劳动科学研究所并任所长。晖俊也曾经留学德国并受到格罗特汉著作的影响。他于1925年出版了一本名为《社会卫生学》的书。在那之后晖俊走上了一条和国崎截然相反的道路，参加了30年代以后的战时政府。①

关于国崎从一位细菌学家到一位共产主义者这一人生转变的细节，我将在下面予以讨论。在这一部分，我谨对国崎之后日本社会医学与卫生学的基本状况作一概述。在国崎的影响下，东京帝国大学的一些学生开始追随他的研究工作。其中最重要的人物就是小宫义孝（Komiya Yoshitaka，1900～1976），他在国崎的影响下对德国社会医学和卫生学产生了浓厚兴趣，曾经加入东京帝国大学的学生会——新人会，并成为与日本共产党联系密切的政治分子。他还在东京帝国大学医学院组建了社会科学研究会，研究足尾（Ashio）矿井劳工的健康，报告了该区肺尘症（Yoroke）疾病的基本状况。他同野坂参三（Nosaka Sanzo）交往密切，后者是日本共产党最著名的领导人，并同延安的中国共产党人一起加入了反对日本侵华的斗争。

小宫成为东京帝国大学医学院的研究助理，在他的影响下一些人也加入到了共产党的运动中。1930年3月15日，日本共产党的多名党员被逮捕，小宫和其他一些成员也遭到当局政治警察的迫害。在那之后，小宫作为上海自然科学研究所的研究人员移居上海，开始了寄生虫病的研究工作。②

横手千代之助是东京帝国大学传染病研究所的教授，后成为该所副所长。小宫义孝到上海之后为传染病研究所工作。上海自然科学研究所与东京帝国大学传染病研究所存在着种种联系，由于这种原因小宫才能在遭到逮捕后移居上海。③

---

① 饭岛涉：《帝国疟疾》，东京：东京大学出版社2005年版（W. Iijima, Mararia to Teikoku, Tokyo: University of Tokyo Press, 2005），第149～151、179～181页。

② 小宫义孝：《日本医学史研究会》，川上武主编：《日本医学社会化进程》，东京：劲草书房1969年版（Y. Komiya, Iryo Shakai ka no Zengo Jijyo in Igakushi－Kenkyukai, in: T. Kawakami (ed.), Iryo Shakai ka no Dohyo, Tokyo: Keiso Shobo, 1969），第23～33页；饭岛涉：《帝国疟疾》，东京：东京大学出版社2005年版（W. Iijima, Mararia to Teikoku, Tokyo: University of Tokyo Press, 2005），第148～149页。

③ 饭岛涉：《帝国疟疾》，东京：东京大学出版社2005年版（W. Iijima, Mararia to Teikoku, Tokyo: University of Tokyo Press, 2005），第184～188页。

第二次世界大战后，小宫返回日本，在社会保障部下设的预防卫生研究所工作。他花费大量精力专注于有关日本住血吸虫病等寄生虫病的研究。

小宫组织了研究团于1956年访问过中国。早在第二次世界大战之前，他就作为上海自然科学的研究成员研究过长江三角洲的日本血吸虫病。小宫同中国学者一起在中国的许多地区研究日本血吸虫病，并在控制日本血吸虫病方面向中国共产党提出过建议。①

中日双方的反血吸虫病历史，远远超出了这篇论文的范畴②，但是仍需要说明的是由小宫组织起来的反日本血吸虫病计划是国崎与社会医学及卫生学留下的遗产之一。

三、国崎定洞从细菌学家到共产主义者

（一）作为细菌学家的国崎

国崎定洞1894年出生于熊本（Kumamoto），后与作为中医的父亲移居对马岛。1904年，他搬到埼玉县的川越（Kawagoe），后就读于川越高中与第一高等学校，并于1915年进入东京帝国大学医学院。大学毕业后，他继续在研究生院学习。从1920年开始，国崎作

---

① 小宫义孝：《在控制血吸虫病方面给予中国共产党的建议》，《日本医学期刊》第1711期，1957年（Y. Komiya, Chukyo no Juketsukyuchubyo Bouchi Taisaku ni taisuru Iken-sho, in: Nihon Iji Shinpo, No, 1711, 1957），包括小宫义孝博士遗稿与备忘录出版委员会编：《小宫义孝著〈自然〉及其遗稿和备忘录》，东京：Tsukushisha出版社1982年版（Komiya Yoshitaka Hakase Tsuito Tsuioku Hensan Iinkai (ed.), Komiya Yoshitaka "Shizen" Ikou Tsuioku, Tokyo : Tsukushisha, 1982）。

② 饭岛涉：《帝国疟疾》，东京：东京大学出版社2005年版（W. Iijima, Mararia to Teikoku, Tokyo: University of Tokyo Press, 2005），第298～302页；饭岛涉：《钉螺物语：日本血吸虫病和近代日本的殖民医学》，Tanaka Koji主编：《帝国日本的学知》，东京：岩波书店2006年版（W. Iijima, Miyairigai no Monogatari; Nihonjyuketsukyuchubyo to Kindai Nihon no Shokuminchi Igaku, in: Tanaka Koji (ed.), Teikoku Nihon no Gakuchi, Tokyo: Iwanami, 2006）。

为研究人员进入到东京帝国大学传染病研究所，他在该研究所继续进行流行病及其他属于细菌学的传染病的研究。

第一次世界大战爆发后，日本由于英日同盟而参战。1914 年，日本军队登陆山东，占领了青岛和山东铁路的外围。

在对青岛进行殖民统治期间，德国殖民政府从一开始就非常重视青岛地区的医学和公共卫生，这是因为医学和公共卫生一向是德国“模范殖民地”（Muster – Kolonie）的一个重要因素。[①]他们设立医院进行治疗，并制定出一系列防疫方案。日本军队占领青岛后，遂于 1915 年 5 月建立了青岛医院，该医院仅收治本国民众。同年 9 月，才为中国人开办了医院。青岛医院还在李村和其他辖区建立了分支机构，既为日本人又为中国人提供医疗服务。[②]

简言之，日本军队为了控制青岛，继续采用了德国人所实行的医疗与公共卫生办法。更为重要的是，日本驻青岛军队根据自身的经验进一步发展了公共卫生政策。驻青的日本军方宣布了几项卫生

---

① 鲍吾刚：《1914 ~ 1931 年的青岛：日本人的统治、经济发展与德国商人的回归》，慕尼黑：卢迪奇姆出版社 2000 年版（W. Bauer, Tsingtau 1914 bis 1931: Japanische Herrschaft, wirtschaftliche Entwicklung und die Rückkehr der deutschen Kaufleute, Munchen: Iudicium Verlag, 2000），小鹤笃志、孝仁森和长闲柳泽等人的日文翻译本为：《1914 ~ 1931 年的青岛殖民地》，京都：女子养大学出版部 2007 年版（Otsuru Atsushi, Takahito Mori, and Nodoka Yanagisawa, Shokumintoshi Chintao 1914—1931, Kyoto: Showado, 2007），第 1 页。

② 鲍吾刚：《1914 ~ 1931 年的青岛：日本人的统治、经济发展与德国商人的回归》，慕尼黑：卢迪奇姆出版社 2000 年版（W. Bauer, Tsingtau 1914 bis 1931: Japanische Herrschaft, wirtschaftliche Entwicklung und die Rückkehr der deutschen Kaufleute, Munchen: Iudicium Verlag, 2000），小鹤笃志、孝仁森和长闲柳泽等人的日文翻译本为：《1914 ~ 1931 年的青岛殖民地》，京都：女子养大学出版部 2007 年版（Otsuru Atsushi, Takahito Mori, and Nodoka Yanagisawa, Shokumintoshi Chintao 1914—1931, Kyoto: Showado, 2007），第 18、183 页；本庄：《日本在胶州拓居地实行的占领政策》，本庄主编：《日本对青岛的占领和山东的社会经济变化，1914 ~ 1922》，东京：东洋文库 2007 年版（H. Honjyo, Koshuwan Soshakuchi Naigai ni okeru Nihon no Senryo Tochi, in: H. Honjyo (ed.), Nihon no Chintao Senryo to Santo no Shakai – Keizai, 1914—1922, Tokyo: Toyo Bunko, 2007），第 12 ~ 13、18 页。

条例并规定由宪兵进行检查。[①] 这种体系的建立是以日本本国和在沿海的殖民城市——台湾、大连及沿海城市和关东州的经验为基础的。[②] 公共卫生政策是在殖民者与青岛当地社会之间建立联系的重要渠道之一。换句话说，驻青岛的日本军队就是通过医疗与公共卫生来干预青岛当地社会的。

国崎定洞作为随军医官在1920年的7月到9月参加到驻青日军的防疫计划之中。由于军事占领期间卫生状况并不是很差，因而国崎并没有能做出太多贡献。正如上面我所讲到的，扩大东京帝国大学传染病研究所在殖民地医学领域的影响是国崎被派遣来青岛的主要原因。

在青岛期间，国崎曾经给宫川米次（Miyagawa Yoneji）[③] 写过几封信，后者是东京帝国大学传染病研究所的研究人员。宫川将这些来信进行了整理，并以《发自青岛的书信》为标题发表在东京帝国大学传染病研究所的期刊上。关于国崎的这些报告的细节，我将在下一部分加以讨论，这里先着重介绍一下他在离开青岛之后的个人经历。

离开青岛后，国崎继续进行细菌学的传染病，尤其是第一次世

---

① 关于青岛公共卫生的基本状况，参见卢安克：《1844～1945年德国的医学与殖民帝国主义》，帕德博恩和舍宁恩：斐迪南德·舍宁出版社1997年版（W. U. Eckart, Medizin und Kolonialimperialismus Deutscheland 1844—1945, Paderborn, Schöninghn: Ferdinand Schoningh, 1997）；本庄：《日本在胶州拓居地实行的占领政策》，本庄主编：《日本对青岛的占领和山东的社会经济变化，1914～1922》，东京：东洋文库2007年版（H. Honjyo, Koshuwan Soshakuchi Naigai ni okeru Nihon no Senryo Tochi, in: H. Honjyo (ed.), Nihon no Chintao Senryo to Santo no Shakai－Keizai, 1914－1922, Tokyo: Toyo Bunko, 2007），第13页。

② 饭岛涉：《瘟疫与近代中国》，东京：Kemmbun Shuppan 2000年版（W. Iijima, Pesuto to Kindai Chugoku, Tokyo: Kemmbun Shuppan, 2000），第3章。

③ 宫川米次（1885～1959）是国崎的同事，东京帝国大学传染病研究所的教授。在20世纪30年代加入到同仁会研究队伍中，在日本军队的军事行动支持下组织学术团进入中国。他的这种侵略行为的背景是东京帝国大学与北里研究所和应庆义塾大学为两派在传染病和寄生虫病领域的冲突。宫川之所以加入到同仁会，其主要目的是为了扩展自己在殖民地医学领域里的影响。

界大战期间发生的大流感的研究。[①]在研究大流感期间，国崎自1921年12月起在陆军部队当了一年的医官，而这段经历可能是他后来反对日本政府的重要因素之一。

在充当随军医官期间，深受A. 格罗特汉和B. 查杰斯影响的国崎也花费了大量精力研究德国的社会医学和卫生学。他研读了B. 查杰斯著 *Konmendium der Socialen Hygiene*（1923）一书，并将其翻译成日文，以《社会卫生学讲座》为名出版。据宫川米次回忆，国崎在此期间并没有与日本共产党发生直接联系，但他翻译过好几篇列宁用德文写作的文章，例如《共产主义中的"左倾"幼稚病》（*Die Kinderkrankheit des "Radikalismus" im Kommunismus*, 1925）等。

东京帝国大学医学院的卫生学实验室初建于1893年，绪方正规成为该实验室的教授。1906年，卫生学实验室被分成两部分，即由绪方组织的细菌学第一教研室和由横手千代之助组织的卫生学第二教研室。东京帝国大学传染病研究所的领导人长与又郎和谷口腆二都是细菌学家，他们计划让国崎成为东京帝国大学医学院社会卫生学的第一位教授。在他们的支持下，国崎在1924年8月成为了医学院卫生学副教授。

（二）作为共产主义者的国崎

1926年9月，国崎赴德学习，继续研究德国的社会医学与卫生学。国崎海外学习的主要目的就是进行德国社会医学与卫生学的研究，东京帝国大学医学院承诺他会成为该院社会卫生学的教授。

在柏林期间，国崎有机会见到了B. 查杰斯，但他对查杰斯著作的态度发生了变化，对政治活动产生了越来越浓厚的兴趣，最终在1928年7月加入了德国共产党。诚如我上面所言国崎并不是日本共产党党员，他是在到了德国后，与部分日本学者一起加入德国共

---

① 川上、加藤：《国崎定洞的人生》，东京：劲草书房1995年版（T. Kawakami/ T. Kato, Ningen Kunisaki Tiedo, Tokyo: Keiso Shobo, 1995），第43～50页。

产党的。

国崎的共产党员身份一被暴露，东京帝国大学立即就在1929年5月开除了他。此后，他继续在德国参与共产主义运动。他在柏林组织了“日本共产主义小组”作为德国共产党的日本分部。这个小组的前身名叫社会科学研究会，是由当时在柏林学习的日本学者组织的。属于该小组成员的有蜡山政道（Royama Masamichi，1895～1980）。蜡山是日本东京帝国大学的公共管理副教授，二战后任茶水（Ochanomizu）女子大学校长；有沢広巳（Arisawa Hiromi，1896～1988），东京帝国大学经济学副教授，东京大学教授，二战后任日本学士院院长；有高野岩三郎（Takano Iwasaburo，1817～1949），法政大学研究员，日本社会党的领导人，二战后任日本广播协会会长；有土屋乔雄（Tsuchiya Takao，1896～1988），东京帝国大学经济学副教授，二战后出任东京大学教授；有蜷川虎三（Ninagawa Torazo，1897～1981），京都（Kyoto）大学经济学副教授，二战后任京都市长；有千田是也（Senda Koreya，1904～1994），戏剧家；有堀江邑一（Horie Yuichi，1896～1991），高松（Takamatsu）高等商业学院经济学教授，日本共产党领导人。他们都是年轻一代的社会科学研究者，二战时成为社会科学研究会的领导成员。在这些成员中，堀江同国崎加入了德国共产党。①

在柏林，国崎同其他日本人在1932年1月通过同美国共产党日本小组的密切合作建立了亚洲革命协会。在柏林的一些中国人、朝鲜人、印度人、印度尼西亚人也都加入了这个协会。该协会建立的目的是为了联合在德国的亚洲人，使亚洲人和德国人形成一个联

① 川上、加藤：《国崎定洞的人生》，东京：劲草书房1995年版（T. Kawakami/ T. Kato, Ningen Kunisaki Tiedo, Tokyo: Keiso Shobo, 1995），第246～251页；加藤：《在莫斯科被清洗的日本革命者》，东京：Aoki Shoten 1994年版（T. Kato, Mosukuwa de Shukusei sareta Nihonjin, Tokyo: Aoki Shoten, 1994）。

盟。[1]他们在1932～1933年间出版了一份期刊，名叫《革命的亚洲》（*Revolutionary Asia*），其主要内容就是反对日本自1931年起对满洲的入侵。

1932年9月，由于希特勒和纳粹党势力的扩张国崎去了苏联的莫斯科。在苏联，他继续以一个共产党员的身份进行活动。他的活动同共产国际联系密切，在德国时他曾经以笔名在共产国际期刊《国际通讯》（*The International Press Correspondence*, *INPROKOR*）上发表过很多文章。他在这些文章中尖锐地抨击了日本自1931年九一八事变后对满洲的入侵。[2]

国崎的行动导致了他同一些日本共产党党员的矛盾冲突。山本悬藏（Yamamoto Kenzo）是莫斯科日本共产党的领导人之一。1934年9月，他向共产国际揭发说国崎是被日本派遣来的间谍。国崎遂自1935年2月起受到苏联秘密警察的调查[3]，后来又被秘密警察逮捕并在1937年12月被枪杀。这并非本篇文章要讨论的，在苏联解体后加藤根据莫斯科档案馆有关国崎定洞的最新解密档案对这一事件的细节进行了进一步的讨论。[4]

（三）国崎对中国社会的认识

现在让我们跟随国崎的活动，看看他的报告所反映出的他对青岛社会状况的认识。宫川米次根据国崎的来信以《发自青岛的书信》

---

① 川上、加藤：《国崎定洞的人生》，东京：劲草书房1995年版（T. Kawakami/ T. Kato, Ningen Kunisaki Tiedo, Tokyo: Keiso Shobo, 1995），第338～339页。

② 川上、加藤、松居主编：《社会卫生学到革命》，东京：劲草书房1977年版（T. Kawakami/T. Kato/T. Matsui, Shakai Eiseigaku kara Kakumei he, Tokyo: Keiso Shobo, 1977），第199～210页。

③ 加藤：《在莫斯科被清洗的日本革命者》，东京：青木书店1994年版（T. Kato, Mosukuwa de Shukusei sareta Nihonjin, Tokyo: Aoki Shoten, 1994），第2章。

④ 加藤：《在莫斯科被清洗的日本革命者》，东京：青木书店1994年版（T. Kato, Mosukuwa de Shukusei sareta Nihonjin, Tokyo: Aoki Shoten, 1994）；加藤：《超越国界的乌托邦》，东京：平凡社2002年版（T. Kato, Kokkyo wo Koeru Yutopia, Tokyo: Heibonsha, 2002）。

为名进行了编辑整理，并在东京帝国大学传染病研究所期刊的 1921 年 4 月第 5 卷第 1 期加以发表。①

国崎是在 1920 年 7 月 16 日来到青岛的。当时，他只有 27 岁，是一位非常年轻的细菌学家。国崎、阿部（Abe）、石桥（Ishibashi）这三位年轻细菌学家都来自东京帝国大学的传染病研究所。在接受了严格的检疫后，他们一行三人才被获准进入青岛。在写给宫川的信中，国崎对这种海关检疫表现出相当满意的态度。

到达青岛后，国崎一行参加了由日本驻青岛军方举办的检疫会议。出席此次会议的有卫生局局长、医官、青岛驻军海关检疫局人员和警察局的医官。他们讨论了很多有关海关防疫的问题，例如隔离方法、免疫计划。在会上，国崎对青岛驻军的防疫政策提出了反对意见，因为在他看来，这些政策还远远不够。②

在青岛，国崎工作于日军驻青岛的总部实验室，组织了预防霍乱的免疫计划。阿部俊男（Abe Toshio）③ 作为海关防疫局的工作人员在病理学实验室工作，而石桥则在海关部任医官。

那么，它是怎样描述德国在青岛的殖民统治的呢？国崎称青岛在日本的军事占领下成了一个孤立的城市，他还指出青岛的基础设施比东京的好很多。他描绘了由沥青铺就的路面，分成了车道和人行道，及路两边种植的金合欢树。在他的报告中，透露出一个深受德国科学影响的细菌学家对这种德国风格的深深眷恋。从国崎的眼

---

① 川上、神林主编：《国崎定洞作为医学学者的反抗》，东京：劲草书房 1970 年版（T. Kawakami/S. Kanbayashi（ed.），Kunisaki Teido, Teiko no Igakusha, Tokyo: Keiso Shobo, 1970），第 194 页。

② 川上、神林主编：《国崎定洞作为医学学者的反抗》，东京：劲草书房 1970 年版（T. Kawakami/S. Kanbayashi（ed.），Kunisaki Teido, Teiko no Igakusha, Tokyo: Keiso Shobo, 1970），第 206 ~ 211 页。

③ 后来阿部是长崎（Nagasaki）医学院的教授和伪满洲国健康技术实验室主任。

中，我们可以明显感受到他对英国和美国的敌意。①

他又是怎样描述青岛的中国人社会的呢？国崎非常惊讶中国劳工的勤奋。他十分同情中国劳工，但也写到他们很脏，身上有臭味。他指出中国人社会的不卫生将招致霍乱。②

在青岛经历之后的军医生活中，国崎写信告诉宫川说：

> 俄国革命对全世界是一个刺激，中国是我们的希望之一。在将来，日本将会受到中国的启迪，实际上我们现在已经受到了中国的启迪。
>
> 我对四海是一家这点深表赞同。现在我思想到的真理将与我的祖国的真理难以同步了。③

从这些话语中，我们可以看到1920年的青岛经历——五四运动前后兴起的民族主义和反日运动——对他的影响。

如果将这些印象与他发表在《国际通讯》上的文章加以比较，我们就会发现非常有趣也很重要的一点，这就是他从青岛获得的印象要比他在莫斯科获得的感想现实得多！在莫斯科期间，他仅仅描述了中国的无产阶级，可参见例如发表在《国际通讯》上的文章

---

① 川上、神林主编：《国崎定洞作为医学学者的反抗》，东京：劲草书房1970年版（T. Kawakami/S. Kanbayashi (ed.), Kunisaki Teido, Teiko no Igakusha, Tokyo: Keiso Shobo, 1970），第213页。

② 川上、神林主编：《国崎定洞作为医学学者的反抗》，东京：劲草书房1970年版（T. Kawakami/S. Kanbayashi (ed.), Kunisaki Teido, Teiko no Igakusha, Tokyo: Keiso Shobo, 1970），第198～199页。

③ 《实验医学杂志》（东京帝国大学医学院期刊），第6卷，1922年7月第6期（The Jittken Igaku Zassi, Vol. 6, No. 6, July 1922；也见于川上、神林主编：《国崎定洞作为医学学者的反抗》，东京：劲草书房1970年版（T. Kawakami/S. Kanbayashi (ed.), Kunisaki Teido, Teiko no Igakusha, Tokyo: Keiso Shobo, 1970），第235～238页。

(1931年10月9日第11卷，97期)。[1]

四、暂时的结论：从细菌学家和共产主义者眼中看中国社会

加藤仔细研究了国崎在莫斯科政治冲突中的身亡。在其研究中，他把主要精力集中于日本共产主义者与围绕着共产国际的政治形势的冲突，并没有讨论国崎的青岛报告与他所进行的共产主义活动之间的关系。[2]如上所述，国崎从细菌学家到共产主义者的转变是深受他在青岛这段经历的巨大影响的。

应该怎样看待国崎关于青岛的报告，这才是本文的主题。如果我们讨论这些报告的历史意义——这一点我在上面已经谈到了——需要确定下列几个背景：

（一）德国与日本在细菌学领域的联系；（二）国崎在引入德国社会卫生学中的作用；（三）国崎作为共产主义者的观点。

在青岛做随军医官的这段时间里，国崎还只是一个细菌学家而不是一个共产主义者。在关于青岛的报告中，他表现出的对中国和中国人民的同情远远超出了一个细菌学家的本分。离开青岛后，他与深受德国影响的社会医学和卫生学走得更近了。他在柏林和莫斯科的后半生，以一位共产主义者的身份抨击了日本对满洲的入侵并估计了中国无产者的力量。

在这篇文章中，我研讨了国崎围绕着青岛报告的这一切的背景，

---

① 川上、加藤、松居主编：《社会卫生学到革命》，东京：劲草书房1977年版（T. Kawakami/T. Kato/T. Matsui, Shakai Eiseigaku kara Kakumei he, Tokyo: Keiso Shobo, 1977），第234页。

② 加藤：《在莫斯科被清洗的日本革命者》，东京：青木书店1994年版（T. Kato, Mosukuwa de Shukusei sareta Nihonjin, Tokyo: Aoki Shoten, 1994）；加藤：《超越国界的乌托邦》，东京：平凡社2002年版（T. Kato, Kokkyo wo Koeru Yutopia, Tokyo: Heibonsha, 2002）。

还讨论了国崎眼中的中国社会状况。从他的报告与文章中可以确定，他以自己从一个细菌学家到共产主义者身份的观点对中国社会状况做出了解释。在柏林和莫斯科，他失去了同现实的联系，一心一意地寻找建立在马克思主义理论基础上的偶像。

国崎 44 岁死于莫斯科，从他极富悲剧色彩且极为短暂的一生来看，我对国崎的分析或许有些苛刻。以其细菌学家和共产主义者的背景而言，国崎的案例并不是非常典型的。但是，他是那些从自身背景和观点出发创造了特有的对中国和中国人社会的崇拜的典型日本知识分子当中的一员。

近代殖民司法侵略的标志——青岛监狱

张树枫

近代殖民司法侵略的标志——青岛监狱位于青岛市常州路25号的青岛监狱旧址，其前身为德国占领青岛时期所建之青岛监狱。青岛监狱建成于1900年，隶属于德国胶澳帝国法院。因前期这里主要关押非中国籍犯人（主要为德国籍犯人），故又称为“欧人监狱”，以区别于设在李村郊区的专门关押中国人的“华人监狱”。1914年至1922年，日本取代德国侵占青岛，将青岛监狱更名为日本青岛守备军囚禁场，归日本青岛守备军宪兵队管理，主要关押中国人及其他国籍的“人犯”。1922年12月10日，中国政府收回青岛主权，该监狱被青岛地方检察厅接收，更名为青岛地方检察厅看守所，其职责为专门关押未决人犯的场所。但实际上直到1995年看守所停止使用为止，近百年间该看守所一直属于“代用监狱性质”，未决、已决人犯均关押于此。1929年，青岛地方检察厅改为青岛地方法院，该看守所更名为青岛地方法院看守所。1938年1月，日本海陆军侵占青岛，占据常州路看守所，设置日本海军第四舰队军罚分会议囚禁场（后改为日本海军支那方面舰队第三遣支舰队军罚分会议囚禁场），由日本海军驻青岛武官府辖管。同年，伪青岛临时法院成立，看守所亦随之恢复。日军囚禁场将部分监房移交伪看守所。在侵华8年中，日本海军囚禁场与伪法院看守所共处一院。1945年日本战败投降后，国民政府接收青岛政权，成立青岛地方法院，看守所仍属法院，名称仍为青岛地方法院看守所。

1949年6月2日，青岛解放。7月，成立青岛市人民法院，看守所归法院领导，更名为山东省青岛市看守所。1955年，看守所移交青岛市公安局，归公安局预审处（第6处）领导。1995年，新看守所在大山建成，常州路25号之老看守所（青岛监狱）的历史使命始告结束。

一、德国占领青岛时期的青岛监狱（1897~1914）

青岛在清朝末年仅是胶州湾口的一个渔村，在行政上属山东省莱州府即墨县仁化乡文峰社管辖。1891年6月14日，清廷批准在胶澳（青岛）修筑炮台，驻军设防。翌年秋天，调派登州镇总兵章高元率军4营到青岛口设防，是为青岛建制之始。章高元部在青岛规划建设了一座总兵衙门、两座栈桥码头、三座炮台（未成）、四座兵营，以及军火库、电报局等军事设施，从而使胶澳成为北洋海防体系中的要塞之一。胶澳海防建设也促进了青岛港口城镇和工商贸易的发展。到1896年，青岛口已有商铺、工厂作坊等63家，初步形成了比较繁荣的海口城镇和军事要地。

应该指出的是，清朝在胶澳的设防只是一种军事建制，该地区在行政区划上仍属于即墨县管辖，没有独立的行政建制，也没有法院、监狱等司法设施。这种状况直到德国侵占青岛以后才有所变化。

1897年11月14日，德国制造“胶州湾事件”，武力侵占青岛。在侵占青岛的当天，德军远东分舰队司令棣特利司（Diedrich）就在占领区张贴布告，宣告将胶澳置于德国占领之下。1898年3月6日，在德国武力威逼下，清朝政府被迫与德国签订《中德胶澳租借条约》，条约规定将胶澳“租借”与德国，租期99年；允许德国在山东修筑铁路；允许德国在铁路沿线开发矿山；德军在“中立区”自由调动、中国在山东的工程建设项目德国有优先投资权等内容。从此，包括胶州湾500余平方公里海域和周边550平方公里陆地（青岛外海诸岛屿在内）的领土主权沦入德国殖民统治之下。

德国侵占青岛的首要目地是为德国在海外建立一处海军基地。因此，在侵占胶澳之后，德皇威廉二世一改其将海外殖民地归德国外交部管理的惯例，下令将胶澳租借地划归德国海军部管理，在青岛设置了胶澳总督府、帝国法院、山东铁路公司、山东矿山公司等机构，对青岛人民实施殖民主义统治。德国政府拨付巨款，在胶州湾内修建了大、小港码头，修筑了连接青岛与济南的山东铁路（胶济铁路）。德国殖民当局将胶澳租借地一分为二，划为青岛区与李村区。在东起湛山、西至胶州湾、南临黄海、北抵海泊河面积约30平方公里的地区规划建设了规模庞大的青岛要塞，在要塞周边要地和主要高地规划修筑了包括海防炮台、陆防炮台、步兵防御堡垒、修船厂、军火库、兵营等在内的大批军事设施。而这一军事要塞区的范围也就成为青岛市区的范围。德国当局在青岛要塞内规划建设了专供德国人居住的青岛区（青岛前海海滨）和中国人居住的鲍岛区、台东镇、台西镇等城市街区。经过10余年的规划建设，使青岛迅速成为华北地区最具活力的重要港口城市和德国在海外唯一的海军基地。

在德国侵占青岛之初，德国胶澳总督府即制定颁布了“华洋分治”的种族隔离政策，将胶澳租借地划分为青岛区（市区）和李村区（农村郊区）。将环境优美的青岛村等前海海滨原居民强行驱赶，规划了专门供德国人和其他欧美籍人士居住的青岛区，并制定法规严禁中国籍居民在青岛区生活居住。同时，在法律上对德国人和中国人实行双重法律标准。德国殖民当局规定：“除华人外，保护区的所有居民，不分国籍，在裁判权方面一律平等。自1898年6月1日起，他们均需按上述法令之规定完全服从德国之法律管辖。”[①]而将中国人列为有色人种，不得按德国法律裁判。1900年德国胶澳总督府在《胶澳官报》刊登德国威廉二世皇帝敕令：“土著居民按照保护区法律第四款和第七款第三节含义，凡不为总督（当地首脑）根据帝国首相核准认为是例外者，皆与外国有色种族成员同等对待。日本人可不被列为有色种族成员。”如此，凡在青岛的居民，除欧美等白种人和日本人外，中国籍居民均被列为劣等民族，不得适用德国法律，而要参照中国大清律另行制定法律法规，予以审判惩处。这种“华洋分治”政策在监狱地址选择和内部设施的规划建设等方面最具有代表性。

作为德国殖民统治的重要工具——法院与监狱自然是德国在青岛租借地规划设置的重要机构。1898年，德国在胶澳租借地设立了胶澳帝国法院，为一审法院。1900年，德国胶澳帝国法院在德国临时总督府（按：在德国侵占青岛初期，德国军政机关均暂驻于原清军章高元部所建的衙门、兵营内。因此，直到1905年新总督府建成之前，章高元的总兵衙门一直作为德国胶澳临时总督府）后侧修建了三栋平房，作为德国胶州帝国法院办公室和宿舍。“青岛帝国法院由一名帝国法官和数名非专职的特别是商界的陪审员组成。”[②]胶澳帝国法院为独立机构，不接受胶澳总督府领导。但最早设置的德国胶澳帝国法院只是一审法院，“只在青岛进行第一审，第二审则在上海帝国总领事馆进行”[③]。

胶澳帝国法院所受理的案件主要是在青岛的德国等外籍人士的刑事、民事案件。其法规章程沿用德国国内通行的法律法规，而对于中国人的案件则由专门的按察司予以审理。为此，德国总督府参照中国法律（大清律）制定和颁布了一批专门用于中国人的法律法规。“中国地方法律是判决华人民事诉讼的基础……对华人的刑法有

---

① 青岛市档案馆藏档案资料《胶澳发展备忘录》1898年，德文版，第2页。

② 青岛市档案馆藏档案资料《胶澳发展备忘录》1904～1905年，德文版，第15页。

③ 青岛市档案馆藏档案资料《胶澳发展备忘录》1900～1901年，德文版，第11页。

死刑、拘留、罚款和鞭笞等。”[①]对于中国人的刑法，“在青岛、李村区专门设立了按察司，按中国人的习惯把行政与司法联系起来，按察司的行政长官由有一定的法律常识的德国翻译官任区法院法官，受理民事案件，不服按察司判决的案件，向青岛帝国法院上诉”[②]。在法律审判程序上，德国及其他外国人的案件均采用公审制度，但中国人的案件则不采取公开审讯的方式。“因为这种案子要按中国法律办，不予公审。”[③]随着青岛城市建设的完善和社会治安状况的好转，青岛司法制度也日渐完善健全起来。首先是刑事案件发生率下降，“令人高兴的是，刑事案件有了减少，由591宗减为393宗，其中公审了42宗，判决了61宗”。其次是法院的人员有所增加，“1905年夏季普鲁士法律主管部门派来两名见习法官，要在这里学习一年，本年度（引者注：1906年）又派来一位，而1907年则将有三名见习法官再来实习”。[④]

德国在青岛的司法管理体制也随着时间的推移而发生变化。原本实行的德国人（包括其他外国人）诉讼案件的二审必须到上海德国总领事馆上诉法院审理的司法体制已经不适应青岛的现实状况。因此，“1907年9月28日颁布的帝国法令，这个法令规定要在1908年1月1日起为保护区在青岛设立一个专门的上诉法院。通过这一措施在司法的组织结构上就接近完善了”[⑤]。

通过以上德国殖民当局在司法领域的内容与措施，可以清楚地看出：德国在青岛所制定和实施的法律法规和司法程序等的基点就是其“华洋分治”政策亦即殖民种族歧视与隔离政策。

为镇压中国居民的反抗和维护青岛的社会治安，德国殖民当局于1898年“在海滩地带为华人修建了临时性的，暂时够用的监狱。

① 青岛市档案馆藏档案资料《胶澳发展备忘录》1898年，德文版，第2页。
② 青岛市档案馆藏档案资料《胶澳发展备忘录》1898年，德文版，第16页。
③ 青岛市档案馆藏档案资料《胶澳发展备忘录》1905～1906年，德文版，第22页。
④ 青岛市档案馆藏档案资料《胶澳发展备忘录》1905～1906年，德文版，第22页。
⑤ 青岛市档案馆藏档案资料《胶澳发展备忘录》1905～1906年，德文版，第22页。

这个监狱由警察局管辖”。这座临时监狱设立在清军兵营内，旧址位于今湖北路29号青岛市公安局内。“通过向新建兵营搬迁而腾空的海滩营房，经过改建用做华人监狱，也是警察看守所和区公所所在地。”① 1903年，德国青岛要塞首期建设规划完成，胶济铁路和青岛港口建设工程亦接近完工。德国胶澳当局开始对青岛区（德国人居住区）进行大规模的规划建设，新总督府、总督官邸、警察署等权力机构办公楼陆续开建。关押中国人的临时监狱被规划为德国胶澳警察署。此时，让关押中国人的监狱继续留在德国人居住的青岛区显然不利于其“华洋分治”政策的实行。另外，由于关押的中国人过多，总督府在1900～1901年的《胶澳发展备忘录》中提到：“更大的自行管辖的新监狱，在今后几年内是不可避免的。”②因此，当青岛要塞第一期工程完竣后，德国总督府便在青岛郊区的李村规划建设了一座专门关押中国人的监狱。1904年初开始使用的李村华人监狱，平均扣押刑事犯75人，通常被拘留3个月以上的刑事犯人由青岛监狱转到这里。当时的李村监狱的建筑均为平房，到1907年，又在李村监狱内修建了一座二层楼的监房。至此，李村监狱的规模基本形成。李村监狱所关押的犯人均为3个月以上的已决犯人。其中主要是刑事犯，男性与女性犯人关押在同一处监狱内。因该监狱专门关押中国人，因此又被称为李村华人监狱。较之青岛监狱，李村监狱的环境较差，房屋设施均不完备，没有工场、教诲等功能设施，这与青岛市区专门关押非中国籍犯人的青岛监狱的环境、设施确有天壤之别。而且，德国殖民当局为了充分压榨中国籍犯人的劳动力资源，强迫犯人从事苦役劳动，赚取经济利益。“中国犯人被用来进行有益的劳动，如担任大部分的清扫工作。这种出于经济原因，有目的地使用判处刑罚的劳力的做法，在欧籍犯人那里是行不通的，因为需要他们进行的劳动，可以更廉价地雇请自由华人去完成。”③

---

① 青岛市档案馆藏档案资料《胶澳发展备忘录》1900～1901年，德文版，第21页。

② 青岛市档案馆藏档案资料《胶澳发展备忘录》1900～1901年，德文版，第12页。

③ 青岛市档案馆藏档案资料《胶澳发展备忘录》1903～1904年，德文版，第24页。

德国占领青岛初期，在租借地内的居民除中国人之外，外籍人员主要是德国军人。后来，德国市政、港口、铁路、教会、工商、教育等领域的人士及其家属逐渐增加。到了中后期，不仅欧美籍平民增加较多，许多日本等亚洲籍侨民亦来到青岛定居谋生。租借地的人口数量大增。据 1902～1903 年度《胶澳发展备忘录》记载："据 1903 年 9 月统计，（市区人口）有欧人 963 人（不包括军队），去年是 688 人。另外还有 108 名日本人……市区的中国人与去年相比几乎增加了一倍。统计数字是 28144 人（去年为 14905 人）。"[①]其后，市区的中外居民逐年增加。到 1910 年，青岛租借地共有人口 162949 人；其中青岛市区有华人 34180 人（男性 28127 人和妇孺 6053 人），外国人 4080 人，其中军事人员和行政官员共 2275 人。[②]外籍人数已经占到市区总人口的八分之一弱。

在德国侵占青岛初期，驻扎青岛的外国人中绝大部分是德国官兵。由于德国官兵长期驻扎海外，远隔乡关万里之遥，人地生疏，所从事军事要塞修筑、战备等任务艰巨，思乡逃跑事件时有发生。随着外国籍居民数量急剧增加，各类违法案件也多有发生。由于没有建造专门关押欧洲人的监狱设施，而且也不能将这些欧洲籍犯人与中国籍犯人共同关押在环境恶劣的临时华人监狱内，所有被判处徒刑的欧洲籍犯人均没有实际关押执行过。因此，有必要建造一座专门关押外国犯人的专门监狱。

1900 年，胶澳帝国法院在德国临时总督府西侧紧邻法院的空地上建成了一座专门关押在青岛的德国人和其他外国人的监狱。1900 年 10 月"监狱楼已经建成"[③]，"对欧洲人判处的徒刑，在新监狱中执行"[④]。

由于该监狱建在胶澳租借地的青岛区内，被称为青岛监狱；又

① 青岛市档案馆藏档案资料《胶澳发展备忘录》1904～1905 年，德文版，第 15 页。

② 青岛市档案馆藏海关资料第 3 号《胶海关十年报告》1902～1911 年。

③ 青岛市档案馆藏档案资料《胶澳发展备忘录》1904～1905 年，德文版，第 15 页。

④ 青岛市档案馆藏档案资料《胶澳发展备忘录》1900～1901 年，德文版，第 12 页。

因为关押的人员多为德国等欧洲籍犯人，因此也被一些人称为"欧人监狱"，以便与设在李村的专门关押中国人的李村监狱相区别。实际上，青岛监狱并非只关押欧洲人，也关押美洲人、亚洲人（日本人）等；另外，刑期在3个月以下的中国籍犯人也在青岛监狱关押执行。而李村监狱关押的均为刑期较重的中国籍犯人。《胶澳发展备忘录》曾明确记载："通常被拘留三个月以上的刑事犯人由青岛监狱转到此处关押。"①日本人天原田南在《胶州湾》一书中也有相同记载："（德国）监狱设在青岛及李村。两三个月的轻罪犯人关押在青岛监狱，高于该刑期以上的囚徒被关押在李村监狱。两处监狱的典狱长均为德国人。"从以上历史资料记载来看，青岛监狱是一座以关押德国等非中国籍犯人的监狱，而李村监狱则是关押刑期较重的中国籍犯人的监狱。但青岛和李村两座监狱并没有将中国人和欧洲人绝对地区分隔离，而是按刑期长短分别关押执行。青岛监狱关押的主要欧洲籍犯人和3个月以下刑期的中国籍轻罪犯人，刑期较长的中国籍犯人则关押在条件、环境较差的李村监狱执行。在青岛监狱关押的犯人中，除了被德国胶澳帝国法院判处刑期的德国平民外，还有被德国军事法庭判处徒刑的德国军人等。另外，凡是在青岛违法犯罪的外国人，均被关押在青岛监狱。

青岛监狱作为德国在青岛首批建造的公共建筑，青岛监狱的上下水等基本设施还没能纳入青岛城市总体规划中，因此，《胶澳发展备忘录》特别指出："监狱楼已按规定交工。这一建筑有一特别通到海里的临时下水道，法院的下水道也与它相通。"②由于青岛监狱长期处于恐怖与隐秘状态下，人们对于监狱的下水道一直存有多种说法。及至日本第二次侵占青岛，在德国监狱设置囚禁场水牢后，更产生了许多令人恐怖的传说。

青岛监狱主体建筑为欧洲古堡式大楼，大楼西侧突出部分为一

① 青岛市档案馆藏档案资料《胶澳发展备忘录》1903~1904年，德文版，第24页。

② 青岛市档案馆藏档案资料《胶澳发展备忘录》1900~1901年，德文版，第21页。

碉堡式塔楼建筑，设计风格新颖，格局独特。大楼为南北向，南侧为监舍区，共计三层；北侧为办公区，共计二层；另有地下室、阁楼各一层。整座大楼共有大小房间29间（地下室、阁楼不计在内），建筑总面积1200平方米。大楼的主体建筑为砖、石、钢、木结构，大楼墙体由黑青石、花岗岩和红砖砌成，楼顶覆以红瓦。监狱有东门和西门两处大门。东门是一道厚重的大铁门，进入大门即为一楼监区。一楼监区共有12个房间，其中南侧有5间监房、一间厕所，北侧有看守室、办公室6间。监房面积较小，约12平方米，水泥地面。牢门用厚重坚实的木材制成，厚约10公分，镶以条状钢板。门上设有插销、铁链、钥匙等5道门锁，在牢门正面自上而下设有监视孔、会话孔、递物孔3个功能不同、大小不一的孔洞。牢门旁边的墙体上设有专门给犯人取暖的壁炉，每个房间配置一个小型壁炉。北侧房间呈长方形，面积约16平方米，房间高度约4米，窗户高敞明亮。在走廊西端，是通往二楼监区的石砌楼梯和通往大楼西门及地下室的两道形制略小的铁制牢门。

二层与三层的监房格局、高度、面积等与一楼监房基本相同。由于二、三层的楼层与北侧二楼办公区之间有厚重的墙壁隔开，仅有南侧监房和内走廊，每层有6个房间，但较之一楼监房，二楼与三楼监房的窗户略小。二楼、三楼监房也设置了取暖的壁炉，但其壁炉规格大于一楼，每个壁炉同时给两个房间供暖。

各监房的地面均为水泥地面。进入监狱大楼西门即为圆柱形尖塔楼内的螺旋式楼梯，分别通往地下室、一楼监区、二楼办公区和阁楼。一楼监舍区设有铁制便门；二楼办公区有5个房间，高大敞亮，分别为监狱长办公室、狱警办公室和档案资料室等。与监区水泥地面不同的是，办公区的内走廊和房间均铺设有厚约15公分的木地板。

塔楼顶端与阁楼连通，由粗大的木柱梁架支撑，阁楼空间面积较大，屋顶设有7个天窗，显得宽敞明亮。南侧地面突出，水泥地面，即为三楼监房的顶部。北侧为木板地面，地板下边即为二楼办公区。

楼梯塔楼设计精巧，每层之间有4个窗户依次递高，从外看与大楼游离，内部实际连为一体。塔楼尖顶高耸，覆以铁皮。尖顶上立有铜质风向标兼避雷针，上镌“1900”字样。

从大楼西门和一楼监区有两道石砌阶梯连通地下室。地下室用钢筋水泥浇注而成，设计格式与一楼相同，但每个房间之间互相连通，房间高度较低，仅为2.4米，房顶嵌设厚重的工字钢梁，各房间均有与地面等高的小窗户。地下室传说有秘密地道，但迄今为止尚未发现。

在监狱大楼的北侧和西侧修建了高约1.5米的铁栅栏围墙，南侧放风场外则修建了高大的砖墙。在大楼西南侧和东侧修建了马房、浴室、伙房（炊场）等平房20余间。该平房均系中国式建筑式样，墙基由红砖砌成，房顶覆以中国式小型黑瓦。

德国青岛监狱占地面积约2000平方米，面积甚小。后期，德国法院计划扩大监狱规模。经总督府批准，将青岛监狱北侧的海因里希亲王大街（今广西路）的两处空地划拨给青岛监狱，但未及规划设计便发生日德战争，扩建一事搁浅。所拨空地一直闲置，没有建筑物，而且与监狱之间有两条马路横穿，与监狱大楼没有连成一片。

关押在青岛监狱的犯人中主要是生活在青岛违反了德国法律的德国官兵和平民，也有其他外国人犯。由于当时胶州湾地区还处于一片荒凉，德国海军忙于修建炮台要塞、海港码头、胶济铁路和城市街道，德国官兵长期驻扎海外，生活艰苦，思家心切，经常发生士兵逃跑和违纪事件，因此，被关押者主要是德国籍人犯。后期，随着日本、美国、俄国等国家公民逐渐入住青岛，关押的人犯中亦有其他国家的公民。1914年7月23日，日本轮船“平户”号在青岛停泊时，其船员与警察发生斗殴冲突，4名日本船员被拘留。后两名船员获释，另两名船员被收押在青岛监狱。24日，该轮船轮机长藤赖在狱中自缢身亡。当时正值第一次世界大战前夕，形势紧张，日本报纸发表了一篇“关于此日本人的死因归因于德国公职人员”

的报道，几乎酿成外交事件。德意志帝国政府更正了帝国领事馆的结论的报道，强调“自杀的结论确凿无疑”①，将事件平息下去。不久，第一次世界大战爆发，日本对德国宣战，此事遂不了了之。

青岛监狱和李村监狱的典狱长等主要职员均由德籍人出任，属德国胶澳帝国法院管辖。1913 年，胶澳帝国法院新大楼建成后，又在其邻院设置了一处专门羁押未决人犯的拘留所。从监狱规模、功能设置来看，青岛监狱一直居于首要地位，是德国在青岛最重要的监狱。

青岛德国监狱是中国大陆现存历史最早的近代殖民监狱，也是德国在中国唯一的专门关押外籍人的监狱。较之著名的大连旅顺监狱（始建于 1902 年）和上海提蓝桥监狱（1903 年），其历史更为悠久。

1914 年 8 月，日本对德国宣战，出动海陆军攻占青岛。战争初期，德国法院将李村监狱关押的犯人转移到青岛监狱关押。青岛德军战败投降后，青岛监狱被日军接收。

二、日本第一次侵占青岛时期（1914～1922）

1914 年 8 月，日本趁德国陷于欧洲战场无力东顾之机，以帮助中国索回青岛为由向德国宣战，派出 60 余艘军舰和 5 万军队进攻青岛。同年 11 月，日军击败青岛德军，将青岛据为己有，对青岛人民实施了长达 8 年的殖民占领，直到 1922 年才在中国人民的抗争下被迫交还中国。历史上将日本这一次为期 8 年的殖民侵占称为“日本第一次侵占时期”。日本侵占青岛后，不顾中国抗议，在青岛设置日本青岛守备军司令部，下设青岛、李村军政署，对青岛实行“军政”统治。在日本“军政”统治时期，没有设置警察、法院等行政司法机构，而以宪兵队代行警察职责，设守备军军罚（法）分会议（军

① 德国柏林档案馆馆藏资料 R901—74648—001。

事法庭）取代德国法院职责。日本青岛守备军司令部颁布了一系列军政法规，遍施于青岛和胶济铁路沿线。对于原德国颁布的法规法令，凡与日本守备军所颁布的法令没有冲突者可以继续沿用。青岛德军战败投降后，“青岛监狱连同在狱囚犯，于1914年11月，由德国当局一并移交日军管理”①。日军接管德国青岛监狱后，改为“日本青岛守备军囚禁场”，归日本青岛守备军青岛军政署和宪兵队管理。

1915年1月3日，日本青岛守备军司令神尾光臣发布第三号军令，公布《日本青岛守备军囚禁场规定》。全文如下：

青岛守备军囚禁场规定：在青岛设立囚禁场，名称为青岛守备军囚禁场。

第一条，囚禁场是拘禁青岛守备军临时陆军军法会议及青岛守备军军事法庭所管的刑事被告人及所判决的囚徒的场所。

第二条，青岛守备军囚禁场由青岛军政署管理。

第三条，囚禁场的事务由青岛军政署宪兵队长管理，宪兵队长有事时由上级的宪兵下士代理其事务。

第四条，宪兵队长应让宪兵下士从事囚禁场的庶务和戒护，指挥监督宪兵上等兵（辅助宪兵），让宪兵上等兵（辅助宪兵）做看守护送、门卫等事务。

第五条，军理事应根据陆军监狱令进行巡视。

第六条，囚禁场内的卫生事务由军医部长指定的军医和护士长来担任。

第七条，本规定中没有明文规定的事项，陆军监狱令及陆军监狱令施行细则适用。

附则，本规定自发布之日起施行。②

---

① 青岛档案馆藏胶海关资料第4号《胶海关十年报告》1912～1921年。

② （日）东洋文库藏《青岛守备军军令部》（大正四年度），第10页。

这一规定的主旨是将原属德国胶澳法院管辖的监狱变成了日本青岛守备军管辖的陆军监狱。同时，也改变了德国占领时期青岛监狱主要关押欧洲人的惯例，改为主要关押中国人的监狱。

在日本占领时期，被判处较重刑期的日本犯人并不在青岛囚禁场执行，而是移交到日本内地监狱执行。在公布《日本青岛守备军囚禁场规定》的同一天，神尾光臣又发布了第四号军令，公布了《日本青岛守备军囚禁场关于移送犯人的规定》。其内容为：

> 关于青岛守备军囚禁场在监移送的规定：
>
> 在青岛守备军囚禁场刑期三个月以上的受刑者及劳役场拘留者应根据明治三十七年四月三日陆军省满发第五九四号通牒及大正二年六月十七日陆军第二六号的规定，移送到内地。
>
> 附则，本规定自发布之日起施行。①

在《胶海关十年报告》也有同样记载："日本罪犯判处刑期三个月以上的，均转送日本本土的监狱服刑。"②以上资料说明，在青岛囚禁场关押的日本罪犯均为三个月以下的轻罪犯人，其违法犯罪情节较重，刑期在三个月以上的犯人不在青岛监狱关押执行，而是移交到日本本土监狱关押执行。

1915年12月13日，新任日本青岛守备军司令大谷喜久臧发布了新修订的《日本青岛守备军囚禁场规定》：

> 第一条，在青岛设立囚禁场，名称为青岛守备军囚禁场。
>
> 第二条，囚禁场是拘禁青岛守备军临时陆军军法会议及青岛守备军军事法庭所管的刑事被告人及所判决的囚徒的场所。
>
> 第三条，青岛守备军囚禁场的事务由青岛守备军宪兵长

① （日）东洋文库藏《青岛守备军军令部》（大正四年度），第10页。

② 青岛档案馆藏胶海关资料第四号《胶海关十年报告》1912~1921年。

掌管。

第四条，宪兵队长应让宪兵将校下士从事囚禁场的庶务和戒护，指挥监督宪兵上等兵，让宪兵上等兵做看守、护送、门卫等事务。

第五条，军理事应根据陆军监狱令进行巡视。

第六条，囚禁场内的卫生事务由军宪兵所附军医和护士长来担任。

第七条，本规定中没有明文规定的事项，陆军监狱令及陆军监狱令施行细则适用。

附则，本规定自发布之日起施行。①

修订后的囚禁场规定与原规定内容变化不大，仅仅将原规定中的第二条“青岛守备军囚禁场由青岛军政署管理”的条文删减，从而使囚禁场完全归属于守备军宪兵队管辖。这也从一个方面显示了宪兵队在青岛地位和权力的增强。

日本侵占青岛和逼迫中国政府接受意在灭亡中国的“二十一条”等侵略行动，遭到中国人民的坚决反对。面对遍及全中国的反日运动，日本一方面加紧扶持亲日军阀势力，另一方面则玩弄手法，宣布在青岛撤销“军政”，实行“民政”，以达到“合法”占有青岛的目的。

1917年10月，日本宣布撤销青岛、李村军政署，成立青岛民政部，隶属青岛守备军司令部。民政部下属青岛、李村、坊子三个区，负责各地民政工作。同时，又设置了青岛守备军法院，审理青岛和胶济铁路沿线地区的民事、刑事案件。实际上扩大了日本在山东的政治、军事和司法统治势力。

由于日军在山东非法行政，致使许多中国人的案件被日军法院受理判处。同时，由于日军对中国居民实行军法治理，使许多中国

① （日）东洋文库藏《青岛守备军军令部》（大正四年度），第80页。

人无罪受罚，轻罪重罚。各类刑事案件逐年上升，尤以“强盗”、“窃盗”罪为多，致使青岛囚禁场人满为患，容纳不下。于是，日本宪兵队于1918年重新修复启用闲置已久的李村监狱，将其辟为李村囚禁场。

关于日军新设李村囚禁场一事，《胶海关十年报告》是这样记载的：“1918年3月，日本当局又在青岛李村新建一所监狱。”①明确认为是日本新建的李村监狱。这一点，在中国收回青岛主权后，青岛检察厅在关于李村监狱的报告中也认为“李村监狱建自日人，构造本不完备，如工场、教诲室等项均付阙如”②。对此，必须予以辩明。

1914年日德战争爆发后，德军在青岛的兵力仅仅5000人，不得不放弃李村等远郊地区，收缩兵力，固守青岛要塞（市区）防线。李村监狱亦随之放弃，监狱职员和囚犯均转移到青岛监狱。因遭战火破坏，李村监狱长期废置，没有使用。1918年，日军将李村监狱修复，重新启用。后人不察，误认为是日军新建的监狱，遂有如此说法。其实不然。

1920年5月21日，日本最后一任青岛守备军司令由比光卫发布了经过修订的《日本青岛守备军囚禁场规则》：

囚禁场规则：

第一条，青岛及李村设立囚禁场。

第二条，囚禁场由青岛守备军民政部管理。

第三条，囚禁场用于拘禁刑事被告人及囚徒，附属于宪兵分队的拘留所可以代用为囚禁场。

第四条，囚禁场设置如左所示职员，囚禁场长、看守长、看守；囚禁场长由宪兵将校充当，看守长由宪兵准士官下士充当，看守由宪兵上等兵及雇员充当。

---

① 青岛档案馆藏胶海关资料第4号《胶海关十年报告》，1912～1921年。

② 青岛档案馆馆藏资料39—2—101—109。

第五条，囚禁场长听从警务部长的命令，指挥监督所属职员，管理囚禁场的事务。

第六条，看守长听从囚禁场长的命令，从事庶务及戒护工作，指挥监督看守。

第七条，看守听从上官的命令，负责看守、护送、门卫等工作。

第八条，囚禁场除了设置第四条规定的职员之外，还设有陆军文官，特殊工作人员及雇员。

第九条，理事应根据陆军监狱令进行巡视。

第十条，囚禁场长制定的处务细则应受到警务队的认可。

第十一条，本规定中没有明文规定的事项，陆军监狱令及陆军监狱令施行细则适用。

附则，本规定自发布之日起施行。[①]

本规则与前两个规定的主要差别是宣布在青岛、李村设立囚禁场，以及囚禁场改由民政部和宪兵队改名的警务部管理外，还增设了“陆军文官，特殊工作人员及雇员”，职员分工更加明确。除此之外，在监狱的性质上没有变化，仍然是日本陆军监狱。其管理人员仍然由日本青岛守备军宪兵队官兵充任。

关于囚禁场的人员编制，各个“规定”或“规则”均没有说明。另有资料记载说，青岛、李村两所监狱中，“每个监狱由一名军官负责，下属有两名军官、七名（日本）士兵和十名中国警察”[②]。

另外，据日本大正七年（1918年）所出版的《青岛守备军民政部职员表》载：

青岛守备军囚禁场：

① （日）东洋文库藏《青岛守备军军令布令及告示集》（大正九年一月～大正九年六月），第72～73页。

② 青岛档案馆藏胶海关资料第4号《胶海关十年报告》，1912～1921年。

（场）长　宪兵中佐（兼）松幸峰
宪兵中尉（兼）沼川佐吉
宪兵曹长（兼）小山定卫
宪兵军曹（兼）樱井秀次郎
雇　员　　户伏宗夫
同　上　　甘利喜洲①

《青岛守备军民政部职员表》所载的囚禁场职员表，仅仅是青岛囚禁场的人员编制，并没有李村囚禁场的职员情况。造成这种状况的原因，不是著者的疏漏，而是因为在该书撰述时，李村囚禁场尚未设置，也就没有职员编制可述。

另外，像青岛囚禁场这样一座大型监狱，仅仅靠区区 5 名职员（场长由宪兵队长兼任，不在监狱值班）是难以实施管理职责的。参照前述之《胶海关十年报告》所载每个监狱有“七名（日本）士兵和十名中国警察”的内容，可以断定：各个囚禁场除了宪兵军官、军曹（士官）和文职雇员等日籍职员外，还有为数不少的日本宪兵和中国籍警察。

在松幸峰之后出任青岛囚禁场场长的是日本宪兵中佐小松其次郎。1922 年 12 月 10 日，小松其次郎作为日本囚禁场最后一任场长与中方接收代表办理了囚禁场交接手续。②

在日本侵占青岛前期，青岛仅有一处监狱——青岛囚禁场。凡是被日军逮捕未经判决的嫌疑人和被日军军罚（法）分会议审讯判决刑期的罪犯，除了刑期较重的日本犯人在国内服刑外，其他已决、未决犯人不分国籍、刑期、性别，均被关押在青岛监狱执行。李村监狱恢复使用后，刑期较重的犯人被移至李村监狱执行。但青岛囚禁场日常关押的除被捕未审讯判刑的未决人犯外，仍关押已经被判

① 上海图书馆藏《青岛写真案内》，日文版，第 8 页。
② 青岛档案馆藏资料 39—4—10。

处有期徒刑的犯人，其“代用监狱”的性质没有变化。从日军遗留的数量甚少的监狱档案来看，在囚禁场青岛监狱被关押的犯人的罪名绝大多数为强盗、窃盗类，已决人犯的刑期从3个月以上至无期徒刑不等，其中数年以上刑期的犯人占大多数，由此可见日本占领军对中国人民统治镇迫之严酷。被拘押的犯人除青岛籍外，还包括日军侵占的胶济铁路沿线城镇的中国居民，甚至还有远离青岛的平度等地的中国居民。可见日本侵略势力之广。

1922年12月初，经过艰难谈判交涉，中国与日本签订《鲁案善后条约》和《山东铁路善后条约》。青岛主权回归在即。日本军政当局和浪人等不甘心交还青岛，秘密勾结山东惯匪孙百万等土匪进入崂山和青岛市区，纵容其绑架勒索，扰乱社会治安，企图破坏青岛接收。一时间青岛形势极度紧张，治安紊乱。为防止李村囚禁场关押的犯人发生越狱等事件，日本守备军民政部警务部（宪兵队）将关押在李村囚禁场的犯人全部转移到青岛囚禁场集中关押。对于这一次变故，青岛地方检察厅在青岛接收后致司法部的报告中曾作明确说明：“查青岛收回，原拟于李村地方设置监狱。乃维时因该处地方不靖，于未接收时日人已将旧李村监狱之未决犯送入青岛看守所内寄押。”①李村监狱遂再次停止使用。

在日本侵占青岛的8年里，日本对于青岛公共建筑和公共设施的投入极少。其青岛囚禁场的房屋设施均沿用德国时期的监狱设施。对原青岛监狱没有进行扩建改造工程，甚至对德国占领末年已经划拨青岛监狱的地块的管理和建设规划设计亦置之不理。因此，在日本占领时期，青岛监狱无论在占地面积、建筑规模和内部设施等方面均无大的变化。

① 青岛档案馆藏资料39—2—101—109。

三、北京政府与国民政府时期的青岛看守（1922～1995）

1922年12月10日，经过中国人民的英勇斗争，终于从日本手中收回了青岛主权，成立了胶澳商埠督办公署以及青岛地方检察厅、地方审判厅等行政司法机构。接收青岛的当天下午，山东高等检察厅厅长梅光曦率领代理青岛地方检察厅厅长董邦干及济南地方检察厅看守所所官万文林等接收了日本青岛囚禁场，其接收名册上记载了从日本囚禁场接收的物品清单，计有："看守所1座，内所房55间。马号1座，内房屋6间。并囚衣、戒（械）具以及杂用器具等。"其中，"引渡各种器具及囚衣戒具等"计有旧书案桌、椅子、木橱、铁锅、水桶、消防水龙、锁具、便器、号牌、囚衣、等器物。从《青岛地方厅看守所接收人犯数目清册》及《引渡人犯数目罪名刑名刑期造具清册》中可以看到：日本引渡给中国方面的有"已决男犯147名"，刑名以强盗、窃盗等刑事犯为主，另有少数恐吓、诈欺、伪证、杀人等刑事犯。刑期最短者3个月，最长者为无期徒刑。①另有"老毛瑟枪三枝、子弹一百发、棉制服八套、风衣四件"②。

12月11日，山东高等检察厅训令成立青岛地方检察厅看守所，委任万文林为代理所长。同一天，万文林率看守所职员就任，开始履行看守所职责。从此，青岛监狱和囚禁场即被看守所的名字所取代。虽然按照功能区分，青岛检察厅看守所主要关押未经判处徒刑的未决人犯，但也关押一些已决犯，仍然充当"代用监狱"的职能。这种状况一直持续了数十年之久。据青岛地方检察厅1924年报告："本厅附设看守所羁押未决人犯……六个月以下徒刑或拘役及追缴罚

① 青岛档案馆藏资料39—2—53。

② 青岛档案馆藏资料39—4—10。

金之轻微罪犯即在所内执行，故该所又为代用监狱。”①

1923年4月，胶澳督办公署制定、颁发《街道名称对照表册》，将原来由日本守备军司令部命名的日文街道名字统一更换为以中国城市名字命名的新街道名称和门牌号码。青岛地方检察厅看守所所在的街道院落被命名为常州路25号。此后，青岛市民便习惯地将“青岛地方检察厅看守所”称为“青岛常州路看守所”或“青岛常州路监狱”。这些称呼一直沿用至今。

青岛接收后一段时间里，李村监狱没有启用。后曾拟作为青岛法院第二看守所，未果。最后辟为山东第五监狱，仍以关押青岛法院判处的刑期较重的犯人为主要对象。

鉴于青岛地方检察厅看守所面积、规模太小，无法容纳日益增多的犯人数量，经山东高等检察厅与胶澳督办公署多次会商，终于在1923年6月由胶澳督办公署发布训令，将原属德国法院的三处平房中的一处平房和原属德国青岛监狱但一直未能利用的广西路2号地块的两处空地拨归看守所，以备扩建新监舍。1924年1月，在原德国监狱大楼东南侧空地修建了两处二层楼房的新监房，为砖石钢木混合结构，没有地下室和阁楼。这两座监房分别被命名为“廉”字号和“耻”字号监房，同时，又称之为“新监南楼”、“新监北楼”。这是1900年德国监狱大楼落成后首次扩建新监房。

“廉”字号监房为南北向，铁制大门设在大楼西侧，内走廊，南北两侧为监房，每层计有10个监房，共计20个房间。建筑面积357.96平方米。房间小于德国监房，约计9平方米。

“耻”字号监房坐落于“廉”字号监房北侧，格局与“廉”字号监房相同，建筑面积359.10平方米，房间数量和面积亦相同。

此时，随着青岛看守所监房规模的扩大，看守所的职员、经费编制亦较往年有所扩增。看守所下分文犊、戒护、庶务三科；人员编制计有所长1人，主任看守5人，看守7人。所长一职一直由万

① 青岛档案馆藏资料39—2—361—374。

文林担任。

1926年10月，青岛地方检察厅商请胶澳商埠局，以看守所要在所内空地周围建筑围墙、迁移大门为由，要求胶澳商埠局将看守所监房与广西路空地之间的马路废弃，将所地连成一片，以便建筑围墙、大门，得到胶澳商埠局允许。同年11月，看守所外围墙竣工，今常州路25号地块全部圈入院内，看守所大门亦从原德国监狱大楼东北侧移至常州路25号看守所西侧（今大门旧址处），遂形成今日之常州路25号形势图。

1929年4月15日，南京国民政府接收青岛行政权。同一天，山东省高等法院训令青岛地方法院，接收原青岛地方检察厅看守所，改称青岛地方法院看守所，并制定了新的看守所人员、经费编制，较之北京民国政府时期精减了多人，引起看守所和青岛地方法院不满。经多方力争，其经费和人员编制得以稍加扩充。“内部组织计有所长一人，督率员役，掌理全所事务。所长之下，分设三科，分任一切职责。该所性质，系属一种代用监狱，羁押刑事被告人，并收容民事被告之不能取保者。其已决长期者，拨解第六监狱执行，短期人犯及判决拘役罚金或易科监禁者，亦均留所寄禁。”①

1929年，看守所在大门内侧修建了两间平房作为看守所警卫室，后来陆续增建。由于国民党政权推行特务统治，颁布《危害民国紧急治罪法》等反动法规，疯狂镇压革命力量和抗日爱国活动，致使青岛看守所“人犯剧增”，监狱人满为患，原有监房“不敷容纳”。遂于1931年3月在“廉”字号和“耻”字号监房北侧增建了一座二层楼房作为新监房，其规格与前楼基本相同，但面积略小，比“廉”字号和“耻”字号监房少了4个房间，亦为砖石钢木混合结构，但大楼墙体全为石块砌成。

这样，到了1932年，青岛看守所共拥有监房楼4座；又将德国监狱地下室改建成监房，共计监房69间。看守所定额关押人数为

① 青岛图书馆藏《青岛指南》，1933年版，第41页。

500名，但经常超额，最高时多达549人。所有人犯均睡在监房水泥地上，阴冷潮湿，患病死亡者甚多。青岛地方法院遂报请司法部批准，于1932年8月至10月在69间监房内铺设木质地炕（厚30公分），又在原德国监狱大楼内增设铁门，看守所的监舍环境有所改善。

尽管看守所极力扩大监房规模，仍无法解决“人犯剧增，不敷容纳”的现状，遂经司法部批准，于1935年10月，又在看守所东北角空地修建了一座监房和一座工场，均为二层楼房。工场楼的楼体由花岗岩石块砌成，砖石钢木混合结构，建筑面积462.74平方米，为车间式大通间，收押犯人在工场从事磨面、缝纫、织袜、糊火柴盒等手工劳动。

新监房位于工场楼北侧，为石砌二层楼房，砖石钢木混合结构，木地板，建筑面积448.68平方米，是青岛看守所唯一的专门关押女性囚犯的监房。监房规格、房间面积与前述新建监房相同。大门西向，内走廊，南北两侧共有房间21间，其中一楼有12个房间（其中1间为厕所），二楼9个房间。

至此，青岛看守所共计拥有5座监房大楼。1935年，青岛地方法院将看守所5座监房分别按建筑时间命名为“仁”、“义”、“礼”、“智”、“信”字号监房。其中“仁”字号监房为始建于1900年的德国监狱大楼，“义”字号为1924年建筑的“廉”字号监房（新监南楼），“礼”字号为1924年建筑“耻”字号监房（新监北楼），“智”字号为1931年建筑的监房，“信”字号为1935年建筑的专门关押女犯的女子监房，另有工场大楼以及办公室、宿舍、看守室、浴室、炊场（伙房）等平房多处。

在这一时期，看守所仍兼代用监狱，据青岛地方法院1930年9月、10月“视察看守所报告单”：

（一）人犯数目：

甲、定额：二百五十名。

乙、实数：平均四百七十人，女犯占十分之一。

（二）建筑：

甲、人犯房间是否敷用：男监房四十七间，女监房八间。原定每间五名，现以人犯增加，每间增至十名，监房实不敷用。

乙、屋宇有无损坏：三层楼顶漏雨，宿舍已修好。

（三）卫生：

甲、衣服：经费有积余时，每年添单棉衣数十套以备贫犯穿用。

乙、饮食：现吃大米，每日两餐，每人平均一斤三两，以白菜、豆腐粉条做汤做菜。

丙、卧处：每间现住十人。

丁、医药：医官黄祝三药料由所配制。

戊、沐浴：每星期一次，现将原病室改造为浴室，约过二十七八天即可竣工，每次可洗四十人。

己、运动：每天两次（以下略）。①

到1935年6月30日统计，青岛看守所关押人数为男犯439名，女犯47名，合计486名，犯人刑期从两个月到无期均有。②

在20世纪30年代南京政府管理青岛时期，青岛看守所其监狱的功能和规模仍大于李村监狱。在初期，青岛看守所的人员编制较多，计有所长、医师、主任看守、看守等共计40人。后期人员数量有所减少。1937年11月有所长、所官、医士各1人，主任看守6人，看守12人。

1937年7月7日，日本发动全面侵华战争，青岛局势恶化。10月以后，遵照南京国民政府司法部制定的《非常时期监所人犯临时处置办法》，青岛地方法院分批释放了在押的犯人。同年12月，青

① 青岛档案馆藏资料39—2—877—884。

② 青岛档案馆藏资料39—1—554。

岛市政府及各机关撤出青岛，看守所职员除留有部分留守人员外，大部分职员撤往内地，看守所随之解散。

四、日本海军囚禁场与伪青岛法院看守所（1938～1945）

1938年1月10日，日本海军第4舰队侵入青岛，侵占常州路25号看守所，改名为“日本海军第4舰队军罚分会议囚禁场”，用于关押被日军捕捉之中国战俘、抗日群众以及其他人士。第4舰队撤走后，又改为“日本海军第3遣支舰队军罚分会议囚禁场”，直接受日本海军驻青岛武官府领导，成为残害中国人民的侵略工具。

1938年1月17日，在日本海军特务部、陆军特务机关扶持下，伪青岛市治安维持会成立。3月27日，成立由伪青岛治安维持会领导的伪青岛临时法院，伪青岛临时法院看守所也随之于4月1日成立。1938年10月，伪青岛临时法院撤销，成立伪青岛地方法院和青岛高等法院，看守所亦恢复青岛地方法院看守所名称。伪看守所刚刚成立时，由于看守所监房为日军侵占，看守所无法办公，亦无关押犯人的监房。几经交涉，才从日军手中陆续收回了“智”、“信”、“礼”字号三座监房大楼，仅有监房50间；另有日军占用“仁”、“义”字号两座监房大楼，监房30间。到1942年，伪看守所曾有详细报告：“案查本院看守所，前于民国二十七年间，经友邦日本海军作囚禁场使用，迨至临时法院成立，几经磋商，业已先后拨归礼智信各号楼房全部，及仁字楼房下层一部。至义字全楼，及仁字楼上两层，并下层一部，仍旧用为囚禁场。”①由于日伪政权大肆镇压人民的抗日斗争，日军囚禁场关押的“犯人”剧增，尽管日本海军囚禁场在“仁”字监房地下室设置水牢、监房等，但仍然人满为患。伪青岛法院看守所成立后，日军便将囚禁场容纳不下的“犯人”转

① 青岛档案馆藏资料40—1—189。

交伪看守所“寄押”。据伪“青岛地方法院看守所谨收（日本）军部羁押人犯自二十七年四月一日起至八月末日实支口粮数目缮册单”记载：

> 四月，被押人数1456（人），实支口粮银数145.6元。备注：每名每日口粮0.1元，共支以上数；
>
> 五月，被押人数1416（人），实支口粮银数1416.6元。备注：同上；
>
> 六月，被押人数1429（人），实支口粮银数158.96元。备注：自一日起至十五日止累计为626人，每人每日口粮0.1元计洋62.6元。又，自十六日起至三十日，累计为803人，每日每人口粮0.12元，计洋96.36元，共支以上数；
>
> 七月，被押人数3278（人），实支口粮银数393.36元。备注：每名每日口粮0.12元，共支以上数；
>
> 八月，被押人数3452（人），实支口粮银数414.24元。备注：同上；
>
> 合计：被押人数11031（人），实支口粮银数1253.76元。①

之所以要如此详细地转载伪看守所的报告，是因为该清册所记录的“被押人数”是每个月的累计数目，不是每天的平均数目。因此，在上述5个月里，平均每天关押人数为73.54人，亦即伪看守所每天需要替日本囚禁场羁押犯人70余人以上。

由于档案资料残缺不全，关于日本囚禁场关押“犯人”的具体数目不详。仅有1941年9月、10月和1942年5月、6月、8月、10月关押“犯人”的统计数字表。从表中来看，1941年关押的“犯人”最低数字为145人，最高数字为174人；1942年，日本海军囚禁场将“礼”字号监房移交给伪看守所，囚禁场关押的“犯人”数

---

① 青岛档案馆藏资料39—4—48。

量有所减少。1942年5月羁押犯人数量最少，每日最低为83人，最高为105人。9月份每日最低为98人，最高为148人。[①]而据伪青岛看守所1942年8月报告："现时囚禁场人犯详细数字，虽属无从知悉，而最多时期，恒在二百名左右。"[②]

伪看守所监舍数量少，而关押"犯人"多，更显拥挤不堪。1939年，伪看守所日常关押的人数高达500余人（其中已决犯人470余人），全部关押在"智"、"信"两座监房的30个房间内，每间仅有9平方米的牢房平均关押17人之多，"较往年竟至五倍以上"[③]，其拥挤程度可想而知。

日伪残暴统治下，被关押在囚禁场和看守所的"犯人"不仅居住环境恶劣，生活待遇也极为悲惨。1940年5月，伪青岛地方法院检察处对看守所进行视察后，向伪青岛高等法院作一报告，尽管多有粉饰，但仍可看出其黑暗内幕："（三）卫生：甲、衣被：衣被由公家给予；乙、饮食：每日两餐，以玉米面制成窝头，佐以菜汤及咸菜，以食饱为度。日给开水三次；丙、卧处：每犯给囚衣一套、草褥一条、棉被一床。因囚床较少，除有一部分人犯睡卧囚床外，其他一部分人犯卧地板。"[④]等到日本占领后期，物资匮乏，犯人生活待遇就更加恶劣了。

鉴此，伪青岛地方法院于1939年2月向日军武官府和伪中华民国临时政府法务部呈请建设新监房和看守室、办公室，计划建设"羁押室楼房二座、看守室一所、接见室一所"，并将院内短围墙拆除，建筑高大围墙。但由于经费预算高达11万余元，被日军青岛武官府主计室驳回，几经争取，一直迟迟未获批准。

1939年11月，伪青岛地方法院再次呈请日本驻青岛海军武官府和伪中华民国临时政府，要求修建办公楼房（二层）一座，看守室、

① 青岛档案馆藏资料39—3—68。
② 青岛档案馆藏资料40—1—189。
③ 青岛档案馆藏资料40—1—201。
④ 青岛档案馆藏资料42—1—361—30。

检查室各一处，并绘制设计图纸及说明书，但仍因经费过高未获批准。

1940年1月，3名在押人犯利用打水之机，从“智”字楼水流子（雨水管道）攀上电线杆，跳越高墙铁丝网逃走。这一事件震惊了日伪当局。伪看守所遂再次呈请增建监房、看守室、围墙等。1940年1月，日本海军武官府批准了上述建设计划。1940年2月，伪华北临时政府法务部发布训令，“饬准如所拟向市署商洽”。8月，伪青岛地方法院再次呈报建设计划：拟在“智”字楼东侧接建2层4间监房，修筑短围墙，改造“仁”字号一楼北侧房间为监房，在看守所院内北侧空地修建办公室等，建设经费压缩到3万余元。这次的计划书得到日军武官府的批准同意，但迟迟未能动工。在此期间，看守所在院子里搭建了多处平房，以解决职员办公、宿舍之用。

1940年9月，伪青岛地方法院又以看守所“宿舍紧张、职员无处容身”为由，呈请将常州路19号法院宿舍平房接建楼房，得到伪华北政务委员会委员长王揖唐批准。同年12月，宿舍扩建工程招标动工，1941年4月竣工。计加建楼房一层，增加宿舍房间7间。整座楼房的建筑面积为580余平方米。

1942年，日本海军囚禁场又向伪地方法院移交一座监房，使伪看守所共拥有了3座监房大楼（“礼”、“智”、“信”）及“仁”字号楼一层北侧部分监房。日本海军占用“义”字号全楼和“仁”字号楼二、三层及一层南部监房。看守所虽增加了监房，仍然十分拥挤，遂于1942年8月再次以“看守所与囚禁场数年来彼此迁就，无异同室而居，事权混淆，大感困难”为由，呈请伪法院将“智”字楼东侧接建二层4间监房和接筑“义”、“礼”、“智”、“信”各楼东西两面空间短墙八段，并将渗漏严重的“仁”字楼监房改建，拆除和更换地下室铁门、铁栅栏等。①

以上计划经反复修改，并将经费预算反复修订后，于1942年6月获日本海军武官府和伪华北政务委员会批准，8月正式开工建设，

① 青岛档案馆藏资料39—4—44。

1943年6月竣工验收。计接建“智”字号大楼二层4间监房，建造办公室（在“信”字楼西侧，平房）、看守室、检查室（大门内两侧、平房），将“义”、“礼”、“智”字号三座大楼西侧连为一体（成“E”字形），并完成了建筑短围墙，加高看守所外围墙等工程。经过此次扩建，“智”字楼的规格、面积类同于“义”、“礼”号，房间数量亦为20间，木地板；建筑面积为446.04平方米。①

在扩建看守所的同时，伪政权亦将李村监狱予以扩建，关押已决犯人。另外，日本陆军驻青岛的“桐”部队、宪兵队、特务机关等亦设立多处秘密监狱，关押残害中国抗日志士。1944年，侵华日军指令伪政权在青岛铁山路85号和青岛体育场设置专门关押从华北抓捕运往日本充当劳工的中国被俘军人和平民的集中营——劳工训练所，导致大批劳工死亡。

1944年，汪伪政权发布司法制度改革的命令，设置伪检察署，代替原法院首席检察官职权。同年6月3日，伪华北政务委员会发布训令：“为扩大检察制度，定于七月一日实行改组……同年七月一日起，各监所均应移归检察署接管。”伪青岛地方法院看守所遂于7月1日移归新成立的伪青岛地方检察署，改名为“青岛地方检察署看守所”。根据历史档案清册记载：当时，看守所有所长1人、所官2人、医师1人、主任看守6人、看守38人（其中女看守2人）、公役3人，共计51人。历任所长有万文林、朱震、邱炳奎。在押人犯447人（其中有日本海军代嘱押人犯33人）。②

抗日战争时期，青岛伪看守所主要关押刑事犯，另有部分政治犯、军事犯等。而日本海军囚禁场主要关押政治犯、军事犯，其中主要是国共两党的战俘以及地下工作人员。在日军囚禁场容纳不下时，则移往伪看守所监房“代嘱关押”。被关押在海军囚禁场的共产党人有抗战时期首任青岛工委书记谢明钦及同时被捕的地下党员高

---

① 青岛档案馆藏资料40—1—189。

② 青岛档案馆藏资料41—1—126。

日九、周志荣等人，以及中共南海地委组织部长李辰等。李辰、高日九、周志荣等后被日军杀害，壮烈牺牲。

五、尾声（1945～1995）

1945年8月，日本战败投降。9月，国民党接管青岛，成立青岛市政府等行政机构。同年12月，恢复了青岛地方法院建制，看守所亦恢复“青岛地方法院看守所”的名称，仍归青岛地方法院管理。

解放战争期间，国民党先是忙着劫收发财，接着发动内战，致使经济崩溃，民不聊生。看守所人满为患，但经费严重不足，且又物价飞涨。因此，尽管看守所多次制定扩建计划，均因经费不足而一直没有实施扩建计划，甚至连维修监房、办公室等小型工程也难以进行。据青岛地方法院1947年2月8日视察看守所的报告略称：“犯人睡在木炕上，衣被系接收伪看守所之囚衣被，均破烂不堪，凡赤贫人犯择其尚堪穿用衣被发给御寒，惟以人多衣少，未能全部发给”；“沐浴：旧有浴室一处，因年久失修，又缺煤炭，故难实行沐浴。有理发室一处，但犯人均无资理发”，“饮食：每日两餐，均食玉米面窝头，外加咸菜，每周日改食白面馒头”。[①]其环境卫生和生活待遇极差。

在此期间，青岛看守所关押的犯人成分非常复杂，既有一般刑事犯，也有共产党等“政治犯”，还有日本战犯和汉奸犯。据1946年4月看守所清册档案记载：青岛看守所共有5座监房，在押人犯730人。其中日本战犯86人，全部关押在“仁”字号楼；汉奸44人，关押在“信”字号监房；为青岛警备司令部寄押犯人86人；为青岛保安队寄押犯人81人。[②]

看守所职员编制较以往有较大增长。至青岛解放时，共有所长

---

① 青岛档案馆藏资料43—2—19。

② 青岛档案馆藏资料44—3—100。

以下职员 73 人。

为解决看守所经费不足和职员生活困难的处境，看守所处心积虑地压榨在押犯人的劳动力资源，制定了严密的作业进度表，设置了磨面科、缝纫科、糊盒科、沙石科等多项劳动项目，强化犯人劳动时间；并制定了新建监狱工场的计划，但最终因经费问题和解放军逼近青岛而未能实施。

1949 年 6 月 2 日，青岛解放，军管会接管旧政权各部门。7 月，青岛市人民法院成立，常州路看守所移归法院领导，称“山东省青岛市看守所”，以关押刑事犯为主，仍为代用监狱，关押已决、未决犯人。1955 年，看守所由法院移交青岛市公安局管理，改称“青岛市公安局看守所”。

自 1951 年以来，看守所陆续增建了看守室、检查室等平房。1965 年，将原日伪时期建成的看守所办公室和浴室各接建一层楼房用作看守所办公楼和医务室。

1970 年，将犯人食堂（炊场）改建并加接三层楼房，作为食堂和职工宿舍的三层楼房，又在楼房东侧修建了一座高五层的岗楼。

1979 年，在大门北侧新建一座五层楼房的办公楼。

20 世纪 50 年代以后，常州路看守所主要关押已决、未决之刑事犯，同时也关押政治犯、反革命犯、海外间谍等。“文革”期间，所谓“青岛右派翻案集团”骨干成员也曾在此长期关押，直到“文革”结束后才平反出狱。

1983 年在大山择地修建新看守监房，历时 9 月，建成使用，名为“青岛市第二看守所”，将常州路看守所称为“第一看守所”。后来，鉴于城市建设需要和看守所地处闹市、场地狭小等原因，决定扩大大山看守所规模，于 1995 年将第一看守所全体职员、人犯迁往大山看守所，成立监管支队予以管理。常州路看守所旧址由青岛市政府出让，拟作房地产项目。1999 年由青岛市人民代表委员会建议青岛市政府备价收回。2005 年，在青岛监狱旧址辟建青岛德国监狱旧址博物馆。2007 年 4 月，青岛德国监狱旧址博物馆建成开放。

德占时期青岛中国商人群体的形成

孙立新

在新近的关于殖民主义和殖民地问题的历史研究中，跨文化“相互作用理论”脱颖而出，大有取代单维度、直线式的“西方中心论”（如“侵略－反侵略”模式、“冲击－反应”模式等）之势。①人们不再像以前那样，把殖民地视为单方面的强权政治构造，把被殖民者整体地视为被动的、接受的客体，而是自觉地把注意力转向被旧的殖民主义/帝国主义理论所遮蔽的维度，努力把“殖民形式”当做文化间的相互作用来解释，把殖民地当做一个从外来文化与本土文化相互接触、相互重叠和相互交融中产生出来的、复合的社会构造来描述，强调被殖民者即使在极不平等的条件下也能够发挥巨大的主观能动作用。

1897 年德意志帝国侵占胶州湾之后，除了外国商人，中国商人

① 关于跨文化“相互作用理论”，可参见余凯思：《在“模范殖民地”胶州湾的统治与抵抗——1897～1914 年中国与德国的相互作用》，孙立新译，刘新利校，山东大学出版社 2005 年版；罗梅君、余凯思：《跨文化行为模式：帝国主义后期在中国的德国经济与传教》，孙立新译，国家清史编纂委员会编译组：《清史译丛》第四辑，中国人民大学出版社 2006 年版，第 135～174 页。

也在青展开了各种各样的经营活动。他们通过不懈的努力，逐渐在这个德国殖民地站稳了脚跟，发展成为具有较大势能的社会群体，成为青岛中国人社会的中坚力量。那么，在德意志帝国的殖民统治下，他们的经营和生活状况究竟如何？他们与德国殖民当局、德国和其他外国商人发生过什么样的接触和交往？接触和交往在多大程度上导致了中国商人思想意识和行为方式的改变？在青岛是否形成了一个与传统商人不同的新型中国商人团体？他们彼此之间的关系又是怎样的？他们在青岛的建设和发展方面发挥了多大作用？所有这些问题都是随着跨文化"相互作用理论"的提出而提出的，都是很有研究价值的。本文试对此作一初步探讨。

一

据袁荣叟等编纂的《胶澳志》：被德意志帝国强占为租借地的"胶澳区辖境之青岛李村乡区，昔属即墨县之仁化乡；阴岛属里仁乡；而薛家岛则属胶州霑化乡辛林社；小石头、黄岛属胶州霑化乡安林社；塔埠头属胶州济实乡海林社"①。至晚自唐宋时代起，胶州湾及其沿海港口就有相当繁荣的贸易往来了。宋元祐三年（1088），中国政府在胶州设立的市舶司不仅是当时北方地区唯一的一处海关，也是全中国五大对外贸易港口之一。"广东、福建、淮、浙贾人航海贩物，至京东、河北、河东等，运载钱帛丝绵贸易。"一时间，"商贾荟萃，船舶辐辏"，好不热闹。不仅如此，胶州还是通过海路向北供应军粮民食和向宫廷运送贡品的重要转运站。明朝中叶，为了防御骚扰中国沿海的海盗，中国政府开始实行海禁政策，致使胶州湾地区的商业贸易严重衰落。到清代，海禁政策一度松动，胶州重新成为中国北方重要的贸易港口。但是由于河流带来的泥沙淤积，它不再紧靠海湾了，船只必须在距胶州大约9公里外新形成的海港塔

① 袁荣叟：《胶澳志》，台北：成文出版社1958年影印本，第19页。

埠头停泊，塔埠头逐渐替代胶州城而成为商品集散转运之地。[①]塔埠头的旁边还散落着女姑口和沧口等几个较小的港口，它们主要作为即墨的港口而发挥作用。当地一些商人在这里设立行栈，一方面转售南方沿海船商所载货物，另一方面又向他们贩卖本地土产。[②]

对于地区市场体系来说，李村也具有重要意义，它发挥着经由沙子口和沧口而至的国际国内舶来品的周转地作用。李村集市名闻遐迩，而薛家岛港则被用作胶州湾的出口。由此可见，在胶州湾及其周边地区很早以来就形成了一个四通八达的商业贸易网络，这一传统网络结构经久不衰，在新的条件下也很容易被激活。

胶州湾不仅被用作商业贸易，而且也被用作军事目的。明朝中期，倭寇猖獗，中国政府在薛家岛附近的灵山卫建立了固定哨所和居民点，并在那里停泊兵船。17 世纪时，清政府又在胶州湾周围增设了多处哨所。当西方列强挟裹武力侵入中国并强迫中国政府开放国门之际，一部分具有“自强”意识的政府官员也注意到了胶州湾，并且要求加强这里的防御体系。中国驻德国和俄国的外交使节许景澄向清政府陈述了德国地质学家李希特霍芬有关胶州湾的论述，并且主张立即开始港口建设工作。1891 年，时任北洋大臣和海军衙门会办的李鸿章在同山东巡抚张曜一起视察了海湾后，也主张在胶州湾设立防御工事。遵照李鸿章的指示，登州镇总兵章高元于 1892 年带 4 营兵力约 2000 余人移防到青岛口，设镇守使署于天后宫之侧，青岛遂成为海防重镇。[③]

---

① 袁荣叟：《胶澳志》，台北：成文出版社 1958 年影印本，第 22 ~ 24 页。也参见余凯思：《在“模范殖民地”胶州湾的统治与抵抗——1897 ~ 1914 年中国与德国的相互作用》，孙立新译，刘新利校，山东大学出版社 2005 年版，第 53 ~ 60 页。

② 袁荣叟：《胶澳志》，台北：成文出版社 1958 年影印本，第 956 页。也参见庄维民：《近代山东市场经济的变迁》，中华书局 2000 年版，第 248 页。

③ 袁荣叟：《胶澳志》，台北：成文出版社 1958 年影印本，第 24 ~ 26 页。也参见王守中：《德国侵略山东史》，人民出版社 1988 年版，第 69 ~ 72 页；余凯思：《在“模范殖民地”胶州湾的统治与抵抗——1897 ~ 1914 年中国与德国的相互作用》，孙立新译，刘新利校，山东大学出版社 2005 年版，第 57 ~ 60 页。

青岛口原是一个拥有300~400名居民的小村庄，村民主要靠捕鱼为生。然而，在清政府军队驻防的几年里，青岛明显地发展了。士兵给养的供应和军事防御工事的建造给不少人带来可资利用的挣钱机会，一些手工业者和商人因此举家迁居。至1897年德国占领前夕，青岛居民已达1300余人，房屋229幢①，商家店铺六七十家②。青岛口成了中国沿海南北来往货物的聚散中心，对外出口有生猪、猪肉、花生、花生油等土产，进口有广洋杂货、棉布、棉纱、绸缎、糖、桐油、竹木材等物资。③随着青岛口经济地位的日益重要，个别商人和商贩甚至过上了富裕生活，即使德国占领时期他们也在表达中国人的经济利益方面发挥着重要作用。

1897年11月14日，德意志帝国借口"巨野教案"，悍然出兵占领胶州湾。随后又于1898年强迫清政府签订《胶澳租界条约》，以"租借"的形式，把胶州湾方圆551.5平方公里的陆地面积变为自己的租借地，并对租借地享有完全的主权。德意志帝国政府力图把青岛建设成为德国在远东的一个军事—工业基地，以便使德国的国民

---

① 余凯思：《在"模范殖民地"胶州湾的统治与抵抗——1897~1914年中国与德国的相互作用》，孙立新译，刘新利校，山东大学出版社2005年版，第57页。

② 根据胡存约《海云堂随记》的记载，1897年，青岛口"商董首事集议本口禀县商铺数目。除新近由即墨、平度、金口、海阳来此赁屋暂营者六家外，计车马、旅店七，烘炉一，成衣、估衣、雉发三，油坊、磨坊、染坊六，杂货、竹蓆、瓷器店铺五，药铺二，当铺一，织网、麻、草、油篓木材八，肉鱼盐铺行六，鞋帽、皮货各一，纱布绸店、洋广杂货店三，酒馆、饭铺九，酱园、豆腐坊各一，糕店茶食三，计六十五家"。如果将"赁屋暂营"的那6家店铺计入，当时青岛已有71家店铺。（见胡存约：《海云堂随记》，青岛市博物馆、中国第一历史档案馆、青岛市社会科学研究院编：《德国侵占胶州湾史料选编（1897~1898）》，山东人民出版社1986年版，第25页）。

③ 根据胡存约《海云堂随记》的记载，"航载写船多由广洋、杂货木材诸店号兼业"；而在航运贸易方面，北与牛庄（今辽宁省营口），西与安东卫、石臼所、胶州、海州（今江苏省连云港），南方远至江淮、闽浙，国外同朝鲜等均有贸易往来。进出口的商品中，"出口以披猪、花生、生油、豆油、豆饼、白蜡、青梨等为最，进口以洋广杂货、细白棉布、棉纱、绸锻、糖、桐油、竹木柴"。此外，"吾邑劳山盛产水晶，有色白晶透者，有色暗而微紫者。往昔南船多来口采置。"（见胡存约：《海云堂随记》，青岛市博物馆、中国第一历史档案馆、青岛市社会科学研究院编：《德国侵占胶州湾史料选编(1897~1898)》，山东人民出版社1986年版，第23~25页）。

经济并借此使“德国所有阶层直接或间接地获取好处”①。在其建设和管理德国租借地的计划纲要中，经济发展得到了突出强调，被置于所有与胶澳租借地相关的其他发展之前。为此，它在这里迅速建立起了一整套殖民统治机构，大力开展海港、铁路和市政建设，宣布贸易自由和职业自由原则，实行一种积极的、鼓励各国商业公司和工业企业到青岛开展经营的政策。

德国政府还特别认识到中国商人对于青岛商业贸易发展的重要性，把鼓励中国商人移居德国占领区当做一件大事来抓。早在1898年8月至10月关于租借地划界的谈判中，它就强迫清政府把胶州附近海岸的帆船码头塔埠头划归租借地。在德国殖民当局看来，塔埠头港将会对计划在青岛建造的海港构成一种来自中国方面的竞争，必须予以掌控。②德国殖民当局还与中国政府签订海关协定，使胶澳租借地在关税征收、税率的高低、货物过境运输办法等方面与其他条约口岸完全相同，并通过允许中国政府在青岛设关征税的方式，避免在德国占领区之外形成一个“竞争性的商业点”。③因此，随着青岛的开放，特别是在1905年新的海关制度实施后，不仅外国商人纷至沓来，中国商人也逐渐增多，其势力日益加强，形成为一个足以左右青岛商业贸易的经济群体。

二

德占时期，青岛的中国商人群体主要由来自山东各地和来自江苏、浙江、江西、安徽、广东、天津、宁波诸省市的商人组成，他

---

① 余凯思:《在“模范殖民地”胶州湾的统治与抵抗——1897～1914年中国与德国的相互作用》，孙立新译，刘新利校，山东大学出版社2005年版，第154页。

② 余凯思:《在“模范殖民地”胶州湾的统治与抵抗——1897～1914年中国与德国的相互作用》，孙立新译，刘新利校，山东大学出版社2005年版，第175～176页。

③ 余凯思:《在“模范殖民地”胶州湾的统治与抵抗——1897～1914年中国与德国的相互作用》，孙立新译，刘新利校，山东大学出版社2005年版，第156页。

们按照传统习惯分属于各个地域性帮派。

人数最多、经营最早和地位最重要的还是胶州湾土著的和来自山东省内地的商人。在《胶澳租界条约》的第五款中明确规定："租地界内华民，如能安分并不犯法，仍可随意居住，德国自应一体保护；倘德国需用地土，应给地主地价。"[①]这样，原先居住在胶州湾地区的中国商人基本都留了下来，成为德占时期青岛最早的商业活动经营者，其中胡存约最为著名。胡存约，字规臣，祖辈经营商业，在地方上颇有影响。由于父亲早逝，胡存约青年时就弃读从商，经理贸易事务，后在青岛口开设了"瑞泰"商号，经营土产杂品、日用百货，还操办货物航运；余者还有"瑞顺"、"协昌福"、"庆泰"三家商号。

另有一些商人来自黄县、掖县、即墨、烟台、平度、潍县等地。黄县人傅炳昭（1865～?）来青后先在经销德国洋酒罐头之"源泰"号充当伙友，后升为经理，因通晓德语，事业逐渐发达。

在掖县帮商人中，宋雨亭、刘锡三和刘子山堪称代表。宋雨亭（1884～1951），名润霖，号甘泉，幼年读私塾，勤学好问，学习成绩优良。13岁到青岛读中学，毕业后进其四叔开办的"瑞记"商店工作。他白天经商，晚间刻苦攻读英语和德语，不久便能用外语直接同外国顾客谈生意。1903年接任"瑞记"（后改称"通聚福"）商店经理，主营草帽辫业务，因虚心好学，善于经营和交际，很快就在青岛商界崭露头角。

与宋雨亭的学生出身和家族渊源不同，刘锡三"闯青岛"是从当伙计干起的，后来进入一家洋行当业务员，到农村收购草辫。在掌握了一些制帽技术以后，便自立门户，于1911年创建"盛锡福"，以草帽为主打产品兼生产呢制礼帽、皮制三块瓦帽，注册商标为"三帽"牌，因外形美观质量上乘，获得了成功。不到几年，就增建

---

① 袁荣叟：《胶澳志》，台北：成文出版社1958年影印本，第31页；王铁崖编《中外旧约章汇编》第一册，生活·读书·新知三联书店1957年版，第739页。

八九个专业工厂，如皮帽厂、便帽厂、缎帽厂等。

刘子山（1877～1948）也是白手起家的。他 14 岁来青岛谋生，初为街头叫卖小贩，后给德国人充当西崽（洋行仆役），学会了德语后又去一家德国建筑行当翻译。1910 年开设“福和永”木材行，次年又办“福和永”窑厂，并任德商礼和洋行华人经理。[①]刘子山发家史的重要一环是贩鸦片。他在胶海关税务司的支持下，与总商会丁敬臣等集资开设立升官膏店，大发不义之财，后又投资房地产业，拥有天津路、肥城路、武定路、甘肃路、无棣二路整条街道房产，人称“刘半城”。

因为青岛原属即墨县管辖，所以在青岛人口中即墨县人占有很大比例，其在商界的势力也十分显要。早期的代表人物有仙家寨村的富商陈次冶，他开设的八大诚商号，在青岛颇有名望。“福诚号”生产的花生油因质量高，被日商三井洋行采购出口，深受欢迎。[②]

与上列在青岛发达起来的商人不同，牟平人张颜山是先在烟台起家然后再到青岛发展的。张颜山，名宗桂，号颜山、燕山，祖籍牟平养马岛，随父辈迁至牟平城东邵家土巷定居。19 世纪末，他在烟台开办“泰生东”染料庄，初见成效后又在青岛设立分号。第一次世界大战前夕，德国德学洋行将所存染料全部移交“泰生东”销售。大战期间因染料来源断绝，价格猛涨，张颜山遂大发横财，并开始了棉花庄、绸缎庄、面粉公司、银号等多项经营，成为一大富商。

山东章丘风俗素有经营商业之特长，早在清康熙年间，该县旧军镇的孟氏家族就靠贩运土布发家了，到清末民初成为中国北方地区最大的商业资本集团，其家族成员开设的祥字号商店包括绸布店、茶叶店、锅店、金店、钱庄、当铺等等，遍及济南、周村、青岛、北京、天津等大中城市。德占时期，该家族在青岛开设了“瑞蚨祥”

---

① 另一说是 1910 年独资开设青岛永和福杂货行，经营草帽辫、代销德国货。

② 任银睦：《青岛早期城市现代化研究》，生活·读书·新知三联书店 2007 年版，第 156 页。

和“谦祥益”等商号，经营绸布、茶叶和百货等，赢得了顾客的普遍赞誉。

德占时期，到青岛开展经营的还有杨少衡、朱式文、谭辑五、任约卿、徐秩卿、王逊卿、顾少山、姜晓岩、高子安、邵舫艇、苏勖臣、纪毅臣、徐锡三、于选甫、张俊卿等山东籍商人，属于山东商人开设的商号则有“福聚栈”、“天祥永”、“恒祥号”、“通聚成”、“恒升和”、“义源永”、“恒祥和”、“万利源”、“义德栈”、“双盛泰”、“天诚号”、“大有恒”、“德源永”、“立诚号”、“润泰号”、“和合栈”、“恒升和”、“洪祥益”、“源裕”、“裕东泰”、“如裕大号”、“振昌德”、“泰昌号”、“增顺复”、“东兴祥”、“恒祥栈”等许多家。

青岛虽地处华北一隅，但在商贸方面，与广东、浙江、江苏、江西、安徽、天津、宁波等省市早就有了密切关系。德占时期，不但上述地方的物产和商品充斥青岛市场，而且许多商人也亲自来青岛从事各种商贸活动。广东帮商人所经营的行业主要有土产品进出口、餐饮、印刷等。经营土产品进出口业的著名商号是“景昌隆”、“广有隆”、“广合兴”、“同顺昌”、“裕和祥”、“昌兴”油厂、“大成行”油厂等①，这些商号大多集中在冠县路、李村路一带，它们受理广州、佛山等地商人的委托，代购山东农副产品和手工业品，并代销洋货。餐饮业有“英记楼”、“广兴隆”、“广裴隆”、“广安隆”菜馆等。印刷业有“宜今”和“福昌”印务局。

在来自浙江、江苏、江西、安徽四省的“三江”②帮商人当中，丁敬臣首屈一指。丁敬臣（1880 ~ ?）江苏江都人，光绪年间捐为监生，授知县，官至候补知府，上海开埠后弃官经商。1897 年来青岛，被德商禅臣洋行高薪聘为买办，并自开“悦来”进出口兼航运

---

① 另一说是“景昌隆”、“广有隆”、“大成栈”、“宜今兴记”、“康有隆”、“南洋兄弟烟草公司”等行栈。

② 安徽、江苏原为一个省——江南省，清康熙六年（1667）被一分为二，所以清末的“三江”，实际包括 4 个省。

公司、“悦升”煤矿公司以及后来的“永裕”盐业公司等，成为青岛中国商人中的头面人物之一，也深受德国统治当局的重视。

另一“三江”帮商人周宝山则开办有“周锐记”商号，经营木材业务。

天津富商朱子兴在青岛投资扩建“春和楼”饭店，初以天津菜肴为主，后来聘福山人林重孚任经理，转营鲁菜。因装饰典雅、名菜众多，不少外国客人也慕名前来大饱眼福和口福。

至于青岛中国商人总体数目、行业门类、经营规模、盈利额度等，由于缺乏资料，无法详考。但有一点值得注意，这就是，到德占胶澳后期，行栈资本的发展进入鼎盛时期，当时“巨商大贾莫不扩张其贸易，而获利则丰厚焉”①。青岛的商业主要由从事进出口贸易的行栈商和一些买卖进出口商品的商店主所控制。迄 1914 年，在加入青岛商务总会的 160 家商号中，除个别银行、钱庄外，绝大部分为行栈商。②行栈资本的发达反映了中国新旧商人的更替。在商人群体中，原先资金最雄厚的是盐、典、钱商人，现在最有实力的则是开埠城市的行栈主、大批发商和银行家等。“尽管居于顶端的这类城市商人为数不多，但是他们却掌握着主要市场上主要商品的交易，他们的经营活动通常发生在商品流通的最顶端，而具有近代资本主义商业特征的信托代理、合同购销、信贷、期货、票据承兑等，恰恰正是从这一顶端的活动中衍生出来。”③

为了加强乡亲间的联系，相互保护，协同竞争，来自中国各地的商人还以同乡会形式建起了齐燕会馆、广东会馆、“三江”会馆。齐燕会馆成立于 1905 年，主要由山东帮、天津帮商人组成。广东会馆同样成立于 1905 年，由广东帮商人组成。“三江”会馆成立于 1906 年，由安徽、江苏、浙江、江西四省商人组成。

如果说会馆属于与地域性相连的传统型民间商业团体，有排他

① 庄维民：《近代山东市场经济的变迁》，中华书局 2000 年版，第 249 页。

② 庄维民：《近代山东市场经济的变迁》，中华书局 2000 年版，第 249 页。

③ 庄维民：《近代山东市场经济的变迁》，中华书局 2000 年版，第 275 页。

性等许多消极的特点，那么商会则是具有独立性格的现代社团。宣统二年（1910）清政府颁布《商会简明章程》后，在青三大会馆曾呈报德国总督批准，成立了“青岛商务总会”，“商界公益市政得失尝集议而决于此”。[①]商会的建立虽然与清政府的新工商业政策有密切联系，与西方商会制度的传入和在华外商商会活动的示范效应也息息相关，更直接和更深层次的原因还是市场的扩大、商业的发展和商人自身力量的不断增强。“商会”的建立标志着青岛中国商人群体社会上的成熟和组织上的正式形成。

三

同西方所有的殖民者一样，德国殖民者也对中国人民持种种偏见，视之为“低劣”、“落后”、“欠文明”种族。侵占胶州湾以后，对当地中国居民采取了一系列具有明显种族歧视色彩的统治政策：发布各种章程告示，强迫中国居民遵从并严加管制；设立巡捕局和巡捕房，对中国犯人严刑拷问，甚至不惜杖笞殴打；划分中国人居住区和西方人居住区，严禁中国人在环境优美、气候宜人、设施精良的欧洲人居住区盖屋定居；采取中外有别的司法审判制度，实行“华洋分治”。对西方人实行初等裁判和高等裁判制度，并设陪审员，处理比较慎重；对中国人则由青岛、李村的区长兼理司法。另一方面又通过对西方的或者更准确地说德国的现代文明的展示，从精神上和思想上消除中国民众的反抗意志，力图把他们改造成为统治者的顺民和“有用之人”。

然而，拥有数千年历史文化传统的中国商人绝不会轻易就范，也是不可能被彻底征服的。对于德国殖民当局伤害其历史文化遗产、宗教信仰和经济利益的行为，中国商人进行了顽强抵抗，并且部分地获得了成功。不过，商人们的心态总的说来是比较开放的，善于

---

① 袁荣叟：《胶澳志》，台北：成文出版社1958年影印本，第431页。

接受新鲜事物，能够比较快地理解和掌握外来文化，采取比较灵活的斗争策略，并通过学习借鉴迅速提高自身的素质。

反对拆除天后宫，便是中国商人为捍卫本民族历史文化遗产和宗教信仰而进行的一次卓有成效的抵抗斗争。天后宫位于青岛南部海滨，始建于明成化三年（1467），是一处典型的具有民族风格的砖木结构古建筑群，也是青岛沿海地区渔民航海人寄托希望、祭祀神灵的圣地（俗称“中国大庙”）。德国侵占胶州湾后，把青岛沿海一带规划为西方人居住区，视天后宫为障碍，意欲拆除。对于这种毫不尊重中国人民族和宗教情感的蛮横做法，中国商人胡存约与傅炳昭等十分愤慨，遂联络众人奋起抗争，最终迫使德国殖民者放弃了原先的计划，使天后宫逃过一场大劫。

为了更好地捍卫自身利益，中国商人还强烈要求建立一个自我管理机构。这一要求也得到了认可。1902 年 4 月 5 日，德国殖民当局颁布了《中华商务公局章程》，“批准设立中华商务公局，以佐整理青岛内界及商酌德署所中华事宜”①。初指定山东籍商人 6 名、外省商人 3 名、各洋行买办 3 人为该局董事，以后每届中国年节，占阄暗定交卸 4 人，由 12 名董事另选 4 人。虽然该局所办事项仅限于所谓的纯中国人事务，也就是说仅限于那些与殖民政权利益无关的事务，但也在代表中国商人利益、维持青岛中国居民与中国政府当局之间的联系方面发挥了一定作用。

对于德国殖民当局来说，成立一个中国人管理委员会，让它在法庭外调解中国居民的遗产继承纠纷和家庭矛盾，可以大大减轻自己的负担，使自己避免卷入琐碎的争端。然而，它把该机构仅仅看做一个临时性、试验性的设施，并且尽量限制其职权，这远远不能满足中国商人的愿望，中国商人坚持要求更多地参与青岛市政管理。

1910 年 8 月 18 日，胶澳总督颁布《公举参议督署中华董事告示》，宣布撤销中华商务总局，“试行举派四位华人充作督署信任，

① 谋乐：《青岛全书》，青岛印书局 1912 年版，第 7 页。

遇有关系华人之举借以襄助商酌，而备将来招其随入督署参议会内协同参议之基础”①。这就意味着认可了中国人参与市政的要求，虽然督署参议会本身权力有限，但中国人毕竟获得了一定的发言权。②其人选，规定齐燕会馆2人，“三江”会馆、广东会馆各1人。

对于德国殖民当局早期倾向于德国大企业的经济政策，青岛中国商人也深感不满，并提出了尖锐批评。1903～1904年，他们在一份用德语写作并准备上呈商会的陈情书中指出，这种片面的政策对于德国殖民地的经济发展也是非常不利的。“毫无疑义，青岛不是为中国人建的，自由港的好处首先要让德国人享用。……但是，如果人们对德国人当中的商人有所了解，那么很显然，这些商人的利益与中国商人的利益是一致的、密切联系的。他们不能长久地依靠向胶澳总督府供货生存，早晚有一天必须与中国商人进行贸易。为此，营造一个繁荣的中国人城市蔚为必要，进口公司可以在这里销售他们的商品。……人们很容易低估中国商人对于我们殖民地的繁荣的意义。”③在这里，中国商人以高度的自我意识表达了他们在青岛经济发展能够发挥的作用。为了使他们的要求得到广泛响应，他们还明确指出了德国小商人与中国商人之间的利益一致性。

他们同样提到了德国当局对待中国工人的态度。“中国苦力在当地经济发展中的作用也不像许多人想象的那样无足重轻。……如果要把他们吸引过来，必须先把工资提高到一个合理的水平上，把为建立一个新城市所要耗费的、数以百万计的资金用到合适的地方。单凭这一点就可以保证数量不少的劳工长期留下来做工。”④中国商

① 谋乐：《青岛全书》，青岛印书局1912年版，第10页。

② 黄福得：《青岛：1879～1914年德国统治下的中国民众》，波鸿：项目出版社1999年版（Fu－the Huang，Qingdao：Chinesen unter deutscher Herrschaft 1879－1914，Bochum：Projekt－Verlag，1999），第107～108页。

③ 余凯思：《在“模范殖民地”胶州湾的统治与抵抗——1897～1914年中国与德国的相互作用》，孙立新译，刘新利校，山东大学出版社2005年版，第186～187页。

④ 余凯思：《在“模范殖民地”胶州湾的统治与抵抗——1897～1914年中国与德国的相互作用》，孙立新译，刘新利校，山东大学出版社2005年版，第187页。

人争辩说，德国当局对待中国工人的方式方法已经导致了这样的结果，即中国劳工都不愿意长期留在青岛工作，一旦合同期满，他们马上就扬长而去，带着他们挣下的工钱到别的地方消费。这里所谈的虽然只是经济政策，中国商人也一再表示是为德国殖民当局的利益着想的，但其总的倾向是，要求德国殖民当局关注他们的利益，吁请吸纳中国民众参与青岛未来的发展。

中国商人主要是依靠与山东内地进行贸易生存的。他们一方面从内地收购土特产品供青岛市民消费和从青岛向外地出口；另一方面也从青岛置办洋货，向内地转售。对于后一种商业行为，德国政府在1899年制定并强迫中国接受的《青岛设关征税办法》①是很不利的。因为该征税办法虽然方便了商品向租借地的输入，但却妨碍了与腹地的商业贸易。它规定货物不是在进入海港时由大进口商缴税，而是——同其他所有条约口岸一样——在离开租借地时征税，就是说由中国的零售商缴税。这无疑意味着巨大的经济和时间损失。另一方面，《青岛设关征税办法》也没有产生德国殖民当局所期望的促进殖民地内部工商业发展的效果。中国商人不愿意进入租借地购买货物，海关对于商品走私活动也难以稽查。中国商人很早就提出了修改关税条约的要求，而鉴于商业贸易发展迟缓的情况，德国商人也越来越多地希望改变征税方法了。但是关税条约修改事宜被德国的一些大公司，特别是山东铁路公司成功地拖延了两年多，因为它们输入的设备不需要支付很多管理费就可以获得免税。②

直到1904年胶济铁路竣工后，在中国和德国的一些从事与山东内地贸易业务的德国公司，如礼和洋行的双重压力下，德国政府才

① 条约全文见王铁崖编《中外旧约章汇编》第一册，生活·读书·新知三联书店1957年版，第884~886页。

② 余凯思：《在“模范殖民地”胶州湾的统治与抵抗——1897~1914年中国与德国的相互作用》，孙立新译，刘新利校，山东大学出版社2005年版，第190~192页。

会同清政府总税务司赫德制定了一个《青岛设关征税修改办法》[①]，把胶澳租借地的免税权限制在海港范围内，事实上停止了驻青德国企业的免税权。这一修正意义重大，因为它意味着实行了很长时间的经济政策发生了变动，意味着德国殖民当局终于认识到了与中国贸易的重要性和中国商人的重要作用了。德国殖民当局越来越多地把与中国的商业贸易看做胶澳租借地的发展基础，并且开始寻求与中国方面的合作。

但是在大港建设工程结束之际，德国殖民当局颁布的《装卸存储货物章程》（1908 年 9 月 2 日）[②]再次导致了青岛中国商人的大规模抵制。他们不再买卖德国商品，闭店歇业。《装卸存储货物章程》的制定与汉堡—美洲轮船公司等大型企业有密切关联，它对个体商人和私营企业使用海港设备的收费标准作了调整。一方面规定了明显的较高收费标准，另一方面规定不再由船主而是由在海港从事卸货业务的中国和德国代理商缴费。此外，还勒令关闭了所有私营仓库。汉堡—美洲轮船公司从新章程中受益匪浅，而对于中国商人和小商贩来说，新规定却意味着进口商品价格的提高。中国商人向殖民当局提出了修改章程的要求，然而遭到了否决。于是，在中华商务总局的组织领导下，大规模抵制德货和罢市运动就开始了。抵抗运动从 1908 年 9 月 14 日起一直持续到 12 月 2 日。11 月时，还爆发了一场声势浩大的示威游行。[③]最后，在 1909 年 9 月 30 日，胶澳总督府颁布了一个新收费条例[④]，降低了港口装卸货业务的缴费标准，

① 条约全文见王铁崖编《中外旧约章汇编》第二册，生活·读书·新知三联书店 1957 年版，第 336 ~ 338 页。

② 谋乐：《青岛全书》，青岛印书局 1912 年版，第 122 ~ 123 页。

③ 黄福得：《青岛：1879 ~ 1914 年德国统治下的中国民众》，波鸿：项目出版社 1999 年版（Fu – the Huang, Qingdao: Chinesen unter deutscher Herrschaft 1879—1914, Bochum: Projekt – Verlag, 1999），第 106 ~ 107 页。

④ 参阅 1909 年 9 月 30 日《码头栈房费项规条》，载谋乐《青岛全书》，青岛印书局 1912 年版，第 131 ~ 147 页。

至少部分地满足了中国商人的要求。①

1908年的抵抗运动使中国商人在青岛的社会和政治地位发生了明显改善。他们被殖民当局承认为行动主体和谈判对象，其经济利益也受到了一定程度的关注。抵抗运动还促进了政治性公共舆论在青岛的形成。政治事务受到了公开讨论，中国民众由此认识到他们在殖民统治体系内进行政治活动的可能性，其积极参与、努力改造和共同建设愿望得到了进一步激发。但与义和团运动不同，现在人们所使用的是非暴力的、并且在许多方面都卓有成效的经济手段，目的在于迫使殖民者作出妥协让步。

商人"唯利是图"。但在德国的殖民统治下，青岛中国商人的民族意识和爱国热情不断提高，最终确定"一切经纪，当以爱国为本分"的原则。1912年9月，三大会馆联合青岛各界民众成功地邀请到孙中山先生的来访。这一行动充分显示了中国商人的爱国热情。当孙中山应邀来到三江会馆时，欢迎会上鞭炮齐鸣，掌声雷动。"三江"会馆副会长丁敬臣主持大会，参加者有原青岛中华商务公局董事长傅炳昭、广东会馆会长古成章、"三江"会馆创始人郑章华、青岛商务总会董事长胡存约等中国商人代表。孙中山先生发表即兴演讲，使与会者获得了巨大鼓舞。人们用青岛啤酒招待孙中山先生。喝到酒意盎然、群情激昂时，广东会馆会长古成章起身提议："我们中国千百年的封建统治被推翻，国家实现了民主共和。大总统孙中山先生就在面前为我们指点迷津，设计未来。让我们举杯再次欢呼中华民国万岁！孙中山大总统万岁！"②

① 余凯思：《在"模范殖民地"胶州湾的统治与抵抗——1897～1914年中国与德国的相互作用》，孙立新译，刘新利校，山东大学出版社2005年版，第199～202页。

② 马庚存：《早期青岛的三大会馆》，杨来青主编：《青岛旧事》，青岛出版社1991年版，第11页。

四

青岛开埠之初，由于西方殖民主义和帝国主义的侵略，也由于资金短绌和技术落后，中国商人处处受到牵制和制约，大都不得不依附于外国势力，靠沾取洋人之余润为生。在进出口贸易方面，洋行控制着货物输出，中国商人不能直接与外国商家交易，必须由洋行代办。在进出口货物报关方面，洋行各项手续均由外国人办理，报关极为简便，而一般中国商人则要费很大周折，延宕相当时日才能办完通关手续。为了避免麻烦和节约时间，许多中国商人也只好事先出资委托报关行代为办理各项手续。此外，洋行经营贸易，由外国银行调剂资金，轮船公司担任运输，保险公司接受货物保险，中国商人缺乏这种贸易辅助机构的支持，必须事事仰人鼻息。①

然而，由于不通中国语言，不熟悉中国复杂的货币体系，不了解中国的商业惯例和市场情况，不懂得中国社会的规章制度、风俗习惯，也由于中国人民的反抗和抵制，外商难以到内地开展活动，也难以找到可靠的商家。“外人不得轻入内地”，其“势力限于通商口岸”。在把洋货从通商口岸输入内地、土货从内地运到通商口岸时，外商必须依靠买办和中国商人。

在中国近代史上，作为中外贸易中介人的买办是在士农工商之外的另一行业。他们受雇于在华洋行，属于洋行的华人经理或代办，在洋行的购销活动中起着联系货源和推销商品的作用。买办与在华洋行立下保证书与合同后，即可得工资、佣金收入，外商则放手派遣买办携带巨款深入内地进行商品购销、磋商价格、订立交易合同、收付货款、保证华商信用等等活动。买办在中外商人之间发挥着联

---

① 庄维民：《近代山东市场经济的变迁》，中华书局2000年版，第207页；王守中：《德国侵略山东史》，人民出版社1988年版，第196页。

系商品供需双方贸易活动的作用，可谓沟通中外贸易的桥梁。①

青岛的买办最初多属广东、江浙一带原有的买办，例如广东人何永生、莫季樵就分别是怡和洋行与太古洋行的买办，江苏人丁敬臣则为禅臣洋行的买办。这些买办在青岛早期中外贸易活动中发挥着重要作用。例如草辫的输出，每当外商接到欧美市场输入商订货后，“则使买办从事买入，此际外商指示买办之条款，为期限、种类、数量、价格等。买办乘外商之意，即与辫行交涉，辫行更通知辫庄，使取齐品物；辫庄就制品以成数量，渐次送交辫行”。由辫行交付外商，买卖成交后，辫行佣金及买办回扣由辫庄支付，各为货款的2%。②

为了确保更大的信用，除保证书外，洋行主东还要求买办提供铺保或人保，要交纳保金，而保金又经常被洋行主东挪作营运资金。这种买办在外商经济活动中显然居于“合作者”的地位。买办要向洋行主东承担以至保证洋行全部购销任务的完成，从而使外国老板无需承担风险就能随心所欲地开展进出口贸易业务。买办在洋行里，招募和管理中国雇员，充当银库保管，提供市场行情，为钱庄票据作保，从各方面协助外国大班同中国人做生意。这就导致大洋行内，出现了层层相属的各级买办所构成的“买办间”或“华账房”，洋行主东只要控制总买办便能驾驭他以下的全班人马。

然而买办并非只起帮助作用，他们在跨文化的接触中具有很强的独立自主性，大都独立自主，自己承担责任。买办利用职务之便，投机倒把，走私偷税以及敲诈勒索，由此而来的收入，几乎没有限度，是当时的“高级华人”③。有一些买办在“暴发”后，就自立门户，创办公司，甚至投资实业，逐渐转变成为独立经营者。例如何

① 参见郝延平：《十九世纪的中国买办——东西间桥梁》，上海社会科学院出版社1988年版。

② 庄维民：《近代山东市场经济的变迁》，中华书局2000年版，第255页。

③ 任银睦：《青岛早期城市现代化研究》，生活·读书·新知三联书店2007年版，第228页。

永生后来创办了“何生记”，自任经理；丁敬臣则创办了“悦来”航运公司、“悦升”煤矿公司和“永裕”盐业公司等。通过与外国商号（公司）的业务往来，买办对于西方现代的经济法规、企业财务制度、经营和管理技术有了比较深入的认识，并且模仿应用于自己的经营实践当中，因此在引进和创造性地接受新知识和新技术方面，买办也功不可没。

买办因为自己与他者打交道的能力和在介绍新知识方面的作用而深孚众望，后来发展成为一个颇具影响力的团体，发展成为一个新兴的精英阶层，其影响甚至延展到中国的和德国的政治决策中心，并因为他们与他者打交道的能力和在介绍新知识的作用而特别在地方层面发挥着关键作用。1906年青岛“三江”会馆和广东会馆成立时，洋行买办杨浩然、朱润身、何永生、莫季樵等人曾分任董事；丁敬臣则是先任“三江”会馆的副会长，后来又任会长，1916年甚至当上了青岛总商会的会长。

但是，随着中外联系的密切和接触交流的增多，不少中国商人也能够直接与外商进行交易了，越来越多的行栈商成为了外国洋行土洋货物贸易的间接和直接代理商，买办逐渐被行栈商所取代，中外直接贸易逐渐增加。“继买办之后，行栈商与行栈业成为中外贸易新的桥梁。”①与大多数买办不同，行栈在交易中具有独立性，它以独立商人或商业企业的身份与洋行打交道，在代理业务中赚取的是商业佣金；在贸易经营中，行栈虽然也在外商与华商之间充当中介人，服务于洋行的购销活动，有着与买办相似的“买办性”（仅就这个词的商业含义而言），但其同时又具有商业上的独立性，购销行止始终以自身的商业利润为前提，并在经营中与外商有一定的竞争。②

到20世纪初，行栈资本在青岛也获得了较快的发展，成为最具

① 庄维民：《近代山东市场经济的变迁》，中华书局2000年版，第245页。

② 参见庄维民：《近代山东市场经济的变迁》，中华书局2000年版，第268～269页。

实力、最富朝气的商人资本。青岛中国商人开办的"悦来"公司、"德源永"、"洪泰号"、"通聚福"、"复诚号"、"镇昌利"、"大有恒"、"万利源"、"裕昌号"、"成通号"、"泰生东"、"恒升和"、"双盛泰"、"义源永"、"天诚号"、"周锐记"、"恒祥号"、"大成栈"、"协聚祥"、"立诚号"、"福和永"、"祥泰号"、"天祥永"、"义德栈"、"瑞泰协"、"福聚栈"、"通聚成"、"恒祥和"等商号都是规模较大的行栈。[①]各地客商汇集行栈内，根据行栈提供的货样和货源情况进行交易，行栈处居中撮合、代办买卖外，还要负责货物的栈存、运送等事宜，并代客商办理交纳各项税捐。行栈资本或者通过设立收买庄（坐庄、站庄），直接参与土货收买；或者委托当地号庄收买，并接受号庄委托代为输出。许多行栈商人成为商界巨富首商，出现了资本数十万乃至上百万的大行栈商人资本。

随着力量的壮大、视野的开阔、知识的增加和思想觉悟的提高，中国商人对西方列强对中国的经济侵略也有了更清楚的认识，对外国商人从中国攫取的种种特权越来越感到愤慨。国家和民族利益成为了中国商人的最高原则，通过非暴力的商业竞争，抵抗和消除殖民主义和帝国主义强加给中国的负面影响成为了中国商人的自觉行动。[②]而在与西方商人进行竞争的过程中，中国商人完全可以对本土的传统资源加以有效利用。传统商业结构和交通渠道因为其成本优势仍具有强大的抵抗力和竞争力。中国商人继续通过"旧有的运输道路和运输工具"来运输货物。他们也尽可能避免利用海港、防波提、货物装卸机械、仓库以及铁路运输等价格昂贵的现代设备，继续依靠本土众多而且价廉的劳动力资源。

塔埠头港是一个能够说明传统的社会经济结构之强大抵抗力的典型事例。塔埠头原本是胶州县的一个帆船码头，对于整个山东省

---

① 庄维民：《近代山东市场经济的变迁》，中华书局2000年版，第250页。

② 黄福得：《青岛：1879～1914年德国统治下的中国民众》，波鸿：项目出版社1999年版（Fu－the Huang，Qingdao：Chinesen unter deutscher Herrschaft 1879—1914，Bochum：Projekt－Verlag，1999），第108～109页。

的商业贸易都具有十分重要的意义。尽管该港口在关于租借地划界的谈判中被划归德国租借地，但仍为中国商人继续使用。在胶济铁路通车、青岛港建成之后，这个传统的、现在也被德国人控制的港口虽然面临着激烈的竞争，但仍能继续保持着繁荣的商业往来。中国商人在这里主要进行互换贸易，来自宁波和其他口岸的纸张、熏制品、筷子、竹木家具等商品与山东当地生产的花生油和豆油、豆饼、腌猪肉和煤炭等进行交换。德国人的所有努力都没有能够削弱塔埠头的商业贸易，而青岛的贸易额在最初几年只占胶州湾地区总贸易额的2.5%。①

青岛中国商人通过与本土和外来的各种势力的相互作用，并且因为谙悉土产货源和行情，通晓内地的商品需求，又有廉价劳动力和运输工具之优势，在从事进出口贸易方面逐渐占了上风，掌握了青岛贸易的主导权。结果，在青岛的商业贸易中，中国商品越来越多，而德国商品所占的比重日趋下降，青岛逐渐发展成为一个较大的中国商业中心而不是德国的商业中心。德国的一些商家虽然也获得了较好的收益，但他们主要依靠胶澳总督府的国家订货以及山东铁路公司和山东矿务公司的订货为生。在德占后期，德国商品基本徘徊在大约6%和8%之间。其中还有一半是供应胶澳总督府和铁路部门的物资，可以在山东市场上销售的德国商品只占胶澳租界贸易总量的3%～4%左右。②这与德国政府原先的把胶澳租界建设成为一个德国的商业贸易中心和把山东开发成为德国产品销售市场的计划大相径庭，德国政府在青岛的殖民经营基本上是亏本的买卖。

总体来看，青岛中国商人在德国的殖民统治下，表现出了顽强的顺应和抵抗能力。通过借鉴和学习西方先进的生产技术和经营方式，也凭借自身坚实的文化底蕴，他们不仅取得了卓越的经营成就，

① 余凯思：《在“模范殖民地”胶州湾的统治与抵抗——1897～1914年中国与德国的相互作用》，孙立新译，刘新利校，山东大学出版社2005年版，第177页。

② 余凯思：《在“模范殖民地”胶州湾的统治与抵抗——1897～1914年中国与德国的相互作用》，孙立新译，刘新利校，山东大学出版社2005年版，第197页。

而且也在一定程度上捍卫了国家和民族的尊严。他们的抵抗行为充分表明了中国社会的主体意识和能动作用，特别是用非暴力经济手段进行的抵抗突出表现了中国社会的革新能力。德国殖民者最终不得不调整原来的强硬政策，在不放弃武力的前提下，越来越多地关注中国人的利益和要求，主动谋求与中国的“合作”。这就为青岛的建设和发展开辟了一条新途径。

试析德占胶澳的称谓与地位

朱建君

时至今日，胶澳租借地已经是对德国借口“曹州教案”①先于1897年11月14日武力强占然后再强迫清政府签订条约而“租借”的胶州湾及其沿岸土地的固定称谓。在这个称谓的背后有一个普遍的共识，即租借地不同于租界。也有学者总结过租借地与租界的不同之处，概而言之，主要有面积大小不同、管理形式不同、主权丧失程度不同等区别。不过，这个地方在被德国占领期间却恰恰被冠以胶澳租界、胶州殖民地、胶澳租借地等多种称谓。那么为什么当时会同时存在着这些不同的称谓？它们在当时的社会条件下其区别又在什么地方？为什么胶澳租借地的称谓最后得以沿用至今？

称谓体现事物的地位，其变化的背后往往隐藏着巨大的社会历史环境变迁和利益博弈。本文将依据当时的历史情境考察这些不同的称谓和定位是被谁在什么意义上使用的，以及这些称谓此消彼长的变化过程，从而说明今天意义上的胶澳租借地称谓的出现是国际

① 1897年11月1日，山东省曹州府巨野县张家庄的天主教堂遭到当地大刀会攻击，两名在堂内的德国神父能方济（Franz Niez）和韩·理加略（Richard Heule）被杀死。之前两日该府寿张县德国教堂亦被攻击。

政治和国际法变化的结果。

一、基于条约文本的"租界"与"租借地"

胶澳"租界"的称谓来自德国在武力强占胶澳后强迫清政府于1898年3月6日所签订的租借条约的中文文本。这个条约共3端10款，其中第一端即为"胶澳租界"，第二端和第三端是关于德国在山东省享有的路矿等特权。因为该条约的主要内容关涉德国议租胶澳，所以在当时被称为《中德议定专条》、《胶澳专条》①或《胶澳专约》②，后来在历史上则被称为《胶澳租借条约》③。条约第一端"胶澳租界"包括五款：第一款划定了一个中立区，规定"离胶澳海平面潮平周边一百里内，准德国官兵无论何时过调，惟自主之权，仍全归中国"；第二款中规定"大德国大皇帝愿本国如他国，在中国海岸有地可修造排备船只、存栈料物、用件整齐各等之工（场)，因此甚为合宜，大清国大皇帝已允将胶澳之口，南北两面租与德国，先以九十九年为限"；第三款中规定"德国所租之地，租期未完，中国不得治理，均归德国管辖，以免两国争端"，并具体开列了所租地段；第四款规定德国可以在胶澳外各岛及险滩设立浮椿等号，各国船均应纳费，而中国船无需缴纳其他费用；第五款中规定"嗣后如德国租期未满之前，自愿将胶澳归还中国，德国所有在胶澳费项，中国应许赔还，另将较此相宜之处，让与德国。德国向中国所租之

---

① 胶澳议租谈判中有如此两种称呼，其中海靖提出的租借胶澳的五条要求被称为胶澳租界五款、胶澳租界约稿。参见黄福庆主编：《胶澳专档（光绪二十三年—民国元年)》，台北"中央研究院近代史研究所"编印1991年版，第145~199页。

② 例如驻德国大臣吕海寰与德国外部大臣毕鲁（即比洛）互换胶澳专条的凭单，参见《吕海寰往来译稿》，台北：文海出版社1990年版，第151页。

③ 英文文本参见《德意志帝国和中国胶州租借条约》(Convention between the German Empire and China Respecting the Lease of Kiao—chau)，载《美国国际法杂志》(The American Journal of International Law)，第4卷，第4号，补充官方文件，1910年10月，第285~289页。

地，德国应许永远不转租于别国。租地界内华民，如能按分兵不犯法，仍可随意居住，德国自应一体保护。倘德国需用地土，应给地主地价”①。

该条约中文版本中的“租界”对应德文版本中的 Pachtgebiet。考虑到《胶澳租借条约》最初是由德国提出并强加给中国的，清政府的谈判代表在谈判中几乎没有商讨的余地②，可以理解条约中关于中国是否保留有胶澳租界主权的说明是有问题的。在条约第一款中明文规定中国在中立区保留主权，对此无可争议。但在第二款和第三款中对于胶澳租界则没有这样的明确的主权问题说明，只是规定中国在租期内不能对胶澳租界进行治理。这就给人留下了争议的余地，比如有人会争论说这相当于中国放弃了主权。不过如果从整体上来看这个条约文本，就会发现该条约中也并没有任何地方申明中国对胶澳租界放弃了主权。而且租期九十九年、不得转租给别国、保护租界内的华民和用地时给地主地价等规定都是对德国权利的限制，体现了这块土地的所有权仍旧是属于中国的。所以，如果从这个条约本身的条款来理解，中国仍旧保留着胶澳租界的主权。

清政府官员正是从条约文本出发来解读胶澳租界的地位的，其核心关键字是“租”。《胶澳租借条约》中分别出现了“租界”、“德国租地”、“租地界内”等字眼，从上下文的意思可以推断，“租界”的意思即德国租地之界，内涵比较宽泛。在清政府官员眼里，“胶澳租界”中的“租界”和在此之前在通商口岸设立的外国租界的“租界”都是租用中国的土地，地位大体一样。事实上，总理衙门正是在以往开埠口岸中租界经验的基础上来理解德租胶澳的。总理衙门在1898年初奏教案办结胶澳议租折中说明，在谈判中经再三辩论，德国使臣“始允就该国提督划占之地，分别退还，胶州亦在所退之

① 袁荣叟：《胶澳志》，台北：成文出版社1958年影印本，第30～32页；青岛市档案馆编：《帝国主义与胶海关》，档案出版社1986年版，第1～2页。

② 青岛市博物馆、中国第一历史档案馆、青岛市社会科学研究所编：《德国侵占胶州湾史料选编》，山东人民出版社1986年版，第194～199页。

内，余则为租用，略如各口租界办法，周遍以一百里为限，按岁输纳租钱，该地自主之权仍归中国。……应交租项若干，再与该使臣面商"①。可见，由于这些地界都是采取了租的形式，所以都被称作租界，而租界的主权自然属于中国。因此，当时所说的"租界"并没有在后来租借地的称谓流行以后而专指沿海通商口岸中的租界（settlement 和 concession）之意。

正因为德占胶澳是租界，1899 年胶海关得以在德占青岛设立。而在制定青岛设关征税办法的过程中，"租界"的称谓受到强调。当时总税务司拟定的《青岛设关征税办法》中原来使用的是"德国属界"，报送总理衙门查核时，总理衙门于 1899 年 4 月 26 日致札总税务司，明确表示此用词不妥：

> 本衙门查，该税务司所拟《青岛设关征税办法》尚属妥帖，惟六条、九条、十三条、十七条内有"德国属界"字样，应照条约改为"德国租界"。俟一律更正后，即由总税务司与德国驻京大臣签字画押，以便设关办理一切，并申报本衙门，以凭咨行北洋大臣、山东巡抚，并札知东海关道可也。②

总税务司随后回复："尊将第六、第九、第十三、第十七各条内'属界'字样改为'租界'。另缮一份，送交德国驻京大臣存案。……现准海大臣函称，所改字样均可照改。"③这样 1899 年颁布

---

① 黄福庆主编：《胶澳专档（光绪二十三年—民国元年）》，台北"中央研究院近代史研究所"编印 1991 年版，第 163 页；青岛市博物馆、中国第一历史档案馆、青岛市社会科学研究所编：《德国侵占胶州湾史料选编》，山东人民出版社 1986 年版，第 454 页。

② 1899 年 4 月 26 日总理衙门致总税务司的札文，青岛市博物馆、中国第一历史档案馆、青岛市社会科学研究所编：《德国侵占胶州湾史料选编》，山东人民出版社 1986 年版，第 11 页。

③ 1899 年 4 月 29 日总税务司致总理衙门的申复，青岛市博物馆、中国第一历史档案馆、青岛市社会科学研究所编：《德国侵占胶州湾史料选编》，山东人民出版社 1986 年版，第 12 页。

的《会订青岛设关征税办法》中正式使用了“德国租界”的称谓。[①]

由此可见，称德占胶澳为“租界”是清政府根据《胶澳租借条约》而有意识地采纳的对德占胶澳的正式定位，其出发点是申明中国的领土主权。其后清政府在谈到德占胶澳时都以租界相称，申明德国只是租用、“借管”[②]。1905 年的《会订青岛设关征税修改办法》、1907 年的《青岛德境以内更定征税办法》、1909 年的《胶海关征收子口税合同草约》中都使用了“租界”一词。[③]在清政府和青岛德国当局就盐场管理交涉的时候，代表清政府执行海关税收权的胶海关在 1908 年的一份地图上将德占胶澳明确标明为“德国租界”[④]。山东官员也在不同的场合强调胶澳是属于中国的“租界”。例如 1902 年 12 月山东巡抚周馥访问青岛，这是在德国占领胶澳后第一个访问青岛的山东巡抚，他在答谢德国总督特鲁泊（Truppel）的欢迎词时说：中国和德国生活在和平和友谊之中，……即使青岛这块土地租给德国，可它仍然是属于山东的。[⑤]

鉴于清政府强调德占胶澳是“租界”而不是德国“属界”，胶海关税务司德国人阿里文在给总税务司和清政府官员的公文中使用的都是德文 Pachtgebite 一词。德国官方也意识到清政府对于胶澳地位的敏感性，在同清政府的官方文件往来中一般也用德文 pachtgebiet 一词，把德占胶澳称为“租界”，意为德国所租之界。例如 1898 年 3 月 24 日德驻胶澳总督特鲁泊（Truppel）在青岛发布的布告中说

---

① 青岛市博物馆、中国第一历史档案馆、青岛市社会科学研究所编：《德国侵占胶州湾史料选编》，山东人民出版社 1986 年版，第 3～5 页。

② 光绪二十九年十月十六日总税务司就德国设立邮局一事给外务部的申呈。中国第二历史档案馆藏 679—14908。

③ 青岛市博物馆、中国第一历史档案馆、青岛市社会科学研究所编：《德国侵占胶州湾史料选编》，山东人民出版社 1986 年版，第 14～17、24～29、31～31 页。

④ 中国第二历史档案馆馆藏资料 679（一）：32012：Tsingtao Semi－official。

⑤ 汉斯－马丁·欣茨/克利斯托夫·林德主编：《青岛——德国在中国殖民史的一章：1897～1914》，柏林：德国历史博物馆 1998 年版（Hans－Martin Hinz/Christoph Lind（Hrsg.），Tsingtau. Ein Kapitel deutscher Kolonialgeschichte in China，1897—1914. Berlin：Deutsches Historisches Museum，1998），第 24 页。

明，“大德皇帝、大清国皇帝和约已成，言归于好，允将驻守境内租给一处，至于四界嗣后再行划定，所有前驻胶州、即墨之兵，自应撤回德国所租界内”[①]。又如胶澳总督府翻译官谋乐编辑的《青岛全书》中文版1912年在青岛出版时，下卷第三章的标题就是“德租界预算表”。

在清政府官方以外，胶澳“租界”这一称谓也被当时的中国人广泛使用。从在青岛出版的中文报纸《胶州报》来看，在德占胶澳界内居住的中国人无疑是把它叫作“租界”[②]。直至辛亥革命后，在青岛居留的中国人士仍将德占胶澳称为“租界”[③]。笔者翻阅了保存下来的1909年2月至9月的《渤海日报》，发现涉及胶澳之处使用的都是“租界”一词。

《胶澳租借条约》中所使用的古汉语中流行的单音词“租”，其含义转换成双音词就是租用、租借的意思，所以在当时一些新兴近代报刊的遣词中，德占胶澳也就是“租借”给德国的“租界”。例如《国闻报》1898年7月的一篇报道就用了“租借”一词，说“德国租借胶州自本年春节定约后，至今尚未将界址勘定”[④]。《东方杂志》1908年的一篇关于青岛的报道中，在解释青岛地名的时候明确说道，“自德人租借以后”，把新市街称为青岛，所以青岛是“租界之要地而港之名也”[⑤]。1912年的一篇文章《德国之经营胶州湾》则在小标题“租借之始末”之下介绍了关于“胶澳租界”的条约条

---

① 青岛市博物馆、中国第一历史档案馆、青岛市社会科学研究所编：《德国侵占胶州湾史料选编》，山东人民出版社1986年版，第426页。

② 参见《胶州报》第31号，光绪二十七年正月初十（1901年2月28日），第8页；《胶州报》第80号，光绪二十九年二月十二日（1903年3月10日），第8页；《胶州报》第85号，光绪二十九年三月十七日（1903年4月14日），第4页。

③ 参见《致青岛提督函》，《顺天时报》第3007号，大中华辛亥十二月二十七日（1912年2月14日），第4版。

④ 青岛市博物馆、中国第一历史档案馆、青岛市社会科学研究所编：《德国侵占胶州湾史料选编》，山东人民出版社1986年版，第463页。

⑤ 《青岛调查记》，《东方杂志》第5卷第8号，1908年9月。

款。[①]德国人在上海主办的中文报纸《协合报》中也使用了“租界”一词，而这个租界明显就是租借而来的地界的意思。如1910年的一篇德国人的文章中说到了德国“租借”青岛以来如何如何。[②]因此可以看出，时人对于胶澳“租界”的理解就是租借来的地界，这可以说是胶澳“租借地”的称谓与胶澳“租界”的称谓同时存在的语言基础。

“租借地”的称谓在20世纪初的中文报刊中已经出现。1907年7月《顺天时报》的一篇文章的标题即使用了“租借地”一词，而《论中国对于放弃租借地事》一文则是作者针对德国欲放弃胶澳的传言发表的评论。其中谈到德国“以租借领土开其先，而他之以租借要我者，遂令我应接之不暇”，结果“胶澳之地租借于德、广州湾租借于法、威海威租借于英、旅顺大连租借于日本。此数国者，对兹租借之地，固倍形其交欢，不知我中国对此租借地等，其增感叹何如也？又不知闻放弃租地之议者，其感叹复将如之何？试为之平情以论，夺中国之主权、损中国之体面、害中国之利益者，为此租借地为最甚”[③]。这里，作者显然有着更明确的领土和主权意识。比之“租界”的称谓，“租借地”一词更突出了其对中国主权的损害。

但在“租借地”这个词刚被使用时，人们并没有严格区分“租借地”和“租界”这两个概念。1910年1月《顺天时报》在报道山东巡抚衙门与青岛德国总督府就德元问题交涉时，使用了“租界”一词[④]；而在同一年该报报道中德磋商胶澳边界时，则用了“租借地”概念。[⑤]1912年《协合报》有关青岛的报道中有时使用“租借

---

① 《东方杂志》第8卷第11号，1912年5月1日。

② 《协合报》，1910年12月8日，第5页。

③ 《论中国对于放弃租借地事》，《顺天时报》第1616号，光绪三十三年六月初四（1907年7月13日）。

④ 《禁德元流行界外之交涉》，《顺天时报》第2372号，宣统元年十二月初四（1910年1月14日），第7版。

⑤ 《中德之议设界址》，《顺天时报》第2624号，宣统二年十月初十（1910年11月11日），第7版。

地”概念[①]，有时使用“租界”概念。[②]这些混用说明“租借地”和“租界”这两个词在中文中起初用在德占胶澳上时，并没有什么区别，两者都指的是根据《胶澳租借条约》租借给德国的地界。

因此可以看出，当时无论是胶澳“租界”还是“租借地”，这两个称谓最初都来自于条约中关于“租”的规定，都对应条约德文文本中的 Kiauschou Pachtgebiet，在英文中则被称为 Kiaotchau Leased Territory，1899 年 7 月 10 日的《北华捷报》关于青岛的报道中出现的就是 The territory leased to Germany（德国租界）。“Territory”早期经常被翻译成“界”，如 1898 年 6 月 9 日，英国通过迫使清政府签署《展拓香港界址专条》而租借的北九龙及大屿山等岛屿和大鹏湾等水域被称为“The New Territory”，中文翻译成“新界”。所以“租界”和“租借地”混用指称的情况也出现在德国强租胶澳后英法日等国租借的其他租借地。也就是说 Pachtgebiet/Leased Territory 在当时既被中国人称为租界，也被中国人称为租借地。无论何者，在使用中强调的都是土地的租借性质。

二、基于德国意图的“殖民地”

尽管租借胶澳的德国政府在中德官方往来中也使用 Pachtgebiet 这个正式称谓，但这并不妨碍当时德国把胶澳看做是实质上属于德意志帝国的“属界”、“保护地”和“殖民地”。[③]在强租胶澳之前，德国已经从俾斯麦时期的大陆政策转向殖民政策，先后获得了西南非、多哥、喀麦隆、德属东非、新几内亚、马绍尔群岛等殖民地，

① 《协合报》，1912 年 6 月 1 日，第 7 页。

② 《协合报》，1912 年 10 月 5 日，第 7 页。

③ 例如 1904 年 3 月 6 日胶州总督在青岛大港竣工仪式上的讲话、1908 年 12 月 24 日胶州总督就胶州置于民事管理之下致帝国首相的函，参见青岛市档案馆编：《胶澳租借地经济与社会发展——1897～1914 年档案史料选编》，中国文史出版社 2004 年版，第 155～158、103～109 页。

一跃成为仅次于早起的殖民帝国英国和法国的世界第三大殖民帝国。①尽管这些殖民地获得的方式各不相同，但大致是在之前商人和传教士多年“开拓”的基础上然后由德国政府宣布为保护地（Schutzgebiete）。这些保护地被统称为殖民地，在德国1890年设立的殖民署管辖之下。随着德意志帝国殖民活动的推进，在德国逐渐形成了一个普遍接受的观点，即殖民地在国际法上构成德国的国内领土，因为这些殖民地处于帝国主权之下；而殖民地在宪法上构成外来领土，因为德意志联邦宪法第一款规定帝国由26个邦组成，所以殖民地不是帝国的组成部分，而是属于帝国的。②德国强租胶澳后，德皇威廉二世即于1898年4月27日单方面宣布，“根据德国与中国两国间1898年3月6日在北京签订的条约，朕以德意志帝国的名义，把精确指定的归德国占有的胶州湾内的地域作为帝国保护地”③。通过宣布胶澳为德国的保护地，德国在主观意图上完全把胶澳租借地视作德国的一个殖民地，尽管这个殖民地被置于派出海军占领青岛的德国海军部而不是殖民部管理之下。

德国在胶澳租借地内的所做所为正是这种意图的体现，即把胶澳当做殖民地来统治。首先，德国1886年针对殖民地通过的《殖民地法令》，一样适用于租借来的“胶州保护领”，德皇对殖民地拥有立法权，首相、海军总长则有发布命令权。其次，德国在胶澳租借地的中心城市青岛大量驻兵，青岛成为德国远东海军基地。再次，

① 关于德国殖民帝国的形成，参阅埃立克·艾可：《俾斯麦与德意志帝国》，纽约：W. W. 诺顿公司1968年版（Erich Eyck, Bismarck and the German Empire, New York: W. W. Norton & Co., 1968）；威廉·哈巴特·唐森：《德意志帝国，1867～1914》，伦敦：艾伦和安文出版社1919年版（William Harbutt Dawson, The German Empire 1867—1914, London: Allen and Unwin, 1919）；邢来顺：《论德国殖民帝国的创立》，《华中师范大学学报》1996年第3期，第98～103页。

② 参见拉尔夫·A. 诺伦：《胶州租借地》，伯克利：加利福尼亚大学出版社1936年版（Ralph A. Norem, Kiaochow Leased Territory, Berkeley: University of California Press, 1936），第52～53页。

③ 参见青岛市博物馆、中国第一历史档案馆、青岛市社会科学研究所编：《德国侵占胶州湾史料选编》，山东人民出版社1986年版，第410页。

德国在青岛设置了一整套以胶澳总督为首的殖民政府管理机构，实行“华洋分治”的种族主义殖民统治，胶澳租借地内的中国人和其他殖民地中的土著人一样处于被隔离、受歧视的境遇。为了使胶州殖民地的社会生活符合德国的设想，从1897年11月至1912年，德国殖民当局先后制订和颁布各种规定条例188个，并通过警察、法院等机构维护其统治。因此，虽然胶澳租借条约中本来载明德国租借胶澳是为了“在中国海岸有地可修造排备船只、存栈料物、用件整齐各等之工（场)”，但德国方面视作对自己没有约束力的一纸空文，自己意欲并且在实际殖民经营中把青岛变成了德国在远东的殖民地、海军基地、商业基地和文化中心。正如美国历史学家施瑞克所指出的：“德国人在对胶州的管理中仔细排除了中国中央政府和山东省政府的权力。尽管从技术上说这块新土地是个租赁物，但德国人从没有认为它的地位与德国其他殖民地有何不同。确实，德国海军把这块土地看做德国的香港，他们特别在意，要确保在胶州不能存在有任何可能会冲淡德国在那儿行使完全主权的中国权力。”①

这样，事实上德国已经背离了胶澳租借条约的条款，因为根据胶澳租借条约的规定，德国和胶澳租借地的关系是通过租借来“治理”，中国仍旧保留主权。但关键问题是殖民帝国的德国政府并没有把条约文本中的租借规定视为对自己有实际法律效力的条款，而强调条约中的“租”当初只是德国的一种软化割让事实的措辞、工具和形式，德国对胶澳有完全主权。德国海军部长梯尔庇茨（Tirpitz）认为，之所以采取租借的形式只是让中国政府保留面子。②在德占时期，德国法学家卡尔·冯·斯廷该尔博士认为租借只是面纱，胶州

① 约翰·E. 施瑞克：《帝国主义与中国民族主义：德国在山东》，剑桥，马萨诸塞：哈佛大学出版社1971年版（John E. Schrecker Imperialism and Chinese Nationalism: Germany in Shantung, Cambridge, Mass.: Harvard University Press, 1971)，第60页。

② 拉尔夫·A. 诺伦：《胶州租借地》，伯克利：加利福尼亚大学出版社1936年版（Ralph A. Norem, Kiaochow Leased Territory, Berkeley: University of California Press, 1936)，第54页。

湾是以面纱遮盖的割让，中国政府把在胶州的所有主权都让与了德意志。[①]

曾担任胶澳法院院长的乔治·克鲁森（Georg Crusen）的表述很有代表性，他认为："尽管根据条约文本，在同中国官方的往来中把胶州称作租借地，但是无论是在宪法上还是在国际法上都必须把胶州视作德国的一个殖民占有地，同其他殖民地意义一样。德国并非是作为中国的代理或代表在中国土地上行使主权，而是她已经获得了对这个地区的完全主权，尽管是在规定的期限内。"[②] 克鲁森还强调说，租借地这样一个称谓只不过用来掩盖割让的事实，所以，不应该在国际法中"错误地"把租借地作为一个分类。[③]由此可以看出，德国官方和德国主流法学家脱离了《胶澳租借条约》的条文规定，通过突出所谓的租借的面纱性，突出德国的签约意图，而强调要把胶澳视作德国主权覆盖下的殖民地。

当时的德国人毫无顾忌地把胶澳称为殖民地。《顺天时报》转译的来自德国的电报，指涉胶澳时出现的都是"殖民地"。[④] 1912 年亨利亲王访问青岛时，即表示"代德皇致意殖民地"[⑤]。德国在青岛的德文报纸在谈到胶州和青岛的时候，一般都用"殖民地"。例如《胶州邮报》的一个栏目就是"Aus der Kolonie"（来自殖民地的消息）。德华银行在青岛发行的铸币（德国柏林铸币厂铸造）正面为

---

① 青岛市博物馆、中国第一历史档案馆、青岛市社会科学研究所编：《德国侵占胶州湾史料选编》，山东人民出版社 1986 年版，第 412～413 页。

② 格奥尔格·克鲁森：《胶州》，史丹格－弗莱斯曼：《德意志国家与行政法辞典》第 2 卷，图宾根：摩尔出版社 1913 年版（Georg Crusen, Kiauschou, in: Stengel - Fleischmann: Wörterbuch des deutschen Staats - und Verwaltungsrechts, II, Tübingen: Mohr, 1913），第 504～511 页。

③ 格奥尔格·克鲁森：《胶州华人的法律地位》，《殖民法律杂志》第 15 卷，1913 年第 2 期（Georg Crusen, Die rechtliche Stellung der Chinesen in Kiauschou, in: Zeitschrift fuer Kolonialrecht, 15: 2, 1913），第 8 页。

④ 如《德京电报·德经营胶州之成效》，《顺天时报》第 1542 号，光绪三十三年三月初五（1907 年 4 月 17 日），第 2 版。

⑤ 《协合报》，1912 年 9 月 21 日，第 7 页。

德文，反面为中文。耐人寻味的是，正面德文中赫然印着“Deutsch Kiautschou Gebiet”（德国胶州领土），反面中文中则只出现了“青岛”字样。[①]德国人阿里文任税务司的胶海关在与北京总税务司的英文往来文件中，将胶澳租借地称为 German Pachtgebiet，但有时在与胶澳总督府通信时也用“殖民地”，该政府则被称为“殖民地政府”。[②]

因为认可德国在青岛进行殖民统治的意图，所以同时代很多西方人也将胶澳租借地视作德国的殖民地。1899 年 7 月 10 日，在《北华捷报》关于青岛的报道中同时出现了“the territory leased to Germany”（德国租界）和“colony”（殖民地）字样，说明在其心目中德国租借的土地是德国的殖民地。1905 年，美国报刊学者帕特南·威尔（B. L. Putnam Weale）在游历中国后出版了《远东的重塑》一书，他在谈到胶州湾和青岛时，也称其为德国的“胶州领土”、“德国殖民地”、“胶州殖民地”，强调德国对这块土地的支配和该土地的德国化。[③]这种理解在当时是很普遍的，因为很多文章都称青岛为德国的保护领、德国的殖民地。[④]还有人认为胶州殖民地是德国的一个成功的殖民地。[⑤]有的文章则直接冠以小标题——胶州，德国在中

---

① 约翰·E. 沙多洛收藏的钱币照片，参见约翰·E. 沙多洛：《前德国胶州殖民地货币史》（John E. Sandrock, A Monetary History of the Former German Colony of Kiaochou）。

② 中国第二历史档案馆馆藏资料 679—32012：Tsingtao Semi - official。

③ B. L. 帕特南·威尔：《远东的重塑》第 1 卷，纽约：麦克米伦公司 1905 年版（B. L. Putnam Weale, The Re - Shaping of the Far East, Vol. 1, New York: The Macmillan Company, 1905），第 314 ~ 363 页。

④ 例如威廉·托马斯·史戴德：《胶州的德国人》，《评论之评论》第 29 卷，伦敦，1904 年 4 月（William Thomas Stead, Germans in Kiaochau, in: Review of Reviews, Vol. 29, London, April 1904），第 485 ~ 486 页；威廉·托马斯·史戴德：《德属中国的进步》，《评论之评论》第 32 卷，伦敦，1905 年（William Thomas Stead, Progress of German China, in: Review of Reviews, Vol. 32, London, August 1905），第 248 ~ 249 页。

⑤ 例如 R. 欧科：《胶州，德国的一个成功殖民地》，《威斯敏斯特评论》，1908 年 7 月（R. Ockel, Kiaotchau, Germany' s one Successful Colony, in: The Westminster Review, Jul. 1908），第 17 ~ 21 页。

国的保护领。[①]有的文章认为德国在胶澳具有完全的主权。[②]日本人田原天南也赞成德国法学家卡尔·冯·斯廷该尔博士的观点，在1914年出版的《胶州湾》一书中认为租借只是招牌，其实等于割让，德国是以租借的名义占领中国领土，德占胶澳实际就是德国的一个殖民地。这种理解都是建立在判断德国在胶州的意图和所作所为的基础上，而不是建立在对租借条约本身了解的基础上。

当然也有英美国家的人士质疑胶州殖民地的说法，特别是在一战爆发前后。1913年《工程师》杂志的特别专员布莱恩（E. Blane）到青岛调查，他认为德国通常对其殖民地不太投入，但之所以对胶州投资巨大，是因为“胶州不是一个殖民地，而是一个海军和军事要塞，青岛被设计得要成为远东的迦太基”[③]。但好像是预料到这种看法似的，德国人拓展了对殖民地的解释，认为胶州殖民地不同于传统的殖民地，是一种“港口”殖民地和“据点”殖民地。[④]

当时生活在胶澳租界内的中国人，一方面有人强调胶澳和青岛是租界，“是中国的一部分”[⑤]，但另一方面也有人意识到德国实际上对胶澳进行的是殖民统治，所以在谈到中国人住在青岛时，使用

---

① 费城地理学会：《德属中国的贸易》，《费城地理学会汇刊》，1914年10月（Geographical Society of Philadelphia, Trade of German China, Bulletin of the Geographical Society of Philadelphia, Oct. 1914），第49页。

② 古斯塔夫斯·武林吉：《青岛：亚瑟港的结局》，《大西洋月刊》第115卷，1915年（Gustavus Ohlinger, Tsingtau: The Sequel to Port Arthur, in: Atlantic Monthly, Vol. 115, 1915），第128页。

③ W. 布莱恩：《青岛及其意义：近期游历印象》，《十九世纪及其后》第76卷，1914年12月（W. Blane, Tsingtao and its Significance: with some Impressions from a Recent Visit, in: Nineteenth Century and after, No. 76, Dec. 1914），第1214页。

④ 恩斯特·戈伦夫：《港口殖民地与中国、日本和朝鲜的殖民形势》，耶纳：菲舍尔出版社1913年版（Ernst Grünfeld, Hafenkolonien und kolonieähnliche Verhältnisse in China, Japan und Korea, Jena: Fischer, 1913）。

⑤ 1906年2月27日中国职员致胶海关税务司信函，见中国第二历史档案馆藏679—16649。

了“侨居”[①] 的说法。租借地之外也不乏了解德国意图的中国人，认为德国在胶澳租借条约签订后不久就宣布胶澳为其保护领土，实在是“德国直以胶州湾与其获得之殖民地同观”[②]。

实际上山东巡抚周馥早在1902年底就通过访问青岛，意识到德国对《胶澳租借条约》的背离和德国的意图。他在青岛之行结束后给清廷的奏折中谈道：

> 德人经营不已，土木之工，日数千人。洋楼大小几及百座，修街平道种树引泉以及电灯自来水机器厂等工。德国岁拨银三四百万两，此外建筑码头修造船坞炮台，闻估工需一千数百万两，大约三五年后始能粗备。窥其意，旨以振兴商务开采矿产为本，而以笼络中国官商为用，深谋远虑，愿力极宏。在我视为租界，在彼已视若属地。[③]

周馥目睹德国在胶澳的所作所为，感慨“在我视为租界，在彼已视若属地”，这表明他发现了德国与清政府在德占胶澳地位立场上的根本差异。为此他还赋诗《过胶州澳》：“朔风雨雪海天寒，满目沧桑不忍看。列国尚尊周版籍，遗民犹见汉衣冠。是谁持算盘盘错，相对枯棋著著难。挽日回天宁有力，可怜筋骨已衰残。”[④]表达了对被迫租借胶澳之后胶澳形势由德国随意变化的悲怆。对此周馥之子周学熙后来记道：“德人之踞胶州也，乘威海旅连之失要挟中朝，设总督驻防兵，视为属地。筑胶济铁道达济南，攫路侧矿山为私业，

---

① 1912年6月3日胶海关书办致海关税务司信函，见中国第二历史档案馆藏679—16649。

② 载《东方杂志》第8卷第11号，1912年5月1日。

③ 周馥：《察看烟台华商及威海胶澳英德两国租界情形摺（光绪二十八年十一月二十四日）》，沈云龙主编：《秋浦周尚书（玉山）全集》，台北：文海出版社印行，第160页。

④ 周馥：《过胶州澳》，沈云龙主编：《秋浦周尚书（玉山）全集》，台北：文海出版社印行，第1298页。

然胶固租界，有限期，非香港割地比也。”根据他的说法，周馥的《过胶州澳》一诗悲怆时局，“当时日本公使高平见其诗悲凉忧塞，感叹久之，译呈美总统罗斯福，且曰胶为租界，有年可稽，周某之诗列国尚尊周版籍，非虚语也。罗深韪之，于是列强公论日张，德人之势浸减。论者益叹此诗之作有深识焉。”①

周学熙的话从目的上来说是要强调周馥该诗的情感与观点所产生的力量与效果，但实际上又同时清楚地透露出胶澳地位认同背后的强权政治。本来根据《胶澳租借条约》（尽管是被迫签订的不平等条约），胶澳即为租界/租借地，但德国凭恃强武，把条约视作没有约束力的一纸空文，从自己的意图出发把德占胶澳作为割让给德国的殖民地来统治，而孱弱的清政府对此变化无能为力，只有悲叹唏嘘，最后还要靠“列强公论”来以正视听。

三、基于国际政治和国际公法的“租借地”

周学熙所说的列强公论指的就是美国等国家对于胶澳租借地地位的理解，而美国等国家之所以“公论日张”，当然绝不仅仅是被一首诗打动后所产生的同情使然，而是第一次世界大战前后列强之间在中国利益争夺的需要。例如一战爆发后一篇比较德租胶澳和英租威海卫的文章就对德国在胶澳的殖民经营大加攻击，强调英国在威海卫就没有那样“努力把自己占领的中国领土变得很重要”②，说明英国人对德国在中国的势力扩张非常警惕。Pachtgebiet/ Leased Territory 正是在国际政治及国际法相应的变化中形成了日后的租借地的法律含义。

---

① 周学熙：《周悫慎公全集卷首·行状》，沈云龙主编：《秋浦周尚书（玉山）全集》，台北：文海出版社印行，第 97 页。

② E. 布鲁斯·密特福德：《英国与德国在山东》，《双周评论》第 102 卷，1914 年 11 月（E. Bruce Mitford, England and Germany in Schantung, in: The Fortnightly Review, Vol. 102, Nov. 1914），第 784 页。

在当时的国际政治中，美国的观点对于租借地地位的看法起了很大影响。1900 年美国驻华大使康格（Conger）向国务卿海约翰（John Hay）汇报说："我已经同英国、德国、俄国、法国、西班牙、尼德兰和日本大使商量过这件事情，除了日本大使以外，其他国家都同意说，在租借期间，对这些租借口岸的控制已经完全脱离了中国政府，如同完全出售一样。并且它们彻底处于承租国管辖权之下，就如同其任何国内领土一样，而且这些国家派驻在中国的领事将不会在这些口岸行使管辖权。"中国解释租借为要缴付年租金并且"所租之地应该自治，也就是说在德国之下，但仍旧是属于中国的"①。在海约翰同其他国家进行了协商后，让国务院律师制定了一份备忘录，并发给康格说：

> 正如租借条约中明确规定的，中国对租借地保留主权，所以可以无疑地主张租借地仍旧是中国的领土，并且主张我们同中国签订的条约中授予领事裁判权的条款在租借地仍旧适用。但是鉴于中国明确放弃了管辖权，我推论，保留主权只是为了阻断承租国将来会声称这块领土的主权是永久授予他们的可能性。在我看来，这些租借的意图和效果是，中国在租借期内放弃了对租借地所有的管辖权，并完全将之授予各个事例中的外国列强。这种放弃也似乎涉及美国失去了在租借地内行使领事裁判权的权力。②

这个备忘录把主权和管辖权进行了分离，认为中国对租借地保留有主权但放弃了管辖权。同时该备忘录也意味着美国要放弃在租借地的领事裁判权，其逻辑是这样的：如果中国仍旧对租借地拥有

① 乔治·格拉夫顿·威尔逊：《租借地》，《美国国际法杂志》第 34 卷，1940 年第 4 期（George Grafton Wilson, Leased Territories, in: The American Journal of International Law, Vol. 34, No. 4, Oct., 1940），第 703～704 页。

② 《美国外交关系》（United States Foreign Relations），1900，p. 387 ff.

管辖权，美国就应该保留领事裁判权，而在美国看来事实上中国在租借期内已经放弃了管辖权，中国保留主权也只是为了防止承租国在租借期满后继续占领，所以美国也就要放弃在租借地内行使领事裁判权。在这里，美国承认了承租国在租借期内对租借地的完全管辖权，但同时也承认中国还保留着主权。

这种看法是美国在其他列强在中国强占租借地和划分势力范围的情况下，为了打破各国租借地壁垒、实现利益均沾而在中国倡导的"保全中国"的"门户开放"政策的组成部分。美国 1899 年通过照会向各列强提出的门户开放政策以承认列强在各自的在华租借地和势力范围内享有特权为前提，要求列强们在他们所占领的在华租借地和势力范围内实行门户开放和贸易机会平等的政策。[①]这种意欲打破各国在华租借地门户的政策自然需要承认中国对租借地拥有主权；另一方面为了避免刺激各列强，又承认其对租借地的完全管辖权。美国对租借地的这种立场基本得到了其他列强的大致赞同。对于德国来说，其政府为了把自己的贸易势力打进英国控制下的长江流域，表面上也接受了这一意见，因为这并不妨碍德国在完全管辖权的名义下对胶澳租借地进行殖民统治。只有当时尚没有在华租借地的日本例外，因为日本认为自己保留有在各个租借地内的领事裁判权。但 1904 ~ 1905 年的日俄战争改变了远东局势，日本在战争结束后取代俄国占据了旅大租借地，转而不再坚持拥有在其他租借地内的领事裁判权，这也就意味着别的国家在旅大租借地也不能拥有领事裁判权，日本对旅大租借地有完全管辖权。至此列强对于租

---

① 关于门户开放政策，参见泰勒·丹尼特著，姚曾译：《美国人在东亚》，商务印书馆 1959 年版；王玮主编：《美国对亚太政策的演变（1776 ~ 1995）》，山东人民出版社 1995 年版。不少学者认为美国提出的门户开放政策在起源上与英国的外交政策有很大关系，参见 P. 约瑟夫：《在中国的外交，1894 ~ 1900》，伦敦：艾伦和安文出版社 1928 年版（P · Joseph Foreign Diplomacy in China, 1894—1900, London: Allen & Unwin, 1928）；费正清：《美国与中国》，剑桥，马萨诸塞：哈佛大学出版社 1948 年版（John K Fairbank, The United States and China, Cambridge, Mass.: Harvard University Press, 1948）；牛大勇：《英国与对华门户开放政策的缘起》，《历史研究》，1990 年第 4 期。

借地的地位取得了没有明文规定的认同，即承租国在租借期内对租借地行使完全的管辖权。

这样发展出来的租借地概念就明确不同于前面谈到的清政府和其他中国人对租界/租借地的理解，也不同于德国的割让说。这种概念下的租借地地位当然不同于沿海条约通商口岸中作为外国人居留地的租界，它强调列强租借地获得了比沿海条约通商口岸中的租界更多的权力，直接由承租国政府行使全部管辖权。这意味着租借地比租界在更大程度上侵害了中国的主权。但由于这种观点毕竟承认中国没有割让掉主权，中国对租借地仍旧保留有主权，所以在当时中国面临瓜分危境而又自身孱弱无力决定自己命运的情况下，相比于承租国"属界"的观点，清政府更乐于接受美国这样一种说法。

"租借地"一词后来在中文中的流行，还缘于国际法学家对租借地法律地位的相应研究。随着德国1898年强租胶澳，租借地开始进入国际法学家的考量之中。租（pacht/lease）属于国内私法的概念，在德占胶澳以前，在国际上虽然已存在个别租借的现象，但在国际法上并没有租借地这个分类。例如明朝嘉靖年间，虽然葡萄牙以年租金500两"租"澳门居住，但其实葡萄牙是从广东地方当局获得的允许，而中国政府一直在澳门派驻官员进行行政管理。租借他国的领土而在国际法上创一新例者，实际是自德意志在1898年租借胶州湾开头的。自从1898年在德国租借胶澳之后，俄国、英国、法国又接着强迫清政府签订了类似的租借条约，把旅顺口和大连湾租借给了俄国、把广州湾租借给了法国、把新界以及威海卫租借给了英国。这一系列租借地的出现，其法律地位开始引起了列强和国际法学家的关注，使得租借地从此成为了国际法中的一个类别。"1898年前国际法学家几乎没有考虑过国际租借的问题。1898年后任何关于国际法的综合性论述如果没有把对于国际租借问题的考虑包括在内的话，就被认为是不太完整的。"①国际法学家对租借地的理解不同，并且随着国际政治形势的变化其主流观点也有个发展的过程。开始的时候，有不少法学家从德国的意图出发，认为租借地就是面纱掩盖下的割让，也有人认为是有期限的割让，即租借期内的割让，但到后来越来越多的国际法学家认为应该从租借条约本身的条款来判定，认为租借地就是主权和管辖权相分离的国际租借，因为比如德国对胶澳租借地的管辖权在条约中受到许多限制，不能转租给别国，需要保护租借地内的华人等等；由此看来，国家法学家们的观点发展与现实政治的发展是和谐一致的。② 1936 年美国学者拉尔夫·诺伦（Ralph A. Norem）通过对胶澳租借地的法律地位的研究，更明确地提出，胶澳租借地不是割让，不是面纱遮盖下的割让，也不是一定期限的割让，而构成"国际公共租借"，即"出租国保留领土权，但同时向租借国让渡管辖权"。③

在国际关系和国际法学家对租借地概念的诠释影响之下，在中文中用"租借地"来指称国际法中的 Pachtgebiet/Leased Territory 类别，显然比笼统的"租界"更为合适。因此德文中的 Kiauschou Pachtgebiet 或英文中的 Kiaochau leased territory 就越来越多地对应中文中胶澳"租借地"的提法。另外日语中"租借地"一词的使用大概也产生了影响，例如田原天南在其影响甚大的《胶州湾》一书中，把 Pachtgebiet 翻译为"租借地"，并且他翻译的胶澳租借条约中出现的不是"租界"而是"租借地"的称谓。至迟到 1914 年，中国官

① 拉尔夫·A. 诺伦：《胶州租借地》，伯克利：加利福尼亚大学出版社 1936 年版（Ralph A. Norem, Kiaochow Leased Territory, Berkeley: University of California Press, 1936），第 56 页。

② 这方面的精要概述，可参见拉尔夫·A. 诺伦：《胶州租借地》，伯克利：加利福尼亚大学出版社 1936 年版（Ralph A. Norem, Kiaochow Leased Territory, Berkeley: University of California Press, 1936），第 57～86 页。

③ 拉尔夫·A. 诺伦：《胶州租借地》，伯克利：加利福尼亚大学出版社 1936 年版（Ralph A. Norem, Kiaochow Leased Territory, Berkeley: University of California Press, 1936），第 86 页。

方也正式使用了"租借地"的概念。1914 年 8 月，在日本对德国宣战要出兵胶州湾的时候，北洋政府宣布局外中立，当时设定的《德日英青岛战役中国划出行军区域案》中就使用了"租借地"一词。① 1915 年，总税务司为签订青岛重开海关办法而致北洋政府税务处的详报中用的也是"租借地"称谓。

1919 年巴黎和会期间，山东问题和胶澳租借地归还中国问题是中国政府代表要求的中心问题之一，中国北洋政府代表、一直主张联美制日的顾维钧将租借地和租界分开提出归还要求，并使用了明确的租借地概念。中国代表申明："所有德国胶州租借地、胶济铁路及其他权利应直接归还中国，该地为中国领土安全关系，不可稍有亏损。"②而在 3 月 25 日顾维钧与美国总统威尔逊私下会谈时，威尔逊也曾表示租借地同德国属地不同，应该在中德之间解决。虽然在巴黎和会上西方列强为了各自的利益而牺牲中国的利益，威尔逊最后也转而支持日本的要求，《巴黎和约》规定将德国在山东和胶澳的权益全部转让给日本，但中国政府收回租借地的合理要求最后还是在华盛顿会议上得到了大部分的实现。经过了这两次会议，将租借地与租界相区分的做法在外交家中变得规则起来。

不过普通中国人原有的语言习惯和称谓很难一下子改变。1928 年编修的《胶澳志》中的表述，可以说是糅合了中国人原有的"租界"用法和国际法中的租借地观：

> 在德人心目中视租借同于割让，德国国际法学者斯忝皆尔博士指为"蔽以面纱之割让"，然此乃彼爱国一念之私，故为此曲解耳。德国于所租之胶澳，每年需交付中国以额定之租金。且按照中德两国先后改订关税办法，中国所设海关依然设于胶澳租界，照章征税，是中国之政权依然存在彰彰明甚。而德国

① 《德日英青岛战役中国划出行军区域案》，中国第二历史档案馆藏，1039（2）—152。

② 《顾在和会之宣言》，载《申报》，1919 年 5 月 21 日。

> 方面对于租借地既有不得转租别国之限制，租约期满，亦有交还中国之义务。但于未满期以前交还，则中国许以赔偿耳。又如中国人民之住于胶澳租界，亦规定以租约以为根据，非仅受德国法律之单纯支配。凡此，皆所以证明租借之不同与割让。至于租约第三款所载租期未满中国不得治理云云，乃根据下文以免两国争端一语而来，表示中国之自行休止而已。犹之国家划一部行政权，委之地方自治，在许与之自治范围内亦常听自治之地方政府自为运用，然所授受之根据仍在自治法，自治法由国法规定，故国家之主权依然存在。且中国偿许俄国以借用胶澳十五年矣，不期年而取消之，改租于德，是租借之非割让更有实例可证矣。①

在这段引文中，虽然胶澳租界和胶澳租借地仍然所指一致，但这儿出现的“租界地”概念已经是经历了国际政治风云变幻和国际法探讨的产物了，也就是说胶澳租界的法律地位是“租借地”。随着时间的发展，中国人在谈到德占胶澳和19世纪末其他列强强租的土地时大多直接使用了租借地的称谓。20世纪三四十年代，日本学者植田捷雄更对租界和租借地作了细致的区分。②

综上所述，胶澳“租界”是《胶澳租借条约》中文版本中的正式称谓，也是清政府对德占胶澳有意识的官方定位，强调中国的主权，其地位类似于沿海通商口岸中的租界一样。胶州“殖民地”则是德国对德占胶澳的定位，也是德国强力在胶澳进行殖民经营的现实。而“租借地”在中文中最初使用的时候其含义与“租界”并没有被明显区分，后来随着国际政治斗争和与国际政治相一致的国际法的探讨，才发展为后来的租借地概念。这是在清政府和德国各自立场上的一个平衡，意味着管辖权的让渡和领土主权的保留。由此

---

① 袁荣叟：《胶澳志》，台北：成文出版社1958年影印本，第14页。

② 植田捷雄：《支那租界论》，东京：严松堂1934年版；植田捷雄：《支那租借地论》，东京：日光书院1943年版。

可见，德占胶澳之所以当初被称为“租界”，并非完全是清政府官员不懂国际法的缘故，因为当时国际法中原本就没有明确的租借地概念。这个概念作为一个国际法门类的产生，是国际强权政治中近代中国命运的一个注脚。

超越民族：殖民主义与青岛的抵抗（1897～1914）

［德］余凯思

孙立新、朱光涌译

在15和16世纪，为了降服土著居民，攫取可能隐藏在海外的资源和财富，殖民政权经常需要依靠对武力和暴力的无限制使用。与早期阶段的欧洲征服相比，19世纪的殖民主义要复杂和微妙得多了。为了不仅仅是征服，而且还要统治和管理土著居民，人们发明了十分高级复杂的国家机器。19世纪的殖民统治较少依赖于物质力量，而是更多地依赖于法律、文化、教育和行政管理等一系列技术来维持对被降服居民的控制。[①]正在形成的殖民“治理术”（governmentality）[②]是“机构、程序、分析和反思”的复杂综合体，其目的在于维持殖民国家对社会的控制和对各种资源的榨取。因此，教育、医疗和科学被认为是——用后来在柏林担任德国殖民大臣的伯恩哈德·德恩堡（Bernhard Dernburg）的话来说——“殖民主义者必须学习的最重要辅助科学（Hilfswissenschaft）”。[③]

但是，正如近来的学术研究令人信服地证明了的那样，殖民地

① 关于科学的作用，除了别的还参见刘易斯·派恩逊的开创性著作。刘易斯·派恩逊：《文化帝国主义和精密科学：1900～1930年德国的海外扩张》，纽约/伯尔尼/美因河畔法兰克福：彼得·朗出版社1985年版（Lewis Pyenson, Cultural Imperialism and Exact Sciences: German Expansion Overseas, 1900～1930, NewYork/Bern/Frankfurt am Main: Peter Lang, 1985）和刘易斯·派恩逊：《教化使命：精密科学和1830～1940年法国的海外扩张》，巴尔的摩/伦敦：约翰·霍普金斯大学出版社1993年版（Lewis Pyenson, Civilizing Mission. Exact Sciences and French Overseas Expansion, 1830～1940, Baltimore/London: The Johns Hopkins University Press, 1993）；迈克尔·A. 奥斯本：《法国殖民主义中的本性、异国情调和科学》，伯明顿：印第安纳大学出版社1994年版（Michael A. Osborne, Nature, The Exotic and the Science of French Colonialism, Bloomington: Indiana University Press, 1994）。在尼古劳斯·B. 德克斯、爱德华·赛义德和尼古拉斯·托马斯等人的著作中，广义的文化受到了深入探讨，参见尼古劳斯·B. 德克斯：《殖民主义与文化》，载尼古劳斯·B. 德克斯主编：《殖民主义与文化》，安阿伯：密歇根大学出版社1992年版，第1～25页（Nicholas B. Dirks, Introduction: Colonialism and Culture, in: Nicholas B. Dirks (ed.), Colonialism and Culture, Ann Arbor: The University of Michigan Press 1992, p. 1－25）；爱德华·赛义德：《文化与帝国主义》，纽约：克诺普夫出版社1993年版（Edward Said, Culture and Imperialism, New York: Knopf, 1993）和尼古拉斯·托马斯：《殖民主义的文化：人类学、旅游和政府》，普林斯顿：普林斯顿大学出版社1994年版（Nicholas Thomas, Colonialism's Culture: Anthropology, Travel and Government, Princeton: Princeton University Press 1994）。关于科技参见丹尼尔·R. 海德里克：《帝国的工具：19世纪的技术与欧洲的帝国主义》，纽约：牛津大学出版社1981年版（Daniel R. Headrick, The Tools of Empire: Technology and European Imperialism in the Nineteenth Century, New York: Oxford University Press 1981）。

② 米歇尔·福柯：《规训与惩罚——监狱的诞生》，纽约：万神庙出版社1976年版（Michel Foucault, Discipline and Punishment: The Birth of the Prison, New York: Pantheon, 1976），第143、195页。

③ 伯恩哈德·德恩堡：《德国殖民扩张的主要目标》，柏林：米特勒父子出版社1907年版（Bernhard Dernburg, Zielpunkte des deutschen Kolonialwesens, Berlin: Mittler und Sohn, 1907），第11页。

是这样一些区域，在那里，统治方案和优越性观念不仅得到了强制推行，而且也受到了被殖民者的约束和辩驳。[①]事实上，各种各样或者支持或者反对殖民统治的政治行动主义（political activism）不仅造成了接受或拒绝欧洲所宣称的殖民主义思想和结构的可能性，而且也造成了改变这些基本观念自身含义的可能性。而在所有此类质询中，翻译和传输的问题都会赫然耸现。正如刘禾（Lydia Liu）所展示的那样，对应词（equivalents）之间是无法翻译的；译者更多地是在主、客两种语言之间流动的翻译中间地带创造出一些同义的比喻（tropes）。[②]这个被新语创造者的想象所占领的假定同义的中间地带遂成为了改变意义、修正和谈判的真正场所。这些空隙也包含着构造新概念和新知识的可能性。也正是在这里，捍卫和拯救国家的方案得到了明确表达。它容许从全球范围借用观念和术语，也容许把这些观念转用于地方。

本文将对1897～1914年德国殖民当局在青岛殖民社会与中国居民发生的关系作一探讨。为了在中国居民当中建立起牢固的权威和控制机构，德国殖民当局曾经过多方面的努力在青岛配置了若干先进技术。为了实现这些目标，他们不得不与中国民众打交道或者说进行互动；另一方面，逐渐发生的相互作用也使中国民众有可能对殖民社会的某些领域产生影响。不同的中国群体有不同的利益，他们也以不同的方式与德国殖民者进行互动。生活在腹地的农村居民公开地反抗德国统治。反抗在1898～1900年间导致了与殖民当局的暴力冲突。居住在城市区域的人们则被置于严格的监视和控制之下。地方精英，例如与中国山东地方官员保持着良好关系的商人，宁愿

---

① 参见弗雷德里克·库珀：《受到质疑的殖民主义：理论、知识、历史》，伯克利：加利福尼亚大学出版社2005年（Frederick Cooper, Colonialism in question: theory, knowledge, history, Berkeley: University of California Press, 2005），第3～32页。

② 刘禾主编：《交流的符码：全球化背景下的翻译问题》，达勒姆：杜克大学出版社1999年版（Lydia Liu (ed.): Tokens of Exchange: The Problem of Translation in Global Circulation, Durham: Duke University Press, 1999），第137页。

采用诸如抵制洋货和罢市等非暴力形式的抵抗以保护他们自己的利益。对青岛殖民体系发出的最强烈批评来自要求种族平等的知识分子，但也有诸如孙中山那样的人，他们钦慕青岛的行政管理制度和经济发展措施，并且打算将之推广到整个中国，尽管也要求消除外来支配。在受到讨论的每一个案例中，再访殖民主义的行为都与超越地方殖民主义框架的民族主义者的策略和修辞结合在一起。

一、殖民世界中权力和话语的矛盾状况

新近的研究已经强调突出了殖民表现和殖民形式的异质性和多样性。[①] 19 世纪的殖民地造就了高度复杂的社会体系。与宗主国社会和本土社会都截然不同，殖民地是一个在文化和社会上多变化的世界。[②]殖民地中的发展是一个充满活力的进程，其特征远不是单一和平静的。这是由具有不同文化背景的各社会群体之间持续的对抗和冲突造成的。在这个充满争论和争斗的世界里，权力和统治需要在形形色色的代理人之间进行协商。马克斯·韦伯早就指出，在每个社会中，统治者和被统治者都是由通过社会的相互作用而再生产出来的社会关系结合成一体的。根据韦伯，权力可被定义为“在社会关系内部表达自己反对抵抗行为的意志的机会”[③]。与权力相反，权

① 比较帕特里克·乌尔夫的一般观察，参见帕特里克·乌尔夫：《历史与帝国主义：从马克思到后殖民主义理论一百年》，载《美国历史评论》第 102 卷，1997 年 4 月第 2 期，第 388～420 页（Patrick Wolfe, History and Imperialism: A Century of Theory, from Marx to Postcolonialism, in: The American Historical Review, 102: 2 (Arpil 1997), S. 388—420）；尼古拉斯·托马斯：《殖民主义的文化：人类学、旅游和政府》，普林斯顿：普林斯顿大学出版社 1994 年版（Nicholas Thomas, Colonialism's Culture: Anthropology, Travel and Government, Princeton: Princeton University Press 1994），第 11～32 页。

② 法国社会学家皮埃尔·布迪厄早已从理论上对作为一个复杂的社交世界的社会的理论进行了多方面深入探讨。

③ 马克斯·韦伯：《经济与社会》，图宾根：摩尔出版社 1985 年版（Max Weber, Wirtschaft und Gesellschaft, Tübingen: Mohr, 1985），第 28 页。

威则意味着“强迫人们服从的机会”。它包含有主要依靠官僚政治的行政管理来操持的形式性安排。因此，权威是建立在机构化支配结构的基础之上的。将统治者与被统治者的关系，或在本案中，殖民者与被殖民者的关系理解为在特定制度框架内持续进行的、充满活力的社会性互动进程的观点，就给研究殖民主义的历史学家提供了一种有效方法。在殖民体系内，土著居民绝不仅仅是消极的接受者或单纯的牺牲品。殖民统治者在很多方面都是要依靠土著居民的。例如，建筑业和新建立的工业需要上万名劳工。事实上，在殖民体系内部，被殖民者的选择空间相当大，其活动也多种多样：从同化或合作到抵抗和反叛，他们的行为改变了殖民世界发展的道路。

然而，韦伯的功能主义方法忽略了一个重要问题，这就是：强迫是怎样造成顺从的？高压政治是通过何种方式被加之于社会成员的？韦伯只看到外在的方法（法律、专制主义或被韦伯称作具有超凡魅力的领导者的宗教），米歇尔·福柯则争论道，现代社会中的权力是一种深入一切的、内在的现象。[①]在其著名的作品中，他分析了法国古典时期“权力的多形体技术的发展”。在他看来，现在的权力不能被简化为高压政治和惩罚，它还包括一系列足以说服和操纵从属者的文化、科学和社会的技术。这些文化技术手段集中体现在某一话语上。据支配地位的话语产生了叙事、符号和重现，并且因此操纵了社会中大多数的文化和科学产品。借此，话语就能够影响对事实的普遍认识和公众理解。对福柯来说，现代社会的典型特征就是“规训社会”的出现。福柯的方法在一个至关紧要的方面补充了韦伯的理论。在解释权力的性质和影响方面，“不可见的权力微观物

---

① 在福柯1976的《规训与惩罚——监狱的诞生》一书中，权力理论已经得到了概括论述。也参见米歇尔·福柯：《性史》，纽约：兰德姆出版社1990年版（Michel Foucaul, The History of Sexuality, New York: Random House, 1990），尤其是1976年1月在法兰西学院发表的演讲，载米歇尔·福柯：《“必须捍卫社会”——法国学院课程记录（1975～1976）》，巴黎：高利马出版社1996年版（Michel Foucault, “Il faut defendre la societe”. Cours au College de France (1975—1976), Paris: Gallimard, 1996）。

理学”同军事暴力、法律强制或警察监督一样重要。国家和社会的“治理术”是一种全新的发展，它日益取代早先的军事行动模式。通过调度科学、文化和知识而在殖民地强化统治和权力的种种发展情况，可在德国占领中国胶州湾殖民地一事中清楚看到。它不仅给其他殖民国家以深刻的印象，而且也使同时代的中国知识分子和政治领袖受到极大触动。

内化在控制和支配结构之中的话语把权力带入了殖民地世界，它也赋予殖民意识形态这样的可信性，即权力的行使是通过这些手段实现的。但话语和知识又反过来成为阻碍西方人支配的因素。许多学者倾向于忽略福柯晚年所强调的治理术矛盾性和话语权力不稳定的双重结构：“话语，并不总是（once and for all）顺从权力或者起而反对权力，它比沉默只是稍多一点。我们必须考虑到复杂概念和不稳定进程的存在，借此，话语既可以是权力的工具和结果，又可以是一种妨碍，一块绊脚石，一种抵抗方式和一种反抗策略的起点。话语传达和制造权力；它加强权力，但也损害和暴露它，使它脆弱并使反对它成为可能。”①

在西方殖民主义的历史中，也存在着通过各种非西方的代理人而产生的对殖民知识和技术加以转化和占有的相反进程。这些人经常受到民族主义的鼓励，并且为了更有力地抵抗帝国主义和外来统治都试图引进和利用从世界各地得到的知识和技术。

二、德国在青岛的殖民经营

1897 年 11 月，两名德国传教士的被害使德国政府得到了长期等待的占领华北山东省胶州湾的借口。事后，清政府被迫于 1898 年 3 月签订条约，使德意志帝国获得了租借胶州湾附近一小块土地长达

① 米歇尔·福柯：《性史》，纽约：兰德姆出版社 1990 年版（Michel Foucaul，The History of Sexuality，New York：Random House，1990），后加的强调。

99 年之久的权利。通过这一条约，德国还获得了一系列所谓的让步或者说在山东省建铁路和开发煤矿的特权。山东省遂被德意志帝国视为其在中国的“势力范围”。尽管胶州（Kiaochow）——是为新殖民地的名称——形式上只是一块租借地，但德国仍然把它当做殖民地来看待。德国在中国的利益绝不仅仅局限于租借地本身。修建通达省府济南的铁路和开采铁路周围的煤矿仅仅是德国向山东省施加更大的经济、文化和政治统治的开始。

占领之后，胶州被置于海军署的权限之下。[①]实际上，胶州是唯一一块由军事部门经营的殖民地。蒂尔皮茨（Tirpitz）在出自 1 月份的一个通告中解释了他的意图。他写道：“如果海军是居于殖民运动首位的，那么殖民的成功及其结果也将惠及海军”。[②] 占领胶州湾将使海军获得普遍支持，克服反对党的反对并帮助实现蒂尔皮茨雄心勃勃的海军建设计划。蒂尔皮茨的考虑被证明是正确的。到了 3 月，一份德国报纸就评论道：“在胶州发生的事情和为商业与传教创造的

---

① 参见罗梅君主编，余凯思协助：《“模范殖民地胶州”——德意志帝国在中国的扩张》，柏林：学院出版社 1997 年版（Mechthild Leutner (Hrsg.) /Klaus Mühlhahn (Bearb.), “Musterkolonie Kiautschou”. Die Expansion des Deutschen Reiches in China. Deutsch - chinesische Beziehungen 1897—1914. Eine Quellensammlung. Berlin: Akademie Verlag, 1997）第 181 ~ 184 页收录的 42 和 43 号文件。按照其他殖民地的正常程序，胶州本应由首相府或后来的殖民署管辖。但是 1898 年 1 月中旬由于来自强有力的帝国海军署国务秘书阿尔弗里德·冯·蒂尔皮茨上将的个人干预，皇帝威廉二世将胶州置于海军署的权限范围内了。此事非同寻常，并且是没有先例的。因为这样一来，海军署就成为了一个具备行政能力的政府机关，而不是仅在德意志帝国国会代表海军的利益和提出财政要求。德国海军最高指挥官的职责是对海军进行日常监督。1889 年德国皇帝威廉二世重组了海军指挥部的指挥结构。他创立了三个平等的机构：海军内阁（由副官古斯塔·冯·森登 - 毕布兰领导），负责一切关于海军人员的事务；海军署（由海军署国务秘书阿尔弗里德·冯·蒂尔皮茨指挥），其职责是代表海军的政治利益；最高司令部（有一位职位最高的总司令）则指挥所有的海军部门。参见瓦尔特·胡巴池：《德国行政管理史稿》第 22 卷《联邦和帝国当局》，马堡/拉恩河：约翰戈特弗里德 - 赫尔德研究所 1983 年版（Walther Hubatsch, Grundri? der deutschen Verwaltungsgeschichte, Bd. 22: Bundes - und Reichsbehörden. Marburg/Lahn: Johann - Gottfried - Herder - Inst., 1983），第 188 页及以下数页。

② 参见蒂尔皮茨的日记，1898 年 4 月 1 日，现存于 BA/MA，RM3/6699，1 ~ 11 对开页。

新希望增强了为海军牺牲的意愿。"[①]一个月后，即在4月份，德意志帝国国会最终批准了所谓的蒂尔皮茨计划，该计划规定要建立一支令人敬畏的德国海军。这就导致了在居领导地位的海洋大国大不列颠与德国之间开展的军备竞赛，而这一竞赛当然是导致第一次世界大战爆发的最重要、长时段因素之一。

毫无疑问，阿尔弗雷德·冯·蒂尔皮茨是胶州湾发展的主要设计师。蒂尔皮茨对胶州情有独钟，不辞辛劳地翻阅和评议来自中国的每一份备忘录。他头脑中有一些远大目标。早在1896年，当蒂尔皮茨作为德国东亚舰队司令在中国度过了一年光景后，他就竭力鼓吹德国应加强在中国的扩张。他在私人通信中说道："在下个世纪，诸如泛美（Pananmerica）、大不列颠、斯拉夫族或在日本领导之下的蒙古族的大国联合集结将摧毁或彻底消灭德国……如果德国不能发展成为一个超出欧洲大陆疆域的强国的话。而那样做的绝对必要的基础是……海军。"[②]像同时代的、尤其是军事部门的许多其他人一样，蒂尔皮茨也按照达尔文主义的观点来理解现代国际关系，将其看做种族之间为生存而进行的战斗（因为在这一思想中，现代国家都被看做是由一个种族构成的）。蒂尔皮茨坚信只有殖民扩张才能有效地保证一支灵活的、全球性的和强大的军事力量，并且只有如此才能保证德意志种族的长久生存。应当注意的是，位于蒂尔皮茨在中国进行殖民扩张蓝图之核心地位的既不是经济的考虑，也不是外交的考虑，而是军事的考虑。

由于胶州对于蒂尔皮茨具有至关重要的意义，所以他试图从柏

---

① 中心通信，1898年3月2日，转引自孔拉德·卡尼斯：《从俾斯麦到世界政治：1890~1902年德国的对外政策》，柏林：学院出版社1997年版（Konrad Canis, Von Bismarck zur Weltpolitik. Deutsche Außenpolitik 1890 bis 1902. Berlin: Akademie Verlag, 1997），第273页。

② 引自威廉·戴斯特：《海军政策与海军宣传——1897~1914年的帝国海军署新闻局》，斯图加特：DVA出版社1976年版（Wilhelm Deist, Flottenpolitik und Flottenpropaganda. Das Nachrichtenbureau des Reichsmarineamts 1897—1914. Stuttgart: DVA, 1976），第111页。

林出发，仔细地筹划殖民地。蒂尔皮茨时刻提防来自当地殖民者或国内政治势力对其政策的干扰。他严格地限制了胶州总督的权力。[①]总督是一名海军军官，必须每月提交一份有关殖民地发展情况的报告。由总督颁布的每一项法令都要由蒂尔皮茨副署。一旦总督没有执行蒂尔皮茨所希望的政策，他们就会被解职。1898 年的总督罗森达尔（Rosendahl）案就属于这一情况，因为蒂尔皮茨觉得罗森达尔忽视了殖民地的经济发展。[②]总督特鲁珀（Truppel）于 1910 年被解职，因为他没有为蒂尔皮茨所赞同的德华大学提供支持。[③]此外，通过在 1898 年4 月宣布胶州为皇家“保护领”（Kaiserliches Schutzgebiet），德意志帝国的宪法机构如帝国议会和联邦议院就被禁止为胶州立法了。

海军所占的重要地位对德国在中国的殖民规划产生了深远影响。胶州应被改造成为一个“模范殖民地”，一个能够显示特殊的、富有创造性和富有实际成果的殖民主义路线的殖民地。“模范殖民地”意味着把胶州建设成展示现代文化、科学和技术成就的橱窗：海军为建设新城市青岛和新城市的基础设施，例如铁路连接点和港口设施

① 侨居青岛的德国人与设在柏林和青岛的管理机构经常发生十分紧张的关系。当地的殖民者和商人批评说：他们没有获得参与地方事务决策的权力。三名被选为市民代表者，1907 年以来是四名，有权就当前的事务发表评论。但是他们没有实质性的权利，因为总督并不为他的决定负责。此后市民对这种状况的批评越来越强烈。参见奥托·黑佛曼：《胶州——行政管理与司法审判》，图宾根：摩尔出版社 1914 年版（Otto Hövermann, Kiautschou. Verwaltung und Gerichtsbarkeit. Tübingen: Mohr, 1914），第 29 页。

② 参见蒂尔皮茨致威廉二世，1898 年 10 月 7 号，现存于 BArch/MA，RM2/1837，126～128 对开页，翻印于罗梅君主编，余凯思协助：《“模范殖民地胶州”——德意志帝国在中国的扩张》，柏林：学院出版社 1997 年版（Mechthild Leutner（Hrsg.）/Klaus Mühlhahn（Bearb.），“Musterkolonie Kiautschou”. Die Expansion des Deutschen Reiches in China. Deutsch-chinesische Beziehungen 1897—1914. Eine Quellensammlung. Berlin: Akademie Verlag, 1997），第 352～353 页。

③ 参见刘易斯·派恩逊：《文化帝国主义和精密科学：1900～1930 年德国的海外扩张》，纽约/伯尔尼/美因河畔法兰克福：彼得·朗出版社 1985 年版（Lewis Pyenson, Cultural Imperialism and Exact Sciences: German Expansion Overseas, 1900—1930, NewYork/Bern/Frankfurt am Main: Peter Lang, 1985），第 258 页。

等，投入了巨大财力。然而，更重要的或许是，这一概念暗示着建立一种可作典范的经济和社会秩序。海军在胶州看到了实现其经济和社会理想、展现其按照军事模式经营殖民社会的效率的机会。不同于不列颠在中国的直辖殖民地香港，胶州被置于海军部的严格监督之下了，几乎没有给任何形式的自治留有余地。殖民地经济主要国家权威机构经营，而这些机构主要以具有重大军事意义的大型工业企业（煤炭业、钢铁业）为重点考虑对象。在许多场合，殖民当局试图说服德国钢铁产品的主要生产者克虏伯（Friedrich Wilhelm Krupp）在青岛开办一家造船厂。然而，该公司对1899、1900和1904年的3次提议都表示了拒绝，因为它认为在青岛不存在建立营利性造船厂的商业基础。[①]尽管在青岛有家名为弗兰茨·奥斯特（Franz Oster）的小型公司愿意接管造船厂，当局还是决定把它当做一个国家企业来经营。他们担心小型私人公司没有能力为建设大规模设施投入必需的大量资本。在诸如电力等其他部门，情形也是一样。当局喜欢“大企业”如西门子之流。当西门子决定撤出青岛时，当局不顾当地商人乐意接管青岛电站的事实，成立了一家国有企业。小型的私人商业公司及其商业经营是受欢迎的，但其经济活动往往受到若干限制。它们在开业前必须申请各式各样的特许。此外，还有一些由官僚机构制定的营业准则。根据殖民经济条例，大型工业、殖民当局和海军应当互相支持，并为实现国家和经济的“永久扩张”[②] 这一共同目标而进行密切合作。发展的结果应当是在青岛建立一个军事—工业基地，而这一基地将为德国未来在东亚壮大军事力量创造条件。

---

① 见约翰·E. 施雷克尔：《帝国主义与中国人的民族主义：德国在山东》，剑桥，马萨诸塞：哈佛大学出版社1971年版（John. E. Schrecker, Imperialism and Chinese Nationalism: Germany in Shantung. Cambridge, Mass.: Harvard University Press, 1971），第226～227页。

② 见汉娜·阿伦特：《极权主义的起源》，纽约：哈考特、布雷斯公司1951年版（Hannah Arendt , The Origins of Totalitarianism. New York: Harcourt, Brace & Co., 1951），第260页。

与建立模范的经济秩序的意图完全一致，蒂尔皮茨也想对胶州的殖民社会加以操纵，使之沿着系统模式的方向发展。在青岛殖民社会中，日常生活受到了严格监控。殖民管理部门采取了若干强制措施，以便建立泾渭分明的社会结构。尤其是，管理部门力图避免不同种族或不同社会群体（例如士兵与平民）的混杂；胶澳租界被分割成不同的、按种族和社会群体划分的居住区。[①]殖民地的核心城市青岛，是完全为欧洲人准备的，而中国劳工只能居住在新建的市郊。

法律体系也在中国人和欧洲人之间作出了严格区别。[②]当地的习惯法被继续应用于"本地人"，而德国的法律（包括其法庭和法律诉讼程序）则仅仅适用于欧洲人。这一法律体系基本上是建立在中国人和欧洲人的种族差别基础之上的。根据规定，应当按照当地习惯法处理"本地人"法律事务，因此负责中国人事务的官员们必须

---

① 参见华纳：《青岛殖民城市的建设：土地条例、城市规划和发展》，载汉斯—马丁·欣茨/克利斯托夫·林德主编：《青岛——德国在中国殖民史的一章：1897~1914》，柏林：德国历史博物馆1998年版（Torsten Warner, Der Aufbau der Kolonialstadt Tsingtau: Landordnung, Stadtplanung und Entwicklung, in: Hans - Martin Hinz/Christoph Lind (Hrsg.), Tsingtau. Ein Kapitel deutscher Kolonialgeschichte in China, 1897—1914. Berlin: Deutsches Historisches Museum, 1998)，第89页。

② 1899年4月，为中国人和欧洲人颁布的不同民法和刑法法令开始生效。参见1899年4月15号关于中国人法律地位的法令，载谋乐：《胶澳保护领手册》，青岛：施密特印书局1911年版（Friedrich Wilhelm Mohr, Handbuch für das Schutzgebiet Kiautschou. Qingdao: Schmidt, 1911)，第72~77页。关于法律体系的讨论，比较重要的相关法令载罗梅君主编，余凯思协助：《"模范殖民地胶州"——德意志帝国在中国的扩张》，柏林：学院出版社1997年版（Mechthild Leutner (Hrsg.) /Klaus Mühlhahn (Bearb.), "Musterkolonie Kiautschou". Die Expansion des Deutschen Reiches in China. Deutsch - chinesische Beziehungen 1897—1914. Eine Quellensammlung. Berlin: Akademie Verlag, 1997)，第178页及以下数页。由于此类区别，这一司法体系有别于德国在其他殖民地实行的司法审判制度，参见乌多·沃尔特著，保罗·卡勒尔协助：《德国的殖民法——一个很少受到研究的法学领域，根据土著人的劳动法撰写》，《近代法学史杂志》第17卷，1995年第3/4期（Udo Wolter, unter Mitarbeit von Paul Kaller, Deutsches Kolonialrecht - ein wenig erforschtes Rechtsgebiet, dargestellt anhand des Arbeitsrechts der Eingeborenen, in: Zeitschrift für Neuere Rechtsgeschichte, 17: 3/4, 1995)，第201~244页。

熟悉当地的习惯法并试着将它们编纂成符合德国管理需要的法典。村社首领可用传统的方式处理小型诉讼案件。只有较大的、中国人自己无法解决的案件才被允许转交由德国人担任的区长裁决。至于刑事案件，殖民管理当局则授权区长应用大清律例作出判决。殖民管理当局也亲自制定了一些刑事处理法规，但其条款规定相当模糊。例如，它声称所有"构成侵犯"的行为都应受到惩罚，但它既没有定义也没有列举何种行为属于侵犯行为。此类条款显然违反了所谓"nulla poena sine lege"（没有法律规定，不能实施惩罚）的基本法律原则。此外，它也没有列举何种形式的侵犯将导致何种形式的处罚。这就意味着即使是轻微的冒犯，从原则上讲也可以被处以重罚。涉及中国人的大部分案件多由未受过法律培训的汉学家所充当的区长来处理。胶州法院只审理欧洲人的和欧洲人—中国人混合的案件，兼顾不服区长判决的上诉。

就殖民审判来说，亟待解决的一个重要问题是：谁应当被看做是法律意义上胶州"本地人"？1912 年，高级法官克鲁森（Crusen）在汉堡殖民研究所（Colonial Institute in Hamburg）发表演讲时声称胶州的本地人是"从伦理—文化意义上来讲的中国人"①。克鲁森继续说，之所以对所谓的"本地人"不采用德国现代法律，原因在于文化差异："必须避免将德国法律应用于缺乏应用基础的民族。"因此，鞭笞作为惩罚中国人而非欧洲人的最常用惩罚形式是完全允许的。对于轻微的违法乱纪行为，如在街道上吐痰或小便，警察可以当场抽打 10 鞭的方式予以惩罚，而不需要任何审判。不过，我们并没有看到有关管理人员经常使用极端残酷和充满暴力的手段进行惩罚的报道，这些法规似乎主要是为了发挥一种心理威慑作用。应当使中国居民意识到，即使轻微的违法乱纪行为从理论上讲也将获致严厉的惩罚。对于殖民当局来说，作出此类规定的目的并不在于实

---

① 格奥尔格·克鲁森：《胶州华人的法律地位》，《殖民法律杂志》第 15 卷，1913 年第 2 期（Georg Crusen, Die rechtliche Stellung der Chinesen in Kiauschou, in: Zeitschrift fuer Kolonialrecht, 15: 2, 1913），第 5 页。

际执行，而是将其作为符号权力加以利用。中国民众被迫处于一种不安全状态，他们必须依赖殖民管理者的“良好”意愿。法律上的不安全感即为驯化中国民众日常生活的基础。

按照类似的模式，胶州的民事管理被组织到两个分离的欧洲人和中国人结构之中。[①]管理市郊的区长们尽量避免在司法和管理方面作出改动（因而与传统社区的领导人，例如仍然握有权力的村长，进行合作），但在城市各处却颁布了一系列新的、针对中国人的管理措施。[②]在这方面最为重要的是那些为居住在城市区域中的中国人制定的法规。这一立法的第二部分涉及到“公共秩序和安全的维持”，其中的条款详细规定到每一位居住在青岛的中国人都必须到管理中国人事务的官员那里登记注册。第 7 款严禁举行任何没有得到管理当局批准的集会。第 6 款声称，所有用中文书写的告示都必须得到殖民管理当局的正式批准。第 5 款则规定，晚上 9 点以后每位在大街上行走的中国人都必须提一盏灯笼。然而，主要的也是最重要的规定出现在第三部分：“维持公众健康的总规定”，其中第 10 款规定禁止任何中国人在青岛欧洲人城区定居，据说是出于卫生考虑。

针对中国人的法律规定、建筑条例以及土地制度（殖民管理机

---

① 拉尔夫·A. 诺埃姆：《胶州租借地》，伯克利：加利福尼亚大学出版社 1936 年版（Ralph A. Norem, Kiaochow Leased Territory. Berkeley: University of Califonia Press, 1936），第 107 页及以下数页；也见约翰·E. 施雷克尔：《帝国主义与中国人的民族主义：德国在山东》，剑桥，马萨诸塞：哈佛大学出版社 1971 年版（John. E. Schrecker, Imperialism and Chinese Nationalism: Germany in Shantung. Cambridge, Mass.: Harvard University Press, 1971），第 70 ~ 71 页。他们是少数几位认识到胶州这一特征的学者。

② 参见 1900 年 6 月 14 日关于居住在市区的中国人的管理规定，载谋乐：《胶澳保护领手册》，青岛：施密特印书局 1911 年版（Friedrich Wilhelm Mohr, Handbuch für das Schutzgebiet Kiautschou. Qingdao: Schmidt, 1911），第 22 ~ 29 页。

关垄断了土地买卖事宜①），这一系列措施一起构成了胶州社会的本质特征，即具有深远影响的德国人和中国人的隔离。在接下来的几年里，青岛市内及其周围古老的中国村庄被夷为平地。居民被迁移到新建的台东镇和台西镇。所有这一切经常被说成是必要的“安全措施”。很明显，中国人被看做是“不干净的”和“有传染病的”，正如同时代许多医学论文所描述的那样，这被看做是由中国人“混杂的”和“不健康的”生活方式造成的。德国医师辩论道，中国人的传统习俗和生活方式将不可避免地导致瘟疫的传播。②例如海军医生科洛奈克（Kronecker）就于1913年在一篇发表于《医学通讯》（Medizinische Presse）杂志的文章中写道：“人口密集的生活区充满污物和害虫，最糟的是令人恶心的放纵性欲，尤其是中国男人的放纵，这就使得将中国人居住区与欧洲人居住区隔离开来一事成为不可避免的了。与鹅、鸭的兽奸行为、……同性恋、对男女儿童的性虐待、各种最可怕形式的强奸案件天天都有发生……几乎从未受到中国政府的法办。”他得出的结论是：“不仅欧洲，而且全世界都必

① 关于土地制度，参见罗梅君主编，余凯思协助：《“模范殖民地胶州”——德意志帝国在中国的扩张》，柏林：学院出版社1997年版（Mechthild Leutner (Hrsg.) /Klaus Mühlhahn (Bearb.), “Musterkolonie Kiautschou”. Die Expansion des Deutschen Reiches in China. Deutsch－chinesische Beziehungen 1897—1914. Eine Quellensammlung. Berlin: Akademie Verlag, 1997），第173～176页；马维利：《中国人事务专员单维廉的青岛土地条例》，波恩：自办出版社1985年版（Wilhelm Matzat, Die Tsingtauer Landordnung des Chinesenkommissars Wilhelm Schrameier. Bonn: Selbstverlag d. Hrsg., 1985）和马维利：《单维廉与青岛的土地制度》，郭恒钰、罗梅君主编：《德中关系论文集》，慕尼黑：米纳瓦出版社1986年版（Wilhelm Matzat, Wilhelm Schrameier und die Landordnung von Qingdao, in: Heng－yü Kuo/ Mechthild Leutner (Hrsg.), Beiträge zu den deutsch－chinesischen Beziehungen. München: Minerva－Publ., 1986），第33～66页。

② 参见乌特曼/菲尔斯.《青岛——一个殖民卫生学的回顾》，《船舶和热带卫生学档案副刊》第15卷，1911年第4期（Uthemann/Fürth, Tsingtau. Ein kolonialhygienischer Rückblick, in: Beiheft 4 der Beihefte zum Archiv für Schiffs— und Tropenhygiene 15: 4, 1911），第35～36页。

须承担与中国无产者的入侵作斗争的严肃义务。”①

这只是众多公开的、在其他“学术”论文和报告中也有明确表达的殖民种族主义的例子之一。这种殖民种族主义同样反映在上列引文所暗示的对“黄祸”的恐惧上。威廉二世皇帝发表的“匈奴演说”（Hunnen－Rede）只不过是广泛传播的最著名“黄祸论”罢了。1900年后，有大量通俗读物蜂拥而现，它们都表达了类似的既恐惧又充满种族优越论的情感。②需要注意的是，许多此类文章或宣传小册子都强调对公众健康和种族纯洁的威胁，宣称中国人和其他国家的移民将把这一威胁带到德意志帝国。因此，医学和人种学创造了一种支配性话语。在这一话语中，有关中国民众的习惯、风俗和道德的描述成为了实施必要的种族隔离政策的依据，以环境卫生和个人卫生的名义。同时，它也成了对殖民地中国民众实行严格的监视和控制以便教育和改善其习性的合法性证明。医学的和人种的话语因此是利用话语和侮辱为强大武器对本地人实施统治的有效手段。

在上文所描述的环境中出现的青岛殖民社会是独一无二的。它与德国在非洲占领的其他殖民地大不相同；胶州从未被设想为新的拓居地（settlement）。胶州主要是一个海军前哨。来自德国并想在胶州定居的所有人都必须事先向胶州总督提出申请。③只有那些在贸易、工程以及建筑方面有特殊技能和经验的德国人才被允许入住青岛。

---

① 弗兰茨·科洛奈克：《胶州15年——一项殖民地医学研究》，（Franz Kronecker, 15 Jahre Kiautschou. Eine kolonialmedizinische Studie. Berlin 1913），第11～12页。

② 关于这些出版物的详细讨论参阅海因茨·格尔维茨：《黄祸——一个流行语的历史》，哥廷根：凡登霍克和鲁普莱希特1962年版（Heinz Gollwitzer, Die Gelbe Gefahr. Geschichte eines Schlagwortes. Göttingen：Vandenhoeck & Ruprecht, 1962）。

③ 海军署国务秘书阿尔弗里德·冯·蒂尔皮茨在致海军内阁主管森登－毕布兰（Senden－Bibran）的信中强调每一位想在青岛定居者都必须先提交申请，见1898年6月2日蒂尔皮茨致森登－毕布兰的信，现存于BA/MA，RM 2/1836，237对开页。

殖民地内的德国人社会主要由肩负特殊使命的商人、技工和专家组成。[①]很少有德国家庭或妇女。男人们在诸如网球和马球等运动中寻找娱乐，也经常举行军事阅兵以及为庆贺皇室人员生辰而准备的欢宴。[②]

中国民众大都属于旅居者。[③]商人和劳工只是季节性地居住在青岛。更有甚者，即使在市区，妇女和家庭也很少。结果，卖淫在整个德国统治期间一直很猖獗。[④]在很短的时间里，一个大型的中国人娱乐区就形成了。总之，殖民地社会系统具有人造世界的特征。这

---

① 在1897～1914年的全部时间里，青岛的德国人口始终只有相当小规模。1913年的人口数不超过1855人。参见王正延：《青岛》，青岛印书局1922年版，第94页（作者使用了现今已见不到了的德文资料）。除此之外，全部德国军事人员则达到了2400人。参见谋乐：《胶澳保护领手册》，青岛：施密特印书局1911年版（Friedrich Wilhelm Mohr, Handbuch für das Schutzgebiet Kiautschou. Qingdao: Schmidt, 1911），第442页。

② 参见碧能艳：《1897～1914年德国在山东租借地青岛——因殖民化而引起的机构变化》，波恩：马维利出版社2001年版（Annette S. Biener, Das Deutsche Pachtgebiet Tsingtau in Schantung, 1897—1914. Institutioneller Wandel durch Kolonialisierung. Bonn: Matzat, 2001），第318～330页。

③ 这一点当然不符合居住在郊区的农民的情况。1914年胶州的中国人口数是187000人。这其中，大约有55000人住在市区。他们大多仅属于季节性临时居住在胶州的工人。见罗梅君主编，余凯思协助：《“模范殖民地胶州”——德意志帝国在中国的扩张》，柏林：学院出版社1997年版（Mechthild Leutner (Hrsg.) /Klaus Mühlhahn (Bearb.), “Musterkolonie Kiautschou”. Die Expansion des Deutschen Reiches in China. Deutsch - chinesische Beziehungen 1897 - 1914. Eine Quellensammlung. Berlin: Akademie Verlag, 1997），第238～239页。

④ 参见沃尔夫冈·埃卡特：《1897～1914年在中国的德国医生——德意志第二帝国中作为文化使命的医学》，斯图加特：菲舍尔出版社1989年版（Wolfgang Eckart, Deutsche rzte in China 1897—1914. Medizin als Kulturmission im Zweiten Deutschen Kaiserreich. Stuttgart: Fischer, 1989），第31～33页。殖民当局尽力将殖民社会的这些方面掩盖起来。参见特鲁珀致蒂尔皮茨，1903年12月12日，载罗梅君主编，余凯思协助：《“模范殖民地胶州”——德意志帝国在中国的扩张》，柏林：学院出版社1997年版（Mechthild Leutner (Hrsg.) /Klaus Mühlhahn (Bearb.), “Musterkolonie Kiautschou”. Die Expansion des Deutschen Reiches in China. Deutsch chinesische Beziehungen 1897—1914. Eine Quellensammlung. Berlin: Akademie Verlag, 1997），第220～222页。尽管有严格审查，卖淫一事还是会被德国报纸偶尔提到，参见例如1911年3月9日的《青岛最新消息报》，第9页。该报指出：“在大型娱乐区”许多小孩和年轻的女孩被迫卖淫。

是由下列事实所决定的，即殖民地并非历史地成长起来的有机体，而是由外来侵略所创造的。在青岛殖民地社会中，不同文化和社会背景的团体共存，但却又被社会的、法律的和文化的屏障分裂开来。当然，在中国劳工和德国商人之间，学生和老师之间，以及在双方的官员之间，接触和互动时有发生，但所有这些互动看上去都是零星的和短命的。中国人和德国人实际居住在一个相互隔离的空间里。

在胶州殖民社会中，军事扮演了一个非常重要的角色，但这并不仅仅因为海军掌控着殖民地。在青岛德国人口中，军事人员也占大多数。更重要的是，殖民当局在青岛所奉行的法律和社会政策都是以建立模范社会组织规划为前提的军事模式为导向的。建设的重点被放到改善公共卫生、促进民众健康、支持一种迅速建成并毫无摩擦的、有序的社会制度和组织、建立空间的和社会的官僚等级制体制上，具有明显的在19世纪德国和欧洲都得到广泛传播的社会思想的特征。米歇尔·福柯将这一思想描述为"军事的社会梦想"(military dreaming of society)，它不是以社会契约或公民权利等观念为参照，而是一种强调纪律和服从的社会，并且从总体上把社会看做为一架机器。①

三、抵抗和顺应之间：中国人针对德国殖民主义而采取的策略

在中国，不同的社会群体在应对德国的侵略时采用了不同的策略。这些策略并非单纯的、有意识的抵抗。每一种策略都无法摆脱地与改善全中国现状的社会政治目标交织在一起。由此，抵抗就成为了一种把当前的政治行动与未来的社会和政治发展计划联系在一

① 参见米歇尔·福柯：《规训与惩罚——监狱的诞生》，纽约：万神庙出版社1976年版（Michel Foucault, Discipline and Punishment: The Birth of the Prison, New York: Pantheon, 1976）。

起的、具有重大意义的举措了。很明显，这是赢得政治支持的关键。接下来，我们就要探讨一下这些为数众多的社会群体的情况，其中包括官员、农村和城市居民、商人和店主、新型知识分子以及孙逸仙等人。

外国殖民前哨在“圣人故里”山东省的存在从一开始就引起了中国清王朝文人和官员的高度关注。在得知德国于1897年11月占领胶州湾事件后，康有为立即中断了在日本的旅行，辗转到达北京以便向皇帝呈递著名的第五次上书；该上书写于1898年1月。康开门见山地声称，中国现在正面临着他在早先上书中就预言的被瓜分的严重威胁。在这些上书中，他也反复要求进行大刀阔斧的改革。按照康的说法，德国占领胶州对中国来说将产生一场危机，其中中国的整个存在都将受到威胁：“夫自东师辱后，泰西蔑视，以野蛮待我，以愚顽鄙我。昔视我为半教之国者，今等我于非洲黑奴矣。昔憎我为倨傲自尊者，今则辱我为聋瞽蠢冥矣。按其公法均势保护诸例，之为文明之国，不为野蛮，且谓剪灭无政教之野蛮，为救民水火。……职恐自尔之后，皇上与诸臣，虽欲苟安旦夕，歌舞湖山而不可得矣，且恐皇上与诸臣，求为长安布衣而不可得矣。”[①]康得出结论说，只有激进而长远的改革才能抵挡住入侵者，否则的话，中国必将遭到灭亡的厄运。上书中的警戒语调尤其给军机处和总理衙门大臣兼任光绪皇帝老师的翁同龢留下了深刻印象。翁曾就租借胶州湾事宜与德国人进行过谈判并代表皇帝签署了条约。他在日记中写道：“把山东交给了卑鄙的外国人，实愧对祖先。……这是我一生中受最大耻辱的一天。”[②]后来，翁同龢在发起百日维新活动中发挥了关键作用。德国人占领胶州也是导致在1898年推行虽然短命但却雄心勃勃的改革政策的最重要因素。康有为论证道，对于中国来说，

---

① 汤志钧编辑：《康有为政论集》，中华书局1981年版，第201～210页。

② 引自孔祥吉：《胶州危机与1898年的改革运动》，《柏林中国杂志》第12期，1997年5月（Kong Xiangji, Die Jiaozhou – Krise und die Reform – Bewegung von 1898, in: Berliner China – Hefte, 12, 5. 1997），第48页。

抵抗帝国主义的最好方法是彻底改造国家和社会，创建一个现代的中国。改革越彻底，中国就越能够对外国帝国主义作出有效的抵抗。

山东地方官员如李秉衡、张汝梅和毓贤等人也十分紧张。①他们同样认为形势是危险的，同样看到德国的占领造成了一种严重危机。但他们倾向于采取另一种应对德国入侵的策略，其前提就是“用民制夷”。这就导致他们容忍，甚至促进通过大众化社团扩展而形成的农村民众的自发行动。②他们的目标不是改革，而是试图通过动员民众实现复辟。在北京中央政府得到广泛赞成的则是第三条道路。特别是李鸿章和翁同龢，既不倾向于改革也不赞成复辟③，他们宁愿维持现状（status quo）。他们的工具便是外交。清帝国总理衙门的大臣们感到不得不签订《胶澳租界条约》，因为中国明显地别无选择。此外，他们也急切地想维持社会稳定。因此，从总体上看，中国政府官员在如何应对外国帝国主义方面存在着严重分歧。这就为民众的暴力反抗留出了容忍的权力真空。

在紧接占领后岁月所出现的紧张和恐惧中，在殖民政权与农村居民之间，在殖民地的腹地，多次发生暴力冲突。这个包括被认为有大量煤炭蕴藏的博山和潍县在内的腹地属于德国经济利益所关注的重点地区。为了开发煤炭资源，建立一条连接青岛和山东省会济南府之间的铁路；德国一些大型企业和银行于1899年成立了两个大

---

① 见周锡瑞：《义和团运动的起源》，伯克利：加利福尼亚大学出版社1987年版（Joseph W. Esherick, The Origins of the Boxer Uprising. Berkeley: University of Califonia Press, 1987），第198~200页；王守中：《德国侵略山东史》，人民出版社1987年版，第139~152页。

② 见1897年11月19日李秉衡致总理衙门的电报，载DQSLXJ，第257页。

③ 见张树枫：《李鸿章与胶州湾》，刘善章、周荃主编：《中德关系史文丛》，青岛出版社1991年版，第75~77页。

财团。[①]这两家财团资助成立山东铁路公司（Shandong Eisenbahn－Gesellschaft）和山东矿务公司（Shandong Bergbau－Gesellschaft）。建造铁路和开采矿物，不仅仅是由中德条约带来的最具盈利性的经济机会，而且这两项工程的迅速完成也被看做是青岛港商业贸易顺利发展的前提条件。殖民当局和公司都希望铁路和矿务能尽快运营。任何耽误都将给公司造成损失并危及青岛的经济前途。

然而，德国公司从一开始就遇到了许多麻烦。农民不愿将土地卖给代表公司利益的土地征购经纪人。他们要求更高的价格，或因在铁路公司想购买的土地内有他们的祖坟而拒绝出卖。公司不顾所面临的抗议，执意强迫推进建设工程，尽管有些地段的征购工作尚未完结。山东铁路公司的不妥协态度导致了农村居民的普遍愤怒。在这种情形下，即使是轻微的挑衅事件，例如一件发生在大吕乡农民与铁路工人之间的争执，都会导致暴力冲突的公开发生。愤怒的农民聚集在一起，决定阻止工人继续他们的工作。[②]在有关民众骚乱的消息传到青岛后，胶澳总督叶世克（Jaeschke）马上决定“教训一下农民”。他认为德国军队随后所采取的行动可以阻止进一步的抵抗行动的发生。叶世克命令大约100名士兵侵入大吕乡和它附近的堤东乡，对抵抗者采取严厉镇压。德军洗劫了3个村庄，并杀死了25人。[③]

① 关于德国公司和商家的具体情况见余凯思：《腹地的德国前哨——山东的基本建设》，汉斯—马丁·欣茨/克利斯托夫·林德主编：《青岛——德国在中国殖民史的一章：1897～1914》，柏林：德国历史博物馆1998年版（Klaus Mühlhahn, Deutsche Vorposten im Hinterland. Die infrastrukturelle Durchdringung der Provinz Shandong, in：Hans—Martin Hinz/Christoph Lind（Hrsg.），Tsingtau. Ein Kapitel deutscher Kolonialgeschichte in China，1897—1914. Berlin：Deutsches Historisches Museum，1998），第146～158页。

② 葛之覃致毓贤，1899年6月29日，现存于FHA 5012/0—2，292号。

③ 见罗梅君主编，余凯思协助：《“模范殖民地胶州”——德意志帝国在中国的扩张》，柏林：学院出版社1997年版（Mechthild Leutner（Hrsg.）/Klaus Mühlhahn（Bearb.），“Musterkolonie Kiautschou”. Die Expansion des Deutschen Reiches in China. Deutsch－chinesische Beziehungen 1897－1914. Eine Quellensammlung. Berlin：Akademie Verlag，1997），第248页。

之后不久，德国军队又占领了高密县城达两周时间。[①]在这里发生了一起引起全中国官员注意的事情。高密既是一个相当富裕的城市，又以拥有众多科举考试成功者和功名获得者而闻名遐迩[②]，在许多房舍上都有显示获得科举功名或出任达官贵吏的荣誉性标志。德国军队驻扎进了高密书院，书院内有一座著名的老图书馆。[③]但是德国士兵在离开时摧毁了书院并放火焚烧了图书馆里的藏书。对儒家经典施加火刑（autodafé），象征性地表达了在青岛德国人中间广泛传播的这样一种信念，这就是相信冲突的发生并非仅仅由于铁路的建造；他们更多地相信自己已经陷入了一场不仅要反对暴动的农民，而且还要从总体上反对儒家文明的战争。按照他们的信念，开化进步的西方文明必须克服落后的儒家文明，如果有必要可不惜动用武力。1900 年，叶世克在写给柏林的信中称："目前，在中国存在着两种不同意识形态的激烈斗争，其一是建立在旧时代的传统基础之上的中国人民族性的世界观，其二是主张世界政策的西方人的世界观。"[④]

德国殖民者虽然在 1899 年 6 月采取过军事行动，但中国人的抵抗并没有减弱。铁路勘测员树立的标竿一次又一次地被拔掉。不过，直到 1900 年春，大规模的暴动并没有发生。在高密北部的壕里低地地区，人们担心铁路将毁坏排水系统并导致洪水泛滥，但在铁路公

① 见杨来青：《高密事件与中国民众对德国铁路的抵抗》，罗梅君/余凯思主编《在中国的殖民战争——义和团运动的失败》，柏林：林克斯出版社 2007 年版（Yang Laiqing, Die Ereignisse von Gaomi und der Widerstand der Bevölkerung gegen den deutschen Eisenbahnbau, in: Mechhild Leutner/ Klaus Mühlhahn (Hrsg.), Kolonialkrieg in China. Die Niederschlagung der Boxerbewegung. Berlin: Links, 2007），第 49 ~ 59 页。

② 山东的功名获得者有 60% 的人来自高密或胶州，参见周锡瑞：:《义和团运的起源》，伯克利：加利福尼亚大学出版社 1987 年版（Joseph W. Esherick, The Origins of the Boxer Uprising. Berkeley: University of Califonia Press, 1987），第 30 页；王正延：:《青岛》，青岛印书局 1922 年版，第 1 页。

③ 葛之覃致毓贤，1899 年 7 月 3 日，现存于 FHA 501/0—2，292 号。

④ 胶澳总督叶世克的备忘录，1900 年 10 月 9 日，现存于 BArch/MA，RM3/6782，276 ~ 308 对开页。

司看来，这只不过是企图阻止铁路建造的借口。①公司极力催促总督再次采取军事措施以保护铁路建造工程。与此同时，壕里的人们也开始邀请义和团首领向他们传授武术和法术。义和团同样从不同文明冲突的角度来看待与帝国主义的斗争。他们相信外国人的出现，尤其是铁路的建造，破坏了自然的和谐，引起了祖先和神灵的惶惑不安。他们更把1900年在山东发生的干旱和其他自然灾害的真正原因归咎于宇宙和谐的遭破坏。②面对义和团在华北地区的迅速传播、袭击外国人事件的增多和清政府的宣战③，殖民当局决定暂时撤退。叶世克命令所有德国人都要回到青岛。铁路建筑工作被中止了。壕

---

① 中国人的担心不是没有道理的。1902年，整个地区遭受了水灾，这一年的收成被毁掉，整个村庄也被大水冲走。德国总督派壕里低地地区的一名专家去调查原因。在一秘密报告中，工程师博恩（Born）总结道：洪水泛滥无疑是由铁路铺设造成的。他指责铁路公司修建的桥少且窄。原因是公司想要降低成本。参见工程师博恩致总督特鲁珀，1902年9月4日，载罗梅君主编，余凯思协助：《"模范殖民地胶州"——德意志帝国在中国的扩张》，柏林：学院出版社1997年版（Mechthild Leutner（Hrsg.）/Klaus Mühlhahn（Bearb.），"Musterkolonie Kiautschou". Die Expansion des Deutschen Reiches in China. Deutsch-chinesische Beziehungen 1897-1914. Eine Quellensammlung. Berlin：Akademie Verlag，1997），第300～302页83号文献。此后特鲁珀敦促公司在壕里低地地区铁路线修建更多的桥。公司照做了，这样以来就再没有发生水灾。

② 关于义和团的信仰体系见柯文：《历史三解：作为事件、经历和神话的义和拳》，纽约：哥伦比亚大学出版社1997年版（Paul A. Cohen，History in Three Keys：The Boxers as Event，Experience and Myth. New York：Columbia University Press，1997）第84～85页所作的精辟解说。也见孙立新：《义和团运动的宗教和社会起源》，罗梅君/余凯思主编《在中国的殖民战争——义和团运动的失败》，柏林：林克斯出版社2007年版（Sun Lixin，Die religioesen und sozialen Urspruenge der Boxerbewegung，in：Mechhild Leutner/ Klaus Mühlhahn（Hrsg.），Kolonialkrieg in China. Die Niederschlagung der Boxerbewegung. Berlin：Links，2007），第69～80页和达素彬：《义和团：动议、支持和动员》，罗梅君/余凯思主编《在中国的殖民战争——义和团运动的失败》，柏林：林克斯出版社2007年版（Sabine Dabringhaus，Die Boxer：Motivation，Unterstuetzung und Mobilisierung，in：Mechhild Leutner/ Klaus Mühlhahn（Hrsg.），Kolonialkrieg in China. Die Niederschlagung der Boxerbewegung. Berlin：Links，2007），第60～68页。

③ 见柯文：《历史三解：作为事件、经历和神话的义和拳》，纽约：哥伦比亚大学出版社1997年版（Paul A. Cohen，History in Three Keys：The Boxers as Event，Experience and Myth. New York：Columbia University Press，1997），第14～56页。

里的农民庆祝他们的胜利。

在 1900 年干热的夏天，随着国际救援力量的到达，形势发生了变化。9 月末，在陆军元帅冯 · 瓦德西（von Waldersee）的指挥下，一支庞大的德国援军在天津登陆。10 月 6 ~7 日，瓦德西与胶州总督叶世克在天津会晤，讨论了德国在中国的进一步军事行动。他们都赞同尽快将发生于胶州腹地的抵抗运动镇压下去，避免铁路建造工程继续拖延。德国军队应当针对中国民众实施所谓的“惩罚性行动”。10 月，15200 名德国士兵开进高密。10 月 23 日 ~11 月 1 日，在没有任何预警的情况下，3 个村庄突然遭到炮火轰击并被完全摧毁，450 多人惨遭杀害，其中有很多是妇女和儿童。[①]摧毁整个村庄的“惩罚性行动”沉重打击了中国民众的抵抗，并且有效地阻止了新的抵抗运动的再起。

发生于 1899 ~1900 年间的一系列暴力冲突大大加剧了德国殖民当局与中国农村居民间的紧张关系。暴力的升级也使青岛市内及其周边地区的局势恶化了。双方都感到他们不仅是陷入了经济或政治的冲突，而且更为根本的是陷入了文明的冲突，这大大方便了对暴力和野蛮手段的使用，广大民众自发的反殖民主义抵抗斗争因此变得难以为山东地方精英驾驭了。

义和团起义期间，发生于中国民众和外来势力之间的暴力冲突对山东产生了严重影响。外国的入侵方便了义和团的武术和法术涌入山东乡村。异端学说和实践的传播严重威胁着乡村的社会秩序，尤其是在德国殖民者活动频繁的地区。因此，1900 年以后，中国的一些地方官员开始有系统地采取降温策略了。1900 年，袁世凯和他后来的最主要继任者周馥和杨士骧在山东巡抚衙门制定了一系列新

---

① 关于细节和文件见罗梅君主编，余凯思协助：《“模范殖民地胶州”——德意志帝国在中国的扩张》，柏林：学院出版社 1997 年版（Mechthild Leutner（Hrsg.）/Klaus Mühlhahn（Bearb.），“Musterkolonie Kiautschou”. Die Expansion des Deutschen Reiches in China. Deutsch – chinesische Beziehungen 1897—1914. Eine Quellensammlung. Berlin：Akademie Verlag，1997）第 250 页及以下数页。

政策。“新政”在山东暗示着一种通过恢复传统秩序、重申帝国等级制度的方式，减轻帝国主义和中国民众反帝国主义抵抗运动这两者对中国社会的冲击的策略。“新政”的外交维度包括为处理与德国人的关系而加强沟通的努力。除了解决因建造铁路或开采矿山所引起的纠纷外，山东巡抚们还十分关心如何抚恤胶澳租界以内及其周边地区的中国居民问题。自 1902 年起，山东巡抚定期走访胶澳租界。较低级别的民政和军事官员甚至更频繁地到青岛进行正式访问。周馥是第一位参观过德国殖民地胶州的山东巡抚，他在上呈皇帝的奏折中讲述了正在进行的建设项目和德国当局所投入的巨额资金。①同他一样，许多其他官员也表达了对德国计划的宏大规模的钦佩。他们在访问青岛时，都想仔细考察一下德国的体制。另一同等重要的目标是关照居住在青岛的中国人。在上文提到的 1902 年报告中，周馥也提到，他已经派人到青岛中国居民中重建保甲制度了。他认为可以通过这种方式保护中国民众免遭殖民当局的侵犯。有效的保甲制度还能够切实避免自发性暴力反抗的发生。

当德国殖民当局注意到这些旨在建立代表中国人利益或扩大中国政府对中国民众的控制力的非正式机构的努力时，总督奥斯卡·冯·特鲁珀马上警觉了起来。他利用周馥到访的机会向他提出质问。特鲁珀还讲了德国人的立场。按照他的观点，青岛的中国居民应当只服从德国殖民当局的管辖。周馥力加反驳，他认为“青岛的中国居民仍属于他们的家庭和宗族，他们因此也仍受中国法律的约束，应当并且也必须从那里寻求帮助”②。他进一步要求在青岛建立一个由中国人组成的官方机构，它将代表中国人的利益并能经常地与德国人进行交涉。在由官方举行的晚宴上，周馥发表演说：“青岛的土

① 周馥上奏朝廷的备忘录，1902 年 12 月 31 日，现存于 AS/JYS 02—11—13（1）。

② 特鲁珀致蒂尔皮茨，1902 年 12 月 30 日，现存于 BArch/MA，RM3/6718，71～74 对开页。

地虽然被租借给了德国，但它仍是山东省的一个地盘。”[①]对于特鲁珀来说，周馥的建议难以接受。特鲁珀认为这将严重削弱德国在青岛的统治权。

“新政”的内政维度包括1906年在济南、周村和潍县建立“自动开放的商业区”（自开商埠）措施。[②]晚清时期，各省都迫切要求开放自己的一些城市开展国际贸易，以便促进中国内地省份的商业繁荣。[③]应当允许外国人在所谓的商业区（商埠）置地营业。不过，与有着外国人定居地（租界）的条约口岸相比，这些商业区是受到中国的管辖和管理的。[④]袁世凯和他的继任者还试图将商业贸易引进到山东农村地区。他们为此修建了道路，疏通了运河，以便把这些地区与跨地区的基础设施联系起来。此外，山东省政府也成立了一

---

① 特鲁珀致海军署，1902年12月12日，现存于BArch/MA，RM3/6718，Bl. 13—15，翻印于罗梅君主编，余凯思协助：《“模范殖民地胶州”——德意志帝国在中国的扩张》，柏林：学院出版社1997年版（Mechthild Leutner（Hrsg.）/Klaus Mühlhahn（Bearb.），“Musterkolonie Kiautschou”. Die Expansion des Deutschen Reiches in China. Deutsch－chinesische Beziehungen 1897—1914. Eine Quellensammlung. Berlin：Akademie Verlag，1997），第334页。

② 见约翰·E. 施雷克尔：《帝国主义与中国人的民族主义：德国在山东》，剑桥，马萨诸塞：哈佛大学出版社1971年版（John. E. Schrecker，Imperialism and Chinese Nationalism：Germany in Shantung. Cambridge，Mass.：Harvard University Press，1971），第155～157页；戴维·巴克：《中国的城市变迁——1890～1949年山东济南的政治与发展》，麦迪逊：威斯康星大学出版社1978年版（David Buck，Urban Change in China. Politics and Development in Tsinan，Shantung，1890～1949. Madison：University of Wisconsin Press，1978），第51～54页；张玉法：《中国现代化的区域研究：山东省，1860～1916》，台北：“中央研究院近代史研究所”1987年版，第596～598页。

③ 由外国人占主导地位的通商口岸已经得到了很好研究，但中国的这一反模式（counter－model）和经济创新基本上仍被西方和中国的历史编纂所忽略。1994年，张践就此发表了一个总体看法，参见张践：《晚清自开商埠述论》，《近代史研究》1994年第5期，第73～88页。

④ 见《济南商埠的出租和建筑管理规定》，现存于AS/JYS 03—17—1。

家在小清河上运营的轮船公司。①经济关系的“树枝状的市场系统”②被建立起来了。在这里，农村地区与拥有工场制造设施的开放城市和沿海地区的集散中心就在市场结构多种多样的层面上彼此互动起来了。“新政”标志着与不干涉经济的传统政治的明显决裂。在帝国主义的压迫下，中国官员将系统的经济发展看做是聚集国力的基础。这就意味着在指导社会和经济发展方面，赋予国家以关键性作用了。③国家制定了发展型的政治目标和标准；据此，经济资源应当被加以重新分配。人们期望这种由政府资助的内地经济发展能够有效地阻止德国在山东的垄断。④从政治话语层面来看，这一经济抵抗与对重商主义者和国家社会主义者观念的提升交织在一起；这些观念

① 参见张玉法：《中国现代化的区域研究：山东省，1860~1916》，台北：“中央研究院近代史研究所”1987年版，第475页。

② 见广·曼·布恩：《内地的形成：近代中国的条约口岸与区域分析》（Kwan Man Bun, Mapping the Hinterland: Treaty Ports and Regional Analysis in Modern China），盖尔·赫沙特/埃米利·赫宁/约拿坦·N. 利普曼/兰达尔·司特罗斯主编：《重新绘制中国地图：历史地形的裂隙》，斯坦福：斯坦福大学出版社1996年版（Gail Hershatter/Emily Honig/Jonathan N. Lipman/Randall Stross (Hrsg.), Remapping China. Fissures in Historical Terrain. Stanford: Stanford University Press, 1996），第189页及以下数页。

③ 关于这一点见小弗雷德里克·韦克曼：《历史变化的模式：1839~1989年中国的国家与社会》，肯尼思·利波塔尔等编：《现代中国透视——四周年纪念》，纽约阿尔蒙克：夏普出版社1991年版（Frederic Jr. Wakeman, Models of Historical Change: The Chinese State and Society, 1839—1989, in: Kenneth Lieberthal (eds.), Perspectives on Modern China. Four Anniversaries. Armonk, NY [u. a.]: Sharpe, 1991），第77页。

④ 德国官员们对这一点很清楚。特鲁珀在致海军署的信中写道：“开通商业区的……目的是削弱德国人的优势地位。”此信现存于Barch/MA, RM3/6729, Bl. 1—2。

赞成拥有监督和管理经济和社会能力的强大国家的建立。[①]

尽管受到德国的反对，中国官员依然继续关注青岛的中国居民。青岛的商人与济南的官员关系极好。许多商人获得了官方授予的头衔。但是，尽管彼此协助，商人们还是有着自己的目标和利益的，而这些目标和利益与官员的目标和利益并不完全相同。像在所有商业城市的情形一样，青岛的中国商人也成立了一些会馆，并通过它们来代表自己的利益。1900 年有 3 家会馆成立：代表来自天津和山东的商人利益的“齐燕会馆”、代表长江下游商人利益的“三江会馆”以及代表广州商人利益的“广东会馆”。1913 年又新增了两家会馆：昌邑会馆和海阳会馆。在这两家会馆中，都有一些从事国际贸易的商人参加。[②]因此，传统模式为青岛中国商人的自治组织奠定了基石。同时，商人们也试图建立新型结构。经过长时间讨论，总督特鲁珀终于在 1902 年批准了中国商人和店主期望建立一个委员会的请求。这个所谓的中国人委员会（Chinese Committee）应就某些特别的经济问题进行审议。委员会成员是通过各会馆内部投票选举的

---

① 关于建立强大国家的宣传见迈克尔·秦：《中国的民族、治理术和现代性——广东，1900～1927》，斯坦福：斯坦福大学出版社 1999 年版（Michael Tsin, Nation, governance, and modernity in China: Canton, 1900－1927, Stanford: Stanford University Press, 1999）；杜赞奇：《从民族中拯救历史——质疑近代中国的叙述》，芝加哥：1995 年 Prasenjit Duara, Rescuing History from the Nation. Questioning Narratives of Modern China, Chicago: University of Chicago Press, 1995），第 159 页；迈克尔·H. 亨特：《中国的民族认同与强大的国家：晚清—共和的危机》，洛厄尔·迪特默尔/塞缪尔·S. 吉姆编：《中国的民族认同性探索》，伊萨卡：康奈尔大学出版社 1993 年版（Michael H. Hunt, Chinese National Identity and the Strong State: The Late Qing－Republican Crises），载（Lowell Dittmer/Samuel S. Kim (Hrsg.), China' s Quest for National Identity, Ithaca, NY [u. a.]: Cornell University Press, 1993），第 63 页。

② 关于行会的讨论见张玉法：《青岛的势力圈：1898～1937》，“中央研究院近代史研究所”编《近代中国区域史研讨会论文集》，台北：“中央研究院近代史研究所”1986 年版，第 835～836 页。类似的情形也存在于“超殖民地”天津，见广·曼广·曼·布恩：《天津的盐商：中华帝国晚期主权国家的形成与平民社会》，檀香山：夏威夷大学出版社 2001 年版（Kwan Man Bun, The salt merchants of Tianjin : state－making and civil society in late Imperial China. Honolulu: Honolulu University press, 2001）。

方式产生的。总督希望中国商人与德国管理机构进行合作，以便巩固德国的统治。但委员会逐渐强大了起来。它在1908年明显地支持一场由中国商人和中国工人发起且组织良好的联合抵制洋货运动。这类集体性的和高度政治性的反对殖民政权行动使德国殖民当局深感震惊。其导火线是租用刚刚建成的港口库房的价格的大幅度提升。新收费标准明显偏向于德国的大型贸易公司。中国人委员会向中国民众发出动员令，要求停止购买德国产品或光临德国商店。商人则拒绝与德国公司进行贸易。只是在管理机构作出了实质性让步后，针对德国的联合抵制才宣布停止。在概述1908年的联合抵制运动时，德国总督用非常失望的笔触写道："中国人仍然是用中国人的方式感受和思考的。"①因为这些事件，中国人委员会在1910年被解散，取而代之的是由总督挑选的顾问。

青岛商人在山东"收回路矿权运动"中也发挥了积极作用。自1900年以来，地方商人反对中德条约中部分条款的抗议斗争愈演愈烈。根据这些条款，清政府把修建两条铁路线（青岛—济南线和青岛—沂州线）和开采铁路沿线煤矿的独占权和特许让给了德国的辛迪加。②1908年，与青岛爆发联合抵制洋货运动同时，一个主张收回路矿利权的同盟会在山东成立了。他们一方面对于收回山东铁路的建造权和矿山资源开采权表达了最急切的关注，另一方面也有长期的斗争目标，其中之一就是向全中国人民揭露殖民政权所做的坏事和它给中国造成的经济损失。他们在报纸和杂志当中看到了一个形成和影响公众意见的有效武器。与此同时，他们也抨击清政府过于软弱的胶澳政策。在协会成立宣言中，人们可以读到这样的文字："夫世界生齿日繁，各国皆有人满之患，徒恃（事）耕凿（作）以营生，即下愚亦知其非计。故最大利源，惟路与矿。未有此两大权

---

① 特鲁珀致海军署，1908年11月4日，现存于BA/MA，RM 3/6721，220～223对开页。

② 见李恩涵：《晚清的收回矿权运动》，台北："中央研究院近代史研究所"1963年版，第364页。

尽握于人，而工人犹能生存者。”①在宣言的末尾，他们建议采取两种恢复失去了的权力的策略：第一，通过印刷和散发报纸使人们认识到政治事件和经济观点的重要性：“机关维何？曰：‘不知者而使之知，其知则促其行。’”第二，评论员总结说，如果人们不热爱他们的家乡，报纸就产生不了什么影响。在这一话语中，值得注意的是，宣言只提到了山东人，既没有谈论全中国，也没有讲中央政府。收回利权运动并未促进中央国家的观念，与之相反，却强调了地方自治的必要性。②同时，他们还要求言论自由。在这里，有关中国未来的社会和政治发展的政治目标也占据了突出地位。根据这一策略，地方性公共领域的出现不应当受到国家权威的任何干扰。③

在 20 世纪最初 10 年，政治刊物出现了，它也成为知识分子、学生和商人的广泛读物。④此类出版物的出现意味着受过教育者越来

---

① 现存于 BArchB，DBC，Nr. 1251，150～152 对开页。翻印于罗梅君主编，余凯思协助：《“模范殖民地胶州”——德意志帝国在中国的扩张》，柏林：学院出版社 1997 年版（Mechthild Leutner (Hrsg.) /Klaus Mühlhahn (Bearb.), “Musterkolonie Kiautschou”. Die Expansion des Deutschen Reiches in China. Deutsch - chinesische Beziehungen 1897—1914. Eine Quellensammlung. Berlin: Akademie Verlag, 1997），第 410～414 页。

② 这些团体同样在新的地方性集会中也非常活跃，并且要求从中央政府得到更多的地方自治权，尤其财政权。见罗杰·R. 汤普森：《1898～1911 年宪政改革时期中国的地方自治会》，剑桥，马萨诸塞：哈佛大学东亚研究理事会 1995 年版（Roger R. Thompson, China’s Local Councils in the Age of Constitutional Reform, 1898—1911. Cambridge, Mass. [u. a.]: Council on East Asian Studies, Harvard University, 1995）。

③ 见小弗雷德里克·韦克曼：《历史变化的模式：1839～1989 年中国的国家与社会》，肯尼思·利波塔尔等编：《现代中国透视——四周年纪念》，纽约阿尔蒙克：夏普出版社 1991 年版（Frederic Jr. Wakeman, Models of Historical Change: The Chinese State and Society, 1839—1989, in: Kenneth Lieberthal (eds.), Perspectives on Modern China. Four Anniversaries. Armonk, NY [u. a.]: Sharpe, 1991），第 77 页。

④ 关于出版业和新闻业的兴起见娜塔莎·维廷霍夫：《中国新闻业的开始（1860～1911）》，威士巴登：哈拉索维茨出版社 2002 年版（Natascha Vittinghoff, Die Anfänge des Journalismus in China (1860 - 1911). Wiebaden: Harrasowitz, 2002）；芭芭拉·米特勒：《中国的报纸：上海新闻媒体中的权力、身份和变化，1872～1912 年》，剑桥、马萨诸塞：哈佛大学亚洲中心 2004 年版（Barbara Mittler, A newspaper for China: power, identity, and change in Shanghai's news media, 1872—1912. Cambridge, Mass.: Harvard University Asia Center: Distributed by Harvard University Press, 2004）。

越关注政治事务了。在大量报纸和杂志中，有关德国占领下的胶州的报道反复出现。这些报道几乎都对德国殖民地持尖锐批评态度。与官方的观点相比，它们对殖民体系的看法大相径庭。在《北京官话报》1907年4月22日刊登的一篇文章中，作者对胶澳租界的司法制度提出了严厉批评。他揭露了对中国人和欧洲人采用不同法律的做法，指出鞭笞被当做一种惩罚手段而施加于中国人，在法庭上，中国人要下跪而欧洲人却可以站着。①另一篇文章是由一位在青岛生活过几年、名叫朱纪（音译）的记者写的，刊登于1909年的《北京日报》。文章的第一部分生动地描述了中国人是如何遭受德国人的"强暴和虐待"的。他用呼吁团结的号召来结束文章："然而山东人是我们的同胞；难道我们应当眼睁睁地看到他们如何受尽外国人的欺凌而不发出一声呼喊吗？……中国民众在天赋的聪明才智方面不比其他种族稍差一点。"② 再引最后一个例子：一名记者对胶州作了如下描述："最令人痛心疾首的是，中国人与西方人被加以区别对待。他们（德国人）说，西方人文明，而中国人则属于不文明的野蛮人。颁布的法律因此同样不平等。它们根本不把中国人称作华人、中人或支那人，而是简单地叫做土人。"③日益增多的对青岛中国民众所遭歧视的认识和对种族平等的要求，反映了一种新的政治修辞学和政治意识的形成。这与清政府官员所使用的词汇截然不同。后者强调把所有中国人联系在一起的家庭纽带和宗族关系，而在新政治话语中，中国人则被想象成了"民族"，他们要求享有与其他民族同等的权利。很明显，在这一观念中，民族内部的政治团结和政治凝聚力远远高于由松散的宗族和家庭构成的国家中的政治团结和政

① 翻印于《山东近代史资料》第3卷，山东人民出版社1961年版，第126页。

② 见罗梅君主编，余凯思协助：《"模范殖民地胶州"——德意志帝国在中国的扩张》，柏林：学院出版社1997年版（Mechthild Leutner（Hrsg.）/Klaus Mühlhahn（Bearb.），"Musterkolonie Kiautschou". Die Expansion des Deutschen Reiches in China. Deutsch－chinesische Beziehungen 1897－1914. Eine Quellensammlung. Berlin：Akademie Verlag，1997），第233～235页。

③ 谢开勋：《二十二年来之胶州湾》，中华书局1920年版，第26～28页。

治凝聚力。一旦人民能够意识到民族平等并拥有政治自觉意识，建立在种族民族主义基础之上的有机社会就有可能出现。反过来，这也有助于中国人进行有效的反对殖民主义的斗争。这一话语与梁启超及其他人所倡导的民族主义思想基本一致。[①]对本种族和本民族的共同命运的关注居于这一新话语的中心位置，而这在本质上是革命的。尽管建立强大的国家仍是主要目标，但这一强大的国家应当是一个革命的国家，应当是以其动员“民族”的能力为基础的。民族主义者国家将自下而上地创造出来。

有趣的是，在中国，对种族民族主义的发明及其发展是与日益增长的视之为大的全球结构和发展的一部分的认识相伴随的。正如利贝卡·卡尔（Rebecca Karl）在论述中国民族主义的研究著作中所指出的那样，在1895年中国被日本打败后，尤其是在1898年改革失败后，人们越来越清楚地意识到中国所面临的困境既不是中国人所特有的，也不仅仅是它与西方列强之间关系的结果。卡尔引用陈独秀的话说道：“中国不是唯一遭受凌辱的国家……波兰、埃及、犹太国、印度、缅甸、越南……它们也都遭遇到严重破坏并且变成了附属国。”[②]的确，被殖民化人民的命运已被看成是与黑人工人、印度工人等有相似遭遇之事了。这就使觉醒了的中国公众热切地意识到，在一个充满殖民者和被殖民者的世界里，中国的殖民问题也被许多处境危急的民族所分担。来自海外的中国人的报道对这些民族反对更强大的敌人的斗争表示了高度赞扬，情绪高昂地把这些斗争说成是中国人的榜样。这些报道对民族主义话语产生了如此大的影响，以至于到20世纪初，越来越多的中国人接受了把革命斗争视为

---

① 见约翰·菲茨杰拉德：《觉醒的中国——民族主义者革命中的政治、文化和阶级》，斯坦福：斯坦福大学出版社1996年版（Fitzgerald，John，Awakening China. Politics，Culture，and Class in the Nationalist Revolution. Stanford：Stanford University Press，1996），第85页的出色讨论。民族主义本是被用来唤醒中国人，让他们意识到殖民者的残忍的。

② 丽贝卡·E. 卡尔：《登上世界舞台：20世纪之交的中国民族主义》，达勒姆：杜克大学出版社2002年版（Rebecca E. Karl，Staging the world：Chinese nationalism at the turn of the twentieth century，Durham：Duke University Press，2002），第195页。

建立新国家的必由之路的观点。在民族主义的形成和兴起之际，殖民主义的经历大大便利了将中国的斗争与世界周围地区的同类斗争联系起来。而且，它显示了在中国民族主义之中所隐含的全球意识，以及在融入全球结构和对边界进行话语划分这两者之间的固有的辩证法。

另一个值得考虑的群体是青岛的劳工。他们普遍地缺乏商人所具有的强势地位。季节性劳工对殖民管理机构有很大的依赖性，因而不得不迫使自己顺应殖民的社会秩序。在研究殖民社会时，人们往往遵循下列原则，即"哪里有强权，哪里就有反抗"①。然而，与农业性的腹地不同，胶澳租界的城市区域从未发生剧烈的反抗德国殖民统治的斗争。不过，表面看来像是殖民政权的胜利的东西，实际上经常隐含着反对外来统治的斗争元素。在被占领之后，大部分中国精英群体都逃离了胶澳租界。留在租借地里的中国人共同体缺少其传统的社会领袖。新的群体试图填补这一权力真空，结拜的兄弟盟友和秘密会社开始取代儒家精英，接管了对地方共同体的领导权。在德文报纸上，这些社团的个别名字偶有提及，如在理（Zaili）派、桃花源（Taohuayuan）派和南京帮（Nanjing Bang）等等。②这些群体没有公开申明的政治意图，他们的主要目标是保护其成员的经济利益。后来这些群体中的一部分在地下王国里扩张开来，从事着逃避关税、走私、鸦片贸易、卖淫以及与俄国人进行所谓的"苦力"

---

① 见余凯思：《殖民空间与符号的力量：分析文化间关系的理论和方法论思考，以德国租借地胶州为例》，罗梅君主编：《政治、经济、文化：德中关系研究》，明斯特：Lit出版社1996年版（Klaus Mühlhahn, Kolonialer Raum und Symbolische Macht: Theoretische und methodische berlegungen zur Analyse interkultureller Beziehungen, in: Mechthild Leutner [Hrsg.], Politik, Wirtschaft, Kultur: Studien zu den deutsch – chinesischen Beziehungen. Münster: Lit, 1996），第461～490页。

② 关于细节和引文见碧能艳：《1897～1914年德国在山东租借地青岛——因殖民化而引起的机构变化》，波恩：马维利出版社2001年版（Annette S. Biener, Das Deutsche Pachtgebiet Tsingtau in Schantung, 1897—1914. Institutioneller Wandel durch Kolonialisierung. Bonn: Matzat, 2001），第70～80页。

贸易。尽管活动是非法的，但德国当局倾向于忽略他们的存在，有时甚至与他们合作，只要他们不对德国的统治提出质疑。像在其他许多由外国人统治的地方的情形一样，胶澳租界也存在着一个势力强大的黑社会。[①]殖民当局甚至不得不部分地用有组织的犯罪来充当其社会控制的工具。例如，在监督和管理娼妓业方面，卫生警察就与中国流氓携手合作，卫生警察因此可以确保妓院既接受中国嫖客也接受欧洲嫖客。[②]胶澳租界的鸦片贸易和所谓的"苦力贸易"也或多或少地掺杂着犯罪因素和来自中德两国的一些社会边缘分子。[③]因此，除了官方对秩序和卫生的强调外，还形成了一个中德混杂的世界，它并不使自己完全依附于合法的王国。下面要讲的一件事或许是对这样一种情况的典型写照，区长在司法系统中的强有力地位也不得不向滥用和腐败让步了。[④] 1913 年，克鲁森在胶澳法庭审理的一起案子暴露了一名在区公所工作达 10 年之久的中国文人懂得如何接受贿赂以作为对刑事犯作出有利判决的交换条件。1909 ~ 1913 年在李村市郊农业区当区长的高斯（Grosse）很明显地与这位吸食鸦片的文人有密切的合作关系。克鲁森在他的判决中并未讨论高斯是否

① 上海地区黑社会在社会和政治上的重要性近来已在弗雷德里克·韦克曼:《1927 ~ 1937 年上海的警察治安》，伯克利：加利福尼亚大学出版社 1995 版（Frederic Wakeman, Policing Shanghai, 1927 – 1937. Berkeley: University of Califonia Press, 1995）和布莱恩·G. 马丁：《上海青帮：政治与有组织的犯罪，1919 ~ 1937 年》，伯克利：加利福尼亚大学出版社 1996 年版（Brian G. Martin, The Shanghai Green Gang: Politics and Organized Crime, 1919 – 1937. Berkeley: University of Califonia Press, 1996）等书中得到了揭示。

② 见沃尔夫冈·埃卡特:《1897 ~ 1914 年在中国的德国医生——德意志第二帝国中作为文化使命的医学》，斯图加特：菲舍尔出版社 1989 年版（Wolfgang Eckart, Deutsche rzte in China 1897 – 1914. Medizin als Kulturmission im Zweiten Deutschen Kaiserreich. Stuttgart: Fischer, 1989），第 31 ~ 33 页。

③ "苦力"贸易是青岛的一项重要的且十分稳固的贸易。山东地区的农民被哄骗签订工作合同，随后被运到俄国修建跨西伯利亚铁路或在西伯利亚矿场工作。他们所受的待遇并不比奴隶好。当局作了很多"促进苦力出口"的努力，参见特鲁珀致德国使馆，1907 年 7 月 30 日，现存于 BArchB，DBC，Nr. 1244，29 ~ 30 对开页。

④ 见高等法官克鲁森就高的犯罪行为所作的判决，1913 年 12 月 10 日，现存于 BArch/MA，RM3/6714，116 ~ 137 对开页。

也接受过贿赂（高斯当时已离开了胶州）。

上文所讨论的大部分中国人群体都或多或少地对德国殖民地持批判态度甚或极端仇视。但在20世纪头10年行将结束时，又有一些持不同的和友善的态度的群体出现了。他们尽管在原则上谴责外来的特权和统治，但对殖民体系中的某些因素仍颇感兴趣。例如，1909年在青岛成立了一所德中合办的高等学堂。这是当时唯一一所由外国人领导但也得到清政府资助和正式认可的教育机构。学生由中国政府来挑选。学校有一位由德国人担任的校长和一位由中国人担任的督察。上午，德国教师讲授西学；下午，中国教师讲授儒学作为补充。中国政治气候变动当然是一个有利于学校建设的重要因素。随着新的、个别部分甚至相当激进的政治观念越来越多地传入，晚清社会的许多社会精英开始把立宪君主制的德意志帝国看做为榜样和合作伙伴了，尤其是在政治上十分敏感的教育部门。1911年以后，若干清王朝的高级官员逃亡到德国租借地并在这置产购房，定居下来。[①]在此之前，他们就已经开始将其子女送到胶州，并安排他们到德国学校中学习了。

国民党是另一股值得考虑的政治力量。辛亥革命后，孙逸仙被推选为中华民国的临时大总统。但是他在1912年让位给袁世凯，自己则担任了铁道部部长。他也以此身份在接下来的几年里游历和视察了中国许多地方。1912年9月，令德国殖民当局深感惊讶的是，孙逸仙表示他将在10月份访问青岛。由于德国尚未从外交上承认中华民国，德国殖民当局对这一计划感到不知所措。他们给孙逸仙发了一份电报，指出孙的到访只能被当做一件私事来对待，不能期望受到任何官方接待。然而，孙逸仙仍热切地想到青岛看一看。青岛的400多名中国学生在获悉孙逸仙即将访青的消息后，立即决定在大鲍岛的中国戏院举行欢迎仪式。校长凯普（Keiper）出面干预此

① 1912年有12名清王朝的高级官员和一般的官员住在青岛，见梅耶尔—瓦尔戴克（Mayer－Waldeck）致海军署，1912年2月24日，现存于BArch/MA，RM3/6723，84～85对开页。

事并称其为政治事件。根据校规，学生是不准参与任何政治活动的。于是，所有的学生都提出了自动退学要求，并交回了他们的学生证。当孙逸仙最终于10月2号到达青岛时，紧张形势达到了顶点。然而孙逸仙劝告学生停止抗议，回到学校。他解释说，学生像军官和战士一样，必须服从国家指挥，不能享受新共和国所保证的自由。第二天，他参观了学校。在向学生发表的演说中，他称胶澳租界是“中国的一个模范居住区”①。他继续说：“中国人在过去的3000年中也没有做到德国人在15年时间内就做到了的事。”他对此地的印象是如此深刻，以至于后来阅读了民政官员单维廉（Wilhelm Schrameier）写作的介绍胶澳租界土地制度的专著。1924年，他邀请这位前殖民官员单维廉到广州为广东省制定土地政策。因此，胶澳租界所得到的最积极评价恰恰来自中国民族主义运动的革命领袖孙逸仙。在访青后发表的访谈中，他根本没有提中国人在胶澳租界所受的歧视和虐待，也未提权利或主权的丧失。很明显，他是被德国海军所实施的有组织的官僚政治资本主义吸引住了，在他担任铁道部长的这个时候，他所考虑的主要是中国未来的经济和社会发展。这一体制不同于盎格鲁—萨克逊国家所推行的自由贸易资本主义。德国实行的“有组织的资本主义”使国家在控制、监督和指导社会和经济发展方面发挥了重要作用。国家理应为其利益对经济和社会加以干预。居于首要地位的不是私人的利益，而只能是国家的利益。

四、结　论

青岛的殖民世界是复杂和异质的。拥有自己的利益并努力争取实现自己的目标的各社会群体在殖民空间里相互竞争。德国的殖民统治从未导致中国人的团结，甚至也未使德国人形成一个整体。这

① 梅耶尔—瓦尔戴克致海军署，1912年10月14日，现存于BArch/MA，RM3/6723，316~322对开页。

确实是民族主义编年史的一个神话。相反，殖民政权机构推行的排他性控制在所有方面都导致了社会和政治的碎化。推行不同策略以应对殖民主义的不同群体由此而生。每一种策略都与中国民族和社会发展的长远目标和观念交织在一起。殖民地由此成为了一个颇具活力的社会领域，其中充满了产生于不同群体之间的紧张关系和相互矛盾，而这些处于外来统治之下的不同群体都不得不为保护或改善他们的社会地位而斗争。必须注意的是，重塑殖民社会的殖民规划的实践结果有悖于其初衷。政府是外来的和不公正的，并且殖民统治并未存在于一个密封的独立王国之中，通过被殖民者的参与，它受到了重新评价和改变。在把殖民社会重现为一个极权主义的社会秩序方面，殖民宣传无疑获得了成功。部分中国的和德国的精英被吸引到了殖民的自我重现之中，而这一重现在中国和德国的主要群体中也成功地赢得了支持。不过，实际情况与之完全不同。腐败和对地下势力的依赖、卖淫和有组织的犯罪都揭示了中德混杂世界的较黑暗一面。

在这里，占有突出地位的是中国人应对殖民主义行为的多样性。类似的复杂性已在有关其他殖民地或半殖民地的研究中得以展现出来。[①]在这个变动不居和被搞得支离破碎的殖民背景下，中国民族主义的不同规划逐渐显露头角并且得到了商谈。这样说并不是要否定中国复杂多样的民族传统和长时段发展轨迹的中心地位。不过，除了这些已由民族主义编年史置于突出地位的、长期存在的传统外，自帝国主义出现以来所形成的全球性互动也给这一内部历史添加了一个外部因素。民族争论与大趋势和总过程实现其共时性连接的做

---

① 近来关于香港或者天津的一系列作品都可以用这种方式解读。见例如提克－文·纳构主编：《香港的历史：殖民统治下的国家与社会》（Tak—Wing Ngo（ed.），Hong Kong's History：State and Society under Colonial Rule. London 1999）；罗芸：《卫生学的现代性——卫生和疾病在中国条约口岸的含义》，伯克利、洛杉矶：加利福尼亚大学出版社 2004 年版（Ruth Rogaski，Hygienic modernity：meanings of health and disease in treaty—port China. Berkeley；Los Angeles，University of California Press 2004）。

法容许社会行为人与全球背景联系在一起。这些背景并未创造民族主义，但它们确实影响了，甚或从根本上改变了人们借以想象民族和实践其内聚与排外机制的方式。

然而，在一个流动的全球环境中，殖民主义和民族主义似乎被有机地联结在了一起。民族意识至少部分地是在应对殖民遭遇的过程中出现的。中国人共同体在外来支配下的存在催生了有关民族内聚力和民族构成问题的产生，并使之流入到民族主义话语之中。中国民族主义的发展轨迹在殖民的或半殖民的背景下发生了意味深长的改变并获得了锐利的棱角和清晰的轮廓。

这里有争论的便是对一些有关民族主义历史的共同假设的修订。尽管对某一民族“本质”的长期延续和长期存在的确信早已被解构了，但是新近出现的关于民族主义的大多数理论仍特别关注现代“想象的共同体”的时间维度。尽管人们已经确认大多数民族系谱确实是在回溯中构建的，分析的焦点仍集中在民族疆域内部被严格概念化了的过去、现在和未来的联结上。然而，青岛的例子已经显示出，在殖民背景下出现的民族主义和各种各样的民族国家的呈现出特殊形式，不仅仅源于传统，至少也部分地是殖民背景下的相互作用和相互纠缠的结果。因此，民族主义话语中的改变和变化，不仅是——正如为我们熟知的一些画面所提示的那样——内部的、历时的现代化的结果，而且也同样是多重共时进程的结果。

档案馆及案卷缩写：

BArch/MA = Bundesarchiv/Militärarchiv（联邦档案馆/弗莱堡军事档案馆）

RM 2 = Reichsmarine/Marinekabinett（帝国海军/海军内阁卷宗）

Nr. 1835 - 1841 = 第 1835 - 1841 号（1895～1898 年胶澳地区的谋取和行政管理以及亨利亲王的东亚之行）

RM 3 = Reichsmarine/Reichsmarineamt（帝国海军/帝国海军署卷宗，海军综合处）

Nr. 6699－6707＝第6699－6707号（1897～1923年保护领的组织）

Nr. 6714＝第6714号（1909～1920年为保护领制定的法规）

Nr. 6717－6724＝第6717－6724号（1898～1917年总督府一般事务）

Nr. 6778－6785＝第6778－6785号（1899～1912年中国的动乱——绝密事务）

BarchB＝Bundesarchiv Berlin（德国联邦档案馆，柏林）

DBC＝Deutsche Botschaft China（德国驻华使馆）

Nr. 1238－1247＝第1238－1247号（1901～1916年的胶州租界）

FHA＝First Historical Archives，Peking（北京第一历史档案馆）

（501/0－2）（清代各衙门档案）

Nr. 292＝第292号，1894～1899年关于德兵在山东沿海登陆胁占胶澳及各县人民发生教案交涉文报

AS/JYS＝Academia Sinica/Jindaishi yanjiusuo（中央研究院/近代史研究所）

Nr. 02－11－13－（1）＝第02－11－13－（1）号（光绪二十八年（1902）12月周馥密陈烟台及威海胶澳英德租界案）

Nr. 03－17－19－（1）＝第03－17－19－（1）号（1904～1925年济南开埠交涉案）

附　录

［澳］大卫·古德曼（David Goodman）：澳大利亚悉尼大学社会科学研究所教授。

［澳］吕一旭（Yixu Lu）：澳大利亚悉尼大学日耳曼研究中心高级讲师。

孙立新：北京师范大学历史学院教授。

［英］毕可思（Robert Bickers）：英国布里斯托尔大学人文学院教授。

石运瑞：中国海洋大学文学与新闻传播学院 2007 级硕士研究生。

张志云：英国布里斯托尔大学人文学院教师。

［法］F. 布莱特－埃斯塔波勒（R. Bretelle－Establet）：法国巴黎狄德罗大学历史系教授。

韩威：中国海洋大学文学与新闻传播学院 2007 级硕士研究生。

孙梦茵：山东科技大学财经系 2007 级本科生。

赵光强：北京师范大学历史学院 2008 级硕士研究生。

［意］马利楚（Maurizio Marinelli）：英国布里斯托尔大学东亚研究中心高级讲师。

刘宁：中国海洋大学文学与新闻传播学院 2007 级硕士研究生。

朱建君：中国海洋大学文学与新闻传播学院讲师。

［美］杜赞奇（Prasenjit Duara）：美国芝加哥大学历史系和东亚语言及文明研究所教授。

赵洪玮：山西大学历史文化学院和青岛大学外语学院教授。

冯筱才：复旦大学历史系教授。

［美］顾德曼（Bryna Goodman）：美国俄勒冈大学历史系教授。

徐振江：中国海洋大学文学与新闻传播学院 2006 级硕士研究生。

［法］安克强（Christian Henriot）：法国里昂第二大学东亚学院教授。

闵锐武：中国海洋大学文学与新闻传播学院副教授。

郭敏：中国海洋大学文学与新闻传播学院 2006 级硕士研究生。

［日］饭岛涉（Iijima Wataru）：日本青山大学历史系教授。

刘萍：中国海洋大学文学与新闻传播学院 2006 级硕士研究生。

李玉尚：上海交通大学历史系教授。

张树枫：青岛市社会科学研究院研究员。

［德］余凯思（Klaus Mühlhahn）：美国伯明顿印第安纳大学历史系教授。

朱光涌：唐山学院外语系教师。

责任编辑:王　萍
装帧设计:徐　晖

图书在版编目(CIP)数据

殖民主义与中国近代社会——国际学术会议论文集/孙立新 吕一旭 主编. -北京:人民出版社,2009.10
ISBN 978-7-01-008398-8

Ⅰ.殖…　Ⅱ.①孙…②吕…　Ⅲ.①殖民主义-国际学术会议-文集②社会发展史-中国-近代-国际学术会议-文集
Ⅳ.D066-53　K250.6

中国版本图书馆 CIP 数据核字(2009)第 191609 号

殖民主义与中国近代社会
ZHIMINZHUYI YU ZHONGGUO JINDAI SHEHUI
——国际学术会议论文集

孙立新　吕一旭　主编

人民出版社 出版发行
(100706　北京朝阳门内大街 166 号)

北京市文林印务有限公司印刷　新华书店经销

2009 年 10 月第 1 版　2009 年 10 月北京第 1 次印刷
开本:880 毫米×1230 毫米 1/32　印张:13.5
字数:390 千字

ISBN 978-7-01-008398-8　定价:32.00 元

邮购地址 100706　北京朝阳门内大街 166 号
人民东方图书销售中心　电话 (010)65250042　65289539